中财传媒版 2024年注册会计师全国统一考试辅导系列丛书·注定会赢®

经济法五年真题详解

财政部中国财经出版传媒集团　组编

中国财经出版传媒集团
中国财政经济出版社
·北京·

图书在版编目（CIP）数据

经济法五年真题详解 / 财政部中国财经出版传媒集团组编 . -- 北京：中国财政经济出版社，2024.2

（中财传媒版 2024 年注册会计师全国统一考试辅导系列丛书 . 注定会赢）

ISBN 978-7-5223-2891-1

Ⅰ. ①经… Ⅱ. ①财… Ⅲ. ①经济法－中国－资格考试－题解 Ⅳ. ① D922.290.4

中国国家版本馆 CIP 数据核字（2024）第 024172 号

责任编辑：黎子民　　责任印制：党　辉

责任设计：卜建辰　　责任校对：张　凡

经济法五年真题详解

JINGJIFA WUNIAN ZHENTI XIANGJIE

中国财政经济出版社 出版

URL：http：//www.cfeph.cn

E-mail：cfeph @cfemg.cn

社址：北京市海淀区阜成路甲 28 号　邮政编码：100142

营销中心电话：010-88191522

天猫网店：中国财政经济出版社旗舰店

网址：https：//zgczjjcbs.tmall.com

北京鑫海金澳胶印有限公司印刷　各地新华书店经销

成品尺寸：185mm × 260mm　16 开　23.25 印张　447 000 字

2024 年 2 月第 1 版　2024 年 2 月北京第 1 次印刷

定价：75.00 元

ISBN 978-7-5223-2891-1

（图书出现印装问题，本社负责调换，电话：010-88190548）

本社图书质量投诉电话：010-88190744

打击盗版举报热线：010-88191661　QQ：2242791300

前　言

为帮助广大考生全面理解2024年注册会计师考试大纲和考试辅导教材内容，在有限的复习时间内掌握教材知识和考点，顺利通过考试，中国财经出版传媒集团组织多年从事注册会计师考试辅导的名师、专家编写了“中财传媒版2024年注册会计师全国统一考试辅导系列丛书·注定会赢”。该套丛书紧扣2024年考试大纲和考试教材内容，包括“通关题库”“五年真题详解”“要点随身记”“全真模拟试题”四个系列，涵盖了专业阶段考试的六个科目，即会计、审计、财务成本管理、经济法、税法和公司战略与风险管理。

“通关题库”系列：由“考点列示及通关演练”“跨章节主观题演练”组成，逐章精炼历年考试中的高频考点和考试难点，精选通关演练题目，从而形成高质量题库合集，针对易错点、易混点、重难点，帮助考生夯实基础、举一反三、快速提分。

“五年真题详解”系列：甄选五年真题，审题要点、思维拓展、坑点提示、抢分秘籍、历年考情五维详解，搭建真题考点地图，构建真题深度解析体系，帮助考生练真题、析真题、懂真题。

“要点随身记”系列：是记忆锦囊的口袋书，以要点和表格的形式，总结、提炼教材中的知识点，便于考生利用碎片化时间，随时随地温故知新、高效学习。

“全真模拟试题”系列：以真题为依托，全书包括6套模拟试题，力求达到“全真模拟”，检验学习成果，把握答题技巧，提高实战能力，以更高的标准备考。

中财传媒版“注定会赢”系列注册会计师考试辅导丛书，具有各科知识点全面覆盖、重点难点精准掌握、基础知识稳扎稳打、题目题型针对贴切等特点，与注册会计师全国统一考试辅导教材相得益彰，四个系列图书助力读者不同复习阶段的备考。

希望这套图书能帮助您攻克每一个学习难关，衷心祝愿各位考生顺利通过注册会计师考试。

目　录

第一部分　近5年真题命题规律及学习指导

第二部分　5套真题卷详解

第一部分　近5年真题命题规律及学习指导

一、近5年真题考点地图

2019—2023年真题考点地图

章节	考点	近5年考查频次	2023年	2022年	2021年	2020年	2019年
第一章 法律基本原理	法的概念与特征	3次	①单选：法的概念与特征			①单选：法的特征。②多选：法律与道德的关系	
	法律体系	1次	①单选：法律体系				
	法律规范	1次			①单选：法律规范的概念		
	法律关系	3次		①单选：法律关系主体		①单选：法律关系主体的权利能力和行为能力	①单选：法律主体的民事权利能力
	法律事实	1次					①单选：意思表示
	全面依法治国基本方略	3次		①单选：习近平法治思想引领全面依法治国基本方略	①单选：习近平法治思想		①单选：全面依法治国基本方略
第二章 基本民事法律制度	民事法律行为理论	7次	①单选：民事法律行为。②多选：法律行为的分类	①单选：民事法律行为的分类	①多选：法律行为的分类	①单选：民事法律行为。②单选：负担行为与处分行为	①多选：单方法律行为
	意思表示	2次	①单选：意思表示		①单选：意思表示		
	民事法律行为的效力	3次	①多选：可撤销的民事法律行为	①多选：民事法律行为的生效	①多选：可撤销的民事法律行为		
	代理制度	1次	①多选：表见代理				
	诉讼时效制度	1次			①单选：诉讼时效		

续表

章节	考点	近5年考查频次	2023年	2022年	2021年	2020年	2019年
第三章 物权法律制度	物权法律制度概述	7次	①单选：物权法律制度的基本原则	①单选：物的种类。②多选：主物与从物	①单选：物的种类。②多选：物权法律制度的基本原则		①单选：物权法律制度上的物。②多选：物权的种类——动产物权
	物权变动	3次		①案例分析：占有改定		①单选：物权变动——登记生效。②案例分析：占有改定	
	共有	1次					①案例分析：按份共有
	善意取得制度	1次					①案例分析：善意取得
	特殊取得方式	3次		①单选：添附		①多选：添附	①多选：拾得遗失物处理规则
	用益物权——建设用地使用权	1次					①单选：建设用地使用权的取得与期限
	抵押权	4次	①案例分析：抵押权的设立	①案例分析：抵押权的设立及动产抵押权人的超级优先权	①单选：抵押财产。②案例分析：抵押物转让限制		
第四章 合同法律制度	合同的基本理论	2次	①案例分析：合同的相对性	①案例分析：合同的相对性			
	合同的订立	4次	①单选：格式条款	①多选：要约	①单选：承诺	①单选：承诺	
	合同的履行	1次	①单选：连带之债				
	合同的担保	5次		①单选：公司权利能力限制。②多选：保证合同	①案例分析：保证方式及担保证责任	①多选：约定担保方式	①单选：主合同变更与保证责任承担
	合同的终止	1次				①案例分析：合同的解除	
	违约责任	2次		①多选：不可抗力		①案例分析题：定金	

续表

章节	考点	近5年考查频次	2023年	2022年	2021年	2020年	2019年
第四章合同法律制度	买卖合同	2次	①案例分析：商品房买卖合同			①案例分析：买卖合同	
	赠与合同	2次			①多选：赠与合同的撤销	①单选：赠与合同的撤销	
	借款合同	3次	①单选：民间借贷合同	①单选：民间借贷合同	①案例分析：自然人之间的借款合同		
	融资租赁合同	1次		①案例分析：融资租赁合同			
	承揽合同	1次	①多选：承揽合同				
	建设工程合同	1次	①案例分析：建设工程合同				
	技术合同		1次	①单选：技术合同			
	行纪合同		1次		①单选：行纪		
第五章合伙企业法律制度	合伙企业法概述	3次	①单选：合伙企业设立登记事项。②单选：合伙企业歇业		①多选：合伙企业的特征		
	普通合伙企业的设立	4次			①单选：不能作为普通合伙人的情形。②多选：普通合伙企业设立条件	①单选：普通合伙企业的设立	①单选：合伙人的出资
	合伙企业的财产	4次	①多选：合伙企业财产	①单选：合伙人财产份额转让和出质	①单选：通合伙人财产份额转让		①单选：合伙企业财产份额的转让
	合伙事务执行	4次	①多选：合伙事务执行			①多选：合伙事务执行的形式	①单选：合伙企业的损益分配。②多选：合伙企业事务执行的形式
	合伙企业和合伙人的债务清偿	1次	①单选：合伙企业和合伙人的债务清偿				

续表

章节	考点	近5年考查频次	2023年	2022年	2021年	2020年	2019年
第五章 合伙企业法律制度	退伙	6次	①单选：财产继承和退伙结算	①单选：合伙人退伙结算。②多选：合伙人除名		①单选：当然退伙。②多选：通知退伙的条件	①多选：协议退伙
	有限合伙企业事务执行的特殊规定	2次		①单选：有限合伙企业事务执行的特别规定		①单选：有限合伙企业的事务执行	
	有限合伙企业财产出质的特殊规定	1次					①单选：有限合伙人的财产份额出质
	有限合伙企业入伙与退伙的特殊规定	2次		①单选：有限合伙人的入伙	①单选：合伙人入退伙的责任承担		
	合伙企业的解散和清算	3次		①多选：合伙企业清算	①单选：合伙企业应当解散的情形	①单选：合伙企业的清算	
第六章 公司法律制度	公司法人资格与股东有限责任	2次	①案例分析：公司权利能力限制	①单选：公司法人资格与股东有限责任			
	公司设立	2次	①单选：股份有限公司的设立				①单选：公司设立阶段的合同之债
	股东出资制度	3次		①单选：股东出资	①多选：股东出资	①单选：违反出资义务的责任	
	名义股东与实际出资人	1次			①单选：名义股东与实际出资人		
	股东权利和义务	8次	①单选：累积投票制。②多选：以公司为被告的诉讼	①单选：股东知情权	①单选：股份回购。②多选：知情权	①单选：股利分配请求权。②多选：有限责任公司股东增资优先认缴权	①多选：知情权
	董事、监事、高级管理人员制度	1次	①单选：董事、监事、高级管理人员的法定义务				

续表

章节	考点	近5年考查频次	2023年	2022年	2021年	2020年	2019年
第六章公司法律制度	股东（大）会和董事会决议制度	2次	①单选：董事会会议决议制度——决议不成立				①多选：公司决议不成立之诉
	公司的组织机构	2次					①单选：上市公司组织机构特别规定。②单选：董事会的职权
	公司的财务会计制度	3次		①多选：公司财务会计		①单选：公积金	①案例分析：公积金
	公司重大变更	3次	①多选：公司减资		①单选：公司分立		①单选：公司分立的责任承担
	公司解散和清算	2次			①单选：公司强制解散。②单选：清算义务人		
第七章证券法律制度	证券法适用范围	1次				①多选：《证券法》的适用范围	
	证券市场监督管理体制	1次		①多选：证券市场监管体制			
	强制信息披露制度	7次	①单选：信息披露的分类。②案例分析：上市公司及其他信息披露义务人在信息披露工作中的职责。③案例分析：重大事件披露	①多选：上市公司董监高在信息披露工作中的职责。②案例分析：重大事件披露		①单选：年度报告的披露	①案例分析：重大事件披露
	投资者保护制度	2次	①案例分析：投资者保护制度		①单选：虚假陈述的民事诉讼。②多选：投资者保护制度		
	非上市公众公司	1次					①多选：股票发行的类型

续表

章节	考点	近5年考查频次	2023年	2022年	2021年	2020年	2019年
第七章证券法律制度	首次公开发行股票并上市	2次			①多选：公司首次公开发行新股应当符合的条件		①单选：科创板首发上市
	上市公司增发股票	1次			①单选：上市公司配股		
	优先股发行与交易	1次			①案例分析：优先股发行与交易		
	股票市场的结构	2次	①单选：区域性股权市场				①单选：北交所公开发行股票的条件
	股票的上市与退市	2次	①多选：主动退市			①多选：主动退市	
	上市公司收购	1次	①多选：一致行动人				
	要约收购	3次		①单选：预受要约。②单选：强制要约制度	①案例分析：强制要约制度		
	上市公司重大资产重组	1次			①案例分析：上市公司普通重大资产重组		
	虚假陈述	4次	①单选：虚假陈述的民事诉讼。②案例分析：虚假陈述的民事责任承担	①案例分析：虚假陈述揭露日、虚假陈述民事责任因果关系判定、虚假陈述的投资差额损失、民事责任承担		①案例分析：虚假陈述界定、民事责任承担、实施日及揭露日、民事责任因果关系判定、消极信息披露人	
	内幕交易行为	1次					①案例分析：内幕信息、内幕交易
	操纵市场行为	5次	①案例分析：操纵证券市场行为	①单选：操纵证券市场行为	①单选：操纵市场行为	①单选：操纵市场行为。②案例分析：操纵证券市场行为	

续表

章节	考点	近5年考查频次	2023年	2022年	2021年	2020年	2019年
第八章企业破产法律制度	破产申请与受理	3次	①单选：提出破产申请的当事人		①案例分析：提出破产申请的当事人		①案例分析：破产申请的受理
	管理人制度	2次			①案例分析：管理人的资格		①单选：管理人的资格
	债务人财产的范围及收回	2次		①案例分析：债务人财产的范围及收回	①案例分析：债务人财产收回		
	破产撤销权与无效行为	1次			①案例分析：破产撤销权		
	破产宣告	1次	①案例分析：破产宣告				
	取回权	3次		①案例分析：所有权保留买卖合同	①案例分析：出卖人取回权		①案例分析：所有权保留买卖合同、出卖人取回权
	别除权	1次	①案例分析：别除权				
	破产财产的变价和分配	2次	①案例分析：破产财产的变价和分配	①单选：破产财产分配			
	破产债权的申报	1次		①案例分析：破产债权的申报			
	破产债权的确认	1次		①案例分析：破产债权的确认			
	债权人会议	1次			①单选：第一次债权人会议		
	重整	1次				①案例分析：破产重整	
第九章票据与支付结算法律制度	支付结算概述	3次	①单选：银行结算账户	①单选：支付结算的方式	①多选：银行结算账户		
	票据关系——票据责任	4次			①案例分析：票据责任	①单选：票据债务人	①单选：票据关系②案例分析：票据责任

续表

章节	考点	近5年考查频次	2023年	2022年	2021年	2020年	2019年
第九章票据与支付结算法律制度	票据权利的取得	4次	①案例分析：票据权利的善意取得	①案例分析：票据权利的善意取得	①单选：票据行为的签章要件	①案例分析：票据权利的善意取得	
	票据的伪造	1次				①案例分析：票据的伪造	
	票据抗辩	3次		①案例分析：基础关系抗辩	①案例分析：票据抗辩中的“人的抗辩”及基础关系抗辩		①案例分析：基础关系抗辩
	票据时效	1次	①案例分析：票据时效的中止、中断				
	汇票	6次	①案例分析：汇票的背书——质押背书。②案例分析题：汇票的保证	①案例分析：汇票的保证	①案例分析：汇票的背书——背书“不得转让”	①多选：汇票到期日的记载方式	①案例分析：汇票的背书
	支票	1次					①多选：支票出票
	国内信用证	2次	①多选：国内信用证	①多选：国内信用证			
第十章企业国有资产法律制度	企业国有资产监督管理体制	2次					①单选：企业国有资产的监督管理体制。②多选：企业国有资产的监督管理体制
	国家出资企业	2次			①单选：国有独资企业		①单选：国家出资企业管理者的任免范围
	企业国有资产产权登记	2次			①多选：企业国有资产评估的范围	①多选：企业国有资产占有产权登记内容	
	企业国有资产评估	2次	①单选：企业国有资产评估程序			①单选：企业国有资产评估项目核准制	
	企业国有资产交易	2次	①多选：企业国有产权无偿划转	①多选：企业产权转让			

续表

章节	考点	近5年考查频次	2023年	2022年	2021年	2020年	2019年
第十一章反垄断法律制度	反垄断法的适用范围	1次				①多选：反垄断法适用的主体和行为	
	相关市场界定	2次	①单选：相关市场界定				①单选：相关市场界定
	反垄断法的实施机制	4次	①单选：反垄断行政执法		①多选：反垄断民事诉讼	①单选：反垄断民事诉讼的诉讼时效。②多选：反垄断调查措施	
	垄断协议规制制度	6次	①多选：纵向垄断协议	①单选：垄断协议的豁免。②多选：纵向价格垄断协议	①单选：宽大制度。②多选：经营者承诺		①多选：垄断协议的豁免
	公平竞争审查	1次			①单选：公平竞争审查制度		
	经营者集中	5次	①多选：经营者承诺	①单选：经营者集中申报标准。②多选：经营者承诺		①单选：经营者集中附加限制性条件的分类	①多选：经营者集中申报制度
第十二章涉外经济法律制度	外商投资法律制度	8次	①多选：外商投资保护	①多选：外商投资的界定	①单选：外商投资保护。②多选：涉外经济法律制度的概念。③多选：外商投资安全审查	①单选：《外商投资法》的特色与创新。②多选：外商投资保护	①单选：外商直接投资的准入管理
	对外直接投资法律制度	4次	①单选：对外直接投资核准备案制度		①单选：对外直接投资	①单选：对外直接投资核准备案制度	①多选：对外直接投资需要遵循的法律规则
	《对外贸易法》适用范围和原则	1次		①单选：《对外贸易法》的原则			
	对外贸易经营者	1次		①多选：对外贸易经营者			
	对外贸易救济	2次	①多选：反补贴调查				①单选：反倾销调查

续表

章节	考点	近5年考查频次	2023年	2022年	2021年	2020年	2019年
第十二章涉外经济法律制度	外汇管理条例适用范围和基本原则	2次	①单选：外汇管理的基本原则				①单选：《外汇管理条例》的适用范围
	经常项目外汇管理制度	1次				①单选：经常项目外汇管理制度	
	资本项目外汇管理制度	2次		①单选：合格境内机构投资者制度		①多选：境外直接投资	
	外汇市场	1次					①多选：外汇市场

二、近5年真题命题规律

1.掌握往年重要考点

注册会计师《经济法》考试秉持“重则恒重”原则，有一些重要知识点，考频极高，每年会重复性考查，甚至有些年份题目相似度很高，考生需要重点把握。

下面列举一些从2015年到2023年考频高达6次以上的客观题考点：第一章法律基本原理中的法律关系的主体、全面依法治国基本方略、法律规范的种类；第二章基本民事法律制度中的民事法律行为的分类、可撤销的民事法律行为、意思表示；第三章物权法律制度中的物的概念与种类、物权法的基本原则；第四章合同法律制度的要约与承诺；第五章合伙企业法律制度的设立条件、设立登记、强制退伙、有限合伙企业事务执行的特殊规定、合伙人财产份额的转让、合伙企业的清算；第六章公司法律制度中的决议不成立、上市公司独立董事制度、利润分配、股东（大）会；第十章企业国有资产法律制度中的企业国有资产监督管理体制；第十一章反垄断法律制度中的反垄断行政执法、反垄断法的适用范围、反垄断民事诉讼；第十二章涉外经济法律制度中的外商投资管理。这些考点是考生必须掌握的考点，一定要重视历年真题，许多年份考查的题目相似度是非常高的。例如：

（2023年A）因虚假登记被撤销的合伙企业，其直接责任人自登记被撤销之日起法定期限内不得再次申请合伙企业登记，该法定期限是（　）。

A. 2年　B. 3年　C. 4年　D. 5年

【答案】B

（2022年延2）根据合伙企业法律制度的规定，虚假登记的合伙企业被注销后，企业的直接负责人在一定时期内不得再次申请合伙企业登记。该期限为（　）。

A.一年　B.两年　C.三年　D.五年

【答案】C

续表

（2021年）根据公司法律制度的规定，下列主体中，有资格提出上市公司独立董事候选人的是（　）。 A.持有上市公司已发行股份1%以上的股东 B.上市公司的董事长 C.上市公司的职工代表大会 D.上市公司的监事会主席 【答案】A	（2018年AB）根据公司法律制度的规定，下列主体中，有资格提出上市公司独立董事候选人的是（　）。 A.持有上市公司已发行股份1%以上的股东 B.上市公司的董事长 C.上市公司的职工代表大会 D.上市公司的监事会主席 【答案】A
（2021年）在票据上签章不符合《票据法》规定导致票据无效的是（　）。 A.出票人　B.承兑人 C.背书人　D.保证人 【答案】A	（2016年A）根据票据法律制度的规定，下列票据行为人中，其签章不符合票据法规定可导致票据无效的是（　）。 A.出票人　B.承兑人 C.背书人　D.保证人 【答案】A

案例分析题的出题范围近几年基本上都是在第三章物权法律制度、第四章合同法律制度、第六章公司法律制度、第七章证券法律制度、第八章企业破产法律制度、第九章票据与支付结算法律制度这6章，第二章基本民事法律制度个别年份会考查，但是概率不高。

下面列举一些从2015年到2023年考频高达5次以上的主观题考点：第三章物权法律制度中的抵押权；第四章合同法律制度中的租赁合同当事人的权利和义务、保证、融资租赁合同当事人的权利和义务、民间借贷、违约责任承担方式、合同担保的基本理论；第六章公司法律制度中的股份的发行与转让、股东诉讼；第七章证券法律制度中的虚假陈述的法律责任、可转换公司债券的发行、大股东披露和权益变动披露、信息披露的内容、要约收购程序、强制要约、重大资产重组的界定；第八章企业破产法律制度中的取回权、破产撤销权与无效行为、债务人财产的收回、破产申请的受理、破产申请的提出、和解、破产债权申报的特别规定；第九章票据与支付结算法律制度中的票据的抗辩、汇票的背书、票据的伪造、票据权利的善意取得、票据原因关系、汇票的追索。

2.重视教材新增内容

每年注册会计师考试教材变化的内容都是当年考试的考查重点。例如2023年教材新增合伙企业歇业的相关规定，2023年考试中有所涉及。

另外有时候新增知识点考查具有延时性，当年新增的知识点，可能在新增的第二年考查。比如2022年教材第四章新增“借新还旧”，在新增当年没有考查，但在2023年考查。“投资者保护制度”是2021年新增内容，2021年、2022年、2023年均进行了考查。说明对于最近两年的新增考点的考查，虽然迟到，但不会缺席，因此学习时需要关注最近两年的新增和变动考点内容。

3.考查方式灵活

（1）涉及多知识点的综合型题目比例有所上升。

例如：

（2022年单选题）下列关于公司与其股东之间关系的表述中，正确的是（　　）。

A.有限责任公司的股东以其实缴的出资额为限对公司承担责任

B.在有限责任制度下，股东个人的财富状况与公司的风险存在直接关联

C.股东未履行或者未全面履行出资义务的，应对公司全部债务承担连带责任

D.公司拥有独立于股东的主体资格，有其作为法人的权利能力和行为能力

……

这道题目既考查公司法人资格与股东有限责任，又考查股东未履行或者未全面履行出资义务需要承担的责任。

（2）涉及多知识点的应用型题目比例有所上升。

例如：

（2023年多选题）下列各项中，构成重大误解的有（　　）。

A. 住房买卖中将二套房误认为首套房

B. 古玩买卖中将清代瓷碗误认为宋代瓷碗

C. 手表买卖中将售价11.1万元错标为1.11万元

D. 图书买卖中将影印版英文书误认为中文书

……

这道题目根据具体小案例，考查相关知识点，学习过程中要重视教材中的小案例。

（3）新增考查角度不断增多。

例如，知情权，以前年份的真题考查的是股东行使知情权可以查阅的范围，而2021年考查的却是辅助行使知情权的人员，2022年考查的是可以复制的文件有哪些，考查的角度不断变化。2024年考试注意有限责任公司和股份有限公司可以查阅会计账簿、会计凭证的股东资格。

（4）注意“别称”。

附条件的民事法律行为，之前年度考查条件的性质或者是给出例子判断属于附条件还是附期限。而2023年考查生效条件的“别称”，附生效条件，又称附停止条件。

三、学习指导

1. 2023年《经济法》题型题量（2024年以考试为准）

单项选择题	共26小题，每小题1分，共26分	客观题共50分
多项选择题	共16小题，每小题1.5分，共24分	
案例分析题	共4小题50分。其中一道小题可以选用中文或英文解答。如使用英文解答，须全部使用英文，答题正确的，增加5分。本题型最高得分为55分	50分+5分

2. 客观题考试特点

类型	举例	学习方法
教材原文，考查记忆	根据证券法律制度的规定，上市公司拟配售股份数量不得超过本次配售股份前股本总额的一定比例，该比例为（　）。 A. 20%　B. 10%　C. 5%　D. 50%	涉及一些比例、日期、数字性的记忆，考生可将其总结在一起，考前专门安排时间记忆
综合型，重理解	下列各项中，属于双方民事法律行为的有（　）。 A. 赠与合同　B. 立遗嘱 C. 委托合同　D. 抛弃动产 【记忆】撤销解除和追认，遗嘱免债扔东西，不需谁同意，单方民事法律行为	《经济法》很多内容是可以理解记忆的，不能死记硬背。要理解背后实质，找一些记忆技巧，事半功倍。
小案例，重实操	甲公司股东陈某是公司法定代表人。陈某代表甲公司与自己的债权人赵某签订了担保合同。赵某询问陈某是否需要征求其他股东意见时，陈某表示法定代表人可自行决定该事务，赵某遂认可。根据公司法律制度的规定，下列关于担保合同效力的表述中，正确的是（　）。 A. 陈某是公司法定代表人，担保合同对公司发生效力 B. 赵某已尽到合理询问的义务，担保合同对公司发生效力 C. 赵某未尽到合理审查的义务，担保合同对公司不发生效力 D. 陈某无权代表公司签订任何担保合同，担保合同对公司不发生效力	关注教材中、历年真题中以及学习过程中的小案例。要多练习此种题目，掌握案例转换知识点的能力

3. 主观题考试特点

（1）阅读量大，作答字数多。

案例分析题题干的字数大多在3 000字以上，所以一定要注意做题顺序。考生可先不阅读资料，可先看问题，根据问题再去题目中找相关信息答题。有些问题甚至可以不看资料，直接作答。当然像第九章票据与支付结算法律制度的主观题需要整体思考，画出票据转让图，需要先看资料。

据统计，4道案例分析题作答的字数在2 000~3 000字，作答任务重，一定要留有足够的时间。经济法考试时长2个小时，案例分析题需要留出1~1.5个小时的时间，因此客观题一定要节省时间。客观题一定不要犹豫，先选择答案，有些拿不准的，可作标记，最后有时间再回来看看。

（2）命题重点比较稳定。

案例分析题的出题范围近几年基本比较稳定，所以一定要重视历年真题，可直接背诵历年真题答案，通过真题例子理解知识点。另外也要关注教材新变化知识点。

第二部分　5套真题卷详解

2023年注册会计师全国统一考试《经济法》真题详解

一、单项选择题（本题型共26小题，每小题1分，共26分。每小题只有一个正确答案，请从每小题的备选答案中选出一个你认为正确的答案，用鼠标点击相应的选项。）

审题要点

题目中提示“法的概念”“对法的本质的更深层次认识”，考生可迅速锁定考查的知识点是法的概念与特征。

1.根据马克思主义关于法的概念的认识，下列各项中，属于对法的本质的更深层次认识的是（　　）。

A.法是国家制定或者认可的行为规范

B.法是被奉为法律的国家意志

C.法是统治阶级意志的体现

D.法所反映的统治阶级意志受物质生活条件的制约

【本题答案】D

【本题解析】本题考核法的概念与特征。根据马克思主义关于法的概念的认识，从现象层面认识法，法是被奉为法律的国家意志；从本质层面认识法，法是统治阶级意志的体现，这是对法本质认识的第一层次；法所反映的统治阶级意志受到物质生活条件的制约，这是对法本质的更深层次的认识。

思维拓展

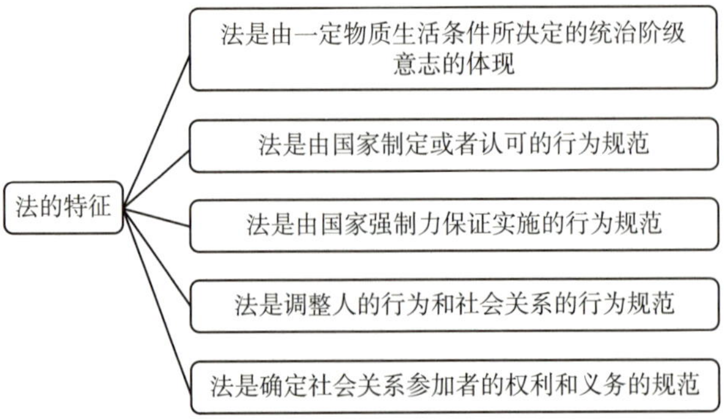

【注意】法律虽是调整人类社会关系的重要社会规范，但并不是唯一的社会规范（还有道德、宗教规范以及风俗习惯等）。

抢分秘籍

该题四个选项虽然都是法的特征，但考查是马克思主义关于法的概念的认识中对法本质的更深层次的认识。马克思主义关于法的概念，即“法是由一定物质生活条件所决定的统治阶级意志的体现”，排除选项A。选项B、C、D层层递进，先是法是被奉为法律的国家意志，而本质上该国家意志是统治阶级的意志通过法律的形式上升为国家意志，进一步我们知道“经济基础决定上层建筑”，统治阶级不可能任意立法，法所反映的统治阶级意志受到物质生活条件的制约，这是对法本质的更深层次的认识。

历年考情

2023年单项选择题、2020年单项选择题考查法的特征。2020年多项选择题考查法律与道德的关系。

2. 一个国家的全部法律规范，按照一定的原则和要求并根据其调整对象和方法的不同划分成若干法律部门，进而形成有机联系、内在统一的整体，该整体被称为（　　）。

> **审题要点**
> 题目中提示“一个国家的全部法律规范”，考生可迅速锁定考查的知识点是法律体系。

A. 法律领域　　B. 法律体系

C. 法治体系　　D. 法律渊源

【本题答案】B

【本题解析】本题考核法律体系。法律体系是指一个国家的全部法律规范，按照一定的原则和要求，根据法律规范的调整对象和调整方法的不同，划分为若干法律部门，进而形成的有机联系、内在统一的整体。

思维拓展

概念对比

法律体系	一个国家的全部法律规范	我国法律体系：以宪法为统帅，以宪法相关法、民法、商法等多个法律部门的法律为主干，由法律、行政法规、地方性法规等多个层次的法律规范构成的中国特色社会主义法律体系
法律渊源	法律的存在或表现形式	我国的法律渊源主要有：宪法、法律、法规、规章、司法解释、国际条约和协定
法律规范	由国家制定或认可的，具体规定主体权利、义务及法律后果的行为准则	法律规范是法律构成的基本单位，具体体现法律的属性，实现法律的功能

坑点提示

法律规范是具体规定，形式有宪法、法律、法规、规章等，这是法律渊源，而一个国家全部法律规范形成法律体系。

【提示】最高人民法院、最高人民检察院以外的审判机关和检察机关，不得作出具体应用法律的解释。(2024年新增)

历年考情

2023年单项选择题、2020年多项选择题考查法律体系。

审题要点

题目中提示民事法律行为，考生可迅速锁定考查的知识点。

3. 下列关于民事法律行为的表述中，正确的是（ ）。

A. 民事法律行为属于民法上的法律事实

B. 民事法律行为的目的是指行为人实施行为时内心的动机

C. 定金合同是要式民事法律行为

D. 票据行为是不要式民事法律行为

【本题答案】A

【本题解析】本题考核民事法律行为。法律行为属于行为，选项A正确。民事法律行为的目的是指当事人实施民事法律行为所追求的“法律后果”，不包括行为人实施行为的动机，选项B错误。要式民事法律行为是指法律规定必须采取一定的形式或者履行一定的程序才能成立的民事法律行为。《民法典》未规定定金合同必须采用书面形式，定金合同自实际交付定金之时起成立，定金合同是实践性合同，选项C错误。票据行为属于法定要式民事法律行为，选项D错误。

思维拓展

民事法律行为分类

分类标准	分类内容	代表行为
单方意思表示即可成立还是双方或者多方意思表示一致成立	单方	撤销权的行使、解除权的行使、效力待定行为的追认、债务的免除、遗嘱行为、抛弃动产等
	双方	合同（注意赠与合同也属于双方行为）
	多方	决议、订立合伙协议等 【提示】决议当事人的意思表示对谁有约束力：没有表示同意的成员、作出表示的成员、表示者共同代表的法人
是否互为给付一定代价（包括金钱、财产、劳务）	有偿	买卖合同、承揽合同等
	无偿	赠与行为、保证合同、无偿委托、无偿消费借贷等

续表

分类标准	分类内容	代表行为
法律行为效果不同	负担行为	使一方相对于他方承担一定给付义务。这种给付义务既可以是作为，也可以是不作为（如保密协议）。产生的是债法上的法律效果
	处分行为	直接导致权利发生变动。物权行为就是典型的处分行为。如所有权转让
是否必须采取一定的形式或者履行一定的程序才能成立	要式（是）	例：票据行为、保证合同、抵押合同、质押合同、融资租赁合同、建设工程合同、建设工程的委托监理合同 建设用地使用权转让、互换、出资、赠与或者抵押的，当事人应当采取书面形式订立相应的合同 借款合同应当采用书面形式，但是自然人之间借款另有约定的除外。
	不要式（否）	例：委托授权 当事人主张抵销的，应当通知对方，通知为非要式。 除法律有特别规定或者当事人有特别约定以外，买卖合同为非要式合同
是否独立成立	主民事法律行为（是）	如当事人之间订立一项借贷合同，为保证该合同的履行，又订立一项担保合同，其中，借贷合同是主合同，担保合同为从合同。从民事法律行为的效力依附于主民事法律行为：主民事法律行为不成立，从民事法律行为则不能成立；主民事法律行为无效，则从民事法律行为亦当然不能生效。但是，主民事法律行为履行完毕，并不必然导致从民事法律行为效力的丧失
	从民事法律行为（否）	

坑点提示

区分法律事实、事件、行为、法律行为、事实行为

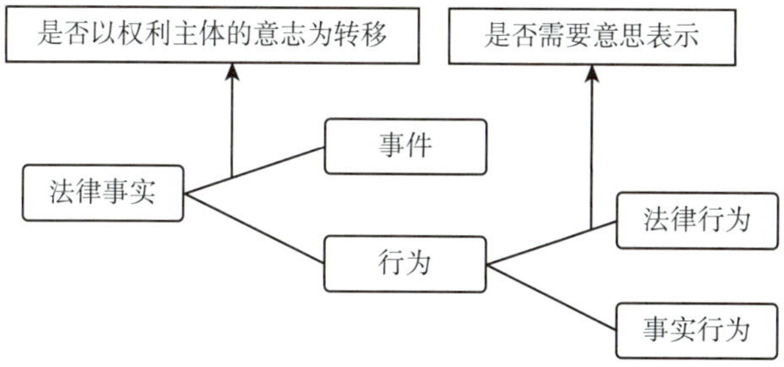

类别		举例	说明
事件		人的出生与死亡	不以权利主体的意志为转移
		自然灾害与意外事件	
		时间的经过	
行为	法律行为	签订买卖合同、赠与合同等	需要意思表示
	事实行为	创作行为、侵权行为等	不需要意思表示

历年考情

2023年单项选择题、2022年单项选择题、2022年多项选择题、2021年多项选择题、2020年单项选择题考查民事法律行为的分类。

审题要点

题目中提示意思表示，考生可迅速锁定考查的知识点是意思表示。

4. 根据基本民事法律制度的规定，下列关于意思表示的表述中，正确的是（　　）。

A. 无相对人的意思表示必须以明示的方式作出

B. 以对话方式作出的意思表示，作出时生效

C. 以公告方式作出的意思表示，发布时生效

D. 要约邀请是希望和他人订立合同的意思表示

【本题答案】C

【本题解析】本题考核意思表示。意思表示可以明示或者默示，选项A错误。以对话方式作出的意思表示，相对人知道其内容时生效，选项B错误。要约邀请是希望他人向自己发出要约的表示，选项D错误。

思维拓展

意思表示

	含义	举例
无相对人的意思表示	不存在意思表示所针对的相对人	如遗嘱行为、抛弃动产等单方民事法律行为
	并非所有单方民事法律行为都是无相对人的意思表示。如撤销权的行使、法定代理人的追认等为单方民事法律行为，同时也是有相对人的意思表示	
有相对人的意思表示	以对话方式作出的意思表示	相对人知道其内容时生效
	以非对话方式作出的意思表示	到达相对人时生效
形式	可以明示或者默示	
	沉默只有在有法律规定、当事人约定或者符合当事人之间的交易习惯时，才可以视为意思表示。	
意思表示的撤回	可以撤回	
	应当在意思表示到达相对人前或者与意思表示同时到达相对人	

以非对话方式作出的意思表示，到达相对人时生效

情形	生效	
追认	追认的意思表示自到达相对人时生效	
要约	要约到达受要约人时生效	
承诺	需要通知	承诺自通知到达要约人时生效
	不需要通知	自根据交易习惯或者要约的要求作出承诺的行为时生效

续表

<table>
<tr><th>情形</th><th colspan="2">生效</th></tr>
<tr><td>债务抵销</td><td colspan="2">抵销的效果自通知到达对方时生效</td></tr>
<tr><td>合同解除</td><td colspan="2">合同自通知到达对方时解除</td></tr>
<tr><td rowspan="3">数据电文的“到达”</td><td colspan="2">有约从约</td></tr>
<tr><td>相对人指定特定系统接收数据电文</td><td>该数据电文进入该特定系统时生效</td></tr>
<tr><td>未指定特定系统</td><td>相对人知道或者应当知道该数据电文进入其系统时生效</td></tr>
<tr><td>公告</td><td colspan="2">公告发布时生效</td></tr>
<tr><td colspan="3">订立合同过程中的要约和承诺、债务免除、授予代理权、合同解除等意思表示，均采取到达主义</td></tr>
</table>

坑点提示

公告是面向大众的，不会一一通知，故发布时就生效。

历年考情

2023年单项选择题、2021年单项选择题、2021年多项选择题、2019年单项选择题考查意思表示。

5. 叔侄二人约定创设“经营权”，侄子在叔叔的店铺上享有占有、使用、收益的排他性权利以满足经营需要，权利期限为20年，侄子支付30万元作为经营权的对价；如果叔叔擅自与第三人订立合同将该店铺出租、出售，侄子可以主张该合同无效。根据物权法律制度的规定，下列关于“经营权”创设的表述中，正确的是（　　）。

审题要点

题目中提示“根据物权法律制度的规定”，考生可定位考查的知识点是第三章物权法律制度的内容。然后抓关键词“经营权”，根据选项“物权法定原则”可迅速锁定考查的知识点是物权法定原则的效力。

A. 符合物权法定原则，侄子享有居住权

B. 符合物权法定原则，侄子享有土地承包经营权

C. 违反物权法定原则，叔叔有权请求侄子返还店铺

D. 违反物权法定原则，叔叔无权请求侄子返还店铺

【本题答案】D

【本题解析】本题考核物权法定原则的效力。行为人违反种类法定原则，在法定物权种类之外创设物权，该物权创设行为无效。我国并未将“经营权”规定为法定物权种类，因此这一约定因为违反物权种类法定原则而无效。不过，这一物权法上无效的约定在合同法上仍然可能有效，因此，叔叔无权请求侄子返还店铺，选项D正确。

思维拓展

1. 物权法律制度的基本原则

原则	含义
物权法定原则	物权的种类和内容，由法律规定
物权客体特定原则（亦称一物一权原则）	一个物上只能存在一个所有权，但所有权可以和其他物权并存，也可以多人共同对一物享有一个所有权
物权公示原则	动产以交付占有为公示手段，不动产则以登记为公示手段

2. 物权法定原则的效力

行为人违反种类法定原则，在法定物权种类之外创设物权，该物权创设行为无效	例如，叔侄约定：侄子若将祖宅出售，叔父有权优先购买；侄子在未满足叔父优先购买权的情况下擅将祖宅售予他人，叔父有权宣告买卖无效。此例中，叔父欲以优先购买权排除他人购买，实际上是想要创设一种具有排他效力的物权，但我国并未将优先购买权规定为法定物权种类，因此这一约定因为违反物权种类法定原则而无效，即使侄子违反约定将祖宅售予他人，叔父亦不得主张房屋买卖无效并要求买受人返还房屋。不过，这一物权法上无效的约定在合同法上仍然可能有效，因此，叔父有权请求违反约定的侄子承担合同法上的违约责任
行为人设定与法定物权相异的内容，该设定行为无效	例如，《民法典》规定，质权之设立，须以向质权人转移质物占有为前提，如果甲、乙约定就甲的手表为乙设立质权，但手表仍存放于甲处，该质权设定行为即因违反物权内容法定原则而无效。

历年考情

2023年单项选择题、2021年多项选择题、2015年多项选择题考查物权法律制度的基本原则。

审题要点

题目中提示“格式条款”，考生可迅速锁定考查的知识点是格式条款。

6. 根据合同法律制度的规定，下列关于格式条款的表述中，正确的是（　　）。

A. 格式条款提供方应当与对方公平协商拟定条款内容

B. 只有在实践中已经重复使用的条款才能构成格式条款

C. 格式条款提供方对已尽合理提示及说明义务承担举证责任

D. 对格式条款理解有争议的，格式条款提供方享有最终解释权

【本题答案】C

【本题解析】本题考核格式条款。格式条款是指一方当事人为了订

立合同重复使用而单方预先拟定，并在订立合同时不允许对方协商变更的条款，选项A错误。《民法典》中关于“重复使用”的规定仅仅是对实践中常见现象的描述，并不是认定格式条款的要件，选项B错误。对格式条款的理解发生争议的，应当按照字面含义及通常理解予以解释。对格式条款有两种以上解释的，应当作出不利于提供格式条款一方的解释，选项D错误。

思维拓展

格式条款

概念	格式条款是指一方当事人为了订立合同重复使用而单方预先拟定，并在订立合同时不允许对方协商变更的条款
认定（2024年新增）	认定格式条款的核心标准是，不容许对方磋商修改条款内容
	有的合同中载明“本合同不属于格式条款”，该约定是无效。原因在于，格式条款相关特别规定属于强制性规定，不允许当事人通过约定排除适用
认定（2024年新增）	当事人一方采用第三方起草的合同示范文本制作合同的，只要不允许对方协商修改，仍然属于格式条款
	经营者仅以未实际重复使用为由主张其预先拟定且未与对方协商的合同条款不是格式条款的，不应予以支持。《民法典》中关于“重复使用”的规定仅仅是对实践中常见现象的描述，并不是认定格式条款的要件。特别是，经营者在面向消费者预先拟定合同条款时，应当认定是为了重复使用
提请注意	提供格式条款的一方应当遵循公平原则确定当事人之间的权利和义务，并采取合理的方式提示对方注意免除或者减轻其责任等与对方有重大利害关系的条款，按照对方的要求，对该条款予以说明
	提供格式条款一方对已尽合理提示及说明义务承担举证责任
条款无效情形	格式条款具有《民法典》规定的合同无效和免责条款无效的情形时，该条款无效
	提供格式条款一方不合理地免除或者减轻其责任、加重对方责任、限制对方主要权利，或者提供格式条款一方排除对方主要权利的，该条款无效
理解发生争议	对格式条款的理解发生争议的，应当按照字面含义及通常理解予以解释
	对格式条款有两种以上解释的，应当作出不利于提供格式条款一方的解释
	格式条款和非格式条款不一致的，应当采用非格式条款

历年考情

2023年单项选择题考查格式条款。

7. 根据合同法律制度的规定，下列关于连带债务的表述中，正确的是（　　）。

审题要点

题目中提示“合同法律制度”“连带债务”，考生可迅速锁定考查的知识点是合同的履行——连带之债。

A.部分连带债务人与债权人相互抵销债务的，其他连带债务人的债务在相应范围内消灭

B.部分连带债务人的债务被债权人免除的，其他连带债务人仍应在原范围内履行债务

C.部分连带债务人与债权人发生债权债务混同的，其他连带债务人仍应在原范围内履行债务

D.债权人对部分连带债务人的给付受领迟延的，其他连带债务人不得主张债权人迟延

【本题答案】A

【本题解析】本题考核合同的履行——连带之债。部分连带债务人的债务被债权人免除的，发生限制绝对效力，在该连带债务人应当承担的份额范围内，其他债务人对债权人的债务消灭，选项B错误。部分连带债务人的债务与债权人的债权同归于一人的（混同），发生限制绝对效力，在扣除该债务人应当承担的份额后，债权人对其他债务人的债权继续存在，选项C错误。债权人对部分连带债务人的给付受领迟延的，对其他连带债务人发生效力，选项D错误。

思维拓展

1.连带之债

连带债务人之间（对外连带，对内按份，超份额可追）	实际承担债务超过自己份额的连带债务人，有权就超出部分在其他连带债务人未履行的份额范围内向其追偿，并相应地享有债权人的权利，但是不得损害债权人的利益。其他连带债务人对债权人的抗辩，可以向该债务人主张
	被追偿的连带债务人不能履行其应分担份额的，其他连带债务人应当在相应范围内按比例分担
债权人与连带债务人之间	连带债务人的清偿、抵销、提存具有绝对效力。 （1）部分连带债务人履行、抵销债务或者提存标的物的，其他债务人对债权人的债务在相应范围内消灭。 （2）该债务人可以依据前条规定向其他债务人追偿
	部分连带债务人的债务被债权人免除的，在该连带债务人应当承担的份额范围内，其他债务人对债权人的债务消灭
	部分连带债务人的债务与债权人的债权同归于一人（混同）的，在扣除该债务人应当承担的份额后，债权人对其他债务人的债权继续存在
	债权人对部分连带债务人的给付受领迟延的，对其他连带债务人发生效力

2. 按份之债PK连带之债

按份之债	2人以上，标的可分，按照份额各自享有债权（或按照份额各自负担债务）
	按份债权人或者按份债务人的份额难以确定的，视为份额相同
连带之债	债权人为2人以上，部分或者全部债权人均可以请求债务人履行债务的，为连带债权
	债务人为2人以上，债权人可以请求部分或者全部债务人履行全部债务的，为连带债务
	连带债权或者连带债务，由法律规定或者当事人约定
	连带债务人之间的份额难以确定的，视为份额相同

抢分秘籍

对于债权人与连带债务人之间的关系，连带债务人的清偿、抵销、提存具有绝对效力，这种是实打实还了，具有绝对效力，这部分债权债务消灭。而债务被免除、债权债务混同，只是被免除的、混同的该债务人的份额部分消灭。

历年考情

2023年单项选择题考查合同的履行——连带之债。

8. 张某向李某借款100万元，约定贷款年利率为10%，逾期利率为贷款利率的1.5倍，违约金按照每日0.05%计算。张某在借款期限届满后，逾期1年（365日）才偿还本金和借款期内的利息。已知一年期贷款市场报价利率为3.65%。李某向人民法院起诉要求张某支付一年逾期利息和违约金，人民法院应予支持的最高数额是（　　）。

A. 15万元　　B. 18.25万元

C. 33.25万元　　D. 14.6万元

审题要点

题目中提示“张某向李某借款”，考生可迅速锁定考查的知识点是民间借贷合同——自然人借贷合同。

【本题答案】D

【本题解析】本题考核民间借贷合同利息。出借人与借款人既约定了逾期利率，又约定了违约金或者其他费用，出借人可以选择主张逾期利息、违约金或者其他费用，也可以一并主张，但是总计超过合同成立时一年期贷款市场报价利率4倍的部分，人民法院不予支持。题目中逾期利率是15%，违约金按照每日0.05%计算，合计一年的违约金是18.25%，二者相加是33.25%，超过了一年期贷款市场报价利率四倍（3.65%的4倍，即14.6%），因此应当按照14.6%计算，选项D正确。

思维拓展

民间借贷合同

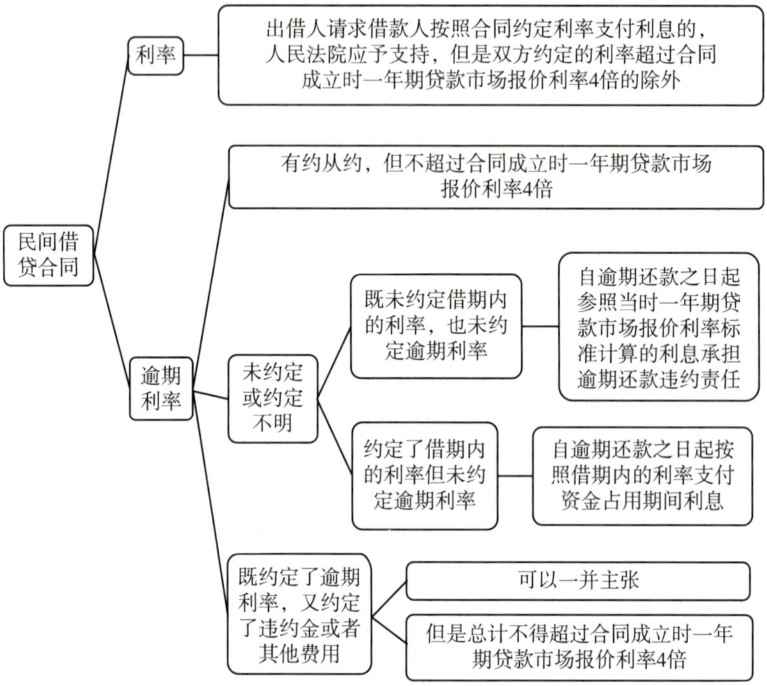

坑点提示

借款合同

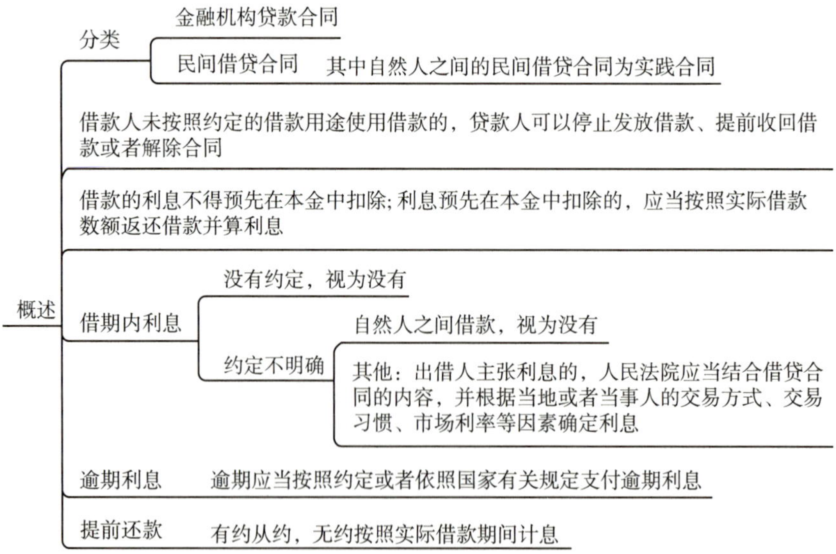

历年考情

2023年案例分析题、单项选择题考查、2022年单项选择、2021年多项选择题、案例分析题考查民间借贷合同。

9.甲、乙出资设立某普通合伙企业，其中甲出资40万元、乙出资60万元。现该合伙企业欠丙120万元，甲因个人原因欠丁40万元。根据合伙企业法律制度的规定，在合伙协议没有特别约定的情况下，下列关于债务清偿的表述中，正确的是（　　）。

审题要点

题目中提示“合伙企业欠丙120万元，甲因个人原因欠丁40万元”，考生可迅速锁定考查的知识点是合伙企业和合伙人的债务清偿。

A.丙不可以向甲直接请求债权

B.甲、乙对丙的债务承担按份责任

C.丁可以代位行使甲在合伙企业中的权利

D.丁可以自行接管甲在合伙企业中的财产份额

【本题答案】A

【本题解析】本题考核合伙企业和合伙人的债务清偿。合伙企业的债权人应首先从合伙企业的全部财产中求偿，而不应当向合伙人个人直接请求债权，选项A正确。合伙企业不能清偿到期债务的，普通合伙人承担无限连带责任，选项B错误。合伙人发生与合伙企业无关的债务，相关债权人不得以其债权抵销其对合伙企业的债务，也不得代位行使合伙人在合伙企业中的权利，选项C错误。合伙人的自有财产不足清偿其与合伙企业无关的债务的，该合伙人可以以其从合伙企业中分取的收益用于清偿；债权人也可以依法请求人民法院强制执行该合伙人在合伙企业中的财产份额用于清偿，债权人不能自行接管或者直接变卖该合伙人在合伙企业中的财产份额，选项D错误。

思维拓展

合伙企业和合伙人的债务清偿

合伙企业的债务清偿	（1）先企业后个人。 合伙企业的债权人应首先从合伙企业的全部财产中求偿，而不应当向合伙人个人直接请求债权
	（2）普通合伙人对外无限连带责任。 当合伙企业的全部财产不足以偿付到期债务时，债权人可以根据自己的清偿利益，有权就合伙企业所负债务向任何一个合伙人主张，该合伙人不得以其出资的份额大小、合伙协议有特别约定、合伙企业债务另有担保人或者自己已经偿付所承担的份额等理由来拒绝
	（3）还完对内追偿，对内按份。 普通合伙人由于承担无限连带责任，清偿数额超过规定的亏损分担比例的，有权向其他普通合伙人追偿。 【提醒】内部分担比例：按照合伙协议的约定办理；合伙协议未约定或者约定不明确的，由合伙人协商决定；协商不成的，由合伙人按照实缴出资比例分担；无法确定出资比例的，由合伙人平均分担

续表

合伙人的债务清偿	（1）不得抵销、不得代位。 合伙人发生与合伙企业无关的债务，相关债权人不得以其债权抵销其对合伙企业的债务；也不得代位行使合伙人在合伙企业中的权利
	（2）可以拿“收益”清偿，也可以“强制执行”份额。 ①合伙人的自有财产不足清偿其与合伙企业无关的债务的，该合伙人可以以其从合伙企业中分取的收益用于清偿。 ②债权人也可以依法请求人民法院强制执行该合伙人在合伙企业中的财产份额用于清偿。 【提醒】人民法院强制执行普通合伙人的财产份额时，应当通知全体合伙人，其他合伙人有优先购买权；其他合伙人未购买，又不同意将该财产份额转让给他人的，依照《合伙企业法》的规定为该合伙人办理退伙结算，或者办理削减该合伙人相应财产份额的结算。 债权人不能自行接管或者直接变卖该合伙人在合伙企业中的财产份额

坑点提示

做合伙企业和合伙人的债务清偿相关题目，要注意区分是合伙企业的债务还是合伙人发生与合伙企业无关的债务。

历年考情

2023年单项选择题考查合伙企业和合伙人的债务清偿。

审题要点

题目中提示“合伙企业的事项应当登记”，考生可迅速锁定考查的知识点是合伙企业设立登记。

10.根据合伙企业法律制度的规定，下列合伙企业的事项中，属于应当登记的是（　　）。

A.合伙人认缴的出资数额　　B.合伙期限

C.执行事务合伙人　　D.合伙协议

【本题答案】C

【本题解析】本题考核合伙企业的登记与信息公示——合伙企业设立登记。合伙企业的登记事项应当包括：（1）名称；（2）合伙类型；（3）经营范围；（4）主要经营场所；（5）合伙人的出资额；（6）执行事务合伙人；（7）合伙人姓名或者名称、住所、承担责任方式；（8）法律、行政法规规定的其他事项。

思维拓展

合伙企业的登记事项PK合伙企业的备案事项

合伙企业的登记事项	合伙企业的备案事项
（1）名称； （2）合伙类型； （3）经营范围； （4）主要经营场所；	（1）合伙协议； （2）合伙期限； （3）合伙人认缴或者实际缴付的出资数额、缴付期限和出资方式； （4）合伙企业登记联络员；

续表

合伙企业的登记事项	合伙企业的备案事项
（5）合伙人的出资额； （6）执行事务合伙人； （7）合伙人姓名或者名称、住所、承担责任方式； （8）法律、行政法规规定的其他事项	（5）合伙企业受益所有人（即最终控制或享有企业收益的人）相关信息； （6）法律、行政法规规定的其他事项

坑点提示

合伙企业的登记事项：叫啥（名称），住哪（主要经营场所），范围和类型，实力（出资额）和谁管事（执行事务合伙人），背后合伙人（合伙人姓名或者名称、住所、承担责任方式）

备案协议和期限，联络员和受益所有人以及出资的具体情况。

历年考情

2023年2道单项选择题、2022年单项选择题、多项选择题考查合伙企业的登记与信息公示——设立登记。

11. 根据合伙企业法律制度的规定，下列关于合伙企业歇业的表述中，正确的是（　　）。

A. 合伙企业歇业的期限最长不得超过5年

B. 合伙企业歇业期间出租营业执照的，需经登记机关同意

C. 合伙企业在歇业期间开展经营活动的，登记机关可没收其所得

D. 合伙企业歇业期间，可以以法律文书送达地址代替住所

审题要点

题目中提示合伙企业歇业，考生可迅速锁定考查的知识点是合伙企业歇业。

【本题答案】D

【本题解析】本题考核合伙企业的登记与信息公示——合伙企业歇业。合伙企业歇业的期限最长不得超过3年，选项A错误。合伙企业在歇业期间开展经营活动的，视为恢复营业，合伙企业应当通过国家企业信用信息公示系统向社会公示，选项B、C错误。合伙企业歇业期间，可以以法律文书送达地址代替住所或者主要经营场所，选项D正确。

思维拓展

合伙企业歇业

可以歇业的情况	因自然灾害、事故灾难、公共卫生事件、社会安全事件等原因造成经营困难的，合伙企业可以自主决定在一定时期内歇业，法律、行政法规另有规定的除外
歇业前备案	合伙企业应当在歇业前向登记机关办理备案。登记机关通过国家企业信用信息公示系统向社会公示歇业期限、法律文书送达地址等信息
歇业期限	合伙企业歇业的期限最长不得超过3年

续表

歇业期间开展经营活动	合伙企业在歇业期间开展经营活动的，视为恢复营业，合伙企业应当通过国家企业信用信息公示系统向社会公示
歇业期间地址	合伙企业歇业期间，可以以法律文书送达地址代替住所或者主要经营场所

坑点提示

公司歇业和合伙企业歇业规定一样，可结合记忆

历年考情

2023年单项选择题考查合伙企业歇业。

12.张某、赵某和李某出资设立甲普通合伙企业，赵某为执行合伙人。一年后，张某不幸病故，张某15岁的儿子小张是其唯一法定继承人。根据合伙企业法律制度的规定，下列表述中，正确的是（　　）。

审题要点

题目中提示“普通合伙企业”“15岁的儿子小张是其唯一法定继承人”，考生可迅速锁定考查的知识点是退伙的效果——财产继承和退伙结算。

A.经赵某和李某的同意，小张可以成为甲合伙企业的合伙人

B.经赵某同意，甲合伙企业可以转为有限合伙企业，小张成为有限合伙人

C.小张有权要求甲合伙企业返还张某的财产份额

D.甲合伙企业必须解散清算

【本题答案】C

【本题解析】本题考核退伙的效果——财产继承和退伙结算。合伙人死亡或者被依法宣告死亡的，对该合伙人在合伙企业中的财产份额享有合法继承权的继承人，按照合伙协议的约定或者经全体合伙人一致同意，从继承开始之日起，取得该合伙企业的合伙人资格。普通合伙人的继承人为无民事行为能力人或者限制民事行为能力人的，经全体合伙人一致同意，可以依法成为有限合伙人，普通合伙企业依法转为有限合伙企业；全体合伙人未能一致同意的，合伙企业应当将被继承合伙人的财产份额退还该继承人。选项C正确。

思维拓展

合伙企业财产继承

普通合伙人	两种选择：退份额或入伙	
	退份额（不能或不愿）	有下列情形之一的，合伙企业应当向合伙人的继承人退还被继承合伙人的财产份额： ①继承人不愿意成为合伙人； ②法律规定或者合伙协议约定合伙人必须具有相关资格，而该继承人未取得该资格； ③合伙协议约定不能成为合伙人的其他情形

续表

<table>
<tr><td rowspan="2">普通合伙人</td><td rowspan="2">成为合伙人</td><td>完全民事行为能力人</td><td>按照合伙协议的约定或者经全体合伙人一致同意，从继承开始之日起，取得该合伙企业的合伙人资格</td></tr>
<tr><td>无（限制）民事行为能力人</td><td>经全体合伙人一致同意，可以依法成为有限合伙人，普通合伙企业依法转为有限合伙企业
全体合伙人未能一致同意的，合伙企业应当将被继承合伙人的财产份额退还该继承人</td></tr>
<tr><td colspan="4">有限合伙人：可以入伙</td></tr>
</table>

坑点提示

对比：有限责任公司股权继承

在公司章程没有另外规定的情况下，自然人股东死亡后，其合法继承人可以直接继承股东资格。

有限公司的自然人股东因继承发生变化时，其他股东主张行使优先购买权的，人民法院不予支持，但公司章程另有规定或者全体股东另有约定的除外。

历年考情

2023年单项选择题考查退伙的效果——财产继承和退伙结算。

13. 王某是小马科技有限公司的经理。在经过该公司执行董事李某的同意后，**王某自营与该公司同类的业务**，但因行情惨淡，王某并未从自营业务中获利。根据公司法律制度的规定，下列表述中，正确的是（　　）。

审题要点

题目中提示“王某是经理，王某自营与该公司同类的业务”考生可迅速锁定考查的知识点是董事、监事、高级管理人员的法定义务。

A. 王某的行为属于关联交易

B. 李某无权同意王某自营与该公司同类业务

C. 由于王某并未获利，该公司无权要求王某承担赔偿责任

D. 王某的行为未违反忠实义务

【本题答案】B

【本题解析】本题考核董事、监事、高级管理人员的法定义务。王某的行为属于经营同类业务，选项A错误。《公司法》规定，董事、监事、高级管理人员未向董事会或者股东会报告，并按照公司章程的规定经董事会或者股东会决议通过，不得自营或者为他人经营与其任职公司同类的业务，即王某自营与该公司同类业务得向董事会或者股东会报

告，并按照公司章程的规定经董事会或者股东会决议通过，执行董事李某无权同意，王某的行为违反忠实义务，选项B正确，选项D错误。董事、监事、高级管理人员违反忠实义务，所得收入应当归公司所有。公司有权要求相关董事、监事、高级管理人员向公司交付该等收入，选项C错误。

思维拓展

公司董事、监事、高级管理人员的法定义务

忠实义务	《公司法》明确禁止董事、监事、高级管理人员从事的违反忠实义务的行为有： （1）侵占公司财产、挪用公司资金； （2）将公司资金以其个人名义或者以其他个人名义开立账户存储； （3）利用职权贿赂或者收受其他非法收入； （4）接受他人与公司交易的佣金归为己有； （5）擅自披露公司秘密； （6）违反对公司忠实义务的其他行为
	董事、监事、高级管理人员直接或者间接参与或者涉及的关联交易、利用公司商业机会和经营同类业务等存在利益冲突的交易或行为，由于未必都对公司有害甚至有时能为公司带来利益，《公司法》并未完全禁止，而是规定了特定的约束条件和批准程序。 （1）关联交易。董监高及其近亲属或其直接或者间接控制的企业以及与董监高有其他关联关系的关联人，直接或者间接与本公司订立合同或者进行交易，应当就与订立合同或者进行交易有关的事项向董事会或者股东会报告，并按照公司章程的规定经董事会或者股东会决议通过。 （2）利用公司商业机会。有下列情形之一的，董监高可以利用公司商业机会：相关董监高向董事会或者股东会报告，并按照公司章程的规定经董事会或者股东会决议批准；或者，根据法律、行政法规或者公司章程的规定，公司不能利用该商业机会。 （3）经营同类业务。董事、监事、高级管理人员未向董事会或者股东会报告，并按照公司章程的规定经董事会或者股东会决议通过，不得自营或者为他人经营与其任职公司同类的业务
	董事、监事、高级管理人员违反忠实义务，所得收入应当归公司所有。公司有权要求相关董事、监事、高级管理人员向公司交付该等收入
勤勉义务	只要公司管理者在决策时没有利益冲突，是在当时掌握的信息和认知条件下作出的诚实、善意的决策，即使该决策事后被证明是失败的，也不能追究其责任
	《公司法》并未集中列举违反勤勉义务的典型行为，而是在有关出资、财务资助、利润分配和减资等规范中规定，董事、监事、高级管理人员负有特定职责，或者应当对其失职行为承担赔偿责任。这些条款中规定的失职行为均与董事、监事、高级管理人员未尽勤勉义务有关，也有可能牵涉违反忠实义务。它们分别是： （1）有限责任公司成立后，董事会应当对股东的出资情况进行核查，发现股东未按期足额缴纳出资的，应当催缴其出资。董事会未及时履行催缴义务，给公司造成损失的，负有责任的董事应当承担赔偿责任。 （2）公司成立后，股东抽逃出资给公司造成损失的，负有责任的董事、监事、高级管理人员应当与该股东承担连带赔偿责任。 （3）董事、监事、高级管理人员违反规定，为他人取得本公司或者其母公司的股份提供财务资助，给公司造成损失的，应当承担赔偿责任。 （4）公司违反规定向股东分配利润或者减少注册资本，给公司造成损失的，负有责任的董事、监事、高级管理人员应当承担赔偿责任

续表

勤勉义务	审判实践中，被人民法院确认董事、监事、高级管理人员违反勤勉义务的行为还有： （1）越权行为（例如，令公司从事经营范围外的营业活动，造成公司损失）。 （2）违法行为（例如，指使公司偷逃税款或者违反环保法规，导致公司遭受国家处罚或对第三人承担赔偿责任）。 （3）失职行为（例如，应当代表公司与第三人签订书面合同而未签订，致使公司事后无法通过诉讼维护自身权利；未尽监督义务，在上市公司违反信息披露要求的文件上签字，声明信息披露内容真实、准确、完整；未及时依公司章程向股东催缴出资等）

坑点提示

注意区分是违反忠实义务还是勤勉义务，注意小案例形式的考查。

历年考情

2023年单项选择题考查董监高的忠实义务。2021年多项选择题考查哪些属于公司高级管理人员。

14. 甲股份公司董事会依照该公司章程的规定拟作出一项对外投资决议。该公司董事会有7人，此次董事会会议共有5名董事参加，在表决时，3名董事投赞成票，1名董事投反对票，1名董事投弃权票。公司拟根据本次决议实施对外投资计划，但该公司股东朱某认为该决议存在瑕疵。根据公司法律制度的规定，下列关于该决议的表述中，正确的是（　　）。

审题要点

题目中提示“董事会”“决议”，考生可迅速锁定考查的知识点是董事会会议决议制度。

A. 该决议不成立

B. 该决议无效

C. 该决议可撤销

D. 该决议仅有轻微瑕疵，不影响决议效力

【本题答案】A

【本题解析】本题考核董事会会议决议制度。董事会会议应有过半数的董事出席方可举行。董事会作出决议，必须经全体董事的过半数通过。题目中该公司董事会有7人，3名董事投赞成票，不符合“过半数”的要求。有下列情形之一的，公司股东会、董事会的决议不成立：（1）未召开股东会、董事会会议作出决议；（2）股东会、董事会会议未对决议事项进行表决；（3）出席会议的人数或者所持表决权数未达到本法或者公司章程规定的人数或者所持表决权数；（4）同意决议事项的人数或者所持表决权数未达到本法或者公司章程规定的人数或者所持表决权数。因此，选项A正确。

思维拓展

股东会和董事会决议制度

<table>
<tr><td rowspan="1">决议不成立</td><td>公司股东会、董事会的决议不成立：
（1）未召开股东会、董事会会议作出决议；
（2）股东会、董事会会议未对决议事项进行表决；
（3）出席会议的人数或者所持表决权数未达到本法或者公司章程规定的人数或者所持表决权数；
（4）同意决议事项的人数或者所持表决权数未达到本法或者公司章程规定的人数或者所持表决权数。
【提醒】有资格提起决议不成立之诉的人包括公司股东、董事、监事等</td></tr>
<tr><td rowspan="3">决议无效</td><td>决议内容违反法律、行政法规</td></tr>
<tr><td>自作出之时起无效（只有在有人请求法院宣告特定决议无效，并得到判决支持的情况下，该决议才能在事实上不发生拘束力）</td></tr>
<tr><td>除股东、董事、监事外，公司高级管理人员、员工甚至公司债权人，如能证明其与所诉决议“有直接利害关系”，则也应当承认他们具有提起公司决议无效之诉的资格</td></tr>
<tr><td rowspan="6">决议可撤销</td><td>会议召集程序、表决方式违反法律、行政法规或者公司章程，或者决议内容违反公司章程。
【提醒】会议召集程序或者表决方式仅有轻微瑕疵，对决议未产生实质影响的除外。
常见的此种“轻微瑕疵”是公司在会议通知时间或方式、召开地点和方式等方面与法律或章程规定不符，但原告股东仍然出席了会议或者参与了决议的形成，其参与公司决议的权利未受实质性影响</td></tr>
<tr><td>股东自决议作出之日起60日内，可以请求人民法院撤销</td></tr>
<tr><td>未被通知参加股东会会议的股东自知道或者应当知道股东会决议作出之日起60日内，可以请求人民法院撤销</td></tr>
<tr><td>上述60日期限属于除斥期间</td></tr>
<tr><td>自决议作出之日起1年内没有行使撤销权的，撤销权消灭</td></tr>
<tr><td>决议撤销之诉只能由股东提起</td></tr>
<tr><td colspan="2">公司股东会、董事会决议被人民法院宣告无效、撤销或者确认不成立的，公司应当向公司登记机关申请撤销根据该决议已办理的登记，但公司根据该决议与善意相对人形成的民事法律关系（例如与善意相对人订立的合同）不受影响</td></tr>
</table>

坑点提示

注意区分决议是不成立还是无效，无效只有一个就是决议内容违反法律、行政法规。

历年考情

2023年多项选择题、2022年多项选择题、2021年多项选择题、2019年多项选择题考查决议不成立的情形。2020年单项选择题、2019

年单项选择题考查决议之诉应当列公司为被告。2019年案例分析题考查可撤销决议。

15.根据公司法律制度的规定，下列关于股份有限公司设立表述中，正确的是（　　）。

A.以发起设立方式设立的，发起人书面认足公司章程规定其认购股份后，按照公司章程规定缴纳出资

B.以募集设立方式设立的，股东必须在设立时缴纳全部出资

C.以募集设立方式设立的，发起人应当为1人以上200人以下，其中应当有2/3以上的发起人在中华人民共和国境内有住所

D.以发起设立方式设立的，发起人不能以非货币财产出资

【本题答案】B

【本题解析】本题考核股份有限公司的设立。以发起设立方式设立股份有限公司的，发起人应当在公司成立前按照其认购的股份全额缴纳出资，选项A错误。以募集设立方式设立股份有限公司的，无论是公开募集还是非公开募集，均实行出资实缴制，选项B正确。股份有限公司发起人应当为1人以上200人以下，其中应当有半数以上的发起人在中华人民共和国境内有住所，选项C错误。不管是以募集设立方式设立股份有限公司还是以发起设立方式设立股份有限公司，发起人的出资既可以是货币，也可以是非货币财产，选项D错误。

审题要点

题目中提示“股份有限公司设立”，考生可迅速锁定考查的知识点是股份有限公司的设立。

思维拓展

发起设立PK募集设立

《公司法》规定，股份有限公司可以采取发起设立或者募集设立方式设立。

	发起设立	募集设立
概念	发起人认购设立公司时应发行的全部股份而设立公司	由发起人认购设立公司时应发行股份的一部分，其余股份向特定对象募集或者向社会公开募集而设立公司
出资	实缴制	实缴制
		发起人认购的股份不得少于公司章程规定的公司设立时应发行股份总数的35%；法律、行政法规另有规定除外
		发起人认购的股份缴足出资之前，股份有限公司不得向他人募集股份
	发起人的出资既可以是货币，也可以是非货币财产	

续表

设立程序	公开募集设立还需要经过向社会公开招募股份等相关程序，其他程序与发起设立方式相同。 （1）募集设立股份有限公司的发起人应当自公司设立时应发行股份的股款缴足之日起30日内召开公司成立大会。 （2）发起人应当在成立大会召开15日前将会议日期通知各认股人或者予以公告。 （3）成立大会应当有持有表决权过半数的认股人出席，方可举行。成立大会决议，应当经出席会议的认股人所持表决权过半数通过。 （4）公司设立时应发行的股份未募足，或者发行股份的股款缴足后，发起人在30日内未召开成立大会的，认股人可以按照所缴股款并加算银行同期存款利息，要求发起人返还。 （5）董事会应当授权代表，于公司成立大会结束后30日内向公司登记机关申请设立登记

坑点提示

出资期限（2024年重大变化，2023年修订《公司法》，该法于2024年7月1日起施行）

	有限责任公司	股份有限公司
一般期限	全体股东认缴的出资额由股东按照公司章程的规定自公司成立之日起5年内缴足，另有规定的除外	实缴制
加速到期	公司不能清偿到期债务的，公司或者已到期债权的债权人有权要求已认缴出资但未届出资期限的股东提前缴纳出资	
	股东依上述规定提前向公司缴纳出资，并不是因为股东违反了出资义务。因此，股东是将出资缴纳至公司，而不是直接向公司债权人承担赔偿责任	
	股东提前缴资的适用条件是“公司不能清偿到期债务”。该条件是指公司未履行或未全面履行债务，无须达到《企业破产法》所规定的破产标准，也无须公司债权人对公司先行采取强制执行措施	

历年考情

2023年单项选择题、2022年多项选择题考查公司的设立。2019年单项选择题考查公司设立阶段的合同之债。

审题要点

题目中提示“累积投票制”，考生可迅速锁定考查的知识点是累积投票制。

16.根据公司法律制度的规定，控股股东持股在一定比例以上的上市公司应当采用累积投票制。该比例是（　　）。

A. 20%　　B. 30%

C. 40%　　D. 50%

【本题答案】B

【本题解析】本题考核累积投票制。根据《上市公司治理准则》的规定，控股股东控股比例在30%以上的上市公司，应当采用累积投票制。

思维拓展

累积投票制

适用情形	股东会选举董事、监事，可以按照公司章程的规定或者股东会的决议，实行累积投票制
	控股股东控股比例在30%以上的上市公司，应当采用累积投票制
	其他股份有限公司也可以依据公司章程的规定或者股东会的决议，实行累积投票制

坑点提示

累积投票制，是指股东会选举董事或者监事时，每一股份拥有与应选董事或者监事人数相同的表决权，股东拥有的表决权可以集中使用。有利于中小股东选举代表进入公司管理层，参与董事会的活动，保护其利益。

历年考情

2023年单项选择题考查股东会——累积投票制。2022年多项选择题考查有限责任公司股东会的特别表决事项。2022年案例分析题考查临时股东会的召开程序，以及股东会临时提案。

17.根据证券法律制度的规定，下列关于区域性股权市场的表述中，正确的是（　　）。

审题要点

题目中提示"区域性股权市场"，考生可迅速锁定考查的知识点是证券市场——区域性股权市场。

A.在区域性股权市场可以将权益拆分为均等份额公开发行

B.在区域性股权市场可以通过协议转让的方式进行交易

C.在区域性股权市场可以以集中化方式进行标准化合约交易

D.在区域性股权市场可以将权益按照标准化交易单位持续挂牌交易

【本题答案】B

【本题解析】本题考核证券市场——区域性股权市场。区域性股权市场不得将任何权益拆分为均等份额公开发行，选项A错误。区域性股权市场不得采取集中交易方式进行交易，协议转让、依法进行的拍卖不属于采取集中交易方式进行交易，选项B正确。区域性股权市场不得以集中交易方式进行标准化合约交易，选项C错误。区域性股权市场不得将权益按照标准化交易单位持续挂牌交易，选项D错误。

思维拓展

区域性股权市场

功能定位	非公开证券的发行、转让（区域性股权市场是私募市场）
主要服务对象	主要服务于所在省级行政区域内中小微企业的私募股权市场
要求	第一，不得将任何权益拆分为均等份额公开发行
	第二，不得采取集中交易方式进行交易。 所谓“集中交易方式”包括集合竞价、连续竞价、电子撮合、匿名交易、做市商等交易方式，但协议转让、依法进行的拍卖不在此列
	第三，不得将权益按照标准化交易单位持续挂牌交易
	第四，权益持有人累计不得超过200人
	第五，不得以集中交易方式进行标准化合约交易
	第六，未经国务院相关金融管理部门批准，不得设立从事保险、信贷、黄金等金融产品交易的交易场所，其他任何交易场所也不得从事保险、信贷、黄金等金融产品交易

坑点提示

抓住区域性股权市场的功能定位“非公开”，故抓关键字眼“公开”“集中交易”“标准化持续”都不允许，“不得超过200人”“未经批准，不得从事保险、信贷、黄金等金融产品交易”。

历年考情

2023年单项选择题、2022年多项选择题考查证券市场——北交所，2023年单项选择题、2020年单项选择题考查证券市场——区域性股权市场。

审题要点

题目中提示“自愿信息披露”，考生可迅速锁定考查的知识点是强制信息披露制度——信息披露的分类。

18. 根据证券法律制度的规定，下列关于自愿信息披露的表述中，正确的是（　　）。

A. 自愿信息披露又称为“软信息”披露

B. 自愿信息披露的形式要求比强制信息披露宽松

C. 中期报告的内容在我国属于自愿信息披露的范畴

D. 自愿信息披露的内容属于非法律强制规定必须公开的内容

【本题答案】D

【本题解析】本题考核强制信息披露制度——信息披露的分类。主观信息的披露又称为“软信息”披露，选项A错误。自愿信息披露应采用与强制信息披露同样的披露原则，选项B错误。中期报告应当在每个会计年度的上半年结束之日起2个月内编制完成并披露。中期报告的主要内容依照中国证监会的相关规定披露，属于强制信息披露，选项C错误。

思维拓展

信息披露的分类

披露的信息内容是否为法律强制规定必须公开的内容	强制信息披露	主要适用于公开发行的证券
	自愿信息披露	（1）除依法需要披露的信息之外，信息披露义务人可以自愿披露与投资者作出价值判断和投资决策有关的信息，但不得与依法披露的信息相冲突，不得误导投资者。 （2）发行人一旦自愿选择披露依法需披露的信息之外的信息，则应采用与强制信息披露同样的披露原则
信息披露的内容	客观信息的披露	即“硬信息”、历史性信息的披露，是指发行人、上市公司将其已发生的相关事实依法进行披露，例如上市公司的经营状况、财务报告、管理层和主要股东及其持股变动
	主观信息的披露	即“软信息”、预测性信息的披露，指发行人、上市公司对公司未来经营情况、财务状况进行判断并公布，一般表现为盈利预测和管理层讨论和分析
	通常意义的虚假陈述都发生在“硬信息”披露场合，但要强调的是，预测性信息披露也可能因未进行充分风险提示、预测无依据等情形构成虚假陈述	
信息披露的发生阶段	首次信息披露	（1）主要指发行信息披露，尤指首次公开发行股票和公司债券的信息披露。 （2）首次信息披露的法定文件主要是招股说明书和债券募集说明书，也可将上市公告书界定为首次信息披露的范畴
	持续信息披露	（1）证券上市后，信息披露义务人承担的持续披露义务。 （2）持续信息披露的形式主要是定期报告（包括年度报告、中期报告）和临时报告

坑点提示

“自愿”对应“非强制”，该题目可迅速选出D选项。

历年考情

2023年单项选择题考查强制信息披露制度——信息披露的分类。2020年单项选择题考查强制信息披露制度——年度报告。2020年单项选择题考查强制信息披露制度——招股说明书。

19. 根据证券法律制度的规定，虚假陈述普通代表人诉讼采用特定方式确定原告范围。下列表述中，属于该特定方式的是（　　）。

A. 投资者默认加入

审题要点

题目中提示“虚假陈述普通代表人诉讼”，考生可迅速锁定考查的知识点是虚假陈述的民事诉讼——普通代表人诉讼。

B.投资者登记参加诉讼，明示加入

C.证券登记结算机构推荐投资者加入

D.投资者保护机构征集投资者加入

【本题答案】B

【本题解析】本题考核虚假陈述的民事诉讼——普通代表人诉讼。在普通代表人诉讼中，投资者须通过进行登记参与诉讼，“明示加入”。

思维拓展

虚假陈述的民事诉讼

- 提交以下证据或者证明材料
  - 证明原告身份的相关文件
  - 实施虚假陈述的相关证据
  - 原告因虚假陈述进行交易的凭证及投资损失等相关证据
- 人民法院不得仅以虚假陈述未经监管部门行政处罚或者人民法院生效刑事判决的认定为由裁定不予受理
- 投资者的单独诉讼
- 普通代表人诉讼
  - 诉讼标的是同一种类，且当事人一方人数众多的，可以依法推选代表人进行诉讼
  - 人民法院可以发出公告，说明该诉讼请求的案件情况，通知投资者在一定期间向人民法院登记
  - 明示加入
  - 人民法院作出的判决、裁定，对参加登记的投资者发生效力
  - 适用条件
    - 原告一方人数10人以上，起诉符合法定条件
    - 起诉书中确定2至5名拟任代表人且符合法定资格条件
    - 原告提交有关行政处罚决定等证明证券侵权事实的初步证据
- 特别代表人诉讼
  - 谁代表：投资者保护机构，受50名以上投资者委托，可以作为代表人参加诉讼
  - 两个以上的投资者保护机构分别受50名以上投资者委托，且均决定作为代表人参加诉讼的，应当协商处理;协商不成的，由人民法院指定其中一个
  - 诉讼过程中由于声明退出等原因导致明示授权投资者的数量不足五十名的，不影响投资者保护机构的代表人资格
  - 投资者保护机构为经证券登记结算机构确认的权利人依照规定向人民法院登记，但投资者明确表示不愿意参加该诉讼的除外
  - 默认加入、明示退出
    - 应当在法院公告期间届满后十五日内向人民法院声明退出
    - 未声明退出的，视为同意
    - 退出的可以另行起诉
  - 由涉诉证券集中交易的证券交易所、国务院批准的其他全国性证券交易场所所在地的中级人民法院或者专门人民法院管辖

坑点提示

注意在普通代表人诉讼中，投资者须通过进行登记参与诉讼，“明示加入”。而特别代表人诉讼中采用的是“默认加入、明示退出”的方式。投资者保护机构依据公告确定的权利人范围向证券登记结算机构调取的权利人名单，人民法院应当予以登记，列入代表人诉讼原告名单，并通知全体原告。

历年考情

2023年单项选择题考查虚假陈述的民事诉讼——普通代表人诉讼，2021年单项选择题考查虚假陈述的民事诉讼——特别代表人诉讼。

20.根据企业破产法律制度的规定，下列关于**破产申请当事人**的表述中，正确的是（　　）。

> **审题要点**
>
> 题目中提示“破产申请当事人”，考生可迅速锁定考查的知识点是破产申请的提出——提出破产申请的当事人。

A.担保债权人享有破产清算的申请权

B.税务机关享有破产和解的申请权

C.社会保险机构享有破产和解的申请权

D.企业职工不享有破产重整的申请权

【本题答案】A

【本题解析】本题考核破产申请的提出——提出破产申请的当事人。税务机关和社会保险机构不享有破产和解的申请权和重整申请权，尽管他们可以参加重整程序受偿，选项B、C错误。破产企业的职工作为债权人可以申请债务人企业破产清算或者重整，选项D错误。

思维拓展

破产申请

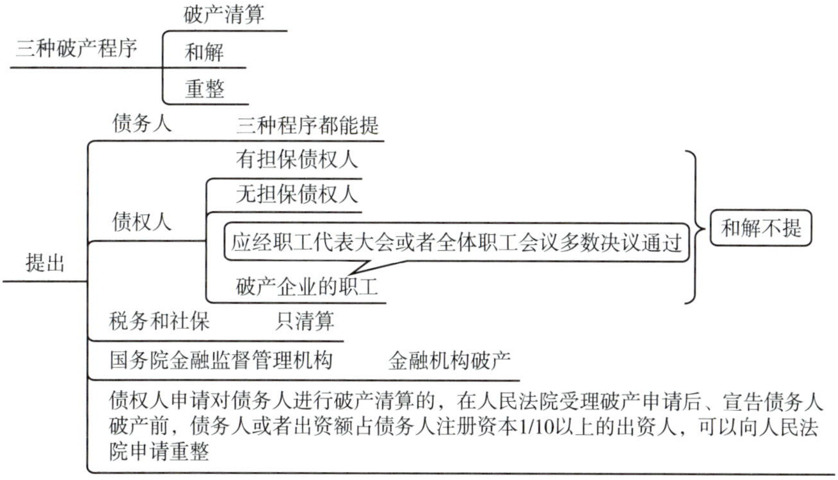

坑点提示

注意一些比例规定：职工提出破产申请应经职工代表大会或者全体职工（会议）多数决议通过。

债权人申请对债务人进行破产清算的，在人民法院受理破产申请后、宣告债务人破产前，债务人或者出资额占债务人注册资本1/10以上的出资人，可以向人民法院申请重整。

历年考情

2023年单项选择题、2021年案例分析题考查破产申请的提出——提出破产申请的当事人。2020年案例分析题考查破产申请的提出——破产案件的管辖。2019年案例分析题考查破产申请的提出——破产申请书应当载明事项。

审题要点

题目中提示“银行结算账户”，考生可迅速锁定考查的知识点是银行结算账户。

21. 根据支付结算法律制度的规定，下列关于银行结算账户的表述中，正确的是（　　）。

A. 银行结算账户是银行为存款人开立的办理资金收付结算的人民币定期存款账户

B. 单位银行结算账户的存款人可以在银行开立多个基本存款账户

C. 个体工商户凭营业执照以字号或经营者姓名开立的银行结算账户纳入单位银行结算账户管理

D. 在个人银行结算账户中，Ⅱ类银行账户不可用于存取现金

【本题答案】C

【本题解析】本题考核银行结算账户。银行结算账户是指银行为存款人开立的办理资金收付结算的人民币活期存款账户，选项A错误。单位银行结算账户的存款人只能在银行开立一个基本存款账户，选项B错误。个人银行账户Ⅱ类户可以办理存款、购买投资理财产品等金融产品、限额消费和缴费、限额向非绑定账户转出资金业务。经银行柜面、自助设备加以银行工作人员现场面对面确认身份的，Ⅱ类户还可以办理存取现金、非绑定账户资金转入业务，可以配发银行卡实体卡片，选项D错误。

思维拓展

1. 银行结算账户

银行结算账户是指银行为存款人开立的办理资金收付结算的人民币活期存款账户。

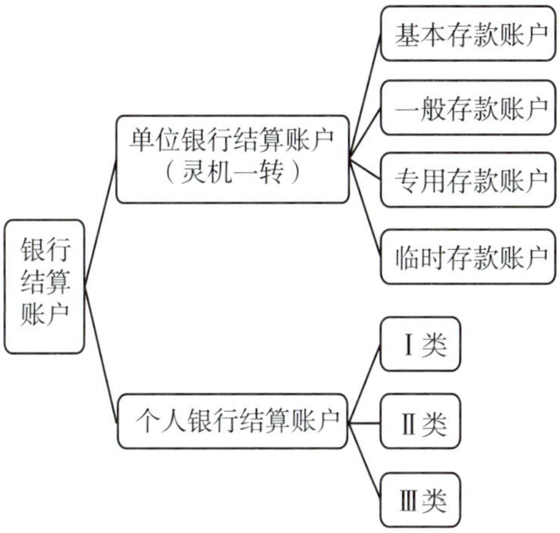

2. 单位银行结算账户

概念	存款人以单位名称开立的银行结算账户为单位银行结算账户。个体工商户凭营业执照以字号或经营者姓名开立的银行结算账户纳入单位银行结算账户管理
基本存款账户	办理日常转账结算和现金收付
	主办账户
	只能开立一个
	现金存取均可
一般存款账户	办理借款转存、借款归还和其他结算
	在基本存款账户开户银行以外的银行营业机构开立
	可以存现金不能取现金
临时存款账户	存款人有下列情况的，可以申请开立临时存款账户： （1）设立临时机构； （2）异地临时经营活动； （3）注册验资； （4）境外（含港澳台地区）机构在境内从事经营活动
	有效期最长不得超过2年

3. 个人银行结算账户

类型	**用途**
Ⅰ类	为存款人提供存款、购买投资理财产品等金融产品、转账、消费和缴费支付、支取现金等服务
Ⅱ类	可以办理存款、购买投资理财产品等金融产品、限额消费和缴费、限额向非绑定账户转出资金业务
	经银行柜面、自助设备加以银行工作人员现场面对面确认身份的，Ⅱ类户还可以办理存取现金、非绑定账户资金转入业务，可以配发银行卡实体卡片
Ⅱ、Ⅲ类户可以通过移动支付工具进行小额取现，取现额度应当在遵守Ⅱ、Ⅲ类户出金总限额规定的前提下，由银行根据客户风险等级和交易情况自行设定	
同一银行法人为同一个人开立Ⅱ类户、Ⅲ类户的数量原则上分别不得超过5个	

坑点提示

个人也可以开立异地存款账户。

存款人一般应在注册地（指存款人的营业执照等开户证明文件上记载的住所地）或住所地开立银行结算账户 。

存款人有下列情形的，可以申请开立异地银行结算账户：

（1）营业执照注册地与经营地不在同一行政区域需要开立基本存款账户的；

（2）办理异地借款需要开立一般存款账户的；

（3）存款人因附属的非独立核算单位发生的收入汇缴或业务支出需要开立专用存款账户的；

（4）异地临时经营活动需要开立临时存款账户的；

（5）自然人根据需要在异地开立个人银行结算账户的。

历年考情

2023年单项选择题、2022年单项选择题、2021年多项选择题考查银行结算账户。

审题要点

题目中提示“企业国有资产评估程序”，考生可迅速锁定考查的知识点是企业国有资产评估程序。

22. 根据《资产评估法》的相关规定，下列关于企业国有资产评估程序的表述中，正确的是（　　）。

A. 资产评估机构受理企业国有资产评估业务后，应当指定至少1名相应专业类别的评估师承办

B. 法定评估业务的评估档案保存期限不少于30年

C. 企业国有资产评估业务流程由国务院国有资产监督管理机构确定，无需企业国有资产评估业务委托人与评估机构另行订立合同

D. 资产评估报告应由承办该业务的评估机构的法定代表人签名

【本题答案】B

【本题解析】本题考核企业国有资产评估程序。资产评估机构受理企业国有资产评估业务后，应当指定至少两名相应专业类别的评估师承办，选项A错误。企业国有资产评估业务委托人应当依法选择资产评估机构，应当与评估机构订立委托合同，约定双方的权利和义务，选项C错误。资产评估报告应当由至少2名承办该项业务的评估师签名并加盖资产评估机构印章，选项D错误。

思维拓展

企业国有资产评估程序

评估程序	选择评估机构	（1）企业国有资产评估业务委托人应当依法选择资产评估机构，应当与评估机构订立委托合同，约定双方的权利和义务。 （2）委托人应当按照合同约定向评估机构支付费用，不得索要、收受或者变相索要、收受回扣。 （3）委托人应当对其提供的权属证明、财务会计信息和其他资料的真实性、完整性和合法性负责
	指定评估师评估	（1）指定至少2名相应专业类别的评估师承办。 （2）评估师应当恰当选择评估方法，除依据评估执业准则只能选择一种评估方法的外，应当选择两种以上评估方法，经综合分析，形成评估结论，编制资产评估报告。 （3）评估机构应当对评估报告进行内部审核
	出具评估报告	（1）资产评估报告应当由至少两名承办该项业务的评估师签名并加盖资产评估机构印章。 （2）委托人对评估报告有异议的，可以要求评估机构解释
	档案保存	评估档案的保存期限不少于15年。 属于法定评估业务的，保存期限不少于30年

坑点提示

注意区分保存期限，评估档案的保存期限不少于15年，而法定评估业务的，保存期限不少于30年。

历年考情

2023年单项选择题考查企业国有资产评估程序。2022年多项选择题、2021年多项选择题、2019年单项选择题考查企业国有资产评估的范围。2020年单项选择题考查企业国有资产评估的核准制和备案制

23.根据反垄断法律制度的规定，商品的运输成本、运输特征是界定相关市场时需考虑的因素，其具体影响的主要是（　　）。

A.相关商品市场　　B.相关地域市场

C.相关创新市场　　D.相关时间市场

> **审题要点**
> 题目中提示“商品的运输成本、运输特征”“界定相关市场”，考生可迅速锁定考查的知识点是相关市场界定。

【本题答案】B

【本题解析】本题考核相关市场界定商品的运输成本、运输特征。相对于商品的价格来说，运输成本越高，相关地域市场的范围越小，如水泥等；商品的运输特征也决定了商品的销售地域，如需要管道运输的工业气体等。因此，选项B正确。

思维拓展

相关市场界定

<table>
<tr><td colspan="3">在垄断协议及滥用市场支配地位的禁止，以及经营者集中的反垄断审查案件中，均可能涉及相关市场的界定问题</td></tr>
<tr><td colspan="3">需求替代是界定相关市场的主要分析视角</td></tr>
<tr><td colspan="3">大部分反垄断分析中，相关市场只需从商品和地域两个维度进行界定；只有在时间因素可以影响商品之间的竞争关系的特定情形下，才会用到时间维度</td></tr>
<tr><td></td><td>需求角度</td><td>供给角度</td></tr>
<tr><td>相关商品市场</td><td>（1）需求者因商品价格或者其他竞争因素变化，转向或者考虑转向购买其他商品的证据。
（2）商品的外形、特性、质量和技术特点等总体特征和用途。
（3）商品之间的价格差异。
（4）商品的销售渠道。
（5）其他重要因素。如需求者偏好或者需求者对商品的依赖程度；可能阻碍大量需求者转向某些紧密替代商品的障碍、风险和成本；是否存在区别定价等</td><td>（1）经营者的生产流程和工艺
（2）转产的难易程度，转产需要的时间，转产的额外费用和风险
（3）转产后所提供商品的市场竞争力，营销渠道等</td></tr>
<tr><td>相关地域市场</td><td>（1）需求者因商品价格或者其他竞争因素变化，转向或者考虑转向其他地域购买商品的证据。
（2）商品的运输成本和运输特征。相对于商品价格来说，运输成本越高，相关地域市场的范围越小，如水泥等；商品的运输特征也决定了商品的销售地域，如需要管道运输的工业气体等。
（3）多数需求者选择商品的实际区域和主要经营者商品的销售分布。
（4）地区间的贸易壁垒，包括关税、地方性法规、环保因素、技术因素等。
（5）其他重要因素。如特定区域需求者偏好、商品运进和运出该地域的数量</td><td>需要考虑其他地域的经营者供应或者销售相关商品的即时性和可行性，如将订单转向其他地域经营者的转换成本等</td></tr>
<tr><td>相关时间市场</td><td colspan="2">当商品的生产周期、使用期限、季节性、流行时尚性或知识产权保护期限等已构成商品不可忽视的特征时，界定相关市场还应考虑时间性，时间的变化可能导致相关产品市场和相关地域市场随之变化</td></tr>
</table>

坑点提示

判定相关地域市场，主要抓“转向其他地域”“运输成本和运输特征”“区域”“销售分布”“地区间的贸易壁垒”等和地域相关的字眼。

历年考情

2023年单项选择题、2021年多项选择题、2019年单项选择题考查相关市场界定。

24.根据反垄断法律制度的规定，下列关于反垄断执法的表述中，正确的是（　　）。

> 审题要点
>
> 题目中提示“反垄断执法”，考生可迅速锁定考查的知识点是反垄断行政执法。

A.反垄断执法权属于中央和地方共享事权

B.跨省的垄断协议案件只能由国家市场监管总局管辖

C.省级市场监管部门可以委托下级市场监管部门调查垄断协议案件

D.受省级市场监管部门委托的部门，以自己的名义开展反垄断案件的执法调查

【本题答案】C

【本题解析】本题考核反垄断行政执法。反垄断执法权属于中央事权。但是，国务院反垄断执法机构根据工作需要，可以授权省、自治区、直辖市人民政府相应的机构，负责有关反垄断执法工作，选项A错误。跨省的垄断协议案件由市场监管总局直接管辖或者授权有关省级市场监管部门管辖，选项B错误。省级市场监管部门负责本行政区域内垄断协议、滥用市场支配地位、滥用行政权力排除限制竞争案件反垄断执法工作，以本机关名义依法作出处理。省级市场监管部门也可以委托其他省级市场监管部门或者下级市场监管部门开展调查。受委托的市场监管部门在委托范围内，以委托机关的名义实施调查，不得再委托其他行政机关、组织或者个人实施调查，选项D错误。

思维拓展

反垄断行政执法

<table>
<tr><td colspan="2">我国的反垄断机构采取双层制模式：国家市场监督管理总局作为国务院反垄断执法机构，负责反垄断法的行政执法；另外，在其之上还设反垄断委员会，负责组织、协调、指导反垄断工作。
反垄断执法权属于中央事权。但是，国务院反垄断执法机构根据工作需要，可以授权省、自治区、直辖市人民政府相应的机构，负责有关反垄断执法工作</td></tr>
<tr><td>反垄断委员会</td><td>负责组织、协调、指导反垄断工作
履行下列职责：
（1）研究拟订有关竞争政策。
（2）组织调查、评估市场总体竞争状况，发布评估报告。
（3）制定、发布反垄断指南。
（4）协调反垄断行政执法工作。
（5）国务院规定的其他职责</td></tr>
</table>

续表

<table>
<tr><td rowspan="4">反垄断执法机构——国家市场监督管理总局</td><td rowspan="3">垄断协议、滥用市场支配地位、滥用行政权力排除、限制竞争案件</td><td>市场监管总局负责反垄断统一执法，直接管辖或者授权有关省级市场监管部门管辖：
（1）跨省、自治区、直辖市的以及省级人民政府实施的。
（2）案情较为复杂或者在全国有重大影响的。
（3）总局认为有必要直接管辖的</td></tr>
<tr><td>省级市场监管部门负责本行政区域内，以本机关名义依法作出处理</td></tr>
<tr><td>总局在案件审查和调查过程中，可以委托省级市场监管部门开展相应的调查。省级市场监管部门也可以委托其他省级市场监管部门或者下级市场监管部门开展调查。受委托的市场监管部门在委托范围内，以委托机关的名义实施调查，不得再委托其他行政机关、组织或者个人实施调查</td></tr>
<tr><td>经营者集中</td><td>市场监管总局负责进行审查及调查处理。市场监管总局根据工作需要，可以委托省级市场监管部门实施经营者集中审查</td></tr>
<tr><td>反垄断调查措施</td><td colspan="2">（1）进入被调查的经营者的营业场所或者其他有关场所进行检查。
（2）询问被调查的经营者、利害关系人或者其他有关单位或者个人，要求其说明有关情况。
（3）查阅、复制被调查的经营者、利害关系人或者其他有关单位或者个人的有关单证、协议、会计账簿、业务函电、电子数据等文件和资料。
（4）查封、扣押相关证据。
（5）查询经营者的银行账户</td></tr>
</table>

坑点提示

注意2024年新增内容：反垄断约谈制度

反垄断约谈是指反垄断执法机构针对涉嫌违法的相关主体，通过信息交流、沟通协商、警示谈话和批评教育等方法，对涉嫌违法行为加以预防、纠正的行为，属于不具有处分性、惩罚性和强制性的柔性执法方式。

<table>
<tr><td colspan="2">反垄断执法机构可以对涉嫌违反《反垄断法》规定的相关主体的法定代表人或者负责人进行约谈，要求其提出改进措施</td></tr>
<tr><td rowspan="2">对达成垄断协议以及滥用市场支配地位行为的约谈</td><td>约谈应当指出经营者涉嫌达成垄断协议或滥用市场支配地位的问题，听取情况说明，开展提醒谈话，并可以要求其提出改进措施，消除行为危害后果</td></tr>
<tr><td>经营者应当按照反垄断执法机构要求进行改进，提出消除行为危害后果的具体措施、履行时限等，并提交书面报告</td></tr>
<tr><td>对滥用行政权力排除、限制竞争行为的约谈</td><td>相较于对经营者的约谈，针对行政垄断行为的约谈主要有如下四个特点：
一是约谈应当经过反垄断执法机构主要负责人的批准；二是反垄断执法机构可以根据需要，邀请被约谈单位的有关上级机关共同实施约谈；三是反垄断执法机构应当公开约谈情况，也可以邀请媒体、行业协会、专家学者、相关经营者、社会公众代表列席约谈；四是反垄断执法机构可以将约谈情况通报被约谈单位的上级机关或监察机关</td></tr>
</table>

历年考情

2023年单项选择题、2022年多项选择题及单项选择题、2021年单项选择题考查反垄断行政执法——反垄断机构及执法权。2019年多项选择题、2020年多项选择题、2021年多项选择题考查反垄断行政执法——反垄断调查措施。

25. 某敏感类境外投资项目的投资主体为地方企业，中方投资额为1亿美元。根据涉外投资法律制度的规定，下列表述中，正确的是（　　）。

A.该项目应由国家发展改革委核准

B.该项目应由国家发展改革委备案

C.该项目应由省级政府发展改革部门核准

D.该项目应由省级政府发展改革部门备案

【本题答案】A

【本题解析】本题考核对外直接投资法律制度——对外直接投资核准备案制度。对境外投资项目实行核准管理的范围是投资主体直接或通过其控制的境外企业开展的敏感类项目，核准机关是国家发展改革委，选项A正确。

审题要点

题目中提示“敏感类境外投资项目”，根据选项中的“核准”“备案”，考生可迅速锁定考查的知识点是对外直接投资核准备案制度。

思维拓展

1.对外直接投资法律制度

国际直接投资	对外直接投资	中国对外投资
	外商直接投资	外商来中国投资
形式	包括新设、并购、参股、增资、再投资等	
需要遵守的法律规则	（1）投资所在国，即东道国的法律和政策。 （2）中国与有关东道国签订的双边投资保护协定。 （3）双方共同缔结或参加的多边条约中的相关规定。 （4）中国国内法中的相关规定	
核准备案制度	商务部	涉及敏感国家和地区、敏感行业：核准
	国家发展改革委	敏感类项目：核准

2.国家发展改革委备案项目的备案机关

投资主体	备案机关
中央管理企业（含中央管理金融企业、国务院或国务院所属机构直接管理的企业）	国家发展改革委
地方企业且中方投资额3亿美元及以上	国家发展改革委
地方企业且中方投资额3亿美元以下	投资主体注册地的省级政府发展改革部门

投资主体通过其控制的境外企业开展大额非敏感类项目（中方投资额3亿美元及以上）的，投资主体应当在项目实施前通过网络系统提交大额非敏感类项目情况报告表，将有关信息告知国家发展改革委。

坑点提示

对外直接投资核准备案制度找敏感，敏感项核准，既需要在商务部核准，又需要在国家发展改革委核准。非敏感发改委备案时，找3亿美元以下，在省级发改部门即可，其他国家发改委备案。

历年考情

2023年单项选择题、2020年单项选择题考查对外直接投资核准备案制度。2021年单项选择题考查对外直接投资概念。2019年多项选择题考查对外直接投资需要遵循的法律规则。

审题要点

题目中提示“外汇管理的基本原则”，考生可迅速锁定考查的知识点是外汇管理的基本原则。

26. 根据外汇管理法律制度的规定，我国目前外汇管理的基本原则是（　　）。

A. 经常项目开放，资本项目部分管制

B. 资本项目开放，经常项目部分管制

C. 经常项目部分管制，资本项目全面管制

D. 经常项目和资本项目全面开放

【本题答案】A

【本题解析】本题考核外汇管理的基本原则。我国目前外汇管理的基本原则是经常项目与资本项目区别管理原则，即经常项目开放（可自由兑换），资本项目部分管制。

思维拓展

外汇管理的基本原则

<table>
<tr><td rowspan="3">经常项目</td><td colspan="2">包括贸易收支、服务收支、收益和经常转移</td></tr>
<tr><td>收益</td><td>包括职工报酬和投资收益两部分。
投资收益主要是利息、红利等</td></tr>
<tr><td>经常转移</td><td>（1）个人转移，个人之间的无偿赠与或赔偿等。
（2）政府转移，政府间的军事及经济援助、赔款、赠与等</td></tr>
<tr><td>资本项目</td><td colspan="2">包括资本转移、直接投资、证券投资、衍生产品投资、贷款以及非生产、非金融资产的收买或者放弃等</td></tr>
</table>

历年考情

2023年单项选择题考查我国目前外汇管理的基本原则。

二、多项选择题（本题型共16小题，每小题1.5分，共24分。每小题均有多个正确答案，请从每小题的备选答案中选出你认为正确的所有答案，用鼠标点击相应的选项。每小题所有答案选择正确的得分，不答、错答、漏答均不得分。）

1.下列各项中，属于双方民事法律行为的有（　　）。

A.赠与合同　　B.立遗嘱

C.委托合同　　D.抛弃动产

审题要点

题目中提示“双方民事法律行为”，考生可迅速锁定考查的知识点是民事法律行为的分类。

【本题答案】AC

【本题解析】本题考核民事法律行为的分类。双方民事法律行为需要两个当事人意思表示一致才能成立。赠与合同与委托合同，都需要双方当事人意思表示达成一致才能成立，是双方民事法律行为，选项A、C当选。选项B、D属于单方法律行为。

思维拓展

思维拓展内容详见2023年注册会计师全国统一考试真题详解单选第3题。

坑点提示

单方、双方、多方民事法律行为PK是否有相对人的意思表示

无相对人的意思表示	不存在意思表示所针对的相对人	如遗嘱行为、抛弃动产等单方民事法律行为
有相对人的意思表示	并非所有单方民事法律行为都是无相对人的意思表示。如撤销权的行使、法定代理人的追认等为单方民事法律行为，同时也是有相对人的意思表示	

抢分秘籍

1.判断单方民事法律行为、双方民事法律行为、多方民事法律行为只需要记住单方民事法律行为的几种典型行为：撤销权的行使、解除权的行使、效力待定行为的追认、债务的免除、遗嘱行为、抛弃动产等。这些行为都是不需要他人的同意的，单方意思表示即可成立。

【记忆】撤销解除和追认，遗嘱免债扔东西，不需谁同意，单方民

事法律行为

2.负担行为PK处分行为

A公司卖面包给B公司，1月1日签订买卖合同是负担行为，产生债法上的法律效果，B需要给付A钱，A需要把面包交付给B。1月5日A公司将面包交付给B，面包的所有权才转移给B，产生物权变动，交付动产行为是处分行为。

【提醒】区别负担行为和处分行为只需判断是否直接引起物权变动，可以直接引起物权变动的是处分行为。

历年考情

2023年多项选择题、2022年单项选择题、2022年2道多项选择题、2021年多项选择题、2020年单项选择题、2019年多项选择题考查民事法律行为分类。

审题要点

题目中提示“重大误解”，考生可迅速锁定考查的知识点是可撤销民事法律行为的种类——因重大误解而为的民事法律行为。

2.下列各项中，构成重大误解的有（　　）。

A.住房买卖中将二套房误认为首套房

B.古玩买卖中将清代瓷碗误认为宋代瓷碗

C.手表买卖中将售价11.1万元错标为1.11万元

D.图书买卖中将影印版英文书误认为中文书

【本题答案】ACD

【本题解析】本题考核可撤销民事法律行为的种类——因重大误解而为的民事法律行为。重大误解是指行为人对行为的性质、对方当事人或者标的物的品种、质量、规格、数量等产生错误认识，按照通常理解如果不发生该错误认识行为人就不会作出相应意思表示。但是，基于交易习惯不构成重大误解的除外。比如，在古玩市场上对花瓶年代、手镯材质、钱币真假等发生错误认识。

思维拓展

可撤销民事法律行为

因重大误解而为的民事法律行为	重大误解是指行为人对行为的性质、对方当事人或者标的物的品种、质量、规格、数量等产生错误认识，按照通常理解如果不发生该错误认识行为人就不会作出相应意思表示。所谓按照通常理解错误是重大的，是指从一个处在行为人地位的普通人立场来看，错误认识会对交易的成立产生重大影响	比如，将11.5万元误认为1.5万元，将二套房误认为首套房，将英文书误认为中文书，将铁螺母误认为铜螺母。但是，基于交易习惯不构成重大误解的除外。比如，在古玩市场上对花瓶年代、手镯材质、钱币真假等发生错误认识

续表

<table>
<tr><td rowspan="3">受欺诈而为的民事法律行为</td><td colspan="2">欺诈，指故意告知虚假情况，或者负有告知义务的人故意隐瞒真实情况，致使当事人基于错误认识作出意思表示</td></tr>
<tr><td colspan="2">被欺诈的一方可以请求人民法院或者仲裁机构予以撤销</td></tr>
<tr><td colspan="2">如果第三人实施欺诈行为，使一方在违背真实意思的情况下实施民事法律行为，对方知道或者应当知道该欺诈行为的，受欺诈方有权请求人民法院或者仲裁机构予以撤销</td></tr>
<tr><td rowspan="3">受胁迫而为的民事法律行为</td><td colspan="2">以给自然人及其近亲属等的人身权利、财产权利以及其他合法权益造成损害或者以给法人、非法人组织的名誉、荣誉、财产权益等造成损害为要挟，迫使其基于恐惧心理作出意思表示</td></tr>
<tr><td colspan="2">被胁迫的一方可以请求人民法院或者仲裁机构予以撤销</td></tr>
<tr><td colspan="2">胁迫既可以来自民事法律行为的相对人，也可以来自第三人，其法律效果一样，均导致民事法律行为的可撤销</td></tr>
<tr><td rowspan="3">显失公平的民事法律行为</td><td>一方利用对方处于危困状态、缺乏判断能力等情形，致使民事法律行为成立时当事人间的权利义务明显违反公平原则的民事法律行为</td><td>危困状态是指处于危难、急迫、困窘的境地。例如，利用对方遭遇意外事故或罹患疾病后急需帮助，以低于市价50%的价格购买其房屋，即构成显失公平。
缺乏判断能力是指由于年龄大、知识匮乏、经验缺乏或者智力低等原因，对需要一定专业知识或经验的复杂交易，难以认知其法律后果。例如，利用75岁以上老年人缺乏相关知识或认知能力下降，将市价200元的保健品以300元销售</td></tr>
<tr><td colspan="2">如果一方利用对方处于危困状态、缺乏判断能力的情节严重，那么即使交易中的价格未偏离市价，仍然可能构成显失公平。例如，利用刚满18周岁的学生缺乏经验，诱使其订立1万元预付款消费合同。对于刚满18周岁、经济上尚未完全独立的学生，在高额预付款消费中，其所承受的不利后果与其所获得的利益之间客观上显著失衡，即使合同价格未偏离市价，仍可构成显失公平的合同</td></tr>
<tr><td colspan="2">对民事法律行为是否显失公平进行判断的时间点，应当以民事法律行为成立的时间点为标准</td></tr>
</table>

坑点提示

可撤销民事法律行为易考查客观题小案例，需要关注实际案例判断。

民事法律行为被确认为无效后和被撤销后，从行为开始时就没有法律效力。民事法律行为不成立、被确认为无效后和被撤销后，将产生返还财产、赔偿损失等法律后果。

有权请求返还价款或者报酬的当事人一方请求对方支付资金占用费的，人民法院应当在当事人请求的范围内按照中国人民银行授权全国银行间同业拆借中心公布的一年期贷款市场报价利率（LPR）计算。但是，占用资金的当事人对于合同不成立、无效、被撤销或者确定不发生

效力没有过错的，应当以中国人民银行公布的同期同类存款基准利率计算。（2024年新增）

历年考情

2023年多项选择题、2021年多项选择题考查可撤销民事法律行为。

审题要点

题目中提示“表见代理成立要件”，考生可迅速锁定考查的知识点是表见代理成立要件。

3.下列各项中，属于表见代理成立要件的有（　　）。

A.代理人无代理权

B.存在代理权的外观

C.相对人善意且无过失

D.善意相对人未撤销其意思表示

【本题答案】ABC

【本题解析】本题考核表见代理。要成立表见代理，应当具备如下构成要件：（1）代理人无代理权。（2）相对人主观上为善意且无过失。（3）客观上有使相对人相信无权代理人具有代理权的情形，即存在代理权的外观。（4）相对人基于这种客观情形而与无权代理人成立民事法律行为。

思维拓展

表见代理

代理行为效力	行为人没有代理权、超越代理权或者代理权终止后，仍然实施代理行为，相对人有理由相信行为人有代理权的，代理行为有效
成立要件	（1）代理人无代理权。 （2）相对人主观上为善意且无过失。 （3）客观上有使相对人相信无权代理人具有代理权的情形，即存在代理权的外观。 （4）相对人基于这种客观情形而与无权代理人成立民事法律行为
客观上有使相对人相信无权代理人具有代理权的情形	在实践中，通常表现为：合同签订人持有被代理人的介绍信或盖有印章的空白合同书，使得相对人相信其有代理权；无权代理人此前曾被授予代理权，且代理期限尚未结束，但实施代理行为时代理权已经终止

【记忆】表见代理构成要件：无代理权，善意且无过失，有理由相信，成立民事法律行为。

历年考情

2023年多项选择题考查委托代理中的代理权——表见代理。2022年多项选择题考查委托代理中的代理权——无权代理。

4.根据合同法律制度的规定，下列关于承揽合同的表述中，正确的有（ ）。

A.承揽人依约有义务按照定作人要求完成工作，交付工作成果

B.未经定作人同意，承揽人不得将其承揽的辅助工作交由第三人完成

C.定作人中途变更承揽工作要求的，承揽人应当承担因此增加的费用

D.定作人在承揽人完成工作之前可以随时解除合同

【本题答案】AD

【本题解析】本题考核承揽合同。承揽人可以将其承揽的辅助工作交由第三人完成，并就该第三人完成的工作成果向定作人负责，选项B错误。定作人中途变更承揽工作的要求，造成承揽人损失的，应当赔偿损失，选项C错误。

审题要点

题目中提示"承揽合同"，考生可迅速锁定考查的知识点是承揽合同。

思维拓展

承揽合同

概念	承揽合同是承揽人按照定作人的要求完成工作，交付工作成果，定作人支付报酬的合同。承揽包括加工、定作、修理、复制、测试、检验等工作
性质	承揽合同是双务、有偿、诺成的合同
责任承担	承揽人可为多人，除当事人另有约定，共同承揽人对定作人承担连带责任
	承揽人将其承揽的主要工作交由第三人完成的，应当就该第三人完成的工作成果向定作人负责；未经定作人同意的，定作人也可以解除合同
	承揽人可以将其承揽的辅助工作交由第三人完成，并就该第三人完成的工作成果向定作人负责
提供材料	承揽人对定作人提供的材料，应当及时检验，发现不符合约定时，应当及时通知定作人更换、补齐或者采取其他补救措施。承揽人不得擅自更换定作人提供的材料，不得更换不需要修理的零部件
定作人原因造成损失要赔	（1）承揽人发现定作人提供的图纸或者技术要求不合理的，应当及时通知定作人。因定作人怠于答复等原因造成承揽人损失的，应当赔偿损失。 （2）定作人中途变更承揽工作的要求，造成承揽人损失的，应当赔偿损失
定作人协助义务	定作人不履行协助义务致使承揽工作不能完成的，承揽人可以催告定作人在合理期限内履行义务，并可以顺延履行期限；定作人逾期不履行的，承揽人可以解除合同
解除	定作人在承揽人完成工作前可以随时解除合同，造成承揽人损失的，应当赔偿损失
工作成果	（1）承揽人交付的工作成果不符合质量要求的，定作人可以合理选择请求承揽人承担修理、重作、减少报酬、赔偿损失等违约责任。 （2）承揽人应当妥善保管定作人提供的材料以及完成的工作成果，因保管不善造成毁损、灭失的，应当承担损害赔偿责任。 （3）承揽人应当按照定作人的要求保守秘密，未经定作人许可，不得留存复制品或者技术资料

坑点提示

承揽合同承揽人可以将其承揽的辅助工作交由第三人完成，但主要工作交由第三人完成得定作人同意，未经定作人同意的，定作人也可以解除合同。根据合同的相对性，不管是辅助工作还是主要工作，承揽人应当就该第三人完成的工作成果向定作人负责。

历年考情

2023年多项选择题考查承揽合同。

审题要点

题目中提示“合伙企业财产”，考生可迅速锁定考查的知识点是合伙企业财产。

5.甲、乙出资设立某普通合伙企业。根据合伙企业法律制度的规定，下列各项中，属于合伙企业财产的有（　　）。

A.合伙企业因遭受侵权而获得的赔偿

B.乙用于出资的知识产权

C.合伙企业的公共积累资金

D.合伙企业合法接受的捐款

【本题答案】ABCD

【本题解析】本题考核合伙企业财产。合伙人的出资、以合伙企业名义取得的收益和依法取得的其他财产，均为合伙企业的财产。

思维拓展

合伙企业财产

合伙人的出资	合伙人可以用货币、实物、知识产权、土地使用权或者其他财产权利出资，也可以用劳务出资（普通合伙人可以劳务出资）。这些出资形成合伙企业的原始财产
以合伙企业名义取得的收益	例如：营业收入、投资收益等
依法取得的其他财产	如合法接受的赠与财产、因遭受侵权而获得的赔偿金等

历年考情

2023年多项选择题、2021年多项选择题考查合伙企业财产。

审题要点

题目中提示“需要全体合伙人一致同意”，考生可迅速锁定考查的知识点是合伙事务执行。

6.甲、乙、丙出资设立某普通合伙企业，合伙协议约定由甲担任合伙事务执行人。根据合伙企业法律制度的规定，在合伙协议无特别约定的情况下，下列事项中，需要全体合伙人一致同意的有（　　）。

A.甲拟改变合伙企业的经营范围

B.甲拟向丁出售合伙企业的一处厂房

C. 甲拟聘任乙担任合伙企业的经营管理人员

D. 甲拟向乙转让自己的合伙企业财产份额

【本题答案】AB

【本题解析】本题考核合伙事务执行。除合伙协议另有约定外，合伙企业的下列事项应当经全体合伙人一致同意：（1）改变合伙企业的名称；（2）改变合伙企业的经营范围、主要经营场所的地点；（3）处分合伙企业的不动产；（4）转让或者处分合伙企业的知识产权和其他财产权利；（5）以合伙企业名义为他人提供担保；（6）聘任合伙人以外的人担任合伙企业的经营管理人员。

思维拓展

合伙企业约定PK法定

法定“不得”	（1）普通合伙人绝对不得从事同本企业相竞争的业务。 （2）普通合伙企业的合伙协议不得约定将全部利润分配给部分合伙人或者由部分合伙人承担全部亏损。 【提醒】这一规定体现了合伙人应当共同承担企业经营风险的原则。 （3）国有独资公司、国有企业、上市公司以及公益性的事业单位、社会团体不得成为普通合伙人。 （4）有限合伙人不得以劳务出资。 （5）有限合伙企业由普通合伙人执行合伙事务，有限合伙人不执行合伙事务，不得对外代表有限合伙企业
法定“一致同意”	（1）合伙协议应当依法由全体合伙人协商一致，以书面形式订立。 （2）普通合伙人以其财产份额出质必须经其他合伙人一致同意；未经其他合伙人一致同意，其行为无效。 （3）普通合伙人被依法认定为无民事行为能力人或者限制民事行为能力人的，经其他合伙人一致同意，可以依法转为有限合伙人。 （4）普通合伙人死亡或被依法宣告死亡，继承人为无民事行为能力或者限制民事行为能力人的，经全体合伙人一致同意，可以依法成为有限合伙人。 （5）将合伙人除名必须经其他合伙人一致同意
法定“过半数”	清算人由全体合伙人担任；经全体合伙人过半数同意，可以自合伙企业解散事由出现后15日内指定一个或者数个合伙人，或者委托第三人担任清算人
有约从约，无约“一致同意”	入伙变性质。 （1）新普通合伙人入伙，除合伙协议另有约定外，应当经全体合伙人一致同意，并依法订立书面入伙协议。 【提醒】订立入伙协议时，原合伙人应当向新合伙人如实告知原合伙企业的经营状况和财务状况。原合伙人如果没有履行如实告知的义务，那么，新合伙人是有理由主张自己受到欺诈，进而请求人民法院或仲裁机构撤销入伙协议的（2024年新增）。 （2）除合伙协议另有约定外，普通合伙人转变为有限合伙人，或者有限合伙人转变为普通合伙人，应当经全体合伙人一致同意

续表

有约从约，无约“一致同意”	除合伙协议另有约定外，合伙企业的下列事项应当经全体合伙人一致同意： （1）改变合伙企业的名称。 （2）改变合伙企业的经营范围、主要经营场所的地点。 （3）处分合伙企业的不动产。 （4）转让或者处分合伙企业的知识产权和其他财产权利。 （5）以合伙企业名义为他人提供担保。 （6）聘任合伙人以外的人担任合伙企业的经营管理人员。 【记忆】改名改地改范围，卖房卖产供担保，聘请他人来管理，有约从约，无约一致同意才能行
	除合伙协议另有约定外，修改或者补充合伙协议，应当经全体合伙人一致同意
	普通合伙人对外转让财产份额：除合伙协议另有约定外，普通合伙人向合伙人以外的人转让其在合伙企业中的全部或者部分财产份额时，须经其他合伙人一致同意
	与自己交易普通合伙人：除合伙协议另有约定或者经全体合伙人一致同意外，普通合伙人不得同本合伙企业进行交易
有约从约，无约“过半数”	合伙人对合伙企业有关事项作出决议，按照合伙协议约定的表决办法办理。合伙协议未约定或者约定不明确的，实行合伙人一人一票并经全体合伙人过半数通过的表决办法（有约从约，无约一人一票过半数）。 【提醒】有特殊规定的按特殊规定，没有特殊规定按这个一般规定

坑点提示

合伙企业有约从约，无约“一致同意”才可以，是考试高频考点。要注意根据口诀“改名改地改范围，卖房卖产供担保，聘请他人来管理，有约从约，无约一致同意才能行”记住关键词。另外选项里面可能和别的“有约从约，无约一致同意”才可以的情形结合，比如普通合伙人的对外转让财产份额、与自己交易等。抓住这些常考点。

历年考情

2023年多项选择题、2020年多项选择题、2019年多项选择题考查合伙事务执行。

审题要点

题目中提示“以公司为被告”，考生可迅速锁定考查的知识点是股东权利和义务。

7. 下列与公司有关的纠纷中，应当以公司为被告的有（　　）。

A. 解散公司诉讼

B. 董事会决议无效诉讼

C. 异议股东股份回购请求权诉讼

D. 利润分配诉讼

【本题答案】ABCD

【本题解析】本题考核股东权利和义务。股东提起解散公司诉讼应当以公司为被告（选项A）。原告请求确认股东会、董事会决议不成立、无效或者撤销决议的案件，应当列公司为被告（选项B）。异议股东股份回购请求权诉讼，应当列公司为被告（选项C）。股东起诉请求公司分配利润的案件，应当列公司为被告（选项D）。

思维拓展

诉讼中，一般原告的主要诉求是针对谁，就列谁为被告。

以公司为被告的：解散公司诉讼，请求确认股东会、董事会决议不成立、无效或者撤销决议诉讼，异议股东股份回购请求权诉讼，利润分配诉讼，股东资格确认诉讼，股东知情权诉讼等

坑点提示

注意股东代表诉讼，是列侵害公司合法权益的主体为被告。

历年考情

2023年多项选择题考查股东权利和义务——以公司为被告的诉讼。

8. 根据公司法律制度的规定，下列情形中，应履行法定减资程序的有（　　）。

> **审题要点**
> 题目中提示“减资”，考生可迅速锁定考查的知识点是公司减资。

A.减免股东认缴而未实缴的出资

B.根据章程规定的特定条件回购职工股，并在回购后注销股份

C.派生分立导致原公司资本减少

D.当公司出现严重亏损时，减少公司注册资本弥补亏损

【本题答案】ABD

【本题解析】本题考核公司减资。公司减资的情形主要有：（1）公司为避免资本闲置、向股东返还出资或者减免股东认而未缴的出资，可依法定程序减少注册资本。（2）公司依照法律规定、公司章程（例如，章程规定特定条件下应回购职工股）、合同约定（例如，对赌协议中的股份回购条款）或者调解协议（例如，公司为避免法院强制解散而回购异议股东股份），回购股东的股份后，如果将之注销，则公司必须减少注册资本。（3）当公司出现严重亏损时，也可以通过减资弥补亏损。

【提醒】当公司派生分立导致原公司资本减少时，原公司减资不需要经过法定的减资程序。

思维拓展

公司减资（2024年教材重大变动）

情形	（1）公司为避免资本闲置、向股东返还出资或者减免股东认而未缴的出资，可依法定程序减少注册资本。 （2）公司依照法律规定、公司章程（例如，章程规定特定条件下应回购职工股）、合同约定（例如，对赌协议中的股份回购条款）或者调解协议（例如，公司为避免法院强制解散而回购异议股东股份），回购股东的股份后，如果将之注销，则公司必须减少注册资本。 （3）当公司出现严重亏损时，也可以通过减资弥补亏损。 【提醒】当公司派生分立导致原公司资本减少时，原公司减资不需要经过法定的减资程序。这是因为法定减资程序的目的在于保护公司债权人，而公司分立的法定程序已经为公司债权人提供了保护
方式	（1）返还出资或股款。 （2）减免出资或购股义务，即部分或全部免除股东已认缴或认购但未实缴的出资金额。 （3）缩减股权或股份。例如二股合为一股等
减资决议、减资程序和减资行为相关性	三者之间存在密切的相关性： （1）减资决议的作出只要符合法律和公司章程规定即为有效决议。有效减资决议是公司启动减资程序的正当基础。 （2）减资程序的主要内容是与债权人保护相关的各项措施和程序。 （3）未履行债权人保护程序时，公司不得实施减资行为（包括财产处分、会计处理、公司登记变更等）
实施减资行为的前提条件	依法通知、公告，除补亏减资外，无人申报债权，或者已申报债权的债权人在规定时间未提出清偿债务或提供担保的请求，或其偿债或担保请求已得满足 【提醒】如不满足减资行为的前提条件，公司不得以减资为由向股东转移资产，不得减免股东出资义务，也不得根据减资方案弥补亏损
普通减资的程序	（1）作出减资决议。 （2）编制资产负债表及财产清单。 【提醒】如果公司以减免股东认缴出资额的方式减资，由于认缴出资额并未列示于所有者权益之中，故此种减资并不改变公司资产负债表，公司减资前后的财产清单亦无变更。 （3）履行债权人保护程序。 （4）变更公司登记。 可同比例减资也可不同比减资，可全体股东减资也可部分股东减资
债权人保护机制	普通减资的债权人保护程序主要有两个部分：一是减资公司须履行告知义务；二是债权人有权要求减资公司立即清偿债务或者为债务提供担保 （1）善意通知义务和公告义务。 公司应当对已知且有联系方式的债权人（包括合同债权人和侵权债权人），在规定时间内，以适当方式发出通知。同时，公司应当自股东会作出减少注册资本决议之日起10日内通知债权人，并于30日内在报纸上或者国家企业信用信息公示系统公告 （2）债权人。 债权人自接到通知之日起30日内，未接到通知的自公告之日起45日内，有权要求公司清偿债务（无论该债务是否到期）或者提供相应的担保

续表

<table>
<tr><td rowspan="5">补亏减资</td><td colspan="2">公司弥补亏损的方法主要有三种：
（1）通过当年利润弥补以前年度的亏损；
（2）通过公积金弥补亏损；
（3）通过减少注册资本弥补亏损
【提醒】该三种补亏方式的适用是有顺序的</td></tr>
<tr><td colspan="2">如果公司通过三种公积金仍然无法弥补全部亏损，公司还可以通过减资方式弥补亏损</td></tr>
<tr><td colspan="2">公司以减资方式补亏的话，有两个限制：
（1）“不得向股东分配”。公司以减资方式弥补亏损后，“在法定公积金和任意公积金累计额达到公司注册资本50%前，不得分配利润”。
（2）公司不得在进行减资补亏的同时，又实施以“免除股东缴纳出资或者股款义务”为内容的减资</td></tr>
<tr><td colspan="2">减资补亏并不发生公司资产向股东转移，也不导致公司资产减少，因此，对公司债权人利益基本没有影响，故普通减资的债权人保护措施不应适用</td></tr>
<tr><td colspan="2">不过，公司仍应在报纸上或者国家企业信用信息公示系统上对该减资事项予以公告，以便于现有的和潜在的交易当事人知悉</td></tr>
<tr><td rowspan="2">违法减资的法律后果</td><td>内部法律责任</td><td>（1）返还财物。
（2）恢复原状。如果减资方式是减免股东的出资义务或缴纳股款的义务，事后该次减资被认定违法，则公司应当通过修改公司章程、变更公司登记等，消除对股东出资义务或者缴纳股款义务的减免，将注册资本的相关记载和公示信息恢复原状
（3）损害赔偿。如果违法减资行为给公司造成损失，“对违法减资有过错的股东及负有责任的董事、监事、高级管理人员应当承担赔偿责任”。
【提醒】这里的“损失”，大致可能有两种，一是直接损失，即公司为实施违法减资而支出的费用；二是间接损失，即公司违法减资招致对第三人（如：公司债权人）承担了某种赔偿责任或者受到行政处罚</td></tr>
<tr><td>外部法律责任</td><td>审判实践中，对于减资公司违反通知义务的做法，法院通常确认减资对起诉的债权人“不产生法律效力”或不能“对抗”该债权人。法院通常会判令减资公司的股东（有时是全体股东，有时只是参与减资的股东），在减资金额范围内对起诉的债权人承担“补充赔偿责任”
【提醒】减资（决议和行为）是有效的</td></tr>
</table>

坑点提示

合并、减资均会对债权人造成不好的影响，所以合并和减资赋予债权人请求公司清偿债务或者提供相应担保的权利。但是公司分立前的债务由分立后的公司承担连带责任，除非公司在分立前与债权人就债务清偿达成的书面协议另有约定。对债权人没有不利影响，故分立没有赋予债权人请求公司清偿债务或者提供相应担保的权利。

历年考情

2023年多项选择题考查公司减资。2022年多项选择题考查公司合并。2021年单项选择题、2019年单项选择题考查公司分立。

审题要点

题目中提示“主动退市程序和法律效果”，考生可迅速锁定考查的知识点是退市。

9. 甲上市公司因被证券交易所标记*ST，股东会决议主动退市。根据证券法律制度的规定，下列关于甲公司主动退市程序和法律效果的表述中，正确的有（　　）。

A. 甲公司的股票不进入退市整理期交易

B. 甲公司退市后不一定要进入全国股转系统交易

C. 甲公司主动退市后，其股票前应冠以“退市”标识

D. 甲公司应在股东会作出退市决议后向证券交易所提交退市申请

【本题答案】ABD

【本题解析】本题考核退市。主动退市公司的股票不进入退市整理期交易，选项A正确。主动退市公司并不一定要进入全国股转系统交易，而是可以选择在（其他）证券交易场所交易或转让其股票，或者依法作出其他安排，选项B正确。进入退市整理期交易的股票在其简称前冠以“退市”标识，主动退市公司的股票不进入退市整理期交易，选项C错误。通常来说，上市公司主动申请退市或转市，应通过公司内部决议程序，选项D正确。

思维拓展

主动退市

股票终止上市，又称退市。目前，我国的退市制度主要包括主动退市、被动退市和强制退市。

三种模式	一是上市公司基于公司内部决议主动向证券交易所提出退市申请
	二是由上市公司、上市公司股东或者其他收购人通过向所有股东发出收购全部股份或者部分股份的要约，或者因为公司回购，导致公司股本总额、股权分布等发生变化不再具备上市条件
	三是上市公司因新设或者吸收合并，不再具有独立主体资格并被注销，或者上市公司股东会决议解散
上市公司主动申请退市或者转市股东会决议（双2/3）	第一个2/3：出席会议的股东所持表决权的2/3以上通过。 第二个2/3：经出席会议的除董监高股东及5%以上股东以外的其他股东所持表决权的2/3以上通过
不进入退市整理期	主动退市公司的股票不进入退市整理期交易。交易所在公告公司股票终止上市决定之日后5个交易日内对其予以摘牌，公司股票终止上市

续表

不一定进入全国股转系统交易	主动退市公司并不一定要进入全国股转系统交易，而是可以选择在（其他）证券交易场所交易或转让其股票，或者依法作出其他安排
随时可提出重新上市申请	主动退市公司也可以随时向交易所提出重新上市申请

坑点提示

主动退市PK强制退市

	主动退市	强制退市
退市整理期	通常不适用	通常进入退市整理期，进入退市整理期交易的股票在其简称前冠以“退市”标识。 【例外】根据《上交所股票上市规则》，交易类强制退市公司股票不进入退市整理期交易。 【提醒】上市公司股票被实施退市风险警示的，在公司股票简称前冠以“*ST”字样 根据《上交所股票上市规则》，上市公司股票被实施风险警示或者处于退市整理期的，进入风险警示板进行交易
退市后的去向和交易安排	可以选择在证券交易场所交易或转让其股票，或者依法作出其他安排	应进入全国股转系统交易
申请重新上市	随时可以	《上交所股票上市规则》规定，因欺诈发行被实施重大违法类强制退市的公司，其股票被终止上市后，不得向本所申请重新上市

历年考情

2023年多项选择题、2020年多项选择题考查主动退市。

10.根据证券法律制度的规定，下列关于一致行动人认定及其法律效果的表述中，正确的有（　　）。

> 审题要点
> 题目中提示“一致行动人”，考生可迅速锁定考查的知识点是一致行动人。

A.投资者认为其与他人不应被视为一致行动人的，可向中国证监会提供相反证据

B.一致行动人应当合并计算其所持有的股份

C.投资者之间存在联营关系，推定为一致行动人

D.简式权益变动报告书中可不予披露一致行动人

【本题答案】ABC

【本题解析】本题考核一致行动人。简式权益变动报告书的内容应当包括：投资者及其一致行动人的姓名、住所；投资者及其一致行动人为法人的，其名称、注册地及法定代表人。选项C错误。

思维拓展

一致行动人

概念	投资者通过协议、其他安排，与其他投资者共同扩大其所能够支配的一个上市公司股份表决权数量的行为或者事实
推定为一致行动人除非有相反证据	（1）投资者之间有股权控制关系； （2）投资者受同一主体控制； （3）投资者的董事、监事或者高级管理人员中的主要成员，同时在另一个投资者担任董事、监事或者高级管理人员； （4）投资者参股另一投资者，可以对参股公司的重大决策产生重大影响； （5）银行以外的其他法人、其他组织和自然人为投资者取得相关股份提供融资安排； （6）投资者之间存在合伙、合作、联营等其他经济利益关系； （7）持有投资者30%以上股份的自然人，与投资者持有同一上市公司股份； （8）在投资者任职的董事、监事及高级管理人员，与投资者持有同一上市公司股份； （9）持有投资者30%以上股份的自然人和在投资者任职的董事、监事及高级管理人员，其父母、配偶、子女及其配偶、配偶的父母、兄弟姐妹及其配偶、配偶的兄弟姐妹及其配偶等亲属，与投资者持有同一上市公司股份； （10）在上市公司任职的董事、监事、高级管理人员及其前项所述亲属同时持有本公司股份的，或者与其自己或者其前项所述亲属直接或者间接控制的企业同时持有本公司股份； （11）上市公司董事、监事、高级管理人员和员工与其所控制或者委托的法人或者其他组织持有本公司股份； （12）投资者之间具有其他关联关系。投资者认为其与他人不应被视为一致行动人的，可以向中国证监会提供相反证据
法律效果	一致行动人应当合并计算其所持有的股份

历年考情

2023年多项选择题、2022年案例分析题、2019年案例分析题考查一致行动人。

> **审题要点**
> 题目中提示"国内信用证"，考生可迅速锁定考查的知识点是国内信用证。

11.根据支付结算法律制度的规定，下列关于国内信用证的表述中，正确的有（　　）。

A.信用证的开立与转让应当具有真实的贸易背景

B.信用证与作为其依据的贸易合同相互独立

C.信用证只能用于转账结算，不得支取现金

D.银行对信用证没有规定的单据进行实质审核

【本题答案】ABC

【本题解析】本题考核国内信用证。银行审核信用证规定的所有单据，不审核信用证没有规定的单据，银行只对单据进行表面审核，选项D错误。

思维拓展

国内信用证

国内信用证特点	1.信用证是以人民币计价、不可撤销的跟单信用证。 2.信用证只限于转账结算，不得支取现金。 3.适用于银行为国内企事业单位之间货物和服务贸易提供的信用证服务（个人不能用）
信用证的开立和转让	1.信用证的开立和转让，应当具有真实的贸易背景。 2.银行只对单据进行表面审核。 3.银行审核信用证规定的所有单据，不审核信用证没有规定的单据。 4.信用证与作为其依据的贸易合同相互独立，即使信用证含有对此类合同的任何援引，银行也与该合同无关，且不受其约束。 5.银行对信用证作出的付款、确认到期付款、议付或履行信用证项下其他义务的承诺，不受申请人与开证行、申请人与受益人之间关系而产生的任何请求或抗辩的制约。 6.若受益人提交了相符单据或开证行已发出付款承诺，即使申请人交存的保证金及其存款账户余额不足支付，开证行仍应在规定的时间内付款。 7.信用证具有融资功能。 8.应第一受益人的要求，转让行可以将可转让信用证的部分或者全部转为可由第二受益人兑用。可转让信用证只能转让一次，即只能由第一受益人转让给第二受益人。

坑点提示

各种银行包括农村信用社均可开立国内信用证。

历年考情

2023年多项选择题、2022年2道多项选择题、2021年多项选择题考查信用证。

12.根据企业国有资产法律制度的规定，下列关于企业国有产权无偿划拨程序的表述中，正确的有（　　）。

> **审题要点**
> 题目中提示“企业国有产权无偿划拨”，考生可迅速锁定考查的知识点是企业国有资产交易——企业国有产权无偿划转。

A.划入方应当就无偿划转事项通知本企业债权人，并制订相应的债务处置方案

B.经划入方履行出资人职责的机构批准的清产核资结果可以作为企业国有产权无偿划转的依据

C.划出方为国有独资公司的，无偿划转事项应当由董事会审议

D.无偿划转事项按照规定程序批准后，划转协议生效

【本题答案】CD

【本题解析】本题考核企业国有资产交易——企业国有产权无偿划转。划出方应当就无偿划转事项通知本企业（单位）债权人，并制订相

应的债务处置方案，选项A错误。划转双方应当组织被划转企业按照有关规定开展审计或清产核资，以中介机构出具的审计报告或经划出方履行出资人职责的机构批准的清产核资结果作为企业国有产权无偿划转的依据，选项B错误。

思维拓展

企业国有产权无偿划转

<table>
<tr><td>概念</td><td colspan="3">企业国有产权在政府机构、事业单位、国有独资企业、国有独资公司之间的无偿转移行为</td></tr>
<tr><td>应当遵循的原则</td><td colspan="3">（1）符合国家有关法律法规和产业政策的规定；
（2）符合国有经济布局和结构调整的需要；
（3）有利于优化产业结构和提高企业核心竞争力；
（4）划转双方协商一致</td></tr>
<tr><td rowspan="8">程序</td><td colspan="3">（1）做好可行性研究</td></tr>
<tr><td rowspan="4">（2）划转双方审议</td><td>国有独资企业</td><td>应当由总经理办公会议审议；已设立董事会的，由董事会审议</td></tr>
<tr><td>国有独资公司</td><td>应当由董事会审议；尚未设立董事会的，由总经理办公会议审议</td></tr>
<tr><td>所涉及的职工分流安置事项</td><td>应当经被划转企业职工代表大会审议通过</td></tr>
<tr><td colspan="2">划出方应当就无偿划转事项通知本企业（单位）债权人，并制订相应的债务处置方案</td></tr>
<tr><td>（3）审计或者清产核资</td><td colspan="2">划转双方应当组织被划转企业按照有关规定开展审计或清产核资，以中介机构出具的审计报告或经划出方履行出资人职责的机构批准的清产核资结果作为企业国有产权无偿划转的依据</td></tr>
<tr><td>（4）签订划转协议</td><td colspan="2">无偿划转事项按照规定程序批准后，划转协议生效。划转协议生效以前，划转双方不得履行或者部分履行</td></tr>
<tr><td colspan="3">（5）办理产权登记手续</td></tr>
</table>

坑点提示

该种题目一定要靠理解答题，企业国有产权无偿划转，划出方资产减少可能对划出方的债权人产生不利影响，故应该划出方通知本企业（单位）债权人。清产核资，企业国有产权无偿划转，在划转前，该产权属于划出方，所以是经划出方履行出资人职责的机构批准的清产核资结果。选项A、B错误。

历年考情

2023年多项选择题考查企业国有资产交易——企业国有产权无偿划转。2023年单项选择题、2022年单项选择题、2019年单项选择题考查企业国有资产交易——上市公司国有股权变动管理。2022年多项选择题考查企业国有资产交易——企业产权转让。

13. 根据反垄断法律制度的规定，涉嫌纵向垄断协议的经营者提出的下列抗辩理由中，能够**免除相关反垄断法律责任**的有（　　）。

A. 纵向垄断协议涉及关系国民经济命脉和国家安全的行业

B. 纵向垄断协议不具有排除、限制竞争效果

C. 纵向垄断协议符合豁免的条件

D. 纵向垄断协议的经营者满足安全港规则

> **审题要点**
>
> 题目中提示“纵向垄断协议”“免除相关反垄断法律责任”，考生可迅速锁定考查的知识点是纵向垄断协议。

【本题答案】BCD

【本题解析】本题考核纵向垄断协议。对于《反垄断法》规定的两种纵向垄断协议，由法律假定其具有排除、限制竞争效果，但行为人可以依据第18条第2款，提出协议不具有排除、限制竞争效果的抗辩，也可以依据第20条提出豁免抗辩。此外，《反垄断法》第18条第3款还在第2款的基础上规定了纵向垄断协议的安全港规则，即经营者能够证明其在相关市场的市场份额低于国务院反垄断执法机构规定的标准，并符合国务院反垄断执法机构规定的其他条件的，不予禁止。选项B、C、D正确。

思维拓展

纵向垄断

我国《反垄断法》明确列举的两种	（1）固定向第三人转售商品的价格； （2）限定向第三人转售商品的最低价格
抗辩	（1）行为人可以提出协议不具有排除、限制竞争效果的抗辩。 （2）可以提出豁免抗辩。 （3）安全港规则。 即经营者能够证明其在相关市场的市场份额低于国务院反垄断执法机构规定的标准，并符合国务院反垄断执法机构规定的其他条件的，不予禁止
积极效果	（1）减少“搭便车”。 （2）克服销售商加价。 （3）有利于经营者的市场进入

坑点提示

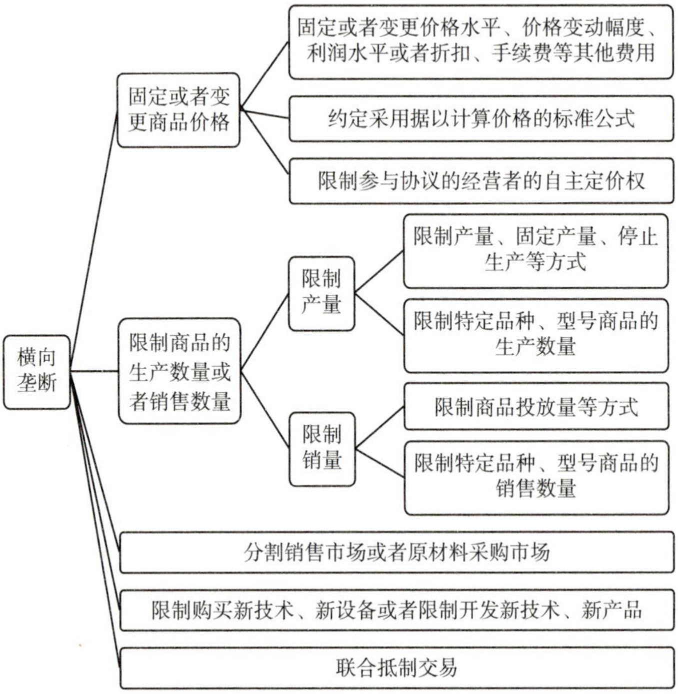

具有竞争关系的经营者不得利用数据和算法、技术以及平台规则等，通过意思联络、交换敏感信息、行为协调一致等方式达成以上垄断协议类型。

【提醒】由于《反垄断法》第17条明列禁止的上述五种横向垄断协议的排除、限制竞争效果十分明确，因此，由法律推定其具有排除、限制竞争效果，执法机构无需调查其效果即可予以禁止。在民事诉讼中，原告也无需为其反竞争效果承担举证责任。同时，行为人无权提出协议不具有反竞争效果的抗辩，但可以提出豁免抗辩 。

历年考情

2023年多项选择题、2022年多项选择题考查纵向垄断协议。

审题要点

题目中提示“经营者集中”，考生可迅速锁定考查的知识点是经营者集中。

14.经营者违反反垄断法律制度的规定，未经申报实施经营者集中，且集中具有排除、限制竞争效果的，反垄断执法机构可以采取的措施有（　　）。

A.责令停止实施集中　　B.限期处分股份或者资产

C.限期转让营业　　D.处以罚款

【本题答案】ABCD

【本题解析】本题考核经营者集中。经营者违反规定实施集中，且具有或者可能具有排除、限制竞争效果的，由国务院反垄断执法机构责令停止实施集中、限期处分股份或者资产、限期转让营业以及采取其他必要措施恢复到集中前的状态，处上一年度销售额10%以下的罚款；不具有排除、限制竞争效果的，处500万元以下的罚款。

思维拓展

经营者集中

<table>
<tr><th rowspan="2">应当申报的标准</th><th rowspan="2">上一会计年度营业额</th><th colspan="2">参与集中的经营者</th></tr>
<tr><th>全部合计</th><th>至少两个以上经营者</th></tr>
<tr><td rowspan="2">标准（1）</td><td>全球范围</td><td>超过100亿元人民币</td><td>—</td></tr>
<tr><td>中国境内</td><td>—</td><td>均超过4亿元人民币</td></tr>
<tr><td>标准（2）</td><td>中国境内</td><td>超过20亿元人民币</td><td>均超过4亿元人民币</td></tr>
<tr><td colspan="4">经营者集中达到以上标准之一的，经营者应事先向反垄断执法机构（即市场监管总局）申报，未申报的不得实施集中。
“上一会计年度”是指集中协议签署日的上一会计年度</td></tr>
<tr><td colspan="4">经营者集中未达到上述申报标准，但有证据证明该经营者集中具有或者可能具有排除、限制竞争效果的，国务院反垄断执法机构可以要求经营者申报</td></tr>
<tr><td colspan="4">经营者在国务院反垄断执法机构规定的期限内未补交应当补交的申报材料的，视为未申报</td></tr>
<tr><td>经营者集中申报豁免情形（原来就是一家子）</td><td colspan="3">（1）参与集中的一个经营者拥有其他每个经营者50%以上有表决权的股份或资产的。
（2）参与集中的每个经营者50%以上有表决权的股份或资产被同一个未参与集中的经营者拥有的</td></tr>
<tr><td colspan="4">经营者违反规定实施集中，且具有或者可能具有排除、限制竞争效果的，由国务院反垄断执法机构责令停止实施集中、限期处分股份或者资产、限期转让营业以及采取其他必要措施恢复到集中前的状态，处上一年度销售额10%以下的罚款；不具有排除、限制竞争效果的，处500万元以下的罚款</td></tr>
</table>

坑点提示

1.衡量经营者集中是否需要进行反垄断申报，是看参与集中的经营者的“营业额”。

2.其中至少两个经营者上一会计年度在中国境内的营业额均超过4亿元人民币，注意是“均”超过4亿元，是至少两个经营者各自都得超过4亿元。

3.注意标准里面是“超过”，而不是“达到”。

4.注意经营者应事先申报，未申报的不得实施集中，而不是集中完才申报。

历年考情

2023年单项选择题、2023年多项选择题、2022年单项选择题、2021年多项选择题、2019年多项选择题考查经营者集中。

> **审题要点**
>
> 题目中提示“外商投资企业和外国投资者享有的相关权利及其行使方式”，考生可迅速锁定考查的知识点是外商投资保护。

15.根据涉外投资法律制度的规定，下列关于外商投资企业和外国投资者享有的相关权利及其行使方式的表述中，正确的有（　　）。

A.在依法对行政行为申请行政复议或者提起行政诉讼时，可以一并请求对相关行政行为所依据的规范性文件进行审查

B.其合法权益遭受侵犯，应当首先通过外商投资企业投诉工作机制反映问题

C.可以依法成立商会、协会

D.资本收益可以依法以人民币或者外汇自由汇出

【本题答案】ACD

【本题解析】本题考核外商投资保护。除外商投资企业投诉工作机制外，外商投资企业或者其投资者还可以通过其他合法途径向政府及其有关部门反映问题。例如依法申请行政复议、提起行政诉讼，选项B错误。

思维拓展

外商投资保护

加强对外商投资企业的产权保护	外国投资者的投资	原则上不实行征收
		特殊情况下、为了公共利益的需要，可以依规征收，并按市场价及时给予补偿
	出资、利润、资本收益、资产处置所得、取得的知识产权许可使用费、依法获得的补偿或者赔偿、清算所得等	以人民币或者外汇自由汇入、汇出，不得限制
	工资收入和其他合法收入	自由汇出
	知识产权	不得强制或者变相强制转让技术
	保密义务	—
强化对制定涉及外商投资规范性文件的约束	没有法律、行政法规依据的，不得减损合法权益或者增加义务，不得设置市场准入和退出条件，不得干预外商投资企业的正常生产经营活动	
	外国投资者、外商投资企业在依法对行政行为申请行政复议或者提起行政诉讼时，可以一并请求对规范性文件进行审查	
促使地方政府守约践诺	政策承诺：书面承诺	
	不得以行政区划调整、政府换届、机构或者职能调整以及相关责任人更替等为由违约毁约	
	因国家利益、社会公共利益需要改变的，应当依法进行，并依法对外国投资者、外商投资企业因此受到的损失及时予以公平、合理的补偿	

续表

<table>
<tr><td rowspan="6">建立健全外商投资企业投诉工作机制</td><td>县级以上政府及其有关部门</td><td>建立健全外商投资企业投诉工作机制</td></tr>
<tr><td>国务院商务主管部门会同国务院有关部门</td><td>建立外商投资企业投诉工作部际联席会议制度</td></tr>
<tr><td rowspan="2">通过外商投资企业投诉工作机制申请协调解决的</td><td>协调结果应当以书面形式及时告知申请人</td></tr>
<tr><td>不影响其依法申请行政复议、提起行政诉讼</td></tr>
<tr><td colspan="2">外商投资企业可以依法成立和自愿参加商会、协会</td></tr>
</table>

坑点提示

这种题目理解为主，外商投资企业或者其投资者认为行政机关及其工作人员的行政行为侵犯其合法权益，肯定不是必须先投诉，可以直接依法申请行政复议或者提起行政诉讼。

历年考情

2023年多项选择题、2021年单项选择题、2020年多项选择题考查外商投资保护。

16. 根据涉外贸易法律制度的规定，下列各项中，属于应当终止反补贴调查的情形有（　　）。

> **审题要点**
>
> 题目中提示“终止反补贴调查”，考生可迅速锁定考查的知识点是反补贴调查。

A. 申请人撤销申请

B. 没有足够证据证明存在补贴或损害

C. 没有足够证据证明补贴与损害之间存在因果关系

D. 补贴金额为微量补贴

【本题答案】ABCD

【本题解析】本题考核对外贸易救济——反补贴调查。有下列情形之一的，反补贴调查应当终止：（1）申请人撤销申请的；（2）没有足够证据证明存在补贴、损害或者二者之间有因果关系的；（3）补贴金额为微量补贴；（4）补贴进口产品实际或者潜在的进口量或者损害属于可忽略不计的；（5）通过与有关国家（地区）政府磋商达成协议，不需要继续进行反补贴调查；（6）商务部认为不适宜继续进行反补贴调查的。

思维拓展

反倾销调查的终止PK反补贴调查的终止

反倾销调查的终止	有下列情形之一的，反倾销调查应当终止，并由商务部予以公告： （1）申请人撤销申请的； （2）没有足够证据证明存在倾销、损害或者二者之间有因果关系的； （3）倾销幅度低于2%的； （4）倾销进口产品实际或者潜在的进口量或者损害属于可忽略不计的； （5）商务部认为不适宜继续进行反倾销调查的
反补贴调查的终止	《反补贴条例》规定的终止情形之一是“补贴金额为微量补贴”，而不是“幅度低于2%”；还有一种终止情形是“通过与有关国家（地区）政府磋商达成协议，不需要继续进行反补贴调查”，该终止情形为反倾销调查所无

坑点提示

该种题目理解为主，反补贴调查的终止主要包括四个方面：一是申请人撤销；二是没有足够证据；三是金额数量或损害小；四是政府达成协议或商务部认为不继续。

历年考情

2023年多项选择题考查对外贸易救济——反补贴调查，2019年单项选择题考查对外贸易救济——反倾销调查。

三、案例分析题（本题型共4小题50分。）

1.（本小题10分。）2022年12月15日，甲房地产公司向人民法院提出破产申请。第一次债权人会议上无人提出重整或和解申请，人民法院作出破产宣告裁定并公告。

管理人在清理甲公司债务过程中，发现如下情况：

（1）2021年8月，甲公司大股东张某控制的乙公司向丙银行借款2 000万元，借期12个月；甲公司以10套在建房屋抵押担保上述借款，担保金额不超过2 500万元。抵押担保设立后，因甲公司资金短缺，工程一直处于停工状态。2022年8月借款到期后，乙公司未能按期还款。甲公司被宣告破产后，上述10套在建房屋拍卖所得价款为1 800万元。丙银行主张对拍卖所得款优先受偿，并要求将剩余200万元本金、借款利息及其他费用列入普通债权清偿。

（2）10套在建房屋拍卖后，承建该房屋建设项目的丁公司主张尚有300万元的建设工程款未支付，请求优先从拍卖价款中获得清偿。

（3）税务机关得知甲公司破产后，提出甲公司在破产受理前尚欠税400万元。该欠税在破产受理前产生25万元滞纳金，破产受理后产生10万元滞纳金。税务机关要求上述欠税款和滞纳金优先于普通破产债权获得清偿。

2023年2月，甲公司主张公司经营

状况不佳是受房地产、金融政策影响。当前，国家对相关政策有所调整，公司的经营状况将有好转。因此，甲公司拟请求人民法院将破产清算程序转为破产重整或者破产和解程序。

根据上述内容，分别回答下列问题：

（1）丙银行关于将剩余200万元本金、借款利息及其他费用列入普通债权清偿的主张是否成立？并说明理由。

审题要点

题目中抓住关键词"普通债权清偿"，考生可去资料里查找关键信息得知"破产人仅作为担保人为他人债务提供物权担保"，考查的是别除权。

（2）丁公司关于甲公司所欠其300万元建设工程款从房屋拍卖价款中优先清偿的主张是否成立？并说明理由。

审题要点

题目中抓住关键词"建设工程款""优先清偿"，考生可迅速锁定考查的知识点建设工程的价款的特别优先权。

（3）甲公司在破产受理前产生的欠税款和滞纳金是否能优先于普通破产债权清偿？

审题要点

题目中抓住关键词"税款和滞纳金是否能优先于普通破产债权清偿"，考生可迅速锁定考查的知识点破产财产的清偿。

（4）税务机关关于破产受理后产生的欠税滞纳金优先于普通破产债权清偿的主张是否成立？并说明理由。

审题要点

题目中抓住关键词"欠税滞纳金优先于普通破产债权清偿"，考生可迅速锁定考查的知识点破产财产的清偿。

（5）甲公司的破产清算程序可否转为破产重整程序？可否转为破产和解程序？

审题要点

题目中抓住关键词"清算程序可否转为破产重整程序"，考生可去资料里查找关键信息"第一次债权人会议上无人提出重整或和解申请，人民法院作出破产宣告裁定并公告"，考查的是破产宣告。

【本题答案】

（1）丙银行关于将剩余200万元本金、借款利息及其他费用列入普通债权清偿的主张不成立。根据企业破产法律制度的规定，破产人仅作为担保人为他人债务提供物权担保，因破产人不是主债务人，在担保物价款不足以清偿担保债额时，余债不得作为破产债权向破产人要求清偿。

思维拓展

别除权

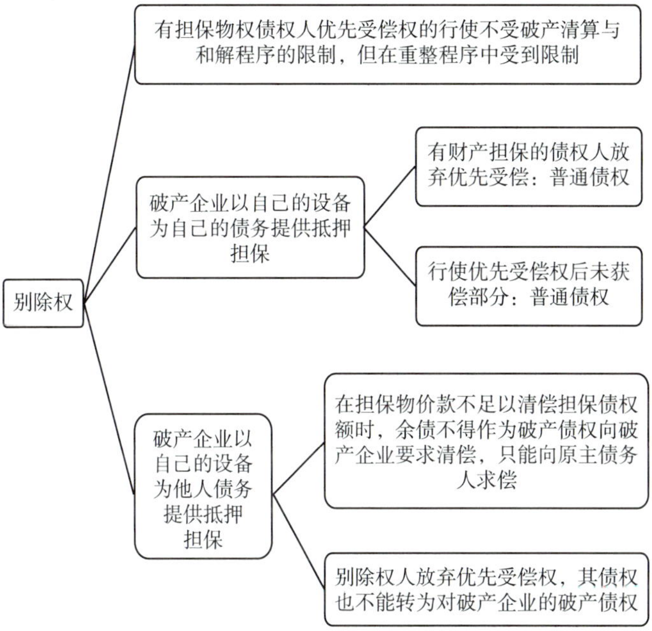

坑点提示

别除权在担保物价款不足以清偿担保债额时，余债是否可以作为破产债权，主要看破产人是不是主债务人，如果是主债务人，余债就可以作为破产债权；如果不是，余债不得作为破产债权向破产企业要求清偿，只能向原主债务人求偿。

历年考情

2023年案例分析题考查别除权。

（2）丁公司关于甲公司所欠其300万元建设工程款从房屋拍卖价款中优先清偿的主张成立。建设工程的价款就该工程折价或者拍卖的价款优先受偿。

思维拓展

特别优先权

建设工程的价款	发包人未按照约定支付价款的，承包人可以催告发包人在合理期限内支付价款。发包人逾期不支付的，除根据建设工程的性质不宜折价、拍卖外，承包人可以与发包人协议将该工程折价，也可以请求人民法院将该工程依法拍卖。建设工程的价款就该工程折价或者拍卖的价款优先受偿

续表

土地使用权出让金	企业对其以划拨方式取得的国有土地使用权无处分权，以该土地使用权设定抵押，未经有审批权限的人民政府或土地行政管理部门批准的，不影响抵押合同效力；履行了法定的审批手续，并依法办理抵押登记的，抵押权自登记时设立
	抵押权人只有在以抵押标的物折价或拍卖、变卖所得价款缴纳相当于土地使用权出让金的款项后，对剩余部分方可享有优先受偿权

历年考情

2023年案例分析题考查建设工程的价款的特别优先权。

（3）甲公司在破产受理前产生的欠税款优先于普通债权清偿。破产受理前产生的欠税款的滞纳金属于普通破产债权，不享有优先受偿地位。

（4）税务机关关于破产受理后产生的欠税滞纳金优先于普通破产债权清偿的主张不成立。破产案件受理后，欠缴税款的滞纳金应当停止计算，在破产程序中不得作为破产债权清偿。

思维拓展

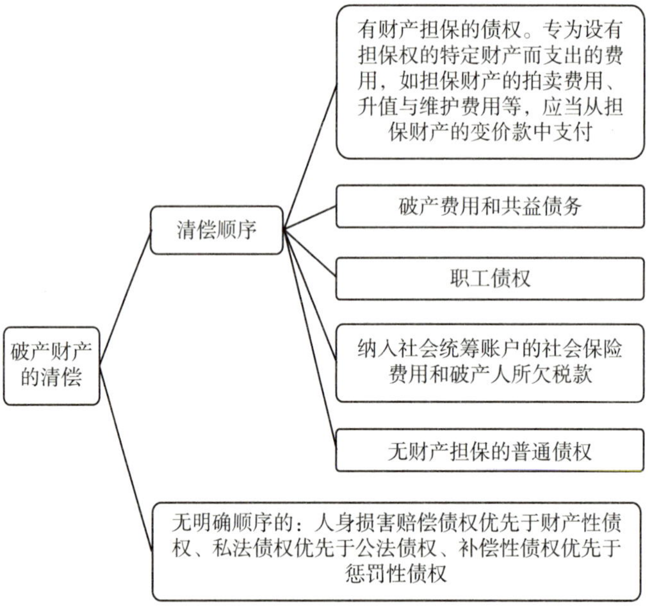

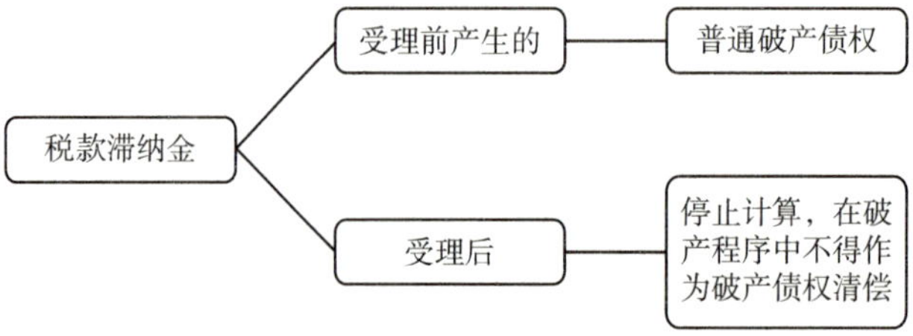

坑点提示

注意区别划入职工个人账户的基本养老保险、基本医疗保险费用和纳入社会统筹账户的社会保险费用，划入职工个人账户的基本养老保险、基本医疗保险费用属于职工债权，而纳入社会统筹账户的社会保险费用属于社会保障债权。

历年考情

2023年案例分析题、2022年单项选择题考查破产财产的清偿。

（5）甲公司的破产清算程序不能转为破产重整程序。甲公司的破产清算程序不能转为破产和解程序。

思维拓展

破产宣告

人民法院受理破产清算申请后，第一次债权人会议上无人提出重整或和解申请的，管理人应当在债权审核确认和必要的审计、资产评估后，及时向人民法院提出宣告破产的申请。相关主体向人民法院提出宣告破产申请的，人民法院应当自收到申请之日起7日内作出破产宣告裁定并进行公告。债务人被宣告破产后，不得再转入重整程序或和解程序。

历年考情

2023年案例分析题考查破产宣告。

2.（本小题10分。）A公司承建B公司厂房，按照双方合同约定，B公司需向A公司支付工程款200万元。2022年8月15日，B公司作为出票人和承兑人，向A公司签发了金额为200万元的电子商业承兑汇票，汇票到期日为2023年2月14日。A公司取得票据后，为提升票据信用，请求C公司为其票据债务提供保证。2022年8月20日，双方通过票据业务系统在汇票上进行了保证记载。2022年8月29日，A公司将该汇票背书转让给D公司，用以支付原材料款。

2023年1月24日，D公司急需资金，向E小额贷款公司借款210万元，约定以该汇票进行质押，但双方并未通过票据业务系统进行质押记载。1月25日，D公司与F机械公司签订票据转让协议，约定将该汇票以197万元的价格转让给F公司。在协议签订当日，D公司就将汇票背书转让给F公司。F公司在收到背书转让的汇票后，于1月25日向D公司付款197万元。F公司为支付设备采购款又将该汇票背书转让给对其取得票据原因不知情的G公司。2月14日，票据业务系统自动向B公司提示付款，B公司拒绝付款。G公司于2月18日向F公司进行追索，又于2月22日向A公司、B公司、C公司进行追索。A公司在得知F公司购买取得票据的事实后，以该行为无效导致背书不连续为由拒绝承担对G公司的票据责任。2月27日，C公司主动清偿了对G公司的票据债务，并拟再追索。

根据上述内容，分别回答下列问题：

（1）E公司是否享有票据质权？并说明理由。

（2）A公司以F公司取得票据的行为无效导致背书不连续为由，拒绝承担对G公司票据责任的主张是否成立？并说明理由。

（3）G公司向F公司进行追索，是否会导致其对B公司的追索权时效发生中断？并说明理由。

（4）C公司可以向哪些人再追索？

审题要点

题目中抓住关键词“票据质权”，考生可去资料里查找关键信息“双方并未通过票据业务系统进行质押记载”，考查的是票据质押。

审题要点

题目中抓住关键词“F公司取得票据的行为无效导致背书不连续”，考生可去资料里查找关键信息“F公司违规‘贴现’。F公司又将该汇票背书转让给对其取得票据原因不知情的G公司”，考查的是票据权利的善意取得。

审题要点

题目中抓住关键词“追索权时效发生中断”，考生可迅速锁定考查的知识点是票据权利时效的发生中断。

审题要点

题目中抓住关键词“再追索”，考生可去资料里查找关键信息“B公司是出票人，B公司出票给A公司，C公司为A公司提供票据保证，C公司承担完票据责任，进行再追索”，考查的是汇票的保证。

【本题答案】

（1）E公司不享有票据质权。根据票据法律制度的规定，以汇票设定质押时，未在汇票上进行质押背书，而另行签订质押合同、质押条款的，不构成票据质押。

思维拓展

相似知识点

保证人未在票据或者粘单上记载“保证”字样而另行签订保证合同或者保证条款的，不属于票据保证，不承担票据责任。

坑点提示

票据是文义证券。票据上的一切权利义务，都严格依照票据上记载的文义而定，文义之外的任何理由、事项都不得作为根据。

历年考情

2023年案例分析题考查汇票的背书——质押背书。

（2）A公司以F公司取得票据的行为无效导致背书不连续为由，拒绝承担对G公司票据责任的主张不成立。根据票据法律制度的规定，D公司将汇票转让给F公司的行为属于“贴现”，F公司不具有从事票据贴现业务的资格，背书转让行为无效，但是票据行为具有独立性，G公司属于善意，取得的票据权利并不因此受到影响，A公司应当对G公司承担票据责任。

思维拓展

1.常见命题形式：B公司因急需现金，将金额为80万元的银行承兑汇票背书转让给C，C向B支付现金75万元。

背诵条文：办理票据贴现业务的机构，必须是经过中国人民银行批准的具有贷款业务资质的金融机构。

其他组织与个人从事票据贴现业务的，票据贴现行为无效。由于C并非有资格从事票据贴现业务的金融机构，B对C的背书转让行为无效，C不能取得票据权利。

但是，贴现人（被背书人）又对该票据进行背书转让，如果符合票据权利善意取得的构成要件，新的持票人取得票据权利。

2.常见命题形式：B公司因急需现金，将金额为80万元的银行承兑汇票背书转让给C，C向B支付现金75万元。后C找具有贴现资格的金融机构D银行贴现。D经审查发现C和B之间没有真实的交易关系，但仍接受贴现。问D能否取得票据权利？

背诵条文：贴现人必须审查贴现申请人与前手之间交易关系的有关文件等。如果贴现人（金融机构）明知贴现申请人与其前手之间没有真实的交易关系，却接受贴现申请完成转让背书，法院通常认定转让背书无效；贴现人虽然持有了票据，但不能取得票据权利。

坑点提示

判定“善意”“非善意”，主要看是否“明知”，所以做题时抓一些关键词，“合谋”“知情”。

另外还要注意，无处分权人处分他人之票据权利，受让人依照《票据法》所规定的票据转让方式取得票据，并且善意且无重大过失，则可以取得票据权利。除了善意以外，还强调“无重大过失”，如果受让人并非明知，也应尽到一定程度的注意以审查转让人是否有处分权。例如，应当审查转让人的身份是否就是票据上所记载的权利人。

历年考情

2023年案例分析题、2022年案例分析题、2021年2道案例分析题、2020年2道案例分析题均考查票据权利的善意取得。

（3）G公司向F公司进行追索，不会导致其对B公司的追索权时效发生中断。根据票据法律制度的规定，票据权利时效发生中断的，只对发生时效中断事由的当事人有效，G公司对F公司进行追索只会导致其对F公司的追索权时效发生中断。

思维拓展

票据时效

<table>
<tr><th colspan="2">票据种类</th><th>提示承兑期限</th><th>提示付款期限</th><th>票据权利时效</th></tr>
<tr><td rowspan="4">商业汇票</td><td>见票即付</td><td>无须提示承兑</td><td>出票日起1个月内</td><td>出票日起2年</td></tr>
<tr><td>定日付款</td><td rowspan="2">到期日前提示承兑</td><td rowspan="3">到期日起10日内</td><td rowspan="3">到期日起2年</td></tr>
<tr><td>出票后定期付款</td></tr>
<tr><td>见票后定期付款</td><td>出票日起1个月</td></tr>
<tr><td colspan="2">本票</td><td>无须</td><td>出票日起最长不得超过2个月</td><td>出票日起2年</td></tr>
<tr><td colspan="2">支票</td><td>无须</td><td>出票日起10日内</td><td>出票日起6个月</td></tr>
</table>

【提醒】

汇票未按照规定期限提示承兑的，持票人丧失对出票人之外的前手的追索权。

如果未在规定期限内提示付款，持票人即丧失对出票人、汇票承兑人之外的前手的追索权。

支票持票人未按照规定期限提示付款的，付款人可以不予付款；付款人不予付款的，出票人仍应当对持票人承担票据责任。

持票人因超过票据权利时效或者因票据记载事项欠缺而丧失票据权利的，仍享有民事权利，可以请求出票人或者承兑人返还其与未支付的票据金额相当的利益。

坑点提示

票据时效期间的中止、中断，只对发生时效中止、中断事由的当事人有效，持票人对其他票据债务人的票据时效的计算方法，并不因此而受影响

历年考情

2023年案例分析题考查票据时效——票据时效的中止、中断。

（4）C公司可以向A公司、B公司进行再追索。

思维拓展

票据保证人向持票人履行票据债务

如果承兑人是被保证人	票据关系全部消灭
如果出票人、转让背书人是被保证人	被保证人的后手的票据责任消灭，但是，被保证人及其前手的票据责任仍然存在，保证人成为票据权利人，可以对其行使再追索权

坑点提示

保证人对前手行使再追索权时，适用抗辩切断制度。被再追索的票据债务人，不得以其与被保证人或者被保证人的前手之间的抗辩事由对抗善意的保证人。

历年考情

2023年案例分析题、2022年案例分析题考查汇票的保证。

3.（本小题15分。）2021年1月15日，甲公司在销售商品房时向购房人出示宣传册，标明配套建设1所幼儿园和1家大型商场；该宣传册同时载明“本宣传册仅供参考”的字样。赵某当日与甲公司订立合同。朱某、钱某反复询问是否有幼儿园和商场，在获得甲公司肯定回复后，两人于1月21日分别与甲公司订立合同。三人签订的合同中未载明配套建设幼儿园和商场，仅载明建设符合规划要求。1月20日，甲公司取得商品房预售许可证。

2023年6月，朱某所购商品房窗户严重漏水，造成地板损失1万元。经查，承建该地产项目的乙公司经甲公司同意，将窗户安装工程分包给丙公司；丙公司的防水工作存在瑕疵，致使朱某所购商品房窗户漏水。甲公司在赔偿朱某1万元后向乙公司求偿，乙公司主张甲公司应先向丙公司求偿。朱某以丙公司的防水工作存在瑕疵为由要求其承担重作的法律责任，丙公司拒绝。

甲公司因资金短缺，无力完成幼儿园和商场的建设，随后商品房销售价格明显下滑。赵某起诉称，甲公司在未取得商品房预售许可证的情况下与其订立合同，该合同无效，要求甲公司返还购房款并支付利息。钱某以甲公司未建设幼儿园和商场，构成违约为由起诉要求解除合同。甲公司表示，资金到位后会按照规划要求建设幼儿园和商场，但购房合同中并未约定配套建设的内容，因此不构成违约。

2023年7月，甲公司向南纬公司借款5 000万元；甲公司以其房屋设立抵押，甲公司控股的丁公司以其大额存单设立质押，用于担保上述债权。甲公司与南纬公司于7月25日订立抵押合同，并于次日办理抵押登记。丁公司法定代表人以甲公司有紧迫需求为由，未按照公司法及公司章程规定作出决议，直接与南纬公司订立质押合同并完成登记。

因甲公司无力偿还贷款，南纬公司要求行使质权。丁公司以其提供担保时未依法作出决议为由，主张不承担担保责任。南纬公司主张丁公司属于甲公司控股的公司，丁公司承担担保责任无需作出决议。

根据上述内容，分别回答下列问题：

（1）乙公司关于甲公司应先向丙公司求偿的主张是否符合法律规定？并说明理由。

（2）朱某要求丙公司承担重作的法律责任，能否得到人民法院的支持？并说明理由。

（3）赵某要求甲公司返还购房款并支付利息的理由是否成立？并说明理由。

（4）甲公司关于购房合同中并未约定配套建设的内容，其不构成违约的主张是否成立？并说明理由。

（5）南纬公司的房屋抵押权何时设立？并说明理由。

（6）南纬公司关于丁公司属于甲公司控股的公司，丁公司承担担保责任无需作出决议的主张是否成立？并说明理由。

【本题答案】

（1）乙公司关于甲公司应先向丙公司求偿的主张不符合法律规定。根据合同法律制度的规定，承包人将部分工作交由第三人完成的，第三人就其完成的工作成果与承包人承担连带责任。

审题要点

题目中抓住关键词“甲公司应先向丙公司求偿”，考生可去资料里查找关键信息“甲公司承建该地产项目的乙公司经甲公司同意，将窗户安装工程分包给丙公司”，考查的是建设工程合同分包责任承担问题。

审题要点

题目中抓住关键词“朱某要求丙公司承担重作的法律责任”，考生可去资料里查找关键信息“朱某从甲公司购入商品房，窗户严重漏水，承建该地产项目的乙公司经甲公司同意，将窗户安装工程分包给丙公司”，考查的是合同的相对性。

审题要点

题目中抓住关键词“赵某要求甲公司返还购房款并支付利息”，考生可去资料里查找关键信息“甲公司在未取得商品房预售许可证的情况下与赵某订立合同。1月20日，甲公司取得商品房预售许可证”，考查的是商品房预售合同的效力。

审题要点

题目中抓住关键词“购房合同中并未约定配套建设”，考生可去资料里查找关键信息“朱某、钱某反复询问是否有幼儿园和商场，在获得甲公司肯定回复后，两人于1月21日分别与甲公司订立合同”，考查的是商品房买卖合同销售广告的性质认定。

审题要点

题目中抓住关键词“房屋抵押权何时设立”，考生可迅速锁定考查的知识点是不动产抵押权的设立。

审题要点

题目中抓住关键词“丁公司属于甲公司控股的公司，丁公司承担担保责任”，考生可迅速锁定考查的知识点是公司为其股东提供担保。

思维拓展

建设工程合同

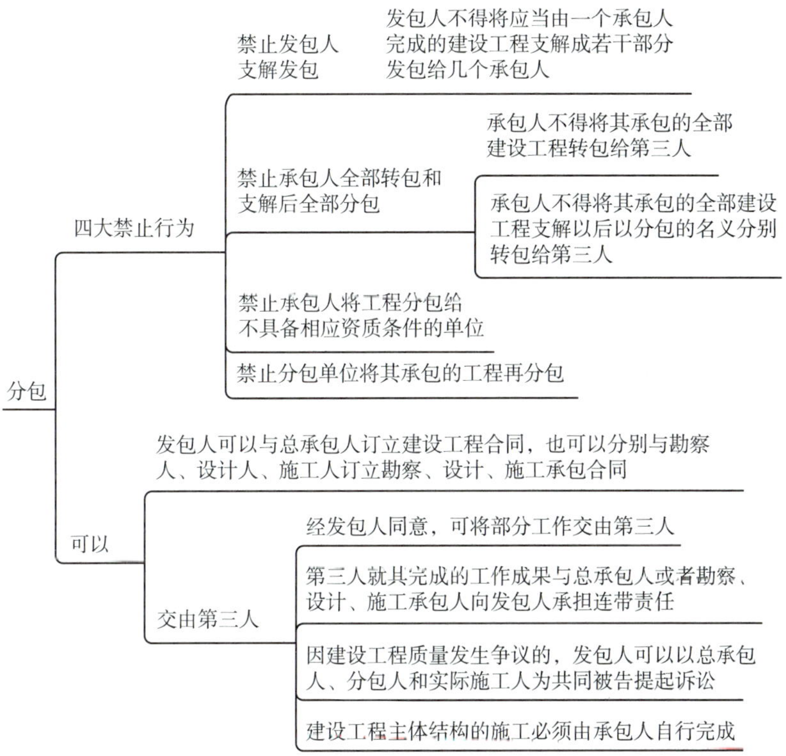

坑点提示

缺乏资质的单位或者个人借用有资质的建筑施工企业名义签订建设工程施工合同，发包人请求出借方与借用方对建设工程质量不合格等因出借资质造成的损失承担连带赔偿责任的，人民法院应予支持。

历年考情

2023年案例分析题、2022年案例分析题考查建设工程合同。

（2）朱某要求丙公司承担重作的法律责任，不能得到人民法院的支持。根据合同法律制度的规定，重作属于违约责任，而丙公司并非朱某的合同相对人。

思维拓展

合同的相对性

根据合同相对性原则，应由合同当事人承担违约责任。

<table>
<tr><td rowspan="4">向第三人履行</td><td>不真正的利他合同</td><td>违约：向债权人承担违约责任</td></tr>
<tr><td rowspan="3">真正的利他合同</td><td>情形：法律规定或者当事人约定第三人可以直接请求债务人向其履行债务，第三人未在合理期限内明确拒绝</td></tr>
<tr><td>第三人可以请求债务人承担违约责任</td></tr>
<tr><td>债务人对债权人的抗辩，可以向第三人主张</td></tr>
<tr><td>由第三人履行</td><td colspan="2">债务人应当向债权人承担违约责任。
（1）经定作人同意，承揽人将其承揽的主要工作交由第三人完成或者承揽合同辅助工作由第三人完成：承揽人对此承担责任。
（2）转租：经出租人同意转租，第三人对租赁物造成损失的，承租人应当赔偿损失</td></tr>
<tr><td rowspan="5">第三人代为履行</td><td colspan="2">债务人不履行债务，第三人对履行该债务具有合法利益的，第三人有权向债权人代为履行。只能由债务人履行的除外</td></tr>
<tr><td colspan="2">债权人接受第三人履行后，其对债务人的债权转让给第三人，担保权利亦一同转让，但是债务人和第三人另有约定的除外</td></tr>
<tr><td colspan="2">具有合法利益的第三人向债权人履行债务的，债权人无正当理由不得拒绝受领，否则陷入受领迟延，债务人也无权加以反对（2024年新增）</td></tr>
<tr><td colspan="2">具有合法利益的第三人包括（2024年新增）：
（1）保证人或者提供物的担保的第三人；
（2）担保财产的受让人、用益物权人、合法占有人；
（3）担保财产上的后顺位担保权人；
（4）对债务人的财产享有合法权益且该权益将因财产被强制执行而丧失的第三人；
（5）承租人拖欠租金场合的次承租人</td></tr>
<tr><td colspan="2">不具有合法利益的第三人包括（2024年新增）：
（1）债务人为法人或者非法人组织的，其普通债权人；
（2）债务人为自然人的，其同事、同学或者希望提供热心帮助的陌生人</td></tr>
<tr><td rowspan="5">例外</td><td>债权人代位权</td><td>债务人怠于行使其对第三人（次债务人）享有的到期债权，危及债权人的债权实现时，债权人为保障自己的债权，可以自己的名义代位行使债务人对次债务人的债权。
专属于债务人自身的债权不能代位。专属于债务人自身的债权主要包括：抚养费、赡养费或者扶养费请求权；人身损害赔偿请求权；劳动报酬请求权，但是超过债务人及其所扶养家属的生活必需费用的部分除外；请求支付基本养老保险金、失业保险金、最低生活保障金等保障当事人基本生活的权利（2024年变化）</td></tr>
<tr><td>债权人撤销权</td><td>债权人撤销权是指债务人实施了减少财产行为，危及债权人的债权实现时，债权人为保障自己的债权请求人民法院撤销债务人处分行为的权利</td></tr>
<tr><td>买卖不破租赁</td><td>租赁物在承租人按照租赁合同占有期间内发生所有权变动的，不影响租赁合同的效力</td></tr>
<tr><td>建设工程合同</td><td>第三人就其完成的工作成果与总承包人或者勘察、设计、施工承包人向发包人承担连带责任</td></tr>
<tr><td>融资租赁合同</td><td>出租人、出卖人、承租人可以约定，出卖人不履行买卖合同义务的，由承租人行使索赔的权利</td></tr>
</table>

坑点提示

大部分合同遵循合同的相对性，掌握合同相对性例外情况。

历年考情

2023年案例分析题、2022年案例分析题考查合同的相对性。

（3）赵某要求甲公司返还购房款并支付利息的理由不成立。根据合同法律制度的规定，出卖人未取得预售许可而与买受人订立预售合同的，只要在起诉前取得预售许可，该合同有效。

思维拓展

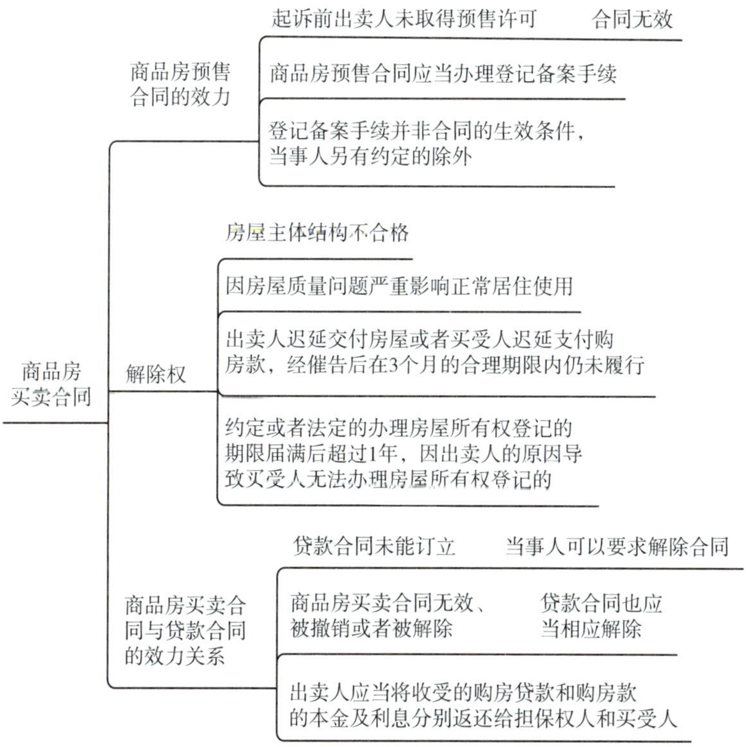

坑点提示

注意起诉前取得预售许可即可。除当事人另有约定外，商品房预售合同登记备案手续并非合同生效条件。

历年考情

2023年案例分析题考查商品房买卖合同。

（4）甲公司关于购房合同中并未约定配套建设的内容，其不构成违约的主张不成立。根据合同法律制度的规定，有关商品房或者相关设施的说明具体确定，并对合同的订立以及房屋价格确定有重大影响的，即使未订入合同，仍属于合同的组成部分，当事人违反这些内容的，承担违约责任。

思维拓展

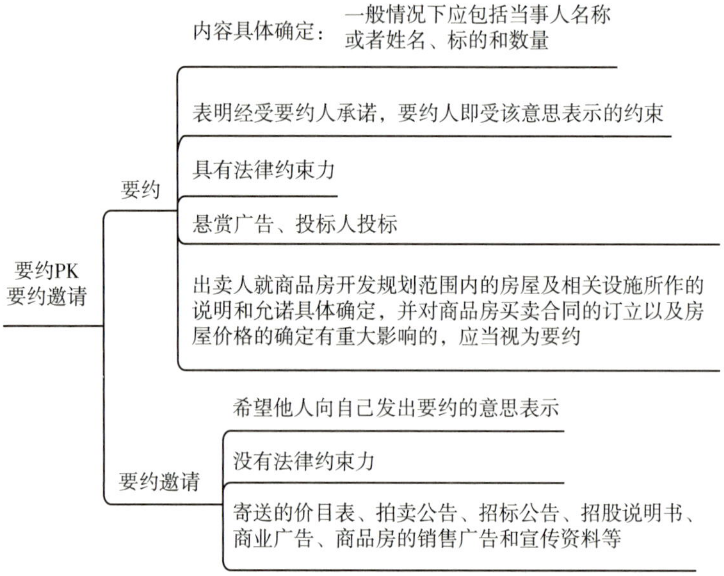

坑点提示

商品房买卖合同销售广告的性质认定

商品房的销售广告和宣传资料	原则上为要约邀请，对出卖人无合同上的约束力
就商品房开发规划范围内的房屋及相关设施所作的说明和允诺具体确定，并对合同的订立以及房屋价格的确定有重大影响	要约
	即使未订入合同，仍属于合同的组成部分，当事人违反这些内容的，承担违约责任

历年考情

2023年单项选择题、2023年案例分析题、2022年单项选择题、2021年单项选择题考查要约和要约邀请。

（5）南纬公司的房屋抵押权于2023年7月26日设立。根据物权法律制度的规定，建筑物抵押权自登记时设立。

思维拓展

物权变动

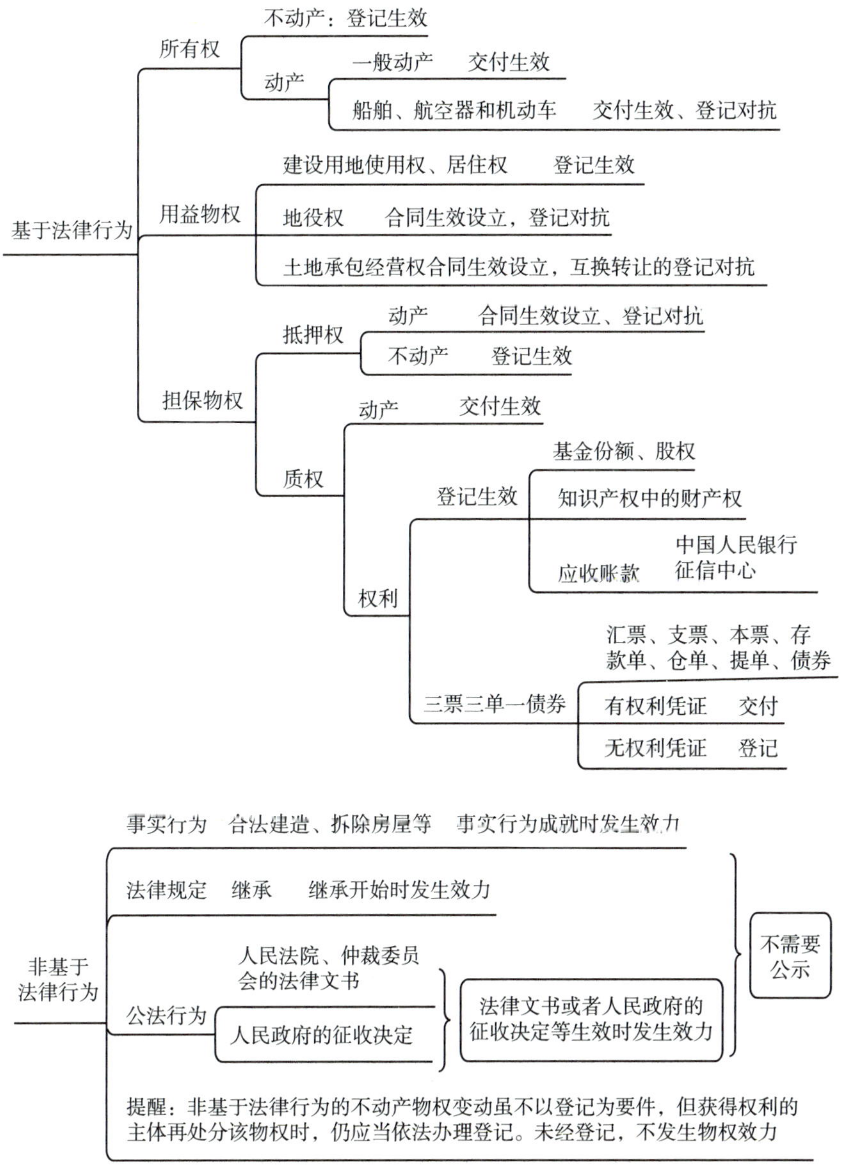

坑点提示

1. 动产抵押PK动产质押PK不动产抵押

由于动产抵押不需要动产转移占有，所以不看交付，动产抵押权自抵押合同生效时设立。但未经登记，不得对抗善意第三人。而动产质押需要转移占有，所以动产质权自出质人交付质押财产时设立。

2. 动产抵押PK不动产抵押

不动产抵押，应当办理抵押登记，抵押权自登记时设立。

历年考情

2023年单项选择题考查基于法律行为的物权变动。2023年案例分析题、2021年案例分析题考查不动产抵押权的设立。2022年案例分析题、2020年案例分析题、2019年案例分析题考查动产抵押权的设立。2019年案例分析题考查动产所有权转移。2022年多项选择题考查登记对抗。

（6）南纬公司关于丁公司属于甲公司控股的公司，丁公司承担担保责任无需作出决议的主张不成立。公司为其股东提供担保的，应当依法作出决议。

思维拓展

公司权利能力限制

<table>
<tr><td rowspan="2">担保</td><td>为股东、实控人担保</td><td>股东会（回避+出席+表决权过半数）</td></tr>
<tr><td>他人</td><td>章程规定二选一［董事会或者股东（大）会］</td></tr>
<tr><td>法定代表人的越权担保</td><td colspan="2">不得对抗善意相对人</td></tr>
<tr><td rowspan="6">上市公司需要股东会审批的担保</td><td colspan="2">单笔担保额超过最近一期经审计净资产10%的担保</td></tr>
<tr><td colspan="2">对外担保总额，超过最近一期经审计总资产的30%以后提供的任何担保</td></tr>
<tr><td colspan="2">公司在一年内担保金额超过公司最近一期经审计总资产30%的担保</td></tr>
<tr><td colspan="2">上市公司及其控股子公司的对外担保总额，超过最近一期经审计净资产50%以后的任何担保</td></tr>
<tr><td colspan="2">为资产负债率超过70%的担保对象提供的担保</td></tr>
<tr><td colspan="2">【记忆】对外担保找奇数，1357来记忆，单笔净资产1，总额资产3，净资产5，为资产负债率7的来担保，都得股东会来审批</td></tr>
<tr><td rowspan="2">对上市公司公开披露信息的信赖</td><td colspan="2">相对人根据上市公司公开披露的关于担保事项已经董事会或者股东会决议通过的信息，与上市公司订立担保合同，要承担担保责任</td></tr>
<tr><td colspan="2">未根据，担保合同对上市公司不发生效力，不承担担保责任或者赔偿责任</td></tr>
<tr><td rowspan="3">公司即使未作决议也要承担担保责任的情形</td><td colspan="2">金融机构开立保函或者担保公司提供担保</td></tr>
<tr><td colspan="2">公司为其全资子公司开展经营活动提供担保（不适用于上市公司）</td></tr>
<tr><td colspan="2">担保合同系由单独或者共同持有公司2/3以上对担保事项有表决权的股东签字同意（不适用于上市公司）</td></tr>
<tr><td rowspan="3">公司分支机构的担保</td><td>分支机构未经公司股东会或者董事会决议以自己的名义对外提供担保</td><td rowspan="3">除非相对人善意，否则不承担担保责任</td></tr>
<tr><td>金融机构的分支机构未经金融机构授权提供保函之外的担保</td></tr>
<tr><td>担保公司的分支机构未经担保公司授权对外提供担保</td></tr>
</table>

坑点提示

公司担保的题目，不仅要注意区分清楚是为股东、实际控制人提供的担保还是为他人提供的担保，还要区分清楚是否是上市公司，是否属于是上市公司必须经股东会审批的担保，以及上市公司有没有公开披露。相对人是否是根据上市公司公开披露的关于担保事项已经董事会或者股东会决议通过的信息，与上市公司订立担保合同。法定代表人的越权担保，主要看相对人是否善意。

抢分秘籍

善意判定

1. 为股东、实际控制人提供担保，债权人要审查股东会决议，决议的表决程序符合相关规定，即在排除被担保股东表决权的情况下，该项表决由出席会议的其他股东所持表决权的过半数通过，签字人员也应符合公司章程的规定。

2. 为他人提供担保，无论章程是否对决议机关作出规定，也无论章程规定决议机关为董事会还是股东会，只要债权人能够证明其在订立担保合同时对董事会决议或者股东会决议进行了审查，同意决议的人数及签字人员符合公司章程的规定，就应当认定其构成善意，但公司能够证明债权人明知公司章程对决议机关有明确规定的除外。

历年考情

2023年案例分析题考查公司为股东提供担保。2023年案例分析题、2022年单项选择题考查法定代表人的越权担保。2021年案例分析题考查公司为其全资子公司开展经营活动提供担保。

4.（本小题15分。）明天公司是一家主营业务为电子产品配件生产的上市公司，甲是明天公司董事长及实际控制人。

2019年，甲接触到“区块链”概念，决定将明天公司名称变更为“区块联公司”；经甲指派，公司总经理兼法定代表人向公司登记机关提出相关申请，并于5月20日获得公司登记机关的核准。6月10日，明天公司召开董事会，对公司名称变更等事项作出决议。6月11日，明天公司召开新闻发布会，宣读《董事会决议公告》《关于公司名称变更的公告》等多份公告，称公司“将致力于打造国际一流的去中心化、安全可信的数据库系统”；并表明以新闻发布会的方式进行公告，可以让市场尽快知悉相关信息。新闻发布会后，公司股票连续涨停，涨幅达70%。公司股东会决议通过公司名称变更等事项后，明天公司完成了变更登记。

之后，当地证监局在对区块联公司的调查中认为，区块联公司在公司名称变更的过程中未及时履行重大事件的信息披露义务。区块联公司辩称：市场于董事会决议次日就已知悉公司名称变更事宜，信息披露已经足够及时。

调查还发现：（1）在公司名称变更过程中，甲控制了公司董事会决议的时间，并在公司内部办公邮件中表达出要不断拉高公司股价的意图。（2）甲于2019年5月31日至6月10日，通过其控制的多个账户大量买入该公司股票。调查人员对本案进行内部讨论时，针对甲的前述行为，有人认为构成内幕交易，有人认为构成操纵市场。

2022年2月，中国证监会作出多个行政处罚决定书，认定区块联公司、甲违反证券法相关规定，构成误导性陈述等多项违法行为。其中，甲对区块联公司从事信息披露违法行为构成“指使”。

投资者乙向人民法院提起虚假陈述民事赔偿诉讼，直接以甲为被告，要求甲赔偿其因区块联公司虚假陈述所遭受的损失。乙还提出，由于甲的行为已构成违法犯罪行为，应对甲的相关财产进行保全，以保证“民事赔偿责任优先”。

持有区块联公司股份的投资者保护机构丙以甲为被告提起股东代表诉讼。甲提出，丙的持股比例未达到1%，不符合法律对股东代表诉讼原告的要求。

根据上述内容，分别回答下列问题：

（1）区块联公司以新闻发布会的方式进行公告，是否符合证券法律制度的规定？并说明理由。

审题要点

题目中抓住关键词“公司以新闻发布会的方式进行公告”，考生可迅速锁定考查的知识点是信息披露的方式。

（2）区块联公司关于“市场于董事会决议次日就已知悉公司名称变更事宜，信息披露已经足够及时”的主张，

审题要点

题目中抓住关键词“信息披露已经足够及时”，考生可迅速锁定考查的知识点是重大事件披露时间。

是否成立？并说明理由。

（3）甲的行为是否构成操纵市场？并说明理由。

（4）乙直接以甲为被告要求甲赔偿其因区块联公司虚假陈述所遭受损失的诉讼请求，能否得到人民法院支持？并说明理由。

（5）乙关于“民事赔偿责任优先”的主张，是否符合证券法律制度的规定？并说明理由。

（6）甲关于“丙的持股比例未达到1%，不符合法律对股东代表诉讼原告的要求”的主张，是否成立？并说明理由。

【本题答案】

（1）区块联公司以新闻发布会的方式进行公告，不符合证券法律制度的规定。根据证券法律制度的规定，信息披露义务人不得以新闻发布或答记者问等任何形式代替应当履行的报告、公告义务。

审题要点

题目中抓住关键词“操纵市场”，考生可迅速锁定考查的知识点是操纵市场。

审题要点

题目中抓住关键词“乙要求甲赔偿因区块联公司虚假陈述所遭受损失的诉讼”，考生可迅速锁定考查的知识点是虚假陈述的民事责任承担。

审题要点

题目中抓住关键词“民事赔偿责任优先”，考生可迅速锁定考查的知识点是虚假陈述的民事责任承担。

审题要点

题目中抓住关键词“丙的持股比例未达到1%，不符合法律对股东代表诉讼原告的要求”，考生可去资料里查找关键信息“持有区块联公司股份的投资者保护机构丙以甲为被告提起股东代表诉讼”，考查的是投资者保护制度。

思维拓展

上市公司及其他信息披露义务人在信息披露工作中的职责

上市公司及其他信息披露义务人在信息披露工作中的职责	信息披露义务人披露的信息应当同时向所有投资者披露，不得提前向任何单位和个人泄露。但是，法律、行政法规另有规定的除外
	证券及其衍生品种同时在境内境外公开发行、交易的，其信息披露义务人在境外市场披露的信息，应当同时在境内市场披露
	信息披露义务人不得以新闻发布或者答记者问等任何形式代替应当履行的报告、公告义务，不得以定期报告形式代替应当履行的临时报告义务

历年考情

2023年案例分析题考查上市公司及其他信息披露义务人在信息披露工作中的职责。

（2）区块联公司关于“市场于董事会决议次日就已知悉公司名称变更事宜，信息披露已经足够及时”的主张，不成立。根据证券法律制度的规定，上市公司应当在最先发生的以下任一时点，及时履行重大事件的信息披露义务：董事会就该重大事件形成决议时；有关各方就该重大事件签署意向书或者协议时；董事、监事或高级管理人员知悉该重大事件发生时。本案中，董事、高级管理人员知悉该重大事件发生时先于董事会决议。公司应于2019年5月20日获得公司登记机关的核准后即及时予以公告。

思维拓展

重大事件披露

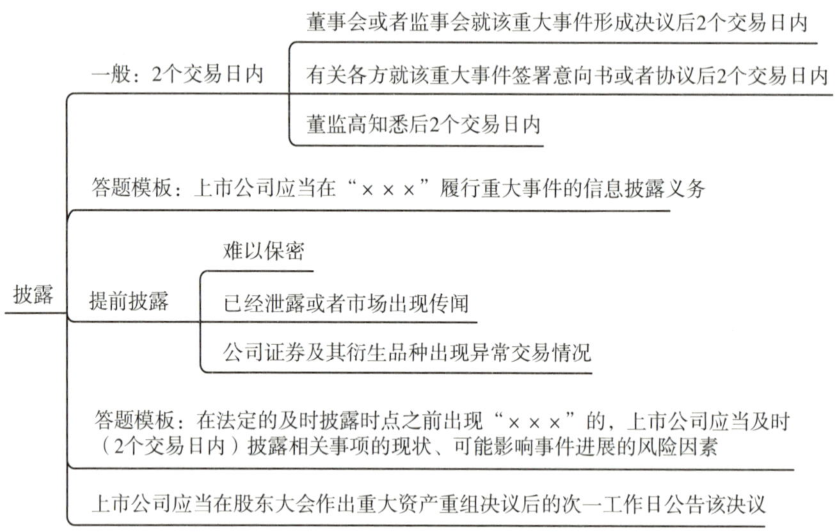

坑点提示

无须把所有条文都写出，考试考哪条写哪条，根据模板答题。

本题可答：上市公司应当在董事、监事或高级管理人员知悉该重大事件发生时2个交易日内履行重大事件的信息披露义务。公司应于2019年5月20日获得公司登记机关的核准后即及时予以公告。

历年考情

2023年案例分析题考查重大事件的披露。

（3）甲的行为构成操纵市场。根据证券法律制度的规定，甲有操纵股价的意图，有利用信息优势联合买卖的行为，通过控制公开披露的信息，影响证券交易价格，构成利用信息优势联合买卖式操纵市场。

思维拓展

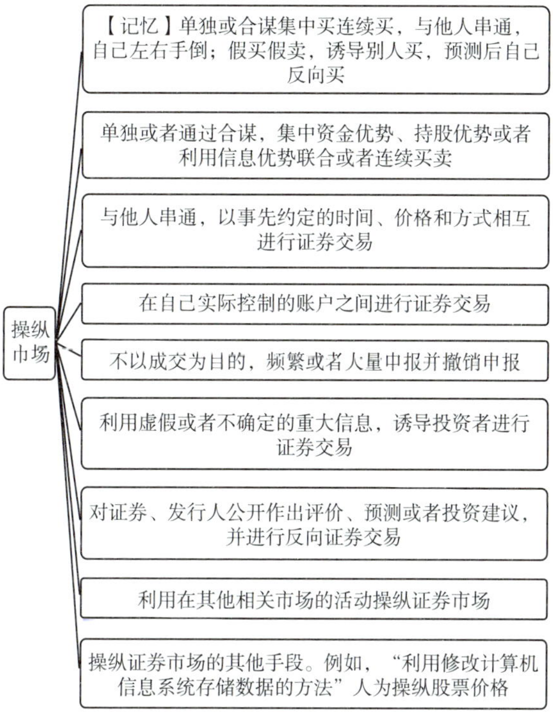

【提醒】禁止任何人以上述手段操纵证券市场，影响或者意图影响证券交易价格或者证券交易量。

坑点提示

操纵证券市场PK内幕交易

操纵证券市场主要有“影响或者意图影响证券交易价格或者证券交易量”的意图。

内幕交易，是指证券交易内幕信息的知情人员和非法获取内幕信息的人利用内幕信息进行证券交易的行为。不强调操纵价格或者交易量的意图。

历年考情

2023年案例分析题、2022年单项选择题、2021年单项选择题、2021年案例分析题、2020年单项选择题、2020年案例分析题考查操纵证券市场。

（4）乙直接以甲为被告要求甲赔偿其因原明天公司虚假陈述所遭受损失的诉讼请求，能够得到人民法院支持。根据证券法律制度的规定，发行人的控股股东指使发行人实施虚假陈述，致使原告在证券交易中遭受损失的，原告起诉直接判令该实际控制人依照相关规定赔偿的，人民法院应当予以支持。

思维拓展

虚假陈述的民事责任承担

- 无过错责任
  - 信息披露义务人：应当承担赔偿责任
- 过错推定责任
  - 发行人的董监高控股股东实控人；保荐人、承销的证券公司；直接责任人员：与发行人承担连带赔偿责任，但是能够证明自己没有过错的除外
  - 证券服务机构：制作、出具的文件有虚假记载、误导性陈述或者重大遗漏，给他人造成损失的，应当与委托人承担连带赔偿责任，但是能够证明自己没有过错的除外
- 保荐机构、承销机构等责任主体以存在约定为由，请求发行人或者其控股股东、实际控制人补偿其因虚假陈述所承担的赔偿责任的，人民法院不予支持
- 追首恶
  - 发行人的控股股东、实际控制人组织、指使发行人实施虚假陈述
    - 原告起诉请求直接判令该控股股东、实际控制人依照本规定赔偿损失的，人民法院应当予以支持
    - 发行人在承担赔偿责任后要求该控股股东、实际控制人赔偿实际支付的赔偿款、合理的律师费、诉讼费用等损失的，人民法院应当予以支持
- 避免“忽悠式”并购重组
  - 公司重大资产重组的交易对方所提供的信息不符合真实、准确、完整的要求，导致公司披露的相关信息存在虚假陈述，原告起诉请求判令该交易对方与发行人等责任主体赔偿由此导致的损失的，人民法院应当予以支持
- 追帮凶
  - 有证据证明发行人的供应商、客户，以及为发行人提供服务的金融机构等明知发行人实施财务造假活动，仍然为其提供相关交易合同、发票，存款证明等予以配合，或者故意隐瞒重要事实致使发行人的信息披露文件存在虚假陈述，原告起诉请求判令其与发行人等责任主体赔偿由此导致的损失的，人民法院应当予以支持

坑点提示

发行人的董监高和其他直接责任人员	担：仅以其不从事日常经营管理、无相关职业背景和专业知识、相信发行人或者管理层提供的资料、相信证券服务机构出具的专业意见等理由主张其没有过错的，人民法院不予支持
	不担：以书面方式发表附具体理由的异议意见并依法披露的，且在公司内部审议、审核该信息披露文件时未投赞成票

历年考情

2023年案例分析、2022年案例分析题、2020年案例分析题考查虚假陈述的民事责任承担主体和责任承担形式。

（5）乙关于“民事赔偿责任优先”的主张，符合证券法律制度的规定。违反《证券法》规定，应当承担民事赔偿责任和缴纳罚款、罚金和违法所得，违法行为人的财产不足以支付的，优先用于承担民事赔偿责任。

思维拓展

破产财产依照企业破产法规定的顺序清偿后仍有剩余的，可依次用于清偿破产

受理前产生的民事惩罚性赔偿金、行政罚款、刑事罚金等惩罚性债权。

坑点提示

不管是《证券法》还是《破产法》，民事赔偿责任和罚款、罚金并存时，民事赔偿责任优先。

历年考情

2023年案例分析考查破产清偿顺序。

（6）甲关于“丙的持股比例未达到1%，不符合法律对股东代表诉讼原告的要求”的主张，不成立。根据证券法律制度的规定，发行人的董事执行公司职务时违反法律、行政法规或者公司章程的规定给公司造成损失，发行人的实际控制人侵犯公司合法权益给公司造成损失，投资者保护机构持有该公司股份的，可以为公司的利益以自己的名义向人民法院提起诉讼，持股比例和持股期限不受《公司法》规定的限制。

思维拓展

投资者保护制度

- 区分普通投资者和专业投资者：根据财产状况、金融资产状况、投资知识和经验、专业能力等因素（多选），投资者可以分为普通投资者和专业投资者。专业投资者的标准由国务院证券监督管理机构规定
- 普通投资者与证券公司发生纠纷（包括诉讼纠纷也包括非诉讼纠纷比如调解等）的，证券公司应当自证清白，不能证明的，应当承担相应的赔偿责任
- 投资者保护机构
  - 代理权征集
    - 上市公司董事会、独立董事，持有1%以上有表决权股份的股东及投资者保护机构可以征集投票权
    - 可以作为征集人，自行或者委托证券公司、证券服务机构，公开请求上市公司股东委托其代为出席股东大会，并代为行使提案权、表决权等股东权利
    - 征集人应当披露征集文件，上市公司应当予以配合
    - 禁止以有偿或者变相有偿的方式公开征集股东权利
    - 违规征集造成损失要赔
    - 不得对被征集主体设置比例限制
  - 证券纠纷调解
    - 投资者与发行人、证券公司等发生纠纷的，双方可以向投资者保护机构申请调解
    - 普通投资者与证券公司发生证券业务纠纷，普通投资者提出调解请求的，证券公司不得拒绝
  - 证券支持诉讼：投资者保护机构对损害投资者利益的行为，可以依法支持投资者向人民法院提起诉讼
  - 股东派生诉讼：董监高、控股股东、实控人给公司造成损失的，投资者保护机构持有公司股份的，可以为公司的利益以自己的名义向人民法院提起诉讼，持股比例和持股期限不受《公司法》规定的限制
- 先行赔付
  - 发行人的控股股东、实际控制人、相关的证券公司可以委托投资者保护机构，就赔偿事宜与受到损失的投资者达成协议，予以先行赔付
  - 先行赔付后，可以依法向发行人以及其他连带责任人追偿

坑点提示

股东诉讼

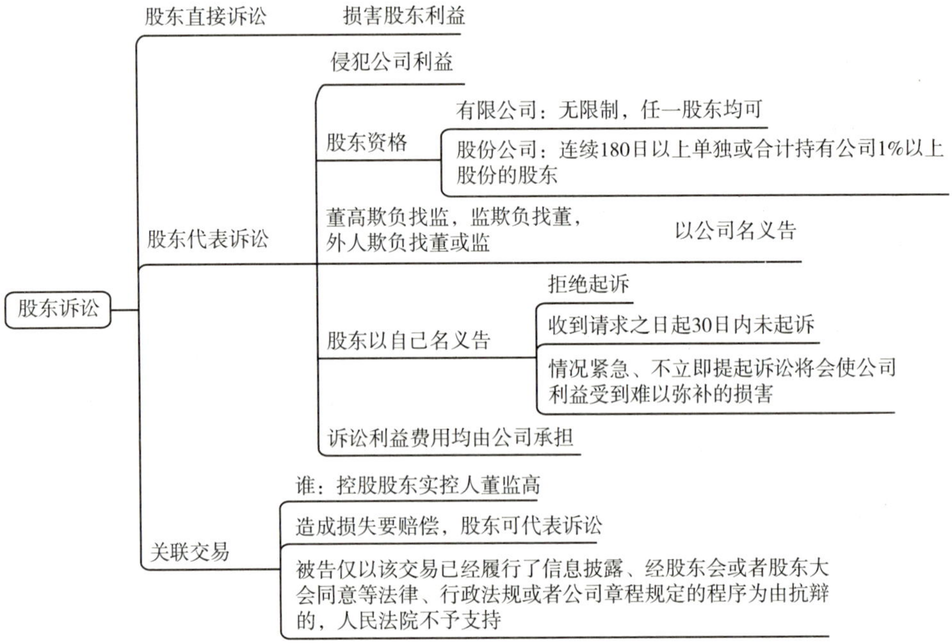

历年考情

2023年案例分析题、2021年2道多项选择题考查投资者保护制度。

2022年注册会计师全国统一考试《经济法》真题详解

一、单项选择题

1.在法律关系主体的分类中，个人独资企业是（　　）。

A.自然人　　B.营利法人

C.非法人组织　　D.非营利法人

【本题答案】C

【本题解析】本题考核法律关系主体。非法人组织是不具有法人资格，但是能够依法以自己的名义从事民事活动的组织，包括个人独资企业、合伙企业、不具有法人资格的专业服务机构等。

审题要点

题目中提示“法律关系主体的分类”，考生可迅速锁定考查的知识点是法律关系主体分类。然后问个人独资企业是哪种类型，需要考生掌握几种典型的常考的非法人组织：个人独资企业、合伙企业、不具有法人资格的专业服务机构等，然后选出正确答案。

思维拓展

法律关系主体的种类

自然人	本国公民、居住在一国境内或在境内活动的外国公民和无国籍人
组织	（1）法人组织； （2）非法人组织。个人独资企业、合伙企业、不具有法人资格的专业服务机构等。 【提醒】非法人组织是不具有法人资格，但是能够依法以自己的名义从事民事活动的组织
国家	在特殊情况下，国家可以作为一个整体成为法律关系的主体例如，国家作为主权者是国际公法关系的主体，可以成为对外经济贸易关系中的债权人和债务人。 在国内法上，国家可以直接以自己的名义参与国内法律关系（如发行国库券，或成为国家所有权关系主体）

【记忆】特别法人：机关走基层下农村

坑点提示

是否可以成为法律关系主体PK是否是法人

判断是否是法人的关键点在于是否能自己独立承担责任，个人独资企业、合伙企业都不能自己独立承担责任，为非法人组织。但个人独资企业、合伙企业都可以成为法律关系主体。另外注意，分公司不具有法人资格，其民事责任由公司承担。子公司可以自己独立承担责任，为法人。

抢分秘籍

判断是否是法人的题目，记住几个典型的非法人组织即可，个人独资企业、合伙企业。另外，分公司也不具有法人资格。

历年考情

审题要点

这种题干很短的题目，考查知识点一目了然，考生可迅速锁定考查的知识点是全面依法治国基本方略。

2022年单项选择题考查法律关系的主体——法人。

2. 全面推进依法治国的总目标是（　　）。

A. 依法保障人民权益

B. 坚持中国特色社会主义法治道路

C. 坚持依宪治国、依宪执政

D. 建设中国特色社会主义法治体系、建设社会主义法治国家

【本题答案】D

【本题解析】本题考核习近平法治思想引领全面依法治国基本方略。全面推进依法治国的总目标是建设中国特色社会主义法治体系、建设社会主义法治国家。

思维拓展

全面依法治国基本方略

1. 中央全面依法治国委员会办公室设在司法部（2020年考查）。

2. 全面推进依法治国的总目标（2019年、2022年考查）：

（1）建设中国特色社会主义法治体系。

（2）建设社会主义法治国家。

3. 根本目的：依法保障人民权益（2021年考查）。

4. 总抓手：建设中国特色社会主义法治体系。

建设中国特色社会主义法治体系，是全面推进依法治国的总抓手，是国家治理体系的骨干工程。

坑点提示

注意区分全面推进依法治国的总目标和根本目的。总目标是建设中国特色社会主义法治体系、建设社会主义法治国家。而根本目的是依法保障人民权益。

抢分秘籍

这种题目考试时也可以用排除法，题目问全面推进依法治国的总目标，而选项B、C“坚持……”是过程不是目标，首先排除。然后区别总目标和根本目的，法是为人服务的，所以根本目的是依法保障人民权益，全面推进依法治国的总目标是建设中国特色社会主义法治体系、

建设社会主义法治国家。

历年考情

2022年、2019年单项选择题考查全面推进依法治国的总目标。2021年单项选择题考查全面推进依法治国的根本目的。2020年单项选择题考查中央全面依法治国委员会办公室设在哪里。

3.根据基本民事法律制度的规定，下列关于民事法律行为的表述中，正确的是（　　）。

A.解除权的行使属于双方民事法律行为

B.负担行为产生债法上的法律效果

C.不要式民事法律行为的当事人不可以自由选择民事法律行为的形式

D.主民事法律行为无效，不影响从民事法律行为的有效性

审题要点

题目中提示民事法律行为，考生可迅速锁定考查的知识点是民事法律行为。该种题目，“下列关于……表述中，正确的是（　）”属于对该知识点的综合性考查，需要全面掌握该知识点。

【本题答案】B

【本题解析】本题考核民事法律行为的分类。双方民事法律行为需要两个当事人意思表示一致才能成立；单方法律行为是根据一方当事人的意思表示而成立的民事法律行为，解除权的行使属于单方民事法律行为，选项A错误。负担行为是使一方相对于他方承担一定给付义务的法律行为，产生的是债法上的法律效果，选项B正确。不要式的民事法律行为是指法律不要求采取一定形式，当事人自由选择一种形式即可成立的民事法律行为，选项C错误。从民事法律行为的效力依附于主民事法律行为：主民事法律行为不成立，从民事法律行为则不能成立；主民事法律行为无效，则从民事法律行为亦当然不能生效，选项D错误。

思维拓展

思维拓展内容详见2023年注册会计师全国统一考试真题详解单选第3题。

坑点提示

坑点提示内容详见2023年注册会计师全国统一考试真题详解多选第1题。

抢分秘籍

抢分秘籍内容详见2023年注册会计师全国统一考试真题详解多选第1题。

历年考情

2023年多项选择题、2022年单项选择题、2022年2道多项选择题、2021年多项选择题、2020年单项选择题、2019年多项选择题考查民事法律行为分类。

审题要点

题目中提示“流通物”，考生可迅速锁定考查的知识点是物的种类。

4.根据物权法律制度的规定，下列各项中，属于流通物的是（　　）。

A.文物　　B.黄金

C.电脑　　D.药品

【本题答案】C

【本题解析】本题考核物的种类。文物、黄金、药品属于限制流通物。

思维拓展

物的种类

<table>
<tr><th>种类</th><th colspan="2">解释</th></tr>
<tr><td>流通物、限制流通物与禁止流通物</td><td colspan="2">限制流通物是被法律限制市场流通之物，如文物、黄金、药品等。
禁止流通物则是法律禁止流通之物，如专属于国家所有的不动产和动产，任何组织或者个人不能取得所有权</td></tr>
<tr><td>动产与不动产</td><td colspan="2">不可移动，或如移动将损害其价值的物，为不动产，包括土地、海域以及房屋、林木等地上定着物</td></tr>
<tr><td>可替代物与不可替代物</td><td colspan="2">该分类仅限于动产。
可替代：如书、粮食等；
不可替代：如齐白石的画等</td></tr>
<tr><td>消费（耗）物与非消费（耗）物</td><td colspan="2">该分类仅限于动产。消耗物只能一次性使用（粮食、金钱等），非消耗物（如机器设备）则相反。一般情况下，以让与为目的的消耗物（如金钱）转移占有即转移所有权</td></tr>
<tr><td>可分物与不可分物</td><td colspan="2">可分物是不因分割而变更其性质或减损其价值的物，如米、酒等。反之，如牛、汽车等则属不可分物</td></tr>
<tr><td>主物与从物</td><td colspan="2">判断标准：（1）物理上相互独立；（2）经济用途上相互依存并有从属关系。
例：电视机与遥控器、旅馆设置的家具、房间的钥匙、书的封套、机器的维修工具等。
在无法律特别规定或当事人特别约定时，从物的权利归属与主物一致</td></tr>
<tr><td rowspan="3">原物与孳息物</td><td>天然孳息</td><td>母牛生出来的小牛，苹果树上的掉下的苹果</td></tr>
<tr><td>法定孳息</td><td>银行存款的利息、租金等</td></tr>
<tr><td colspan="2">【提醒】原物、孳息相互独立，原物、孳息属于两个物。因此，尚在母牛身体里的小牛属于母牛的组成部分，不属于孳息；尚未与苹果树相分离的苹果，也不属于孳息</td></tr>
</table>

坑点提示

流通、限制还是禁止？

【记忆】摸金校尉吃药是限制，文物、黄金、药品是限制。

历年考情

2022年单项选择题、2022年多项选择题、2021年单项选择题、2020年多项选择题考查物的种类。2019年单项选择题考查是否属于物权法上的物。

5. 甲擅取乙之油漆漆于自家家具上，双方未就油漆后家具的所有权归属达成协议。根据物权法律制度的规定，下列关于油漆后家具所有权归属的表述中，正确的是（　　）。

A. 此属附合，油漆后家具所有权归属于甲

B. 此属附合，油漆后家具由甲、乙共有

C. 此属加工，油漆后家具所有权归属于甲

D. 此属加工，油漆后家具由甲、乙共有

【本题答案】A

【本题解析】本题考核添附。动产与他人之动产附合，非毁损不能分离，或分离须费过巨者，各动产所有人，按其动产附合时之价值，共有合成物；但附合之动产，有可视为主物者，该主物所有人，取得合成物之所有权。油漆涂刷于他人之家具，家具是主物，因此是甲取得所有权。

审题要点

题目中提示“甲擅取乙之油漆漆于自家家具上”，考生可迅速锁定考查的知识点是添附。然后抓住问题“关于油漆后家具所有权”，考生可知道考查添附物的归属问题。

思维拓展

添附

因加工、附合、混合而产生的物的归属，有约定的，按照约定；没有约定或者约定不明确的，依照法律规定；法律没有规定的，按照充分发挥物的效用以及保护无过错当事人的原则确定。因一方当事人的过错或者确定物的归属造成另一方当事人损害的，应当给予赔偿或者补偿。

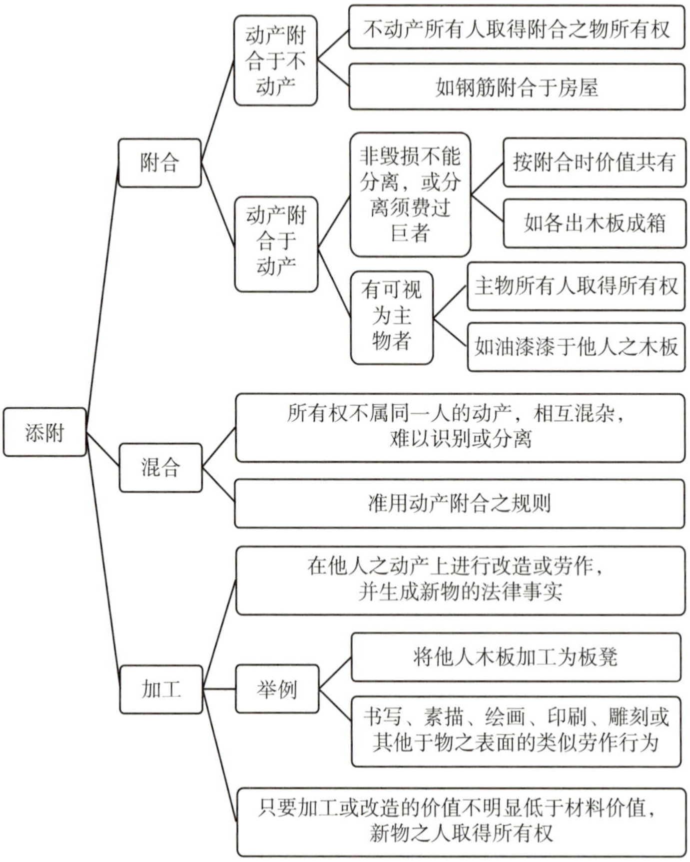

坑点提示

注意区分附合和混合

抓住关键点：1.混合仅针对动产；2.混合一定是相互混杂，难以识别或分离。例如，油漆漆于他人之木板，虽然添附为一物，但还是能分清油漆和木板的，属于附合。而螃蟹被大雨冲到其他人家的螃蟹池塘，难以识别是谁的螃蟹，或者牛奶倒入他人的咖啡中，难以识别或分离，属于混合。

抢分秘籍

在判定添附而产生的物的归属的时候，在没有约定的情况下，判断谁为主即可。动产附合于不动产，不动产为主，故不动产所有人取得附合之物所有权。动产附合于动产，不分主次，按附合时价值共有；分主次，主物所有人取得所有权。混合是动产，故准用动产附合之规则。加工，一般加工价值更大，加工为主，所以一般新物之人取得所有权；

但加工或改造的价值明显低于材料价值的话，则材料为主，材料所有人取得所有权。

历年考情

2021年、2020年多项选择题考查哪些属于添附。

6.根据合同法律制度的规定，下列关于要约的表述中，正确的是（　　）。

A.要约只能向特定人发出，不得向非特定人发出

B.要约与撤回要约的通知同时到达受要约人的，不影响要约生效

C.要约不得撤销

D.要约因遭到拒绝而失效

审题要点

题目中提示“要约”，考生可迅速锁定考查的知识点是要约。该种题目，“下列关于……表述中，正确的是（　）”属于对该知识点的综合性考查，需要全面掌握该知识点。

【本题答案】D

【本题解析】本题考核要约。要约可以向特定人发出，也可以向非特定人发出，选项A错误。撤回要约的通知应当在要约到达受要约人之前或者与要约同时到达受要约人，撤回要约导致要约不生效，选项B错误。要约可以依法撤销，选项C错误。要约失效的情形包括：（1）要约被拒绝；（2）要约被依法撤销；（3）承诺期限届满，受要约人未作出承诺；（4）受要约人对要约的内容作出实质性变更，选项D正确。

思维拓展

要约

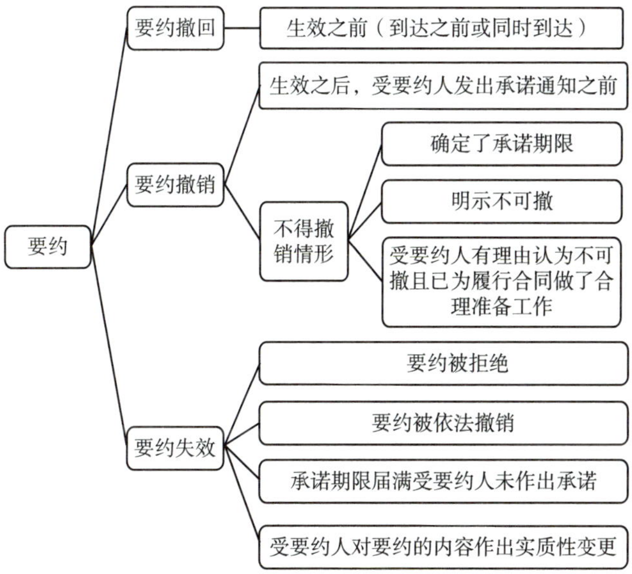

坑点提示

注意对比承诺，承诺只能撤回，不能撤销，因为承诺一旦生效，合同就成立了，如果反悔，则构成违约。

抢分秘籍

在不清楚某些选项的时候，可以代入具体的例子验证该选项是否正确。比如选项A，举例代入悬赏广告，悬赏广告为要约，是向非特定人发出的，故要约可以向特定人发出，也可以向非特定人发出。

历年考情

2023年单项选择题、案例分析题、2022年单项选择题、2021年单项选择题考查要约和要约邀请。

审题要点

题目中提示“民间借贷合同”，考生可迅速锁定考查的知识点是民间借贷合同。该种题目，“下列关于……表述中，正确的是（　）”属于对该知识点的综合性考查，需要全面掌握该知识点。

7.根据合同法律制度的规定，下列关于**民间借贷合同**的表述中，正确的是（　　）。

A.非金融机构的法人之间为生产、经营需要订立的民间借贷合同，原则上无效

B.出借人或借款人的借贷行为已经生效的裁判认定构成犯罪的，民间借贷合同并不因此当然无效

C.民间借贷合同利率不超过合同成立时1年期贷款市场报价利率的5倍的，人民法院应予支持

D.出借人与借款人既约定了逾期利率，又约定了违约金的，出借人只能择一主张

【本题答案】B

【本题解析】本题考核民间借贷合同。法人之间、非法人组织之间以及它们相互之间为生产、经营需要订立的民间借贷合同，原则上有效，选项A错误。出借人请求借款人按照合同约定利率支付利息的，人民法院应予支持，但是双方约定的利率超过合同成立时一年期贷款市场报价利率四倍的除外，选项C错误。出借人与借款人既约定了逾期利率，又约定了违约金或者其他费用，出借人可以选择主张逾期利息、违约金或者其他费用，也可以一并主张，但是总计超过合同成立时一年期贷款市场报价利率四倍的部分，人民法院不予支持，选项D错误。

思维拓展

1. 民间借贷合同无效情形

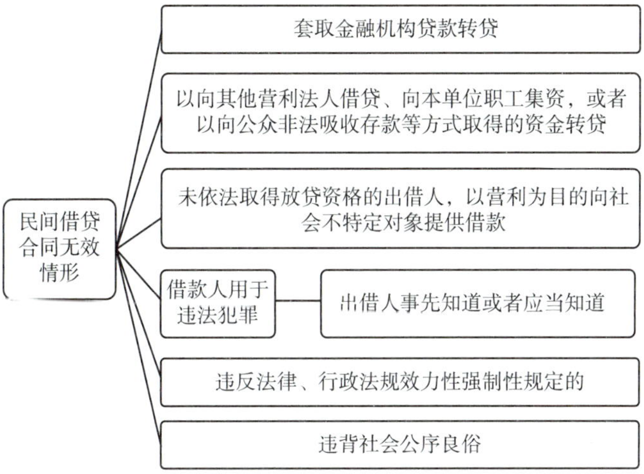

2. 关于民间借贷合同利益的思维拓展内容详见2023年注册会计师全国统一考试真题详解单选第8题。

坑点提示

出借人事先知道或者应当知道借款人借款用于违法犯罪活动仍然提供借款的民间借贷合同无效。这个前提必须是出借人事先知道或者应当知道，否则民间借贷合同原则上有效。

历年考情

2023年案例分析题、单项选择题、2022年单项选择题、2021年多项选择题、2021年案例分析题考查民间借贷合同。

8. 根据合同法律制度的规定，下列关于技术合同的表述中，正确的是（　　）。

审题要点

题目中提示“技术合同”，考生可迅速锁定考查的知识点是技术合同。该种题目，“下列关于……表述中，正确的是（　）”属于对该知识点的综合性考查，需要全面掌握该知识点。

A. 技术开发合同包括委托开发合同和合作开发合同

B. 技术转让合同签订后，如果当事人没有约定或者约定不明确，依照《民法典》相关规定仍不能确定，出让方后续改进的技术成果，有义务分享给受让方

C. 技术咨询合同是当事人一方以技术知识为对方解决特定技术问题所订立的合同

D. 法人转让其享有使用权、转让权的职务技术成果时，职务技术成果的完成人与其他人享有同等的受让权利

【本题答案】A

【本题解析】本题考核技术合同。当事人可以按照互利的原则，在合同中约定实施专利、使用技术秘密后续改进的技术成果的分享办法；没有约定或者约定不明确，依据相关规定仍不能确定的，一方后续改进的技术成果，其他各方无权分享，选项B错误。技术咨询合同是当事人一方以技术知识为对方就特定技术项目提供可行性论证、技术预测、专题技术调查、分析评价报告等所订立的合同；技术服务合同是当事人一方以技术知识为对方解决特定技术问题所订立的合同，不包括承揽合同和建设工程合同，选项C错误。法人或者非法人组织订立技术合同转让职务技术成果时，职务技术成果的完成人享有以同等条件优先受让的权利，选项D错误。

思维拓展

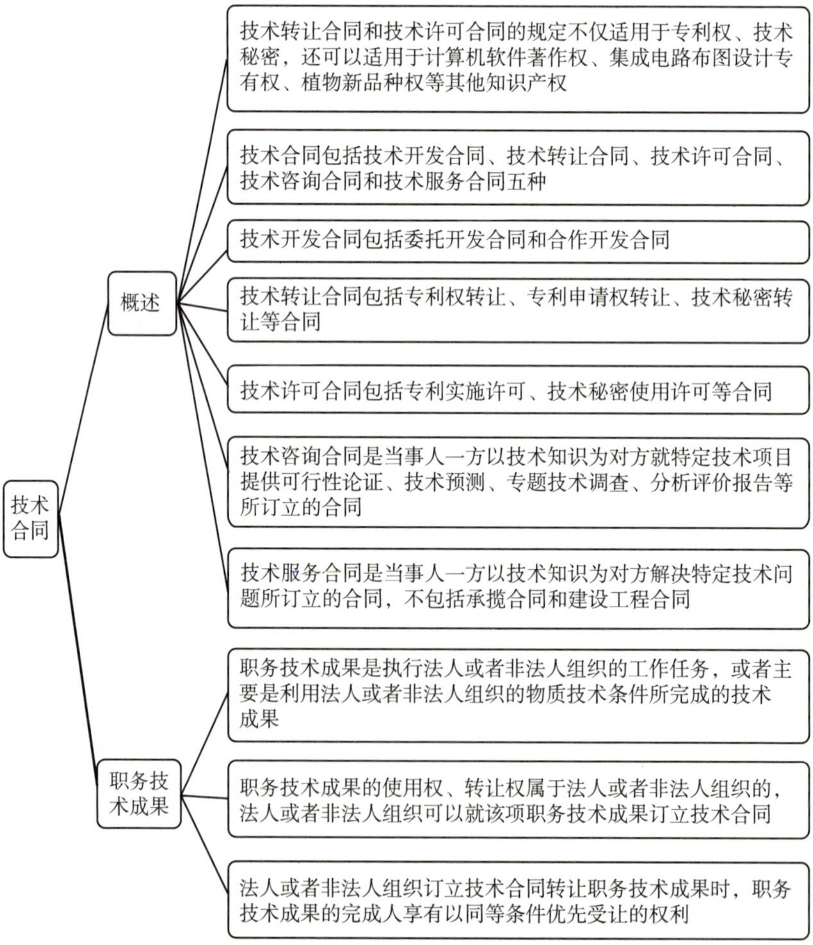

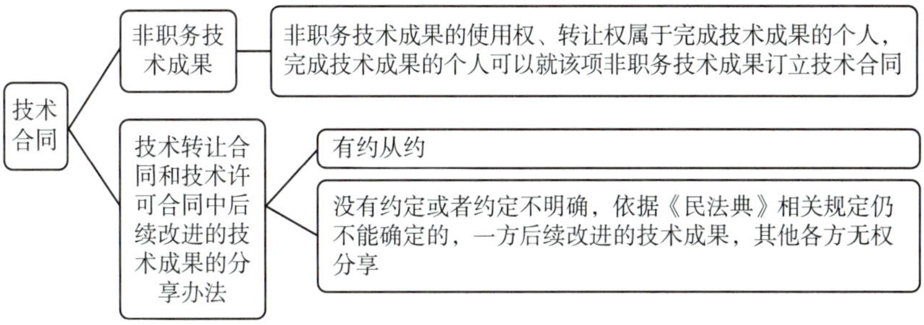

坑点提示

区分技术咨询合同和技术服务合同，技术咨询主要是提供技术方面的可行性论证、预测、调查、分析评价报告等，而技术服务主要是解决特定技术问题。

历年考情

2022年单项选择题、多项选择题、案例分析题考查技术合同。

9. 根据合伙企业法律制度的规定，下列关于合伙人财产份额转让和出质的表述中，正确的是（　　）。

> **审题要点**
> 题目中抓住关键词“关于合伙人财产份额转让和出质”，考生可迅速锁定考查的知识点是合伙人财产份额转让和出质。该题目属于对该知识点的综合性考查，需要考生熟练掌握该知识点。

A. 合伙人之间转让在合伙企业中的全部财产份额的，须经其他合伙人一致同意

B. 合伙人向合伙人以外的人转让其在合伙企业中的财产份额的，同等条件下其他合伙人有优先购买权，除非合伙协议另有约定

C. 合伙人以外的人依法受让合伙人在合伙企业中的财产份额的，即成为合伙企业的合伙人

D. 合伙人以其在合伙企业中的财产份额出质的，须经其他合伙人半数以上同意

【本题答案】B

【本题解析】本题考核合伙人财产份额转让和出质。合伙人之间转让在合伙企业中的全部或者部分财产份额时，应当通知其他合伙人，选项A错误。合伙人以外的人依法受让合伙人在合伙企业中的财产份额的，经修改合伙协议即成为合伙企业的合伙人，依照《合伙企业法》和修改后的合伙协议享有权利，履行义务；未修改合伙协议的，不应算作是法律所称的“合伙企业的合伙人”，选项C错误。普通合伙人以其在合伙企业中的财产份额出质的，须经其他合伙人一致同意，选项D错误。

思维拓展

1. 合伙人财产份额转让

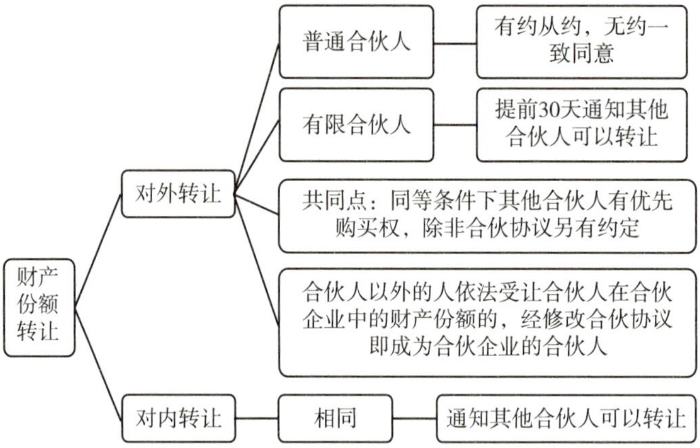

2. 合伙人财产份额出质

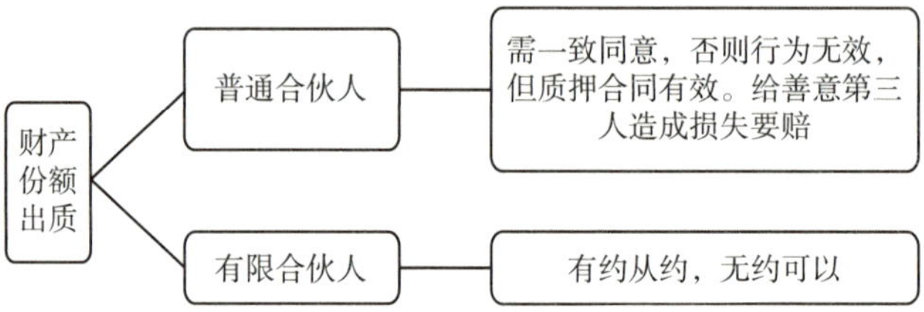

坑点提示

普通合伙人财产份额对外转让PK出质

普通合伙人财产份额对外转让，可以知道转让给谁，但要加入新的合伙人，也得慎之又慎，故有约从约，没有约定，须其他合伙人一致同意。需要注意的是普通合伙人财产份额对外转让可以由合伙协议约定，比如合伙协议可以约定，普通合伙人财产份额对外转让，经其他合伙人过半数通过即可。

普通合伙人财产份额出质，可能导致该财产份额依法发生权利转移，而且出质时不知道谁将取得该财产份额，所以比普通合伙人财产份额对外转让更加严格，必须经其他合伙人一致同意；未经其他合伙人一致同意，其行为无效。

抢分秘籍

该种题目需要区分清楚是普通合伙人的财产份额转让，还是有限合伙人的财产份额转让，是对外转让还是对内转让。

历年考情

2022年单项选择题、2021年单项选择题、多项选择题，2019年单项选择题考查普通合伙人财产份额转让（包括对外转让和对内转让）。

10.根据合伙企业法律制度的规定，下列关于普通合伙企业合伙人退伙结算及其效果的表述中，正确的是（　　）。

A.退伙人在合伙企业中财产份额的退还办法，由合伙协议约定或者全体合伙人决定

B.合伙人退伙，其他合伙人应当与该退伙人按照入伙时的合伙企业财产状况进行结算

C.合伙人退伙时，合伙企业财产少于合伙企业债务的，退伙人不承担亏损责任

D.退伙人对基于其退伙前的原因发生的合伙企业债务，不承担连带责任

审题要点

题目中提示“普通合伙企业合伙人退伙结算及其效果”，考生可迅速锁定考查的知识点是普通合伙企业合伙人退伙结算。该种题目，“下列关于……表述中，正确的是（　）”属于对该知识点的综合性考查，需要全面掌握该知识点。

【本题答案】A

【本题解析】本题考核合伙人退伙结算。退伙人在合伙企业中财产份额的退还办法，由合伙协议约定或者由全体合伙人决定，可以退还货币，也可以退还实物，选项A正确。合伙人退伙，其他合伙人应当与该退伙人按照退伙时的合伙企业财产状况进行结算，退还退伙人的财产份额，选项B错误。合伙人退伙时，合伙企业财产少于合伙企业债务的，退伙人应当依照规定分担亏损，选项C错误。退伙人对基于其退伙前的原因发生的合伙企业债务，承担无限连带责任，选项D错误。

思维拓展

关于退伙结算，除合伙人死亡或者被依法宣告死亡的情形外，《合伙企业法》对退伙结算作了以下规定：

（1）合伙人退伙，其他合伙人应当与该退伙人按照退伙时的合伙企业财产状况进行结算，退还退伙人的财产份额。

退伙人对给合伙企业造成的损失负有赔偿责任的，相应扣减其应当赔偿的数额。

退伙时有未了结的合伙企业事务的，待该事务了结后进行结算。

（2）退伙人在合伙企业中财产份额的退还办法，由合伙协议约定或者由全体合伙人决定，可以退还货币，也可以退还实物。

（3）合伙人退伙时，合伙企业财产少于合伙企业债务的，退伙人应当依照法律规定分担亏损，即如果合伙协议约定亏损分担比例的，按

照合伙协议的约定办理；合伙协议未约定或者约定不明确的，由合伙人协商决定；协商不成的，由合伙人按照实缴出资比例分担；无法确定出资比例的，由合伙人平均分担。

合伙人退伙以后，并不能解除其对于合伙企业既往债务的连带责任。根据《合伙企业法》的规定，退伙人对基于其退伙前的原因发生的合伙企业债务，承担无限连带责任。

历年考情

2023年单项选择题考查除名退伙。2023年单项选择题、2022年单项选择题、2020年单项选择题考查当然退伙。2022年、2020年多项选择题考查通知退伙。2019年多项选择题考查协议退伙。2020年单项选择题、2021年单项选择题、2022年单项选择题考查入退伙及合伙人身份转换的责任承担。2022年单项选择题考查普通合伙企业合伙人退伙结算及其效果。

审题要点

题目中提示“第三人有理由相信有限合伙人为普通合伙人并与其交易的情况”，考生可迅速锁定考查的知识点。该种题目考查的具体知识点，可以先不看选项，要熟悉考点，立马想到承担与普通合伙人相同的责任，选出D选项。别的选项可以不看。

11.根据合伙企业法律制度的规定，在第三人有理由相信有限合伙人为普通合伙人并与其交易的情况下，下列表述中，正确的是（　　）。

A.合伙企业可以主张该笔交易无效

B.该有限合伙人对该笔交易不承担责任

C.该有限合伙人以其财产份额为限对该笔交易承担责任

D.该有限合伙人对该笔交易承担与普通合伙人相同的责任

【本题答案】D

【本题解析】本题考核有限合伙企业事务执行的特别规定。第三人有理由相信有限合伙人为普通合伙人并与其交易的，该有限合伙人对该笔交易承担与普通合伙人同样的责任。

思维拓展

合伙企业事务执行

1.普通合伙人：可执行、可代表，内部限制不得对抗善意第三人。

2.有限合伙人：

（1）不执行、不代表。

（2）“入退伙、提建议；参与选择会计师事务所、查财务、获报告；受侵害要告状、不作为要督促；做奉献保企业”不视为执行事务。

有限合伙人的下列行为，不视为执行合伙事务：

①参与决定普通合伙人入伙、退伙；

②对企业的经营管理提出建议；

③参与选择承办有限合伙企业审计业务的会计师事务所；

④获取经审计的有限合伙企业财务会计报告；

⑤对涉及自身利益的情况，查阅有限合伙企业财务会计账簿等财务资料；

⑥在有限合伙企业中的利益受到侵害时，向有责任的合伙人主张权利或者提起诉讼；

⑦执行事务合伙人怠于行使权利时，督促其行使权利或者为了本企业的利益以自己的名义提起诉讼；

⑧依法为本企业提供担保。

（3）第三人有理由相信有限合伙人为普通合伙人并与其交易的，该有限合伙人担无限连带责任。

（4）有限合伙人未经授权以有限合伙企业名义与他人进行交易，给有限合伙企业或者其他合伙人造成损失的，该有限合伙人应当承担赔偿责任。

坑点提示

理解有限合伙人可以抓住从事的行为这一关键点，有限合伙人只出钱不管事，不执行合伙事务，不得对外代表有限合伙企业。但是，对涉及有限合伙人根本权益的事项，有限合伙人有必要享有一定的参与权、监督权和救济权。

历年考情

2022年单项选择题、2020年单项选择题、多项选择题、2019年多项选择题考查合伙企业事务执行。

12.根据合伙企业法律制度的规定，下列关于**新入伙的有限合伙人对入伙前有限合伙企业的债务所承担责任**的表述中，正确的是（　　）。

A.不承担责任

B.承担无限连带责任

C.以其认缴的出资额为限承担责任

D.以其实缴的出资额为限承担责任

【本题答案】C

【本题解析】本题考核有限合伙人的入伙。新入伙的有限合伙人对入伙前有限合伙企业的债务，以其认缴的出资额为限承担责任。

审题要点

题目中提示“新入伙的有限合伙人对入伙前有限合伙企业的债务所承担责任”，考生可迅速锁定考查的知识点。该种题目考查的具体知识点，可以先不看选项，要熟悉考点，立马想到有限合伙人入伙以认缴的出资额为限承担有限责任，选出C选项。别的选项可以不看。

思维拓展

入退伙责任承担

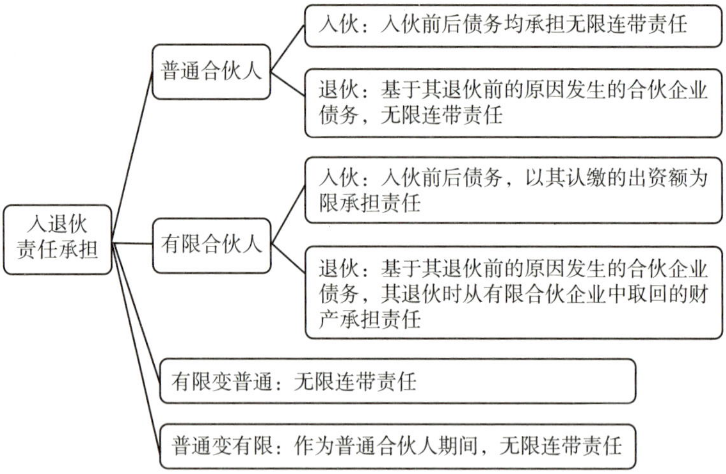

坑点提示

以认缴的出资额为限承担责任PK以实缴的出资额为限承担责任

认缴制，有限合伙人可以按照约定分期出资，比如有限合伙人认缴1 000万元，约定分10年出资，有限合伙人可以分10年出资，但是第二年的时候，有限合伙人只实缴了出资200万元，承担合伙企业债务的时候，须以认缴的出资额1 000万元为限承担责任，而不是实缴的出资额。认缴制的公司股东也是同样的规定。

抢分秘籍

入退伙责任的承担要区分清楚是普通合伙人和有限合伙人。快速做题秘籍就是看他现在是什么身份，是普通合伙人就找无限连带责任，是有限合伙人就找有限责任。如果他已经退伙了，基于退伙前的原因发生的合伙企业债务，普通合伙人还是无限连带责任，有限合伙人以退伙时从有限合伙企业中取回的财产承担责任。

历年考情

2022年单项选择题、2021年单项选择题、2020年单项选择题考查入退伙及合伙人身份转换的责任承担。

审题要点

题目中提示“公司与其股东之间关系”，考生可迅速锁定考查的知识点是公司法人资格与股东有限责任。这种题目重在理解，公司是公司，股东是股东，股东以其认缴的出资额为限对公司承担责任。

13. 下列关于公司与其股东之间关系的表述中，正确的是（　　）。

A. 有限责任公司的股东以其实缴的出资额为限对公司承担责任

B.在有限责任制度下，股东个人的财富状况与公司的风险存在直接关联

C.股东未履行或者未全面履行出资义务的，应对公司全部债务承担连带责任

D.公司拥有独立于股东的主体资格，有其作为法人的权利能力和行为能力

【本题答案】D

【本题解析】本题考核公司法人资格与股东有限责任。有限责任公司的股东以其认缴的出资额为限对公司承担责任；选项A错误。在有限责任制度下，股东个人的财富状况与公司的风险没有直接关联，选项B错误。股东未履行或未全面履行出资义务，须在一定条件下须对公司债务承担补充清偿责任，选项C错误。

思维拓展

公司法人资格与股东有限责任

公司法人资格	公司是企业法人，有独立的法人财产，享有法人财产权
	公司拥有独立于股东的主体资格（也即法人资格），有其作为法人的权利能力和行为能力
	公司可以自己的名义拥有自己的财产、对外缔约、参与诉讼等
股东有限责任	公司以其全部财产对其债务承担责任，股东仅以其认缴的出资额或认购的股份为限对公司承担责任
在有限责任制度下，股东个人的财富状况与公司的风险没有直接关联	
在法人资格和有限责任制度下，公司股份具有了不同程度的流动性	

坑点提示

理解公司与其股东之间关系，把握“公司是公司，股东是股东”。股东仅以其认缴的出资额或认购的股份为限对公司承担责任。故在有限责任制度下，股东个人的财富状况与公司的风险没有直接关联。公司是独立法人，公司具有民事权利能力和行为能力，法律地位独立于股东、管理人员和员工。除法律规定须经政府许可才能经营的项目外，公司可以自己名义从事章程设定的营业范围内的各种法律行为，行使民事权利。公司可以拥有自己的财产，与他人签订合同，包括为他人提供担保、对外投资等，可以起诉和应诉。公司以其全部财产对自己的债务承担责任。

历年考情

2022年单项选择题考查公司法人资格与股东有限责任。

审题要点

题目中提示“担保合同效力”，另外抓住关键信息“甲公司股东陈某是法定代表人”，可知考查的知识点是公司为自己的股东担保以及法定代表人的越权代表。抓住法定代表人的越权担保，不得对抗善意相对人。另外要注意该“善意”要做到“不知情且无重大过失”，所以要尽合理审查义务。

14. 甲公司股东陈某是公司法定代表人。陈某代表甲公司与自己的债权人赵某签订了担保合同。赵某询问陈某是否需要征求其他股东意见时，陈某表示法定代表人可自行决定该事务，赵某遂认可。根据公司法律制度的规定，下列关于担保合同效力的表述中，正确的是（　　）。

A. 陈某是公司法定代表人，担保合同对公司发生效力

B. 赵某已尽到合理询问的义务，担保合同对公司发生效力

C. 赵某未尽到合理审查的义务，担保合同对公司不发生效力

D. 陈某无权代表公司签订任何担保合同，担保合同对公司不发生效力

【本题答案】C

【本题解析】本题考核公司权利能力限制。法定代表人或其他负责人未经授权擅自为他人提供担保的，构成“越权代表”，债权人善意的，代表行为有效；反之，代表行为无效。公司为公司股东或者实际控制人提供担保的，必须经股东会或者股东会决议。接受担保的股东或者受实际控制人支配的股东不得参加表决。该项表决由出席会议的其他股东所持表决权的过半数通过。题目中公司为股东陈某提供担保，必须经股东会或者股东会决议，赵某应审查股东会或者股东会决议，赵某未尽到合理审查义务，是非善意的，因此担保合同对公司不发生效力。

思维拓展

思维拓展内容详见2023年注册会计师全国统一考试真题详解案例分析第3题第（6）问。

坑点提示

坑点提示内容详见2023年注册会计师全国统一考试真题详解案例分析第3题第（6）问。

抢分秘籍

抢分秘籍内容详见2023年注册会计师全国统一考试真题详解案例分析第3题第（6）问。

历年考情

2023年案例分析题考查公司为股东提供担保。2023年案例分析题、

2022年单项选择题考查法定代表人的越权担保。2021年案例分析题考查公司为其全资子公司开展经营活动提供担保。

15.甲、乙、丙三人拟成立一家有限责任公司，约定甲以某专利权出资，乙以劳务出资，丙以其持有的某公司股权出资。根据公司法律制度的规定，下列表述中，正确的是（　　）。

审题要点

题目中抓住关键词“有限责任公司出资”，考生可迅速锁定考查的知识点股东出资。该题目属于对该知识点综合性考查，需要考生熟练掌握该知识点。

A.甲以专利权出资无需办理权属变更登记，但须许可公司使用该专利

B.乙可以以劳务出资，但应当由甲、乙、丙三人协商定价

C.丙可以以股权出资，但必须履行关于股权转让的法定手续

D.甲、乙、丙实际缴纳出资后，才能向登记机关申请公司设立登记

【本题答案】C

【本题解析】本题考核股东出资。股东以非货币财产出资的，应当依法办理其财产权的转移手续，选项A错误。股东不得以劳务、信用、自然人姓名、商誉、特许经营权或者设定担保的财产等作价出资，选项B错误。出资人以其他公司股权出资，符合下列条件的，人民法院应当认定出资人已履行出资义务：（1）出资的股权由出资人合法持有并依法可以转让；（2）出资的股权无权利瑕疵或者权利负担；（3）出资人已履行关于股权转让的法定手续；（4）出资的股权已依法进行了价值评估；选项C正确。出资人认足（非实际缴纳出资）章程规定的出资后，就有资格向登记机关申请公司设立登记，选项D错误。

思维拓展

股东出资

认缴 or 实缴	募集设立的股份公司实缴制和验资制度，其他认缴制
出资方式	公司股东不得以劳务、信用、自然人姓名、商誉、特许经营权或者设定担保的财产等作价出资。 【记忆】劳务担保，信名誉权（担保：设定担保的财产；信：信用；名：自然人姓名；誉：商誉；权：特许经营权） 【对比】只有普通合伙人可以用劳务出资
以其他公司股权出资	（1）出资的股权由出资人合法持有并依法可以转让； （2）出资的股权无权利瑕疵或者权利负担； （3）出资人已履行关于股权转让的法定手续； （4）出资的股权已依法进行了价值评估。 【记忆】合法能转无瑕疵手续已办已评估，股权出资要符合
债转股	合同之债已履行合同义务+不违法。 经人民法院生效裁判或者仲裁机构裁决确认。 破产之债已列入重整计划或和解协议

续表

货币出资	(1)存入公司账户; (2)以贪污、受贿、侵占、挪用等违法犯罪所得的货币出资拍卖或者变卖股权
非货币财产出资	应当依法办理财产权转移手续
	应当评估作价,未依法评估作价,人民法院应当委托具有合法资格的评估机构对该财产评估作价
	出资后贬值,有约从约,否则无权要求补出资
	已交付,未办理权属变更登记手续: (1)人民法院责令限期内办理。 (2)实际交付时享有股东权利
	已办理手续,未交付: 实际交付时享有股东权利
	出资财产存在瑕疵: (1)以划拨土地使用权出资,责令限期办理土地变更手续。 (2)设定权利负担(如担保)的土地使用权出资,责令限期解除权利负担
无权处分	构成善意取得:原权利人只能要求无权处分人赔偿。 不构成善意取得: (1)原所有权人有权取回该财产。 (2)出资人未履行出资义务

坑点提示

公司股东出资PK合伙企业合伙人出资

	出资范围	
公司股东	公司股东不得以劳务、信用、自然人姓名、商誉、特许经营权或者设定担保的财产等作价出资。	
普通合伙人	合伙人可以用货币、实物、知识产权、土地使用权或者其他财产权利出资,也可以用劳务出资	合伙人以实物、知识产权、土地使用权或者其他财产权利出资,需要评估作价的,可以由全体合伙人协商确定,也可以由全体合伙人委托法定评估机构评估
		合伙人以劳务出资的,其评估办法由全体合伙人协商确定,并在合伙协议中载明
有限合伙人	有限合伙人不得以劳务出资	
共同点	以非货币财产出资的,依照法律、行政法规的规定,需要办理财产权转移手续的,应当依法办理	

抢分秘籍

普通合伙人因为对合伙企业的债务承担无限连带责任,故只有普通合伙人可以用劳务出资,其他都不行。一些不太容易确认价值的,公司股东不能出资,例如信用、自然人姓名、商誉、特许经营权,以及设定担保的财产公司股东也不能出资。另外记忆口诀,劳务担保,信名誉权,迅速答题。

历年考情

2022年单项选择题、2021年多项选择题考查股东出资方式。

16.根据公司法律制度的规定，股东有权复制公司特定文件材料。下列各项中，属于该特定文件材料的是（　　）。

A.监事会会议记录　　B.股东会会议记录

C.会计凭证　　D.会计账簿

审题要点

题目中抓住关键词“股东有权复制公司特定文件材料”，考生可迅速锁定考查的知识点股东查阅权。

【本题答案】B

【本题解析】本题考核股东知情权。有限责任公司和股份有限公司股东均“有权查阅、复制公司章程、股东名册、股东会会议记录、董事会会议决议、监事会会议决议和财务会计报告”。

思维拓展

股东权利——知情权（2024年新变动）

<table>
<tr><td rowspan="4">查阅范围</td><td colspan="2">有限责任公司和股份有限公司股东均有权查阅、复制</td><td>公司章程、股东名册、股东会会议记录、董事会会议决议、监事会会议决议和财务会计报告</td></tr>
<tr><td colspan="2">有限责任公司</td><td>任何股东均可以要求查阅公司会计账簿、会计凭证</td></tr>
<tr><td colspan="2">股份有限公司</td><td>“连续180日以上单独或者合计持有公司3%以上股份的股东”要求查阅公司的会计账簿、会计凭证的，适用上述有限责任公司股东的知情权规定，“公司章程对持股比例有较低规定的，从其规定”</td></tr>
<tr><td colspan="3">股份有限公司应当定期向股东披露董事、监事、高级管理人员从公司获得报酬的情况</td></tr>
<tr><td rowspan="6">有限公司查阅会计账簿、会计凭证</td><td colspan="3">股东要求查阅公司会计账簿、会计凭证的，应当向公司提出书面请求，说明目的</td></tr>
<tr><td colspan="3">公司有合理根据认为股东查阅会计账簿、会计凭证有不正当目的，可能损害公司合法利益的，可以拒绝提供查阅，并应当自股东提出书面请求之日起15日内书面答复股东并说明理由</td></tr>
<tr><td colspan="3">公司拒绝提供查阅的，股东可以向人民法院提起诉讼</td></tr>
<tr><td rowspan="3">不正当目的</td><td colspan="2">股东自营或为他人经营的业务与公司主营业务有“实质性竞争关系”，除非公司章程另有规定或者全体股东另有约定</td></tr>
<tr><td colspan="2">为了向他人通报有关信息，而他人一旦获知该信息，公司合法利益即可能遭受损害</td></tr>
<tr><td colspan="2">提出请求之日前的3年内，曾通过查阅公司会计账簿，向他人通报有关信息损害公司合法利益</td></tr>
<tr><td rowspan="2">股东资格</td><td colspan="3">起诉时应具有股东资格</td></tr>
<tr><td colspan="3">特殊情况：在持股期间其合法权益受到损害，请求依法查阅或者复制其持股期间的公司特定文件材料的除外</td></tr>
</table>

续表

可以委托查阅	股东查阅规定的材料，可以委托会计师事务所、律师事务所等中介机构进行 【提醒】股东及其委托的会计师事务所、律师事务所等中介机构查阅、复制有关材料，应当遵守有关保护国家秘密、商业秘密、个人隐私、个人信息等法律、行政法规的规定

坑点提示

查阅范围

注意区分董事会会议决议、监事会会议决议、股东会会议记录。因为是股东查阅，股东可以出席股东会，所以可以查阅更细致的股东会会议记录，而董事会、监事会，只能查阅会议决议。会计账簿、会计凭证只能查阅，不能复制。

注意区分有限责任公司和股份公司可以查阅会计账簿、会计凭证的股东资格，有限责任公司是任何股东，股份公司是连续180日以上单独或者合计持有公司3%以上股份的股东，公司章程另有规定的除外。

历年考情

审题要点

题目中提示“预受要约”，考生可迅速锁定考查的知识点。该种题目，“下列关于……表述中，正确的是（　）”属于对该知识点的综合性考查，需要全面掌握该知识点。

依2024年教材变化修改B选项。

2023年单项选择题、2022年单项选择题、多项选择题、2021年多项选择题、2019年多项选择题考查股东知情权。

17. 根据证券法律制度的规定，下列关于预受要约的表述中，正确的是（　）。

A. 预受要约是股东在收购期内同意接受收购要约的一种特殊承诺

B. 要约收购人在收购要约期限届满，不按照约定支付收购价款或者购买预受股份的，自该事实发生之日起5年内不得收购上市公司

C. 在要约收购期限届满3个交易日前，预受股东可以委托证券公司办理撤回预受要约的手续

D. 在要约收购期限内，收购人应当每周在证券交易所网站上公告已预受收购要约的股份数量

【本题答案】C

【本题解析】本题考核预受要约。同意接受收购要约的股东，在收购期内此种同意并不被视为承诺，而是被视为预受，选项A错误。要约收购人在收购要约期限届满，不按照约定支付收购价款或者购买预受股份的，自该事实发生之日起3年内不得收购上市公司，选项B错误。在要约收购期限内，收购人应当每日在证券交易所网站上公告已预受收购要约的股份数量，选项D错误。

思维拓展

要约收购程序

最低要约比例5%	预定收购的股份比例不得低于该上市公司已发行股份的5%
提示性公告	应当编制要约收购报告书，聘请财务顾问，通知被收购公司，同时对要约报告书摘要作出提示性公告。 【提醒】收购人作出要约收购提示性公告后，在公告要约收购报告书之前，拟自行取消收购计划的，应当公告原因；自公告之日起12个月内，该收购人不得再次对同一上市公司进行收购
公告	作出提示性公告起60日内正式公告 未公告：期满后次一个工作日通知被收购公司，并予公告；此后每30日应当公告一次，直至公告
预受要约	在要约收购期限届满3个交易日前，预受股东可以撤回预受。 收购人应当委托证券公司向证券登记结算机构申请办理预受要约股票的临时保管。证券登记结算机构临时保管的预受要约的股票，在要约收购期间不得转让
要约期满购买	预受数量超过预定收购数量时，按同等比例（拟收购的数量/预受股份的数量）收购预受要约的股份
报告	收购期限届满后15日内，收购人应当向证券交易所提交关于收购情况的书面报告，并予以公告
收购完成后	不符合上市交易要求，终止上市，以收购要约的同等条件购买仍持有被收购公司股票的股东的股票。 18个月内不得转，但同一控制下不同主体转不受限。 要约收购人在收购要约期限届满，不按照约定支付收购价款或者购买预受股份的，自该事实发生之日起3年内不得收购上市公司

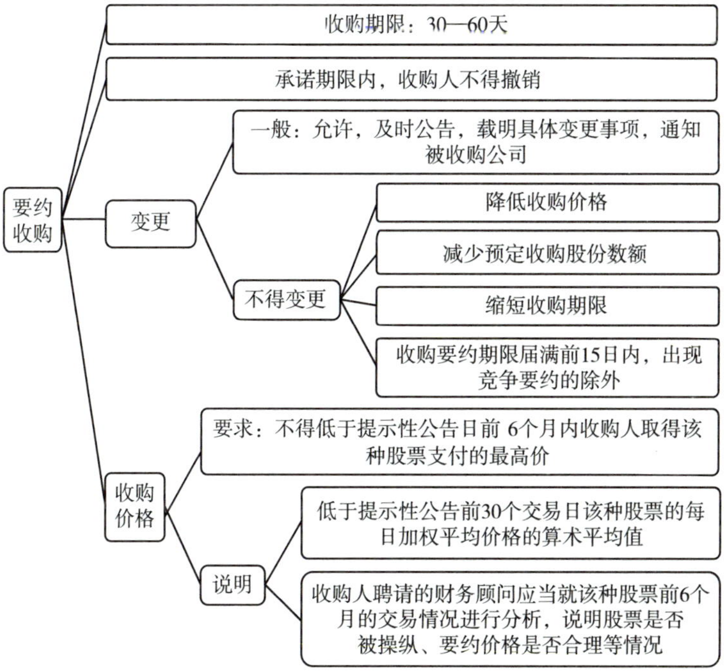

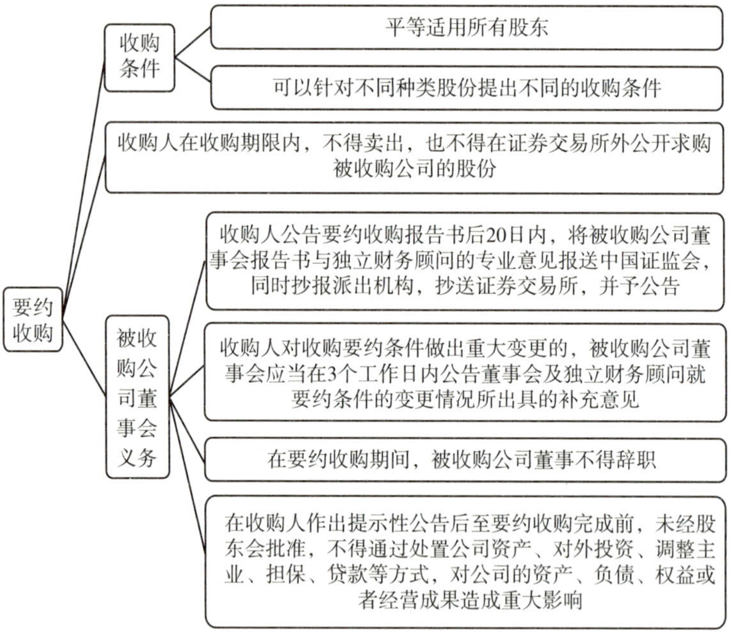

坑点提示

预受是指被收购公司股东同意接受要约的初步意思表示，在要约收购期限届满3个交易日前，预受股东可以撤回预受，预受在要约收购期限内不可撤回之前不构成承诺。在要约收购期限届满3个交易日前，预受股东可以委托证券公司办理撤回预受要约的手续，证券登记结算机构根据预受要约股东的撤回申请解除对预受要约股票的临时保管。在要约收购期限届满前3个交易日内，预受股东不得撤回其对要约的接受。在要约收购期限内，收购人应当每日在证券交易所网站上公告已预受收购要约的股份数量。

历年考情

2023年案例分析题、2022年单项选择题考查要约收购程序。

18. 甲公司是乙上市公司的控股股东，自2020年10月15日起持有乙上市公司已发行股份的40%。乙上市公司发布公告，披露甲公司拟自2021年12月2日起12个月内以交易所集中竞价交易方式增持乙上市公司1%的股份。根据证券法律制度的规定，下列关于甲公司此次增持及其法律后果的表述中，正确的是（　　）。

审题要点

该种题目题干较长，有小案例性质，抓住关键点“甲是控股股东，已持股40%，1年后，慢慢增持12个月内不超2%”，考生锁定考查的知识点是豁免要约。

A. 甲公司仅得通过大宗交易进行增持

B. 如果未获得股东会特别决议批准，甲公司就应向乙公司全体股

东发出收购要约

C.甲公司可以免于发出要约

D.除非经交易所批准，甲公司不得通过集中竞价交易方式增持

【本题答案】C

【本题解析】本题考核免于发出要约。在一个上市公司中拥有权益的股份达到或者超过该公司已发行股份的30%的，自上述事实发生之日起一年后，每12个月内增持不超过该公司已发行的2%的股份，可以免于发出要约。

思维拓展

强制要约收购

<table>
<tr><th colspan="4">达到30%，继续收购，触发强制要约收购</th></tr>
<tr><td rowspan="6">触发全面要约收购</td><td rowspan="2">拟通过协议方式收购一个上市公司的股份超过30%的，超过部分改以要约方式进行</td><td colspan="2">如果符合免于发出要约规定，收购人可以免于发出要约，收购人可以履行其收购协议</td></tr>
<tr><td colspan="2">不符合免于发出要约规定，在履行其收购协议前，应当发出全面要约</td></tr>
<tr><td rowspan="4">间接收购</td><td colspan="2">例如，收购人可能通过获得上市公司母公司的控制权，从而间接控制了上市公司</td></tr>
<tr><td colspan="2">收购人虽不是上市公司的股东，但通过投资关系、协议、其他安排导致其拥有权益的股份超过该公司已发行股份的30%的，应当向该公司所有股东发出全面要约</td></tr>
<tr><td rowspan="2">预计无法30日内发出全面要约</td><td>30日内减持至30%以下</td></tr>
<tr><td>并自减持之日起2个工作日内予以公告</td></tr>
<tr><td rowspan="12">免于要约</td><td colspan="3">同控间转让，未导致上市公司的实际控制人发生变化</td></tr>
<tr><td colspan="3">挽救公司的重组方案获股东会批准，且承诺3年不转</td></tr>
<tr><td colspan="2">上市公司回购股份</td><td rowspan="2">被迫超30%</td></tr>
<tr><td colspan="2">国有资产无偿划转、变更、合并</td></tr>
<tr><td colspan="3">上市公司发行新股，承诺3年不转且股东会同意豁免</td></tr>
<tr><td colspan="3">达到或超过30%，自该事实发生之日起1年后，每12个月内增持不超过该公司已发行的2%的股份
【提醒】该2%锁定期6个月</td></tr>
<tr><td colspan="3">持股50%股东继续增持不影响上市地位</td></tr>
<tr><td colspan="3">证券公司金融机构承销贷款所致超30%但无控制意图，并提出限期转让方案</td></tr>
<tr><td colspan="3">履行购回式协议购回，且表决权未转移</td></tr>
<tr><td colspan="3">优先股表决权恢复</td></tr>
<tr><td colspan="3">继承</td></tr>
<tr><td colspan="3">【记忆】自家转挽救公司救3年，回购减、国资划转被迫超，发行新股3不转，1年后慢慢增2%记清楚，BOSS增持不退市，中介购回式购回优先股，继承豁免要约记清楚</td></tr>
</table>

坑点提示

免于要约的情形比较多，记住常考的几条：

（1）收购人与出让人能够证明本次股份转让是在同一实际控制人控制的不同主体之间进行，未导致上市公司的实际控制人发生变化。

（2）上市公司面临严重财务困难，收购人提出的挽救公司的重组方案取得该公司股东会批准，且收购人承诺3年内不转让其在该公司中所拥有的权益。

（3）经上市公司股东会非关联股东批准，投资者取得上市公司向其发行的新股，导致其在该公司拥有权益的股份超过该公司已发行股份的30%，投资者承诺3年内不转让本次向其发行的新股，且公司股东会同意投资者免于发出要约。

（4）在一个上市公司中拥有权益的股份达到或者超过该公司已发行股份的30%的，自上述事实发生之日起1年后，每12个月内增持不超过该公司已发行的2%的股份。

（5）在一个上市公司中拥有权益的股份达到或者超过该公司已发行股份的50%的，继续增加其在该公司拥有的权益不影响该公司的上市地位。

历年考情

2022年单项选择题、多项选择题、2019年案例分析题考查免于发出要约。

审题要点

该种题目题干较长，有小案例性质，抓关键点“因刘某的报道和评价，该股票价格明显上涨，刘某趁机将之前所购股票全部卖出”，有股价明显上涨的事实，有刘某反向证券交易的行为，考生锁定考查的知识点是操纵证券市场行为。

19.刘某是知名财经记者。在买入某上市公司股票后，刘某将该公司已经公布的年报内容在其任职的财经媒体上集中报道、积极评价，以吸引投资者买入。因**刘某的报道和评价，该股票价格明显上涨，刘某趁机将之前所购股票全部卖出**。根据证券法律制度的规定，下列关于刘某的行为性质的表述中，正确的是（　　）。

A.刘某的行为构成“老鼠仓”交易

B.刘某的行为构成内幕交易

C.刘某的行为构成消极信息披露人的虚假陈述

D.刘某的行为构成操纵证券市场

【本题答案】D

【本题解析】本题考核操纵证券市场行为。对证券、发行人公开作出评价、预测或者投资建议，并进行反向证券交易，影响或者意图影响证券交易价格或证券交易量的行为是操纵证券市场行为。

思维拓展

思维拓展内容详见2023年注册会计师全国统一考试真题详解案例分析题第4题第（3）问。

坑点提示

注意和虚假陈述的区别

利用虚假或者不确定的重大信息，诱导投资者进行证券交易，影响或者意图影响证券交易价格或者证券交易量的，属于操纵证券市场行为。

“蛊惑交易”操纵行为主体没有限定，且有操纵意图的主观要件和影响证券交易价格和交易量的结果要件要求。而虚假陈述的行为人通常指积极的信息披露义务人，且不具备操纵意图的主观要件和结果要件。

历年考情

2023年案例分析题、2022年单项选择题、2021年单项选择题、案例分析题、2020年单项选择题、案例分析题考查操纵证券市场。

20.根据企业破产法律制度的规定，下列破产案件受理前产生的各项债权中，应当最优先获得清偿的是（   ）。

审题要点

题目中提示“破产案件受理前产生的各项债权中，应当最优先获得清偿”，考生可迅速锁定考查的知识点是破产财产分配。

A.债务人侵权行为的人身损害赔偿金

B.民事惩罚性赔偿金

C.行政罚款

D.刑事罚金

【本题答案】A

【本题解析】本题考核破产财产分配。对于法律没有明确规定清偿顺序的债权，人民法院可以按照人身损害赔偿债权优先于财产性债权、私法债权优先于公法债权、补偿性债权优先于惩罚性债权的原则合理确定清偿顺序。因债务人侵权行为造成的人身损害赔偿，可以参照“职工债权”的顺序清偿，但其中涉及的惩罚性赔偿除外。破产财产依照企业破产法规定的顺序清偿后仍有剩余的，可依次用于清偿破产受理前产生的民事惩罚性赔偿金、行政罚款、刑事罚金等惩罚性债权。

思维拓展

思维拓展内容详见2023年注册会计师全国统一考试真题详解案例分析第1题第（4）问。

坑点提示

注意和合伙企业的清偿顺序结合记忆。

合伙企业财产在支付清算费用和职工工资、社会保险费用、法定补偿金以及缴纳所欠税款、清偿债务后的剩余财产，依照规定进行分配。

另外要注意哪些属于破产费用和共益债务，哪些属于职工债权。

历年考情

2022年单项选择题考查破产财产分配。

审题要点

题目中提示“同城和异地均可采用的结算方式”，考生可迅速锁定考查的知识点是支付结算的方式。

21.根据支付结算法律制度的规定，下列各项中，属于同城和异地均可采用的结算方式的是（　　）。

A.银行本票　　B.托收承付

C.银行汇票　　D.商业汇票

【本题答案】D

【本题解析】本题考核支付结算的方式。银行本票和支票是同城结算方式。托收承付、银行汇票是异地结算方式。汇兑、商业汇票、委托收款、银行卡等是同城和异地均可采用的结算方式。

思维拓展

【记忆】同城购物有支票，银行本票也可以；异地付款银汇票，托收承付也可以；其他同城异地均可以，例如商汇汇兑、银行卡委托。

坑点提示

未填明“现金”字样和代理付款人的银行汇票以及未填明“现金”字样的银行本票丧失，不得挂失止付。

填明“现金”字样的银行汇票、银行本票和用于支取现金的支票不得背书转让，因此这些票据不能申请公示催告。

历年考情

2022年单项选择题考查属于同城和异地均可采用的结算方式。2020年多项选择题考查可以申请公示催告的票据。

审题要点

题目中提示“企业国有资产产权无需登记”，考生可迅速锁定考查的知识点是企业国有资产产权登记。

22.根据企业国有资产法律制度的规定，下列企业国有资产产权无需登记的是（　　）。

A.国有独资公司为赚取差价从二级市场购入的上市公司股权

B.国家出资企业拥有实际控制权的境外子公司

C.国家出资企业所属事业单位

D.国有控股金融机构拥有实际控制权的境内非金融企业

【本题答案】A

【本题解析】本题考核企业国有资产产权登记。国有企业、国有独资公司、持有国家股权的单位以及其他形式占有国有资产的企业，应当依照规定办理产权登记。国家出资企业、国家出资企业（不含国有资本参股公司）拥有实际控制权的境内外各级企业及其投资参股企业，应当纳入产权登记范围。国家出资企业所属事业单位视为其子企业进行产权登记。但上述企业为交易目的持有的下列股权不进行产权登记：（1）为了赚取差价从二级市场购入的上市公司股权；（2）为了近期内（一年以内）出售而持有的其他股权。

思维拓展

企业国有资产产权登记

1.登记范围

	一般企业	金融企业
登记范围	（1）国家出资企业（国有企业、国有独资公司、持有国家股权的单位以及以其他形式占有国有资产的企业）。 （2）国家出资企业（不含国有资本参股公司）拥有实际控制权的境内外各级企业及其参股企业（国家出资企业的子企业）。 （3）国家出资企业所属事业单位视为其子企业进行产权登记	（1）境内或境外设立的占有国有金融资本的金融机构。 （2）国有控股金融机构拥有实际控制权的境内外各级企业及前述企业投资参股的企业，应当纳入产权登记范围，所属企业包括非金融企业
无须登记	上述企业为交易目的持有的下列股权不进行产权登记： （1）为赚取差价从二级市场购入的上市公司股权； （2）为近期内（一年以内）出售而持有的其他股权	

2.登记的类型（占有登记、变动登记、注销登记）

类型	情形
占有登记	（1）因投资、分立、合并而新设企业的； （2）因收购、投资入股而首次取得企业股权的； （3）其他应当办理占有产权登记的情形

续表

类型	情形	
变动登记	（1）企业名称、住所或法定代表人改变的	应当于市场监管部门核准变动登记后30日内向原产权登记机关办理变动产权登记
	（2）企业组织形式发生变动的； （3）企业国有资本额发生增减变动的； （4）企业国有资本出资人发生变动的； （5）产权登记机关规定的其他变动情形	于企业出资人或有关部门批准、企业股东会或董事会作出决定之日起30日内，向原产权登记机关办理变动产权登记，再向市场监管部门申请变更登记
注销登记	（1）企业解散、被依法撤销或者被依法宣告破产的； （2）企业转让全部国有资产产权或者改制后不再设置国有股权的； （3）其他	

坑点提示

该种题目要对内容做到熟悉，另外也可以结合自己的理解。国有资产产权登记，顾名思义主要是对国有资产的登记，故选项B企业的现金流不需要登记，需要登记企业的资产、负债及所有者权益。

历年考情

2022年单项选择题、多项选择题、2020年多项选择题考查企业国有资产产权登记。

审题要点

题目中提示“《反垄断法》列举的豁免情形”“无需证明”，考生可迅速锁定考查的知识点是垄断协议的豁免，而且考查的是豁免情形里面无须证明的情形，只有一种是出口卡特尔。

23. 为使垄断协议获得豁免，经营者应当证明所达成的协议不会严重限制相关市场的竞争，并且能够使消费者分享由此产生的利益，但特定情形除外。下列**《反垄断法》列举的豁免情形中，属于该特定情形而无需证明**上述内容的是（　　）。

A. 为改进技术、研究开发新产品的垄断协议

B. 为实行专业化分工的垄断协议

C. 为实现节约能源的垄断协议

D. 为保障对外经济合作中的正当利益的垄断协议

【本题答案】D

【本题解析】本题考核垄断协议的豁免。根据规定，经营者能够证明所达成的协议属于下列情形之一的，不适用禁止的垄断协议的规定：（1）为改进技术、研究开发新产品的；（2）为提高产品质量、降低成本、增进效率，统一产品规格、标准或者实行专业化分工的；（3）为提高中小经营者经营效率，增强中小经营者竞争力的；（4）为实现节约能源、保护环境、救灾救助等社会公共利益的；（5）因经济不景气，为缓

解销售量严重下降或者生产明显过剩的；（6）为保障对外贸易和对外经济合作中的正当利益的。对于上述第（1）项至第（5）项垄断协议的豁免，《反垄断法》要求经营者应当证明所达成的协议不会严重限制相关市场的竞争，并且能够使消费者分享由此产生的利益。D选项属于“无需经营者证明的特定情形”。

思维拓展

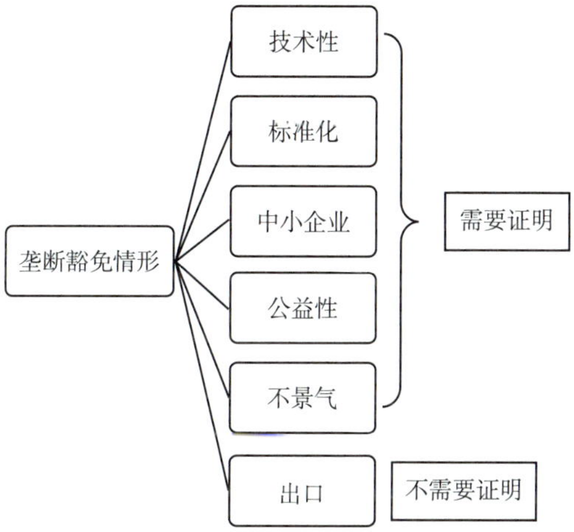

抢分秘籍

一般来说，出口卡特尔限制了境外市场的竞争，损害他国消费者的福利，但对出口国不但无害反而有利。故为保障对外经济合作中的正当利益的垄断协议不需要证明所达成的协议不会严重限制相关市场的竞争，并且能够使消费者分享由此产生的利益就可以豁免。

历年考情

2022年单项选择题考查垄断协议的豁免。

24.根据反垄断法律制度的规定，衡量经营者集中是否需要进行反垄断申报的基本参数是参与集中的经营者的（　　）。

> **审题要点**
> 题目中提示“衡量经营者集中是否需要进行反垄断申报的基本参数”，考生可迅速锁定考查的知识点是经营者集中申报标准。

A.收入　　B.利润

C.营业额　　D.市场份额

【本题答案】C

【本题解析】本题考核经营者集中申报标准。经营者集中达到国务院规定的申报标准的，经营者应当事先向国务院反垄断执法机构申报，未申报的不得实施集中。经营者集中的申报标准包括：（1）参与集中的所有经营者上一会计年度在全球范围内的营业额合计超过100亿元人民币，并且其中至少两个经营者上一会计年度在中国境内的营业额均超过4亿元人民币；（2）参与集中的所有经营者上一会计年度在中国境内的营业额合计超过20亿元人民币，并且其中至少两个经营者上一会计年度在中国境内的营业额均超过4亿元人民币。因此衡量经营者集中是否需要进行反垄断申报，是看参与集中的经营者的“营业额”。

思维拓展

思维拓展内容详见2023年注册会计师全国统一考试真题详解多选第14题。

坑点提示

坑点提示内容详见2023年注册会计师全国统一考试真题详解多选第14题。

抢分秘籍

“营业额”PK“收入”

这里的“营业额”包括相关经营者上一会计年度内销售产品和提供服务所获得的收入，扣除相关税金及附加。

历年考情

2023年单项选择题、2023年多项选择题、2022年单项选择题、2021年多项选择题、2019年多项选择题考查经营者集中。

审题要点

题目中提示“不应低于同缔约另一方订有同类协定的第三国投资者的投资所享受的待遇”，不低于给予任何第三国的相应待遇。考生可迅速选出最惠国待遇。这种题目主要靠理解。

25.《中华人民共和国和德意志联邦共和国关于促进和相互保护投资的协定》第3条规定：“缔约一方投资者在缔约另一方境内的投资所享受的待遇，**不应低于同缔约另一方订有同类协定的第三国投资者的投资所享受的待遇**。”该条规定所体现的待遇是（　　）。

A.最惠国待遇　　B.国民待遇

C.公平公正待遇　　D.最低限度待遇

【本题答案】A

【本题解析】本题考核《对外贸易法》的原则。最惠国待遇是指一国（给惠国）给予另一国（受惠国）的个人、企业、商品等的待遇不低于给惠国给予任何第三国（最惠国）的相应待遇。

思维拓展

《对外贸易法》原则VS非歧视原则VS互惠对等原则

《对外贸易法》的原则	（1）统一管理原则。 国务院对外贸易主管部门为商务部。 （2）公平自由原则。 （3）平等互利原则。 （4）区域合作原则。 （5）非歧视原则。 （6）互惠对等原则	
非歧视原则	包括最惠国待遇原则和国民待遇原则	
	最惠国待遇	不低于给予任何第三国的相应待遇
	国民待遇	与本国国民相同的待遇
互惠对等原则	任何国家或者地区在贸易方面对我国采取歧视性的禁止、限制或者其他类似措施的，我国可以根据实际情况对该国家或者该地区采取相应的措施	

坑点提示

注意抓关键词，最惠国待遇，顾名思义，就是最优惠，不低于给予任何第三国的相应待遇。而国民待遇，是与本国国民相同的待遇。

历年考情

2023年单项选择题、2019年单项选择题考查互惠对等原则。2022年单项选择题考查最惠国待遇。

26.根据外汇管理法律制度的规定，负责合格境内机构投资者境外投资额度、账户及资金汇兑管理的部门是（　　）。

> **审题要点**
> 题目中提示“负责合格境内机构投资者境外投资额度、账户及资金汇兑管理的部门”，考生可迅速锁定考查的知识点是合格境内机构投资者制度。

A.银保监会

B.证监会

C.中国人民银行

D.国家外汇管理局

【本题答案】D

【本题解析】本题考核合格境内机构投资者制度。根据职责分工，银保监会和证监会分别负责各自监管范围内金融机构境外投资业务的市场准入，包括资格审批、投资品种确定以及相关风险管理；国家外汇管理局负责QDII机构境外投资额度、账户及资金汇兑管理等。

思维拓展

合格境内外机构投资者制度

合格境外机构投资者制度	事项	监督管理主体
	合格境外投资者的境内证券期货投资	中国证监会、中国人民银行
	合格境外投资者境内银行账户、资金汇兑等	中国人民银行、国家外汇管理局
合格境内机构投资者制度	金融机构境外投资业务的市场准入，包括资格审批、投资品种确定以及相关风险管理	中国证监会、银保监会分别负责各自监管范围内的准入
	QDII机构境外投资额度、账户及资金汇兑管理	国家外汇管理局

坑点提示

做题小技巧：看见“资金汇兑”，找“国家外汇管理局”，看见“证券期货”找“证监会”。

历年考情

2022年单项选择题、2020年单项选择题考查合格境内机构投资者制度。

二、多项选择题

审题要点

题目中提示“民事法律行为有效需要具备的实质要件”，考生可迅速锁定考查的知识点是民事法律行为的生效。

1.根据基本民事法律制度的规定，下列各项中，属于民事法律行为有效需要具备的实质要件的有（　　）。

A.行为人具有相应的民事行为能力

B.行为人的意思表示真实

C.不违反法律、行政法规的强制性规定

D.不违背公序良俗

【本题答案】ABCD

【本题解析】本题考核民事法律行为的生效。四个选项表述均正确。

思维拓展

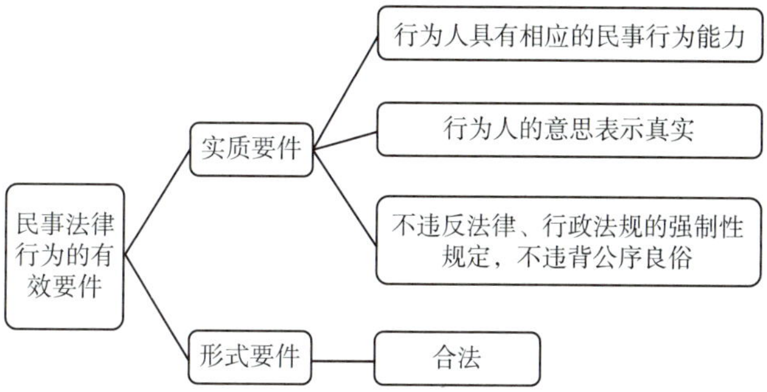

坑点提示

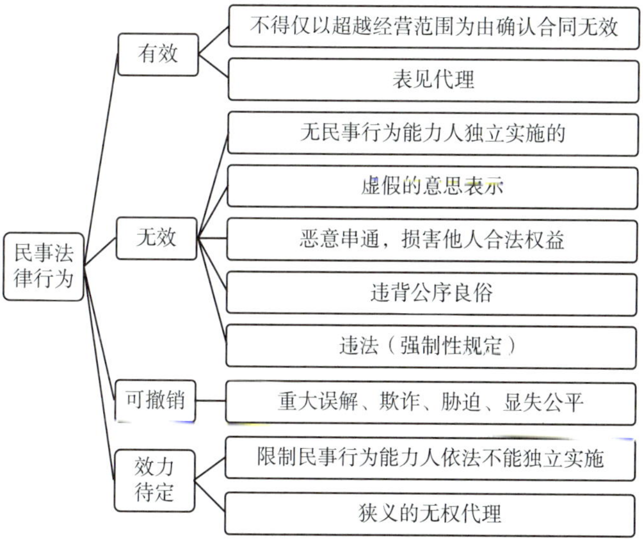

在下列情况中，原则上由行为人承担行政责任或者刑事责任即可实现强制性规定的立法目的，不应该认定民事法律行为无效（2024年新增）：

第一，强制性规定旨在维护政府的税收、土地出让金等国家利益，认定合同有效不会影响该规范目的的实现。

第二，强制性规定旨在维护其他民事主体的合法利益而非合同当事人的民事权益，认定合同有效不会影响该规范目的的实现。

第三，强制性规定旨在要求当事人一方加强风险控制、内部管理等，对方无能力或者无义务审查合同是否违反强制性规定，认定合同无效将使其承担不利后果。

第四，当事人一方虽然在订立合同时违反强制性规定，但是在合同订立后其已经具备补正违反强制性规定的条件却违背诚信原则不予补正。

第五，法律、行政法规的强制性规定旨在规制合同订立后的履行行为，该合同的履行并非当然违法的行为。

历年考情

2022年单项选择题、2022年多项选择题、2021年多项选择题、2023年多项选择题考查民事法律行为的效力。

审题要点

题目中抓住关键词“主物与从物”，考生可迅速锁定考查的知识点是主物与从物。抓住主物与从物判断标准：（1）物理上相互独立；（2）经济用途上相互依存并有从属关系。

2.根据物权法律制度的规定，下列各项中，构成主物与从物关系的有（　　）。

A.书和书的封套

B.汽车和汽车后备箱中的备用轮胎

C.牛和牛尾巴

D.机器和机器维修工具

【本题答案】ABD

【本题解析】本题考核主物与从物。一物可能不是他物的成分，而只是作为他物发挥作用的辅助工具而存在。此时，相对于起主要效用的物（主物）而言，该辅助之物为从物，如旅馆设置的家具、房间的钥匙、书的封套、汽车后备箱中的备用胎、机器的维修工具等。在无法律特别规定或当事人特别约定时，从物的权利归属与主物一致。选项C，牛尾巴是牛身体的一部分，不是独立的物，不属于主物与从物的关系。

思维拓展

思维拓展内容详见2022年注册会计师全国统一考试真题详解单选第4题。

坑点提示

主物与从物PK原物与孳息物

共同点	相互独立。主物与从物，原物与孳息物都是相互独立的，牛和牛尾巴，苹果树上的苹果等都是一个物，不属于主物和从物，也不属于原物与孳息物
不同点	主物与从物，从物作为主物发挥作用的辅助工具而存在。而原物与孳息物，孳息物是原物产生的新物

抢分秘籍

主从物判断标准：

（1）物理上相互独立；

（2）经济用途上相互依存并有从属关系。

历年考情

2022年单项选择题、多项选择题、2021年单项选择题、2020年多项选择题考查物的种类。2019年单项选择题考查是否属于物权法上的物。

3.根据合同法律制度的规定，下列关于保证合同属性的表述中，正确的有（　　）。

A.保证合同属于单务合同

B.保证合同属于无偿合同

C.保证合同属于诺成合同

D.保证合同属于从合同

审题要点

题目中抓住关键词“保证合同属性”，考生可迅速锁定考查的知识点保证合同。理解记忆，保证合同属于单务合同、无偿合同、诺成合同、从合同。

【本题答案】ABCD

【本题解析】本题考核保证合同。保证合同中，只有保证人承担债务，债权人不负对待给付义务，故为单务合同。保证合同中，保证人对债权人承担保证债务，债权人对此不提供相应对价，故为无偿合同。保证合同因保证人和债权人协商一致而成立，不需另行交付标的物，故为诺成合同。主民事法律行为是指不需要有其他民事法律行为的存在就可独立成立的民事法律行为；从民事法律行为是指从属于其他民事法律行为而存在的民事法律行为；如当事人之间订立一项借贷合同，为保证该合同的履行，又订立一项担保合同，其中，借贷合同是主合同，担保合同为从合同；因此保证合同是从合同。

思维拓展

思维拓展内容详见2023年注册会计师全国统一考试真题详解单选第3题。

【提醒】

区分有偿民事法律行为与无偿民事法律行为的意义在于：

（1）确定行为性质。法律规定某些民事法律行为必须是有偿的或者无偿的。如买卖必须是有偿的，而赠与则必须是无偿的，对此当事人不能自己约定。

（2）认定行为效力。有偿民事法律行为显失公平时，受损害方有权请求撤销该行为；而无偿民事法律行为则不存在显失公平的问题。

（3）确定行为人的责任。一般来说，有偿民事法律行为的民事责任要重于无偿民事法律行为。如买卖合同中的出卖人应当对买卖标的物的瑕疵承担违约责任；而赠与合同中的赠与人原则上不对赠与物的瑕疵承担责任。

（4）主张撤销权。债务人以明显不合理的低价转让财产、以明显不合理的高价受让他人财产或者为他人的债务提供担保，影响债权人的债权实现，债务人的相对人知道或者应当知道该情形的，债权人可以请求人民法院撤销债务人的行为（有偿民事法律行为，需要债务人的相对人知道或应当知道才有撤销权）。

债务人以放弃其债权、放弃债权担保、无偿转让财产等方式无偿处分财产权益，或者恶意延长其到期债权的履行期限，影响债权人的债权实现的，债权人可以请求人民法院撤销债务人的行为（无偿民事法律行为，则不用考虑当事人的主观意图）。

【知识点链接】合同的分类

划分标准	类型	备注
《民法典》合同编是否对合同规定有确定的名称与调整规则	有名合同（典型合同）与无名合同（非典型合同）	
当事人是否互相负有对价义务	单务合同与双务合同	单务合同：如赠与合同、保证合同
是否需要现实交付为合同成立要件	诺成合同与实践合同	实践合同：如保管、定金、自然人借款合同、代物清偿 诺成合同：赠与合同、质押合同等

【提醒】（1）定金合同自实际交付定金时成立。

（2）自然人之间的借款合同，自贷款人提供借款时成立。

（3）代物清偿是实践合同，在债务人交付替代物后，代物清偿合同成立，同时原债务消灭

（4）保管合同自保管物交付时成立，但是当事人另有约定的除外。

坑点提示

保证合同属性在判断的时候一定要注意，保证合同是保证人和债权人签的，看的是保证人和债权人之间的关系，实务中被保证人可能给保证人给付一定代价，但债权人不会，所以是无偿合同。同样的道理，在保证人和债权人之间，只有保证人有义务，债权人没有，所以是单务合同。

抢分秘籍

这种喜欢命制客观题，一定先理解，不能靠死记硬背。另外只需记一种，例如单方民事法律行为和双方民事法律行为，记住典型的单方的即可；负担行为和处分行为，抓住处分行为是直接导致物权变动的即可，从民事法律行为就记典型的担保即可。

历年考情

2023年多项选择题、2022年单项选择题、2道多项选择题、2021年多项选择题、2020年单项选择题、2019年多项选择题考查民事法律行为分类。

4. 2022年1月21日，赵某与钱某签订活禽买卖合同，约定钱某于2022年2月15日前交付1 000只活禽。钱某运输活禽交给赵某需耗时2天。钱某到期未交付活禽。根据合同法律制度的规定，下列情形中，钱某可以不可抗力为由主张免于承担违约损害赔偿责任的有（　　）。

审题要点

题目中抓住关键词“不可抗力”，考生可迅速锁定考查的知识点是不可抗力。注意区分清楚哪些属于不可抗力，另外注意当事人迟延履行后发生不可抗力的，不免除其违约责任。

A. 2022年1月24日政府发布命令，暂停活禽交易1个月

B. 2022年2月16日钱某发货，途中遭遇山体滑坡致使活禽灭失

C. 2022年2月10日钱某发货，途中遭遇泥石流致使活禽灭失

D. 2022年2月11日钱某发货，途中因违反交通法规车辆被暂扣4日

【本题答案】AC

【本题解析】本题考核不可抗力。不可抗力是不能预见、不能避免且不能克服的客观情况。常见的不可抗力有：（1）自然灾害。如地震、台风、洪水、海啸等。（2）政府行为。政府行为是指当事人在订立合同以后发生，且不能预见的情形。如运输合同订立后，由于政府颁布禁运的法律，使合同不能履行。（3）社会异常现象。一些偶发的事件阻碍合同的履行，如罢工骚乱等。选项A、C是因为不可抗力而导致未按约定履行义务，可以免责，选项A、C正确。当事人迟延履行后发生不可抗力的，不免除其违约责任，选项B错误。选项D，违规被扣车不属于不可抗力，不能免责，选项D错误。

思维拓展

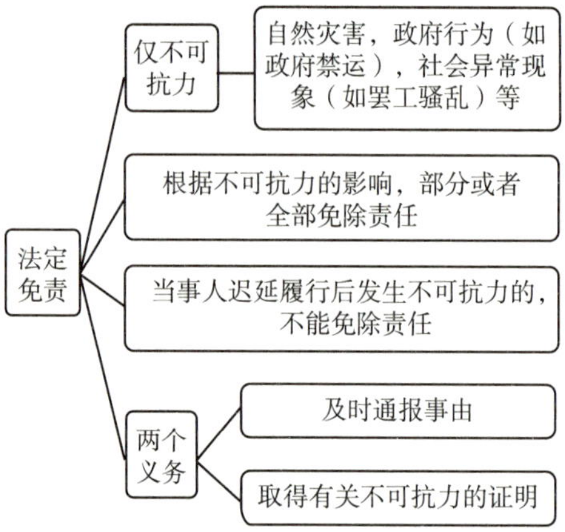

坑点提示

注意判定是否为不可抗力，不可抗力一定是个人无力阻止的，包括自然灾害，政府行为（如政府禁运），社会异常现象（如罢工骚乱）等。而个人可以避免的，如个人的违法违规行为不构成不可抗力。

抢分秘籍

不可抗力抓两点：（1）判定是否是不可抗力，（2）看不可抗力发生时间，即判断是否是当事人迟延履行后发生的。

历年考情

2022年多项选择题、2020年案例分析题考查法定免责——不可抗力。

审题要点

题目中提示“可以决议将合伙人除名”，考生可迅速锁定考查的知识点是合伙人除名。

5. 根据合伙企业法律制度的规定，下列情形中，除合伙协议另有约定外，可以决议将合伙人除名的有（　　）。

A. 合伙人未履行出资义务

B. 合伙人执行合伙事务时有不正当行为

C. 合伙人个人丧失偿债能力

D. 合伙人因一般过失给合伙企业造成损失

【本题答案】AB

【本题解析】本题考核合伙人除名。合伙人有下列情形之一的，经其他合伙人一致同意，可以决议将其除名：（1）未履行出资义务；（2）因故意或者重大过失给合伙企业造成损失；（3）执行合伙事务时有不正当行为；（4）发生合伙协议约定的事由。因此选项A、B正确、选项D错误。选项C是导致普通合伙人当然退伙。

思维拓展

退伙

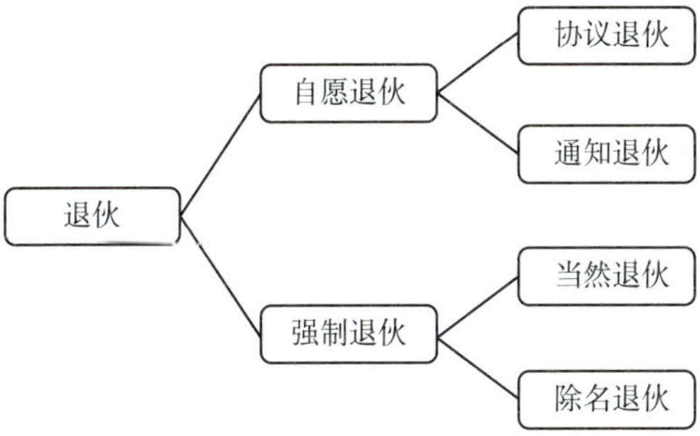

协议退伙	合伙协议约定合伙期限，有下列情形之一： （1）合伙协议约定的退伙事由出现； （2）经全体合伙人一致同意； （3）发生合伙人难以继续参加合伙的事由； （4）其他合伙人严重违反合伙协议约定的义务
通知退伙	合伙协议未约定合伙期限。 前提：不给合伙企业事务执行造成不利影响。 通知时限：应当提前30日通知其他合伙人
当然退伙	合伙人有下列情形之一： （1）作为合伙人的自然人死亡或者被依法宣告死亡； （2）作为合伙人的法人或者其他组织依法被吊销营业执照、责令关闭、撤销，或者被宣告破产； （3）个人丧失偿债能力； （4）合伙人在合伙企业中的全部财产份额被人民法院强制执行； （5）法律规定或者合伙协议约定合伙人必须具有相关资格而丧失该资格。 【口诀】人死钱无没资格
	当然退伙以退伙事由实际发生之日为退伙生效日
除名退伙	合伙人有下列情形之一的，经其他合伙人一致同意，可以决议将其除名：（未出钱执行不正当故意重大过失损失发生约定事由） （1）未履行出资义务； （2）因故意或者重大过失给合伙企业造成损失； （3）执行合伙事务时有不正当行为； （4）发生合伙协议约定的事由
	被除名人接到除名通知之日，除名生效，被除名人退伙
	被除名人对除名决议有异议的，可以自接到除名通知之日起30日内，向人民法院起诉

坑点提示

要注意区分当然退伙和除名退伙。当然退伙是客观原因，人死钱无没资格，而除名，要不然是一分钱没出，要不然是干坏事儿了，或者发生约定除名的情形。

另外注意生效时间，当然退伙由于是客观原因；所以是由实际发生之日为退伙生效日，而除名需要其他合伙人一致同意，故被除名人接到除名通知之日，除名生效。

历年考情

2023年单项选择题考查除名退伙。2023年单项选择题、2022年单项选择题、2020年单项选择题考查当然退伙。2022年单项选择题、2021年单项选择题、2020年单项选择题考查入退伙及合伙人身份转换的责任承担。2022年单项选择题考查普通合伙企业合伙人退伙结算及其效果。2022年、2020年多项选择题考查通知退伙。2019年多项选择题考查协议退伙。

审题要点

题目中提示“合伙企业清算费用”，考生可迅速锁定考查的知识点是合伙企业清算。

6.根据合伙企业法律制度的规定，下列各项中，属于合伙企业清算费用的有（　　）。

A.管理合伙企业财产的费用

B.清算过程中聘任工作人员的费用

C.清算过程中的咨询费用

D.缴纳合伙企业职工社会保险费用

【本题答案】ABC

【本题解析】本题考核合伙企业清算。清算费用包括：（1）管理合伙企业财产的费用；（2）处分合伙企业财产的费用；（3）清算过程中的其他费用，如通告债权人的费用、调查债权的费用、咨询费用、诉讼费用等。

思维拓展

合伙企业财产在支付清算费用和职工工资、社会保险费用、法定补偿金以及缴纳所欠税款、清偿债务后的剩余财产，依照规定进行分配。

【记忆】合伙企业清算财产支付顺序：清算费用先结清，员工关怀不能少，社保法定要补偿，国家欠税先缴上，还有剩下先还债。

抢分秘籍

该种题目可根据自己的常识判定，清算费用顾名思义就是清算过程中产生的费用，清算过程中产生费用主要是管理财产、处分财产、清算过程中的通知、调查、咨询、诉讼等费用。

历年考情

2022年多项选择题考查合伙企业清算财产支付——清算费用。2020年单项选择题、2019年单项选择题考查合伙企业清算财产支付顺序。

7. 为维护公司价值和股东权益所必需，某上市公司董事会经股东会授权，召开董事会会议作出回购公司股份的决议。该公司董事会有9人，此次董事会会议共有6名董事参加，在表决时，4名董事投赞成票，2名董事投反对票。公司拟根据本次决议实施回购计划，但公司监事李某对此提出异议。根据公司法律制度的规定，下列表述中，正确的有（　　）。

A. 股东会授权董事会作出回购决议不违反《公司法》的规定

B. 此次董事会会议的出席人数不符合《公司法》的规定

C. 此次回购决议未依法获得通过

D. 李某可以向人民法院请求宣告此次董事会决议无效

【本题答案】AC

【本题解析】本题考核股份回购。上市公司为维护公司价值及股东权益所必需而收购本公司股份的，可以依照公司章程的规定或者股东会的授权，经2/3以上董事出席的董事会会议决议，选项A正确、选项B错误。董事会作出决议，必须经全体董事的过半数通过，选项C正确。会议的表决结果未达到公司法或者公司章程规定的通过比例，该决议不成立，而非无效，选项D错误。

审题要点

题目中提示“为维护公司价值和股东权益所必需”“股份回购”，考生可迅速锁定考查的知识点是股份回购。

思维拓展

异议股东股份回购请求权（2024年新变动）

情形	有限责任公司和股份有限公司（公开发行股份的公司除外）有下列情形之一的，对股东会该项决议投反对票的股东可以请求公司按照合理的价格收购其股权： （1）公司连续五年不向股东分配利润，而公司该五年连续盈利，并且符合本法规定的分配利润条件； （2）公司转让主要财产； （3）公司章程规定的营业期限届满或者章程规定的其他解散事由出现，股东会通过决议修改章程使公司存续

续表

情形	合并、分立	有限责任公司异议股东有股份回购请求权
		股份有限公司：异议股东尽管也有权要求公司回购其股份，但未规定公司须按照合理价格收购
	控股股东滥用股东权利	有限责任公司的控股股东如果滥用股东权利，严重损害公司或者其他股东利益的，其他股东也有权请求公司按照合理的价格收购其股权
转让或者注销	公司依上述规定收购的本公司股份，应当在6个月内依法转让或者注销	
诉讼	自股东会决议作出之日起60日内，股东与公司不能达成股份收购协议的，股东可以自股东会决议作出之日起90日内向人民法院提起诉讼	

坑点提示

股份有限公司股份回购

情形	决议	回购的股份处理
减少公司注册资本	股东会决议	自收购之日起10日内注销
与持有本公司股份的其他公司合并		应当在6个月内转让或者注销
股东因对股东会作出的公司合并、分立决议持异议，要求公司收购其股份	不必经股东会或者董事会作出决议	
将股份用于员工持股计划或者股权激励	可以按照公司章程或者股东会的授权，经2/3以上董事出席的董事会会议决议	合计不得超过本公司已发行股份总数的10%，并应当在3年内转让或者注销
将股份用于转换上市公司发行的可转换为股票的公司债券		
上市公司为维护公司价值及股东权益所必需		

【提醒】

（1）上市公司收购本公司股份，应当依照《证券法》的规定履行信息披露义务。

（2）上市公司为实施员工持股或股权激励、转换债券为股票或者维护公司价值及股东权益收购本公司股份的，应当通过公开的集中交易方式进行。

（3）公司不得接受本公司的股票作为质押权的标的。

历年考情

2022年多项选择题、单项选择题、2021年案例分析题考查股份回购。

8.根据公司法律制度的规定，下列关于公司财务会计报告制度的表述中，正确的有（ ）。

A.现金流量表反映的是公司在一定经营期间的经营成果及其分配情况

B.股份有限公司解聘承办公司审计业务的会计师事务所，只能由股东会作出决议

C.股份有限公司的财务会计报告应在召开股东会年会的20日前置备于本公司

D.公司财务会计报告应当由董事会负责编制

【本题答案】CD

【本题解析】本题考核公司财务会计。现金流量表反映的是公司在一定期间的现金和现金等价物流入和流出的会计报表，有利于判断公司的现金流量和资金周转情况，选项A错误。公司聘用、解聘承办公司审计业务的会计师事务所，依照公司章程的规定，由股东会、股东会或者董事会决定，选项B错误。

审题要点

题目中提示“公司财务会计报告制度”，考生可迅速锁定考查的知识点是公司财务会计。

思维拓展

财务会计报告

内容	资产负债表	反映的是公司的资产和负债规模、资产和负债构成情况、公司的权益结构，进而反映公司的短期偿债能力和支付能力，同时通过公司前后期资产负债表的对比，反映公司财务状况的变化
	利润表	反映的是公司在一定经营期间的经营成果及其分配情况，反映了公司的长期偿债能力，也是缴纳国家各项税收的依据
	现金流量表	反映的是公司在一定期间的现金和现金等价物流入和流出的会计报表，有利于判断公司的现金流和资金周转情况
	附注	对会计报表列示的内容的进一步说明
编制	应当由董事会负责编制，并对其真实性、完整性和准确性负责	
会计师事务所	聘用、解聘，依照公司章程的规定，由股东会、股东会或者董事会决定	
公示	有限责任公司	按照公司章程规定的期限将财务会计报告提交股东
	股份有限公司	财务会计报告应当在召开股东会年会的20日前置备于本公司，供股东查阅；公开发行股票的股份有限公司必须公告其财务会计报告

坑点提示

注意区分资产负债表、利润表、现金流量表，资产负债表注意找关键词“资产”“负债”“短期偿债能力”，利润表关键词“经营成

果”“长期偿债能力”，现金流量表关键词“现金流”。

历年考情

审题要点

题目中提示“国务院证券监督管理机构的法定职责”，考生可迅速锁定考查的知识点是证券市场监管体制。

2023年单项选择题、2022年多项选择题考查公司财务会计。

9. 根据证券法律制度的规定，国务院证券监督管理机构的法定职责有（　　）。

A. 开展投资者教育

B. 组织证券从业人员的业务培训

C. 制定从事证券业务人员的行为准则

D. 对证券违法行为进行查处

【本题答案】ACD

【本题解析】本题考核证券市场监管体制。国务院证券监督管理机构在对证券市场实施监督管理中履行下列职责：（1）依法制定有关证券市场监督管理的规章、规则，并依法进行审批、核准、注册，办理备案；（2）依法对证券的发行、上市、交易、登记、存管、结算等行为，进行监督管理；（3）依法对证券发行人、证券公司、证券服务机构、证券交易场所、证券登记结算机构的证券业务活动，进行监督管理；（4）依法制定从事证券业务人员的行为准则，并监督实施；（5）依法监督检查证券发行、上市、交易的信息披露；（6）依法对证券业协会的自律管理活动进行指导和监督；（7）依法监测并防范、处置证券市场风险；（8）依法开展投资者教育；（9）依法对证券违法行为进行查处；（10）法律、行政法规规定的其他职责。选项B属于“中国证券业协会”的职责。

思维拓展

证券业协会履行下列职责：

（1）教育和组织会员及其从业人员遵守证券法律、行政法规，组织开展证券行业诚信建设，督促证券行业履行社会责任；

（2）依法维护会员的合法权益，向证券监督管理机构反映会员的建议和要求；

（3）督促会员开展投资者教育和保护活动，维护投资者合法权益；

（4）制定和实施证券行业自律规则，监督、检查会员及其从业人员行为，对违反法律、行政法规、自律规则或者协会章程的，按照规定给予纪律处分或者实施其他自律管理措施；

（5）制定证券行业业务规范，组织从业人员的业务培训；

（6）组织会员就证券行业的发展、运作及有关内容进行研究，收集整理、发布证券相关信息，提供会员服务，组织行业交流，引导行业创新发展；

（7）对会员之间、会员与客户之间发生的证券业务纠纷进行调解；

（8）证券业协会章程规定的其他职责

坑点提示

国务院证券监督管理机构（即证监会）职责PK证券业协会职责

该种题目不用死记硬背，证监会是监督管理机构，所以找关键词“监督管理”“监督检查”“指导和监督”“依法监测”“查处”。而证券业协会是自律性机构。

国务院证券监督管理机构法定权限：现场检查权；调查取证权；询问和要求当事人作出说明或出示文件和资料权；查阅和复制权；封存、扣押权；冻结、查封权；限制被调查的当事人的证券买卖；阻止涉嫌违法人员出境等。为防范证券市场风险，维护市场秩序，国务院证券监督管理机构可以采取责令改正、监管谈话、出具警示函等措施。（2024年新增）

易混点辨析

	国务院证券监督管理机构	证券业协会
职责	依法制定有关证券市场监督管理的规章、规则，并依法进行审批、核准、注册，办理备案	制定和实施证券行业自律规则，监督、检查会员及其从业人员行为
	依法制定从事证券业务人员的行为准则，并监督实施	制定证券行业业务规范，组织从业人员的业务培训
	依法开展投资者教育	督促会员开展投资者教育和保护活动，维护投资者合法权益

历年考情

2022年多项选择题考查证券市场监管体制。

10. 根据证券法律制度的规定，上市公司的特定人员应当对公司临时报告信息披露的真实性、准确性、完整性、及时性、公平性承担主要责任。下列各项中，属于该特定人员范围的有（　　）。

A. 董事长　　B. 监事会主席

C. 董事会秘书　　D. 经理

【本题答案】ACD

> **审题要点**
> 题目中提示“上市公司谁应该对报告信息披露承担主要责任”，考生可迅速锁定考查的知识点是上市公司董监高在信息披露工作中的职责。

【本题解析】本题考核上市公司董监高在信息披露工作中的职责。上市公司董事长、经理、董事会秘书，应当对公司临时报告信息披露的真实性、准确性、完整性、及时性、公平性承担主要责任。

思维拓展

上市公司董监高应当对公司信息披露的真实性、准确性、完整性、及时性、公平性负责，但有充分证据表明其已经履行勤勉尽责义务的除外。

上市公司董事长、经理、董事会秘书，应当对公司临时报告信息披露的真实性、准确性、完整性、及时性、公平性承担主要责任。

上市公司董事长、经理、财务负责人应当对公司财务会计报告的真实性、准确性、完整性、及时性、公平性承担主要责任。

坑点提示

注意题目问的是承担主要责任还是“负责”，董事长、经理跑不了，都有，如果是临时报告信息披露加董秘，财务会计报告加财务负责人。

历年考情

2022年多项选择题考查上市公司董监高在信息披露工作中的职责。

审题要点

题目中提示“可以依照申请人的申请开立国内信用证”，考生可迅速锁定考查的知识点是国内信用证。

11. 根据票据与支付结算法律制度的规定，下列主体中，**可以依照申请人的申请开立国内信用证**的有（　　）。

A. 商业银行　　　　B. 政策性银行

C. 村镇银行　　　　D. 农村信用社

【本题答案】ABCD

【本题解析】本题考核国内信用证。国内信用证，是指银行（包括政策性银行、商业银行、农村合作银行、村镇银行和农村信用社）依照申请人的申请开立的、对相符交单予以付款的承诺。

思维拓展

思维拓展内容详见2023年注册会计师全国统一考试真题详解多选第11题。

历年考情

2023年多项选择题、2022年2道多项选择题、2021年多项选择题考查信用证。

12.根据企业国有资产法律制度的规定，下列关于企业产权转让的表述中，正确的有（　　）。

> **审题要点**
>
> 题目中提示“企业产权转让”，考生可迅速锁定考查的知识点是国家出资企业的产权转让。该种题目，“下列关于……表述中，正确的是（　）”属于对该知识点的综合性考查，需要全面掌握该知识点。

A.产权转让事项经批准后，应由受让方委托会计师事务所对转让标的企业进行审计

B.产权转让原则上通过产权市场公开进行

C.产权交易合同订立后，交易双方可以交易期间企业经营性损益为由对交易价格进行适当调整

D.交易价款金额较大、一次付清确有困难的，可以采取分期付款方式

【本题答案】BD

【本题解析】本题考核企业产权转让。产权转让事项经批准后，由转让方委托会计师事务所对所转让标的企业进行审计，选项A错误。受让方确定后，转让方与受让方应当签订产权交易合同，交易双方不得以交易期间企业经营性损益等理由对已达成的交易条件和交易价格进行调整，选项C错误。

思维拓展

国家出资企业的产权转让

审核批准	履行出资人职责的机构负责审核国家出资企业的产权转让事项
	因产权转让致使国家不再拥有所出资企业控股权的，须由履行出资人职责的机构报本级人民政府批准
	产权转让涉及职工安置事项的，安置方案应当经职工代表大会或者职工大会审议通过
审计评估	产权转让事项经批准后，由转让方委托会计师事务所对所转让标的企业进行审计
确定受让方	（1）产权转让原则上通过产权市场公开进行。 （2）信息披露。 ①正式披露信息时间不得少于20个工作日。 ②因产权转让导致转让标的企业的实际控制权发生转移的，转让方应当在转让行为获批后10个工作日内，通过产权交易机构进行信息预披露，时间不得少于20个工作日。 （3）转让价格。 ①产权转让项目首次正式信息披露的转让底价，不得低于经核准或备案的转让标的的评估结果。 ②信息披露期满未征集到意向受让方的，可以延期或者在降低转让底价、变更受让条件后重新进行信息披露。降低转让底价或者变更受让条件后重新披露信息的，披露时间不得少于20个工作日。新的转让底价低于评估结果的90%时，应当经转让行为批准单位书面同意。 （4）受让方确定后，转让方与受让方应当签订产权交易合同，交易双方不得以交易期间企业经营性损益等理由对已达成的交易条件和交易价格进行调整

续表

结算交易价款	（1）以人民币计价，通过产权交易机构以货币进行结算。 （2）原则上应当自合同生效之日起5个工作日内一次付清。 （3）金额较大、一次付清确有困难的，可以采取分期付款方式。 ①采用分期付款方式的，首期付款不得低于总价款的30%，并在合同生效之日起5个工作日内支付。 ②其余款项应当提供转让方认可的合法有效担保，并按同期银行贷款利率支付延期付款期间的利息，付款期限不得超过1年

坑点提示

关于国家出资企业的产权转让的几个时间性记忆：披露都是不少于20个工作日；减半10个工作日的是因产权转让导致转让标的企业的实际控制权发生转移的，转让方应当在转让行为获批后10个工作日内预披露；再减半5个工作日的一是原则上应当自合同生效之日起5个工作日内一次付清交易价款，二是分期付款方式的，首期付款不得低于总价款的30%，并在合同生效之日起5个工作日内支付。

历年考情

2022年多项选择题考查国家出资企业的产权转让。

13. 下列关于纵向价格垄断协议的积极效果的表述中，正确的有（　　）。

A. 有利于经营者的市场进入

B. 提升科技水平

C. 减少“搭便车”现象

D. 克服销售商加价

> **审题要点**
> 题目中提示“纵向价格垄断协议的积极效果”，考生可迅速锁定考查的知识点是纵向价格垄断协议。

【本题答案】ACD

【本题解析】本题考核纵向价格垄断协议。纵向垄断协议具有如下积极效果：（1）减少“搭便车”；（2）克服销售商加价；（3）有利于经营者的市场进入。

思维拓展

思维拓展内容详见2023年注册会计师全国统一考试真题详解多选第13题。

坑点提示

这种题目要理解性记忆：（1）减少“搭便车”。比如，有的销售商在品牌营销和服务质量上投入较多，而同一品牌的其他销售商则通过低价策略抢夺市场份额而获得更多利润。为解决这种品牌内部的“搭便车”现象，供应商就可能对所有销售商采取维持转售价格的限制。（2）克服销售商加价。供应商对销售商施加的限制最高转售价格的限制，有利于避免销售商自行加价，起到稳定商品价格，保护消费者利益的作用。（3）有利于经营者的市场进入。一个欲进入特定市场的经营者，可以通过授予目标市场中销售商以某种特权（如独家销售权）的方式，使销售商效益与供应商在目标市场中的销售业绩直接联系起来，从而激励销售企业努力推销产品，为供应商进入市场提供一定的保障。

历年考情

2022年多项选择题考查纵向垄断协议的积极效果。

14.根据反垄断法律制度的规定，下列关于经营者承诺制度的表述中，正确的有（　　）。

A.经营者承诺制度主要适用于垄断协议和滥用市场支配地位的案件

B.反垄断执法机构对涉嫌垄断行为调查核实后认为构成违法垄断行为的，不得接受经营者承诺

C.涉嫌固定商品价格的横向垄断协议，反垄断执法机构可以接受经营者承诺

D.接受经营者承诺后，反垄断执法机构不得再对经营者其他类似行为实施调查并作出行政处罚

审题要点

题目中提示“经营者承诺制度”，考生可迅速锁定考查的知识点是经营者承诺。该种题目，“下列关于……表述中，正确的是（　）”属于对该知识点的综合性考查，需要全面掌握该知识点。

【本题答案】AB

【本题解析】本题考核经营者承诺。在两种情形下，反垄断执法机构不接受经营者提出承诺：一是反垄断执法机构对涉嫌垄断行为调查核实后，认为构成违法垄断行为的，应当依法作出处理决定，不再接受经营者提出承诺；二是涉嫌固定或者变更商品价格、限制商品的生产数量或者销售数量、分割销售市场或者原材料采购市场等三类严重限制竞争的横向垄断协议的，反垄断执法机构不应接受经营者提出承诺，选项C错误。执法机构的中止调查及终止调查决定，不是对经营者的行为是否构成垄断行为作出认定，执法机构仍然可依法对其他类似行为实施调查并作出行政处罚，选项D错误。

思维拓展

经营者承诺

适用范围	垄断协议和滥用市场支配地位案件
反垄断执法机构不接受经营者提出承诺的情形	（1）反垄断执法机构对涉嫌垄断行为调查核实后，认为构成违法垄断行为的，应当依法作出处理决定，不再接受经营者提出承诺。 （2）涉嫌固定或者变更商品价格、限制商品的生产数量或者销售数量、分割销售市场或者原材料采购市场等三类严重限制竞争的横向垄断协议的，反垄断执法机构不应接受经营者提出承诺
中止调查及终止调查决定的法律后果	不是对经营者的行为是否构成垄断行为作出认定
	执法机构仍然可依法对其他类似行为实施调查并作出行政处罚
	中止调查及终止调查决定也不应作为认定该行为是否构成垄断行为的相关证据
反垄断执法机构应当恢复调查的情形	（1）经营者未履行承诺的； （2）作出中止调查决定所依据的事实发生重大变化的； （3）中止调查的决定是基于经营者提供的不完整或者不真实的信息作出的

坑点提示

经营者承诺是反垄断行政执法中的一种和解制度。根据该制度，对反垄断执法机构调查的涉嫌垄断行为，被调查的经营者承诺在反垄断执法机构认可的期限内采取具体措施消除该行为后果的，反垄断执法机构可以决定中止调查和终止调查。如果承诺迟延，反垄断执法机构已经调查核实了构成违法垄断行为，应该依法作出处理决定，不再接受承诺以及三类严重的横向垄断协议（固定价格、限制数量、分割市场）不适用。

历年考情

2022年多项选择题、2021年多项选择题考查经营者承诺。

审题要点

题目中提示“属于外商投资的”，考生可迅速锁定考查的知识点是外商投资的界定。

15.根据涉外投资法律制度的规定，下列各项中，属于“外商投资”的有（ ）。

A.外国投资者单独在中国境内设立外商投资企业

B.外国投资者与中国自然人共同在中国境内设立外商投资企业

C.外国投资者与中国企业共同在中国境内设立外商投资企业

D.外商投资者在中国境内对特定项目建设进行投资，但不设立外商投资企业，以特许经营费的方式获取投资收益

【本题答案】ABCD

【本题解析】本题考核外商投资的界定。外商投资，是指外国的自然人、企业或者其他组织（即外国投资者）直接或者间接在中国境内进行的投资活动，包括下列情形：（1）外国投资者单独或者与其他投资者共同在中国境内设立外商投资企业；（2）外国投资者取得中国境内企业的股份、股权、财产份额或者其他类似权益；（3）外国投资者单独或者与其他投资者共同在中国境内投资新建项目；（4）其他方式。

思维拓展

外商投资

外商投资情形	1.外国投资者单独或者与其他投资者共同在中国境内设立外商投资企业； 2.外国投资者取得中国境内企业的股份、股权、财产份额或者其他类似权益； 3.外国投资者单独或者与其他投资者共同在中国境内投资新建项目； 4.法律、行政法规或者国务院规定的其他方式的投资。 【提醒】上述“其他投资者”，包括中国的自然人在内
外商投资企业	指全部或者部分由外国投资者投资，依照中国法律在中国境内经登记注册设立的企业

坑点提示

外商投资，是指外国的自然人、企业或者其他组织直接或者间接在中国境内进行的投资活动。所以只要是外国投资者，不管是在境内设立企业，还是持股、持有财产份额，还是投资境内项目，都属于外商投资。

历年考情

2022年多项选择题、2020年多项选择题考查外商投资。

16.根据对外贸易法律制度的规定，下列主体中，可以作为对外贸易经营者的有（　　）。

审题要点

题目中提示“对外贸易经营者”，考生可迅速锁定考查的知识点是对外贸易经营者。

A.股份有限公司　　B.有限责任公司

C.合伙企业　　D.个人

【本题答案】ABCD

【本题解析】本题考核对外贸易经营者。对外贸易经营者包括法人、其他组织和个人。

思维拓展

对外贸易经营者

（1）对外贸易经营者包括法人、其他组织和个人。

（2）对外贸易经营无须专门许可。

（3）货物贸易和技术贸易经营者的备案登记。

从事货物进出口或者技术进出口的对外贸易经营者，应当向商务部或者其委托的机构办理备案登记；但是，法律、行政法规和商务部规定不需要备案登记的除外。

（4）关于国营贸易的特别规定。

①国营贸易是世界贸易组织明文允许的贸易制度，国家可以对部分货物的进出口实行国营贸易管理。

判断一个企业是不是国营贸易企业，关键是看该企业是否在国际贸易中享有专营权或特许权，与该企业的所有制形式并无必然联系。

例如，目前，我国实行进口国营贸易管理的货物涉及粮食、植物油、糖、烟草、原油、成品油、化肥和棉花等类别，而实行出口国营贸易管理的货物主要是烟草专卖品。

②实行国营贸易管理货物的进出口业务只能由经授权的企业经营，但国家允许部分数量的国营贸易管理货物的进出口业务由非授权企业经营的除外。

③实行国营贸易管理的货物和经授权经营企业的目录，由商务部会同国务院其他有关部门确定、调整并公布。

坑点提示

对外贸易主要是我们的人去赚境外的钱，我们的人可以是法人、可以是其他组织、也可以是个人，所以对外贸易经营者包括法人、其他组织和个人。

历年考情

2022年多项选择题考查对外贸易经营者。2020年单项选择题、2019年单项选择题考查国营贸易。

三、案例分析题

1.（本小题10分。）2021年9月14日，甲公司因不能清偿到期债务且资产不足以清偿全部债务，向人民法院提出破产申请。9月28日，人民法院受理破产案件，并指定管理人。管理人在履行职责过程中，发现下列事实：

（1）2017年5月，甲公司股东李某在公司高管王某协助下，抽逃出资40万元。管理人起诉要求李某和王某承担返还抽逃出资的责任。李某和王某以超过诉讼时效为由提出抗辩。

（2）2021年6月，甲公司将总价值140万元的5台工程机械抵押给乙银行，担保借款本息总计123万元，并办理了抵押登记。

（3）2021年8月底，甲公司销售一批价值100万元的产品给丙公司，约定丙公司付清价款之前甲公司保留所有权。9月5日，甲公司按约交付产品。人民法院受理破产案件后，管理人决定继续履行该合同。丙公司得知甲公司进入破产程序后，拒绝支付剩余的20万元货款。了解到该批产品仍在丙公司处，管理人主张取回该批产品。

（4）自2020年3月起，甲公司一直拖欠应当划入职工个人账户的职工基本养老保险费用。甲公司工会要求代表职工向管理人申报债权。

（5）管理人将债权登记表提交债权人会议核查时，债权人赵某对债权登记表中记载的丁公司300万元的债权表示异议，但管理人对此不予解释和调整。

赵某遂向人民法院提起诉讼。

根据上述内容，分别回答下列问题：

（1）李某和王某关于**返还抽逃出资的义务“已超过诉讼时效”的抗辩**是否成立？并说明理由。

（2）甲公司抵押给乙银行的5台工程机械**是否属于债务人财产**？并说明理由。

（3）管理人**能否取回销售给丙公司的产品**？并说明理由。

（4）甲公司拖欠的**职工基本养老保险费用是否需要进行债权申报**？管理人对该债权应如何操作？

（5）赵某应当向人民法院提起**何种类型的诉讼**？该诉讼的被告是谁？

【本题答案】

（1）李某和王某关于返还抽逃出资的义务“已超过诉讼时效”的抗辩不能成立。根据规定，管理人代表债务人提起诉讼，主张返还抽逃出资的本息，出资人以违反出资义务已经超过诉讼时效为由抗辩的，人民法院不予支持。

审题要点

题目中抓住关键词“返还抽逃出资的义务“已超过诉讼时效”，考生可迅速锁定考查的知识点出资义务是否受诉讼时效限制。

审题要点

题目中抓住关键词“抵押”“是否属于债务人财产”，考生可迅速锁定考查的知识点是已抵押的资产是否属于债务人财产。

审题要点

题目中抓住关键词“管理人能否取回”，考生可迅速锁定考查的知识点是破产中债务人的取回权。案例分析题考生可去资料里查找相关资料，找到资料（3），通过资料可知，考查的是所有权保留合同里面的取回权，破产债务人是卖方。

审题要点

题目中抓住关键词“职工基本养老保险费用是否需要进行债权申报”，考生可迅速锁定考查的知识点是破产中债权的申报。

审题要点

该问题不能迅速抓住考点，需要考生去资料找相关资料，找到资料（5），知道债权人赵某是对债权登记表中记载的债权表示异议，可锁定考查的知识点是破产债权异议的处理。

思维拓展

抽逃出资

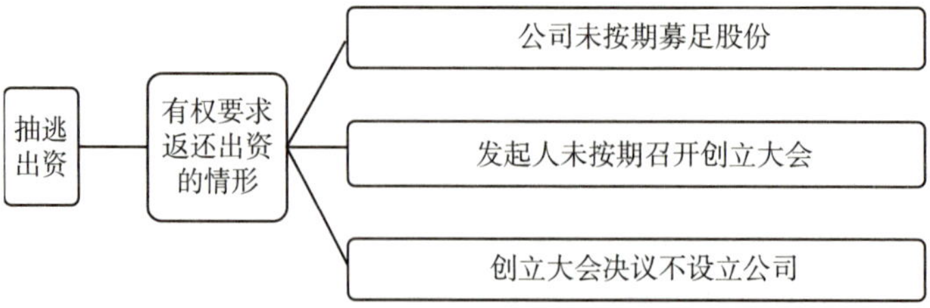

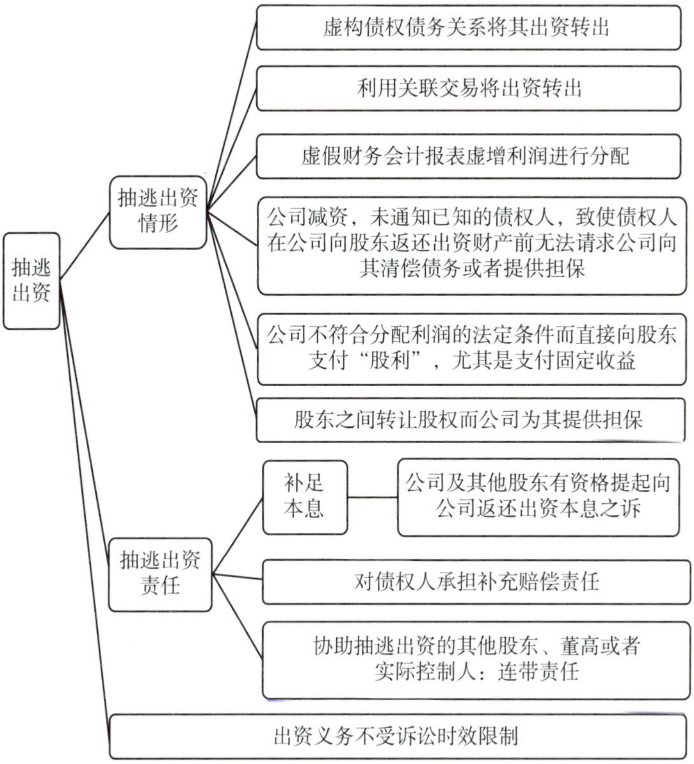

坑点提示

不适用诉讼时效的债权请求权：

（1）支付存款本金及利息请求权；

（2）兑付国债、金融债券以及向不特定对象发行的企业债券本息请求权；

（3）基于投资关系产生的缴付出资请求权；

（4）其他依法不适用诉讼时效规定的债权请求权。

【记忆】投存在［投资缴付出资、存款本息、债券（国债、金融债券以及向不特定对象发行的企业债券）本息］不适用诉讼时效。

抢分秘籍

只需答出“出资义务不受诉讼时效限制”即可得分。

历年考情

2022年案例分析题、2019年多项选择题考查抽逃出资。

（2）甲公司抵押给乙银行的5台工程机械属于债务人财产。根据规定，债务人已依法设定担保物权的特定财产，属于债务人财产。

思维拓展

债务人财产范围

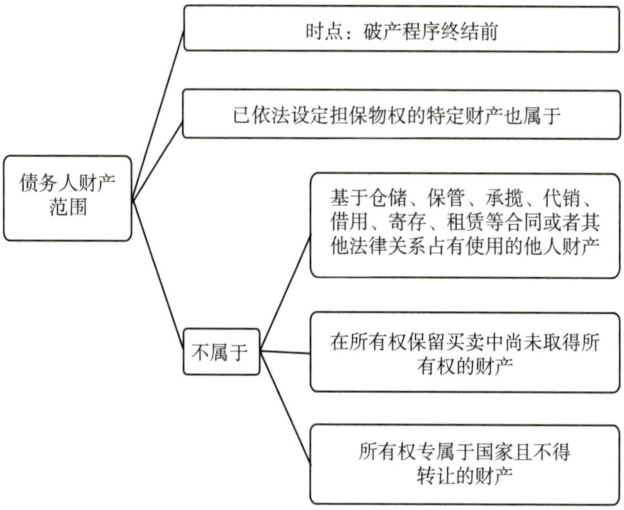

坑点提示

在判断是否属于债务人财产时，无需考虑破产的因素，只考虑所有权是否是债务人的即可。

抢分秘籍

答题时利用好“等”字，基于仓储、保管、承揽、代销、借用、寄存、租赁等合同或者其他法律关系占有使用的他人财产，不属于债务人财产。题目中说的是哪种情形就答哪种情形即可，比如题目描述的是“代销”，答“基于代销占有使用的他人财产，不属于债务人财产”即可。

历年考情

2022年案例分析题考查债务人财产范围。

（3）管理人不能取回销售给丙公司的产品。根据规定，在所有权保留买卖中，出卖人破产时，管理人决定继续履行合同的，买受人未依约支付价款给出卖人造成损害，出卖人的管理人依法主张取回标的物的，人民法院应予支持。但是，买受人已经支付标的物总价款75%以上的除外。

思维拓展

所有权保留买卖合同

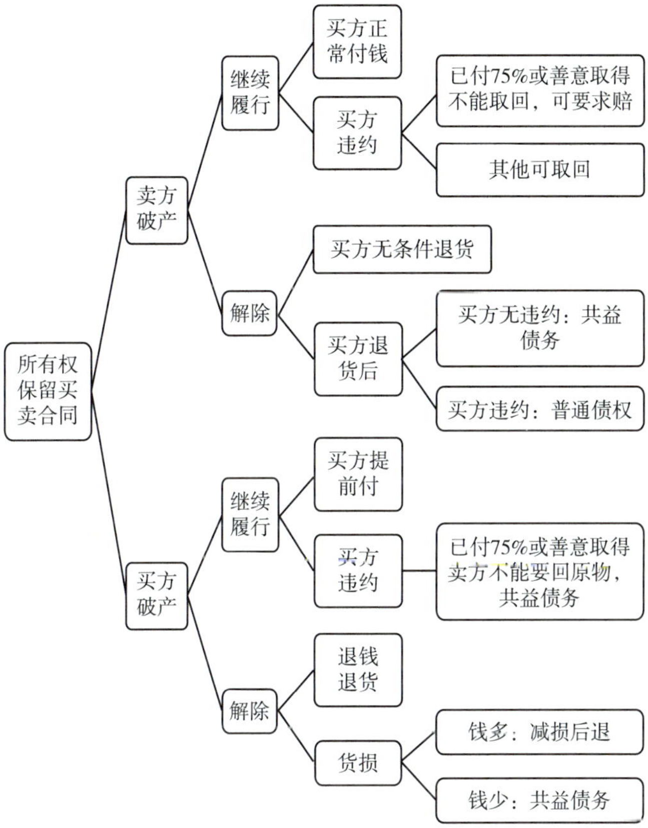

坑点提示

在破产中，所有权保留买卖合同，考查买方违约，卖方能否取回标的物，就看买方是否已付款75%以上，或者标的物所有权或者其他物权是否已经被第三人善意取得，如果“是”，就不能取回；如果“否”，就能取回。

抢分秘籍

该回答很难用自己语言描述，需要背诵原条文。

必背条文：

1.根据规定，在所有权保留买卖中，出卖人破产时，管理人决定继续履行合同的，买受人未依约支付价款或者履行完毕其他义务，或者将标的物出卖、出质或者作出其他不当处分，给出卖人造成损害，出卖人的管理人依法主张取回标的物的，人民法院应予支持。但是，买受人已经支付标的物总价款75%以上或者第三人善意取得标的物所有权或者其他物权的除外。

2.根据规定，在所有权保留买卖中，买受人破产时，管理人无正当理由未及时支付价款或者履行完毕其他义务，或者将标的物出卖、出质或者作出其他不当处分，给出卖人造成损害，出卖人主张取回标的物的，人民法院应予支持。但是，买受人已支付标的物总价款75%以上或者第三人善意取得标的物所有权或者其他物权的除外。

3.总结简略回答：在所有权保留合同买卖中，出卖人（买受人）破产时，买方违约给出卖人造成损害，出卖人主张取回标的物，人民法院应予支持。但是，买受人已支付标的物总价款75%以上或者第三人善意取得标的物所有权或者其他物权的除外。

历年考情

2022年案例分析题、2019年案例分析题考查所有权保留买卖合同的处理。

（4）甲公司拖欠的职工基本养老保险费用无需进行债权申报。根据规定，债务人所欠的应当划入职工个人账户的基本养老保险费用，不必申报，由管理人调查后列出清单并予以公示。

思维拓展

债权申报

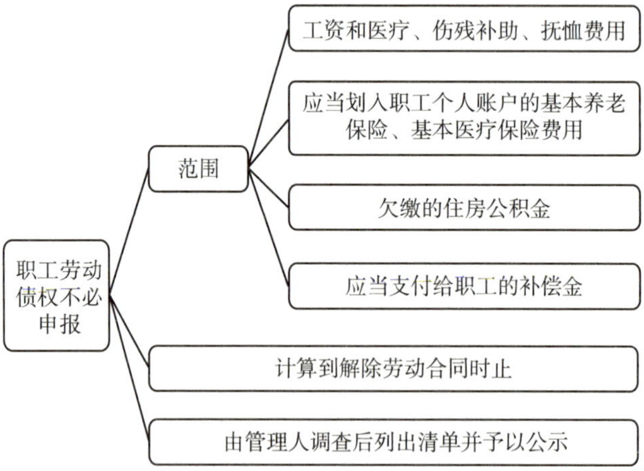

坑点提示

坑点提示内容详见2023年注册会计师全国统一考试真题详解案例分析第1题第（4）问。

抢分秘籍

必背条文：

债务人所欠职工的工资和医疗、伤残补助、抚恤费用，所欠的应当划入职工个人账户的基本养老保险、基本医疗保险费用，以及法律、行政法规规定应当支付给职工的补偿金，不必申报，由管理人调查后列出清单并予以公示。

总结简略回答：×××属于职工劳动债权，不必申报，由管理人调查后列出清单并予以公示。

回答时可不必把所有职工劳动债权列示，题目考试考哪个，就把题目中的复制粘贴过来即可。

历年考情

2022年案例分析题考查债权申报。

（5）赵某应当向人民法院提起债权确认诉讼。该诉讼应当将被异议债权人即丁公司列为被告。

思维拓展

破产债权异议处理

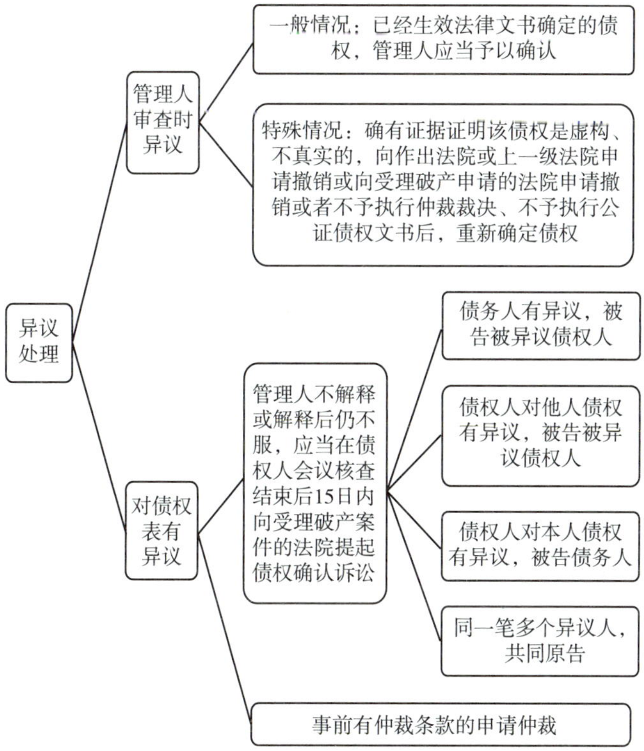

抢分秘籍

债权异议被告总结：一般被告都是被异议的债权人，只有债权人对本人债权有异议要告债务人。

历年考情

2022年案例分析题考查破产债权的确认——异议处理。

2.（本小题10分，可以选用中文或英文解答，如使用英文解答，须全部使用英文，答题正确的，增加5分，最高得分为15分。）

2021年3月15日，A公司为支付货款，在电子商业汇票系统中向B公司签发了一张银行承兑汇票，汇票到期日为2021年9月14日。甲银行作为承兑人与A公司签订承兑协议并在系统中签章。C公司在系统中被登记为保证人。后甲银行因A公司在签订承兑协议过程中提供虚假证明材料，与A公司产生纠纷。

B公司为了支付与D公司的买卖合同款项，在系统中将该汇票背书转让给D公司。后双方合同因不符合国家对特定物资的管制性要求被人民法院认定无效。D公司在取得票据之后，为了支付工程款，又将该汇票背书转让给E公司。E公司在进行票面审查时联系B公司，得知B公司与D公司的合同被认定无效，但是为了避免D公司拖欠工程款，仍然签收了该汇票。后由于E公司承建的工程存在较大质量问题，E、D公司产生合同纠纷。

E公司在汇票到期后向甲银行提示

付款。甲银行以承兑协议存在瑕疵为由拒绝付款。E公司又先后向D、C、B公司主张权利。D公司以E公司违约为由拒绝承担票据责任。C公司以其享有先诉抗辩权为由拒绝承担票据责任。B公司以其与D公司的合同无效且E公司知悉此事为由，拒绝承担票据责任。

根据上述内容，分别回答以下问题：

（1）甲银行以承兑协议存在瑕疵为由拒绝付款的主张是否成立？并说明理由。

（2）D公司以E公司违约为由拒绝承担票据责任的主张是否成立？并说明理由。

（3）C公司以其享有先诉抗辩权为由拒绝承担票据责任的主张是否成立？并说明理由。

（4）B公司以其与D公司的合同无效且E公司知悉此事为由拒绝承担票据责任的主张是否成立？并说明理由。

【本题答案】

（1）甲银行以承兑协议存在瑕疵为由拒绝付款的主张不成立。根据票据法律制度的规定，票据基础关系的瑕疵并不影响票据行为的效力。承兑人是票据主债务人，应当对持票人承担票据责任。（如答“承兑人是票据主债务人”，亦可得分）

（2）D公司以E公司违约为由拒绝承担票据责任的主张成立。根据票据法律制度的规定，在票据行为的直接当事人之间，票据债务人可以基于基础关系上的事由对票据权利人进行抗辩。

审题要点

问题中抓住关键词“甲银行以承兑协议存在瑕疵为由拒绝付款”，考生可去题目中找关键信息“甲银行作为承兑人与A公司签订承兑协议并在系统中签章”“后甲银行因A公司在签订承兑协议过程中提供虚假证明材料”，考生可迅速锁定考查的知识点是票据基础关系存在瑕疵，不影响票据行为的效力。

审题要点

问题中抓住关键词“D公司以E公司违约为由拒绝承担票据责任”，考生可去题目中找关键信息“后由于E公司承建的工程存在较大质量问题，E、D公司产生合同纠纷”，考生可迅速锁定考查的知识点是在票据行为的直接当事人之间，票据债务人可以基于基础关系上的事由对票据权利人进行抗辩。

审题要点

问题中抓住关键词“C公司以其享有先诉抗辩权为由拒绝承担票据责任”，考生可去题目中找关键信息“C公司在系统中被登记为保证人”，考生可迅速锁定考查的知识点是票据保证人不享有先诉抗辩权。

审题要点

问题中抓住关键词“B公司以其与D公司的合同无效且E公司知悉此事为由拒绝承担票据责任，考生可去题目中找关键信息“E公司在进行票面审查时联系B公司，得知B公司与D公司的合同被认定无效，但是为了避免D公司拖欠工程款，仍然签收了该汇票”，考生可迅速锁定考查的知识点是如果持票人明知票据债务人与持票人的前手之间存在抗辩事由，而仍然受让票据权利的，票据债务人可以该事由对抗持票人。

思维拓展

票据行为的实质要件

票据行为能力	无民事行为能力人或者限制民事行为能力人在票据上签章的，其签章无效，但是不影响其他签章的效力
意思表示真实	以欺诈、胁迫手段取得票据的，不能取得票据权利
如果票据行为由代理人进行，则代理权的欠缺也会影响票据行为的效力	
如果背书转让票据的背书人并不享有处分权，则背书行为无效。但是，如果符合善意取得的要件，则转让背书行为可以有效	
基础关系对票据行为效力的影响。基于票据行为的无因性，票据基础关系的瑕疵不影响票据行为的效力，但是，基于赠与等无偿的原因而授受票据的，持票人所取得的票据权利不得优于其前手	

坑点提示

基础关系抗辩

1.常见命题形式：A银行（承兑人）以出票人甲公司银行账户资金不足为由拒绝付款

背诵条文：承兑人不得以其与出票人之间的资金关系来对抗持票人，拒绝支付汇票金额。

2.常见命题形式：

第一种：E（票据持票人）向C追索，C以D未向其交货为由拒绝承担票据责任。C公司与D公司之间的合同纠纷E不知情。

第二种：E公司知悉C公司与D公司之间的合同纠纷

背诵条文：票据债务人不得以自己与持票人的前手之间的抗辩事由对抗持票人，但持票人明知存在抗辩事由而取得票据的除外。

3.常见命题形式：

持票人E公司持该汇票向甲银行提示付款，甲银行以其与A公司之间的承兑协议已被人民法院撤销为由拒绝付款。

背诵条文：票据债务人不得以自己与出票人之间的抗辩事由对抗持票人，但持票人明知存在抗辩事由而取得票据的除外。

或：票据基础关系的瑕疵并不影响票据行为的效力。如果银行已经作为承兑人签章，即使承兑协议无效或者被撤销，该银行的承兑行为的效力不因此而受影响，持票人有权请求该银行承担票据责任。

4.常见命题形式：C公司将该汇票背书转让给D公司，用于支付买卖合同的货款。后因D公司向C公司交付的货物存在严重质量问题，双方发生纠纷。D公司向E公司（持票人）承担票据责任后，向C公司行使再追索权时，C公司以D公司违反买卖合同约定为由予以拒绝。

背诵条文：票据债务人可以对不履行约定义务的与自己有直接债权债务关系的持票人，进行抗辩。

5.常见命题形式：A公司向B公司购买货物，合同金额为600万元。为支付货款，A公司向B公司签发了一张银行承兑汇票，但因工作人员疏忽，将汇票金额记载为900万元。B背书转让给C公司，C公司追索时，A公司辩称，900万元票面金额系错误记载，其仅应在600万元合同金额范围内承担票据责任。

背诵条文：基于票据行为无因性理论，票据行为的内容如果与基础关系不一致，票据关系的内容只能依据票据行为来确定。

历年考情

2022年案例分析题、2020年案例分析题、2019年单项选择题考查基础关系抗辩。

（3）C公司以其享有先诉抗辩权为由拒绝承担票据责任的主张不成立。根据票据法律制度的规定，票据保证人不享有先诉抗辩权，持票人可以直接对其行使权利。

思维拓展

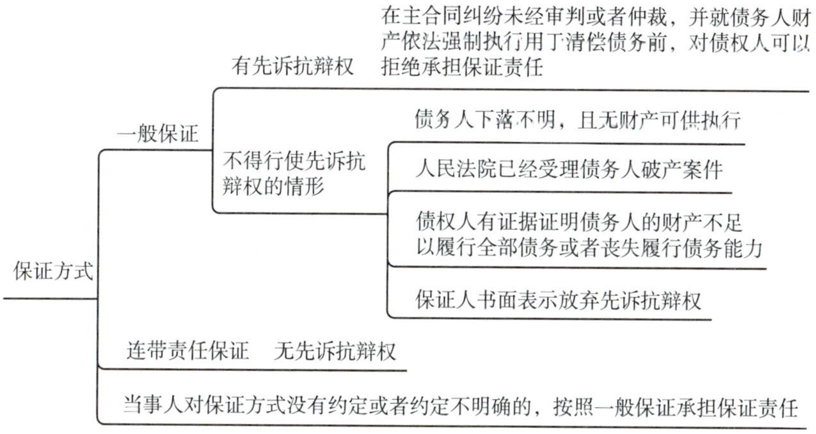

注意常考的不享有先诉抗辩权的两种情形，一是票据保证，二是破产。

背诵条文：

1.根据票据法律制度的规定，票据保证人不享有先诉抗辩权，持票人可以直接对其行使权利。

2.人民法院受理债务人破产案件后，一般保证人不得行使先诉抗辩权，债权人可以直接向负补充责任的保证人追偿。

坑点提示

票据保证

1.常见命题形式：D背书转让给E，D的保证人F未在该汇票上记载有关保证事项，亦未签章。F公司与E公司签订了一份书面保证合同，保证合同中未约定保证方式和保证担保的范围。

（1）问持票人G能否对F行使追索权？

背诵条文：保证人未在票据或者粘单上记载“保证”字样而另行签订保证合同或者保证条款的，不属于票据保证，不承担票据责任。

（2）问E能否依保证合同要求F公司承担保证责任？

背诵条文：根据规定，未在票据或者粘单上记载“保证”字样而另行签订的保证合同，虽不属于票据保证，但仍具有民法上保证的效力。

【知识点链接】

当事人对保证方式没有约定或者约定不明确的，按照一般责任保证承担保证责任。

保证的担保范围包括主债权及其利息、违约金、损害赔偿金和实现债权的费用。当事人另有约定的，按照约定。

2.常见命题形式：C公司在系统中被登记为保证人。C公司以其享有先诉抗辩权为由拒绝承担票据责任

背诵条文：票据保证人不享有先诉抗辩权，持票人可以直接对其行使权利。

3.常见命题形式：被保证人签章被伪造，保证人是否承担票据责任。

背诵条文：票据上有伪造签章的，不影响票据上其他真实签章的效力，在票据上真正签章的当事人，仍应对被伪造的票据的权利人承担票据责任。票据保证人对合法取得汇票的持票人所享有的汇票权利，仍承担保证责任。

历年考情

2023年案例分析题、2022年案例分析题考查汇票的保证。

（4）B公司以其与D公司的合同无效且E公司知悉此事为由拒绝承担票据责任的主张成立。根据票据法律制度的规定，如果持票人明知票据债务人与持票人的前手之间存在抗辩事由，而仍然受让票据权利的，票据债务人可以该事由对抗持票人。

思维拓展

票据权利的善意取得PK非善意取得

1.常见命题形式：

第一种：E（票据持票人）向C追索，C以D未向其交货为由拒绝承担票据责任。

C公司与D公司之间的合同纠纷E不知情。

第二种：E公司知悉C公司与D公司之间的合同纠纷

背诵条文：票据债务人不得以自己与持票人的前手之间的抗辩事由对抗持票人，但持票人明知存在抗辩事由而取得票据的除外。

2.以欺诈、偷盗或者胁迫等手段取得票据的，或者明知有前列情形，出于恶意取得票据的，不得享有票据权利。

3.常见命题形式：C是恶意取得，C背书转让给D，D符合票据权利善意取得的构成要件。

背诵条文：无处分权人处分他人之票据权利，受让人依照票据法所规定的票据转让方式取得票据，并且善意且无重大过失，则可以取得票据权利。

4.常见命题形式：C是恶意取得，C背书转让给D，D不符合票据权利善意取得的构成要件（例：D未核实C身份即取得票据）。

背诵条文：无处分权人处分他人之票据权利，受让人依照票据法所规定的票据转让方式取得票据，并且善意且无重大过失，则可以取得票据权利。受让人应尽到一定程度的注意以审查转让人是否有处分权，否则属于有重大过失，不能构成善意取得制度。

5.税收、继承、赠与即使“善意”，所享有的票据权利“不得优于前手”。

因税收、继承、赠与可以依法无偿取得票据的，不受给付对价的限制。但是，所享有的票据权利不得优于其前手的权利。

【知识点链接】可以与赠与合同结合：具有救灾、扶贫、助残等社会公益、道德义务性质的赠与合同或者经过公证的赠与合同，不得任意撤销。

6.常见命题形式：B公司因急需现金，将该金额为80万元的银行承兑汇票背书转让给C，C向B支付现金75万元。

背诵条文：办理票据贴现业务的机构，必须是经过中国人民银行批准的具有贷款业务资质的金融机构。

其他组织与个人从事票据贴现业务的，票据贴现行为无效。由于C并非有资格从事票据贴现业务的金融机构，B对C的背书转让行为无效，C不能取得票据权利。

但是，贴现人（被背书人）又对该票据进行背书转让，如果符合票据权利善意取得的构成要件，新的持票人取得票据权利。

7.常见命题形式：B公司因急需现金，将该金额为80万元的银行承兑汇票背书转让给C，C向B支付现金75万元。后C找找贴现资格的金融机构D银行贴现。D经审查发现C和B之间没有真实的交易关系，但仍接受贴现。D能否取得票据权利

背诵条文：贴现人必须审查贴现申请人与前手之间交易关系的有关文件等。如果贴现人（金融机构）明知贴现申请人与其前手之间没有真实的交易关系，却接受

贴现申请完成转让背书，法院通常认定转让背书无效；贴现人虽然持有了票据，但不能取得票据权利。

坑点提示

有基础关系瑕疵的票据，要注意区分清楚是否是与自己有直接债权债务关系的持票人。

1. 与自己有直接债权债务关系：票据债务人可以对不履行约定义务的与自己有直接债权债务关系的持票人，进行抗辩。

2. 如果不是直接债权债务关系，进一步看持票人是否善意。票据债务人不得以自己与持票人的前手之间的抗辩事由对抗持票人，但持票人明知存在抗辩事由而取得票据的除外。

历年考情

2022年案例分析题、2021年2道案例分析题、2020年2道案例分析题考查票据权利的善意取得。

3.（本小题15分。）甲公司系融资租赁公司，乙公司系物流公司。为购买货车，乙公司与甲公司订立融资租赁合同，由甲公司提供100万元融资，向丙公司购买5辆二手货车。2022年4月1日，甲公司与乙公司口头协商一致。5月30日，甲公司将加盖公章的合同书送至乙公司，次日，乙公司加盖公章后将合同书送至甲公司。甲乙双方未对租赁物毁损或者灭失的风险作出明确约定。

6月1日，丙公司向乙公司交付4辆货车，同时表示另有1辆货车A在第三人赵某处，其正在外地执行最后一次运输任务，预计半个月后送回；丙公司已于当日向赵某告知货车转让事宜，并让其在运输任务结束后直接将车交给乙公司。乙公司同意上述方案。

6月2日，因资金短缺，乙公司向丁公司借款50万元。乙公司打算以其前一日收到的4辆货车设立抵押。甲公司同意乙公司以上述货车为丁公司提供抵押。同时，为防范风险，乙公司应甲公司要求也以该4辆货车为其提供抵押。6月5日，乙公司与丁公司订立书面抵押合同，双方于次日办理抵押登记。

6月10日，甲公司和乙公司办理租赁物抵押登记。后因乙公司未按期清偿债务，丁公司就4辆货车行使抵押权。甲公司得知后表示货车拍卖后所得价款应先用于清偿乙公司所欠租金，丁公司主张因其抵押权登记时间在前，可以优先于甲公司受偿。

6月15日，赵某将货车A送至乙公司。乙公司工作人员未发现货车轮胎存在隐蔽瑕疵，便用其执行运输任务。后在装运戊公司托运的货物时发现，货车A的轮胎已严重受损，须更换后才能运输，不得不延后2日装车。为此，戊公司要求乙公司支付迟延运输的违约金。乙公司向戊公司表示，迟延运输是丙公司交付的货车有瑕疵所致，戊公司应向丙公司主张违约金。戊公司遂向丙公司要求支付违约金。

货车A更换轮胎后，在执行运输任务期间，因泥石流导致车辆严重毁损。乙公司向甲公司表示，因货车A已毁损，其不能再按照约定支付相应租金。

根据上述内容，分别回答下列问题：

（1）甲公司和乙公司之间的融资租赁合同何时成立？并说明理由。

（2）丁公司对4辆货车的抵押权何时设立？并说明理由。

（3）丁公司主张“可以优先于甲公司受偿”，能否得到法律支持？并说明理由。

（4）货车A的所有权何时转移？并说明理由。

（5）戊公司向丙公司要求支付违约金，能否得到法律支持？并说明理由。

（6）货车A毁损后，乙公司是否有权拒绝向甲公司继续支付相应租金？并说明理由。

【本题答案】

（1）甲公司和乙公司之间的融资租赁合同于5月31日成立。根据合同法律制度的规定，融资租赁合同应当采用书面形式。当事人采用合同书订立合同的，自当事人均签名、盖章或者按指印时合同成立。（答“当事人最后一方签

审题要点

问题中抓住关键词“融资租赁合同何时成立”，考生可迅速锁定考查的知识点是融资租赁合同的成立时间。

审题要点

问题中抓住关键词“对4辆货车的抵押权何时设立”，考生可迅速锁定考查的知识点是动产抵押权何时设立。

审题要点

问题中抓住关键词“丁公司主张可以优先于甲公司受偿”，考生可去题目中找关键信息“乙公司与甲公司订立融资租赁合同”“6月1日，丙公司向乙公司交付4辆货车”“6月10日，甲公司和乙公司办理租赁物抵押登记”，考生可迅速锁定考查的知识点是动产抵押权人的超级优先权。

审题要点

问题中抓住关键词“货车A的所有权何时转移”，考生可去题目中找关键信息“6月1日，丙公司向乙公司表示另有1辆货车A在第三人赵某处，预计半个月后送回；丙公司已于当日向赵某告知货车转让事宜，并让其在运输任务结束后直接将车交给乙公司。乙公司同意上述方案”，考生可迅速锁定考查的知识点是动产的指示交付。

审题要点

问题中抓住关键词“要求支付违约金”，考生可去题目中找关键信息“货车A是甲融资租赁给乙公司，从丙公司购买的，后乙在装运戊公司托运的货物时发现，货车A的轮胎已严重受损，须更换后才能运输，不得不延后2日装车”，考生可迅速锁定考查的知识点是违约责任的相对性。

审题要点

问题中抓住关键词“货车A毁损后，乙公司是否有权拒绝向甲公司继续支付相应租金”，考生可去题目中找关键信息“货车A是甲融资租赁给乙公司”，考生可迅速锁定考查的知识点是融资租赁合同下租赁物毁损灭失风险由承租人承担，承租人应当照付租金。

字、盖章或者按指印”，亦可得分）

思维拓展

合同成立时间

1. 实践合同PK诺成合同

	典型例子	合同成立时间
实践合同	定金合同	定金合同自实际交付定金时成立
	自然人之间的借款合同	贷款人提供借款时成立。 自然人之间的借款合同具有下列情形之一的，可以视为合同成立： （1）以现金支付的，自借款人收到借款时； （2）以银行转账、网上电子汇款等形式支付的，自资金到达借款人账户时； （3）以票据交付的，自借款人依法取得票据权利时； （4）出借人将特定资金账户支配权授权给借款人的，自借款人取得对该账户实际支配权时； （5）出借人以与借款人约定的其他方式提供借款并实际履行完成时
	代物清偿	在债务人交付替代物后，代物清偿合同成立，同时原债务消灭
	保管	保管合同自保管物交付时成立，但是当事人另有约定的除外
诺成合同	赠与合同、质押合同等	当事人意思表示一致即可认定合同成立

2. 合同成立的时间的其他规定

一般规定	承诺生效时合同成立	
书面合同	典型例子	例如，票据行为、保证合同、抵押合同、质押合同、融资租赁合同、建设工程合同、建设工程的委托监理合同。 建设用地使用权转让、互换、出资、赠与或者抵押的，当事人应当采取书面形式订立相应的合同。 借款合同应当采用书面形式，但是自然人之间借款另有约定的除外
	合同成立时间	（1）当事人采用合同书订立合同的，自当事人均签名、盖章或者按指印时合同成立。 （2）当事人未同时在合同书上签名、盖章或者按指印，则以当事人中最后一方签名、盖章或者按指印的时间为合同的成立时间
信件、数据电文等形式订立合同	可以要求在合同成立之前签订确认书。签订确认书时合同成立	
实际履行原则	如果当事人未采用法律要求或者当事人约定的书面形式、合同书形式订立合同，或者当事人没有在合同书上签名、盖章或者按指印的，只要一方当事人履行了主要义务，对方接受的，合同仍然成立	
保证合同	第三人单方以书面形式向债权人出具担保书，债权人接受且未提出异议的，保证合同成立	

历年考情

2022年案例分析题、2021年案例分析题、2020案例分析题考查合同的成立时间。

（2）丁公司对4辆货车的抵押权于6月5日设立。根据物权法律制度的规定，动产抵押权自抵押合同生效时设立。

思维拓展

思维拓展内容详见2023年注册会计师全国统一考试真题详解案例分析第3题第（5）问。

坑点提示

坑点提示内容详见2023年注册会计师全国统一考试真题详解案例分析第3题第（5）问。

历年考情

2023年单项选择题考查基于法律行为的物权变动。2023年案例分析题、2021年案例分析题考查不动产抵押权的设立。2022年案例分析题、2020年案例分析题、2019年案例分析题考查动产抵押权的设立。2022年多项选择题考查登记对抗。2019年案例分析题考查动产所有权转移。

（3）丁公司关于"可以优先于甲公司受偿"的主张不能得到法律支持。根据物权法律制度的规定，在承租人以融资租赁方式占有租赁物但是未付清全部租金，又以该物为他人设立担保物权，融资租赁的出租人为担保租金的实现而订立担保合同，并在该动产交付后10日内办理登记，主张其权利优先于买受人为他人设立的担保物权的，人民法院应予支持。（答出"交付后10日内"即可得1分；回答"订立合同后10日内"的，不得分）

思维拓展

动产抵押权人的超级优先权

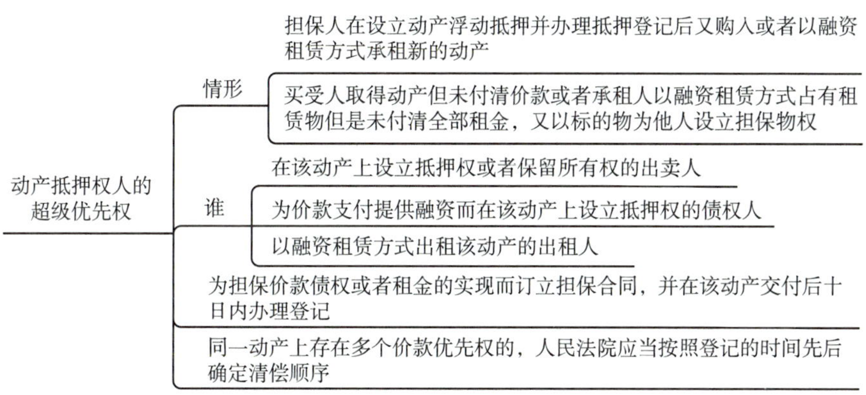

背诵条文：

（1）担保人在设立动产浮动抵押并办理抵押登记后又购入新的动产，在该动产上设立抵押权或者保留所有权的出卖人或者为价款支付提供融资而在该动产上设立抵押权的债权人为担保价款债权的实现而订立担保合同，并在该动产交付后10日内办理登记，主张其权利优先于在先设立的浮动抵押权的，人民法院应予支持。

（2）担保人在设立动产浮动抵押并办理抵押登记后又以融资租赁方式承租新的动产，以融资租赁方式出租该动产的出租人为担保租金的实现而订立担保合同，并在该动产交付后10日内办理登记，主张其权利优先于在先设立的浮动抵押权的，人民法院应予支持。

（3）买受人取得动产但未付清价款，又以标的物为他人设立担保物权，在该动产上设立抵押权或者保留所有权的出卖人或者为价款支付提供融资而在该动产上设立抵押权的债权人为担保价款债权的实现而订立担保合同，并在该动产交付后10日内办理登记，主张其权利优先于买受人为他人设立的担保物权的，人民法院应予支持。

（4）承租人以融资租赁方式占有租赁物但是未付清全部租金，又以标的物为他人设立担保物权，以融资租赁方式出租该动产的出租人为担保租金的实现而订立担保合同，并在该动产交付后10日内办理登记，主张其权利优先于买受人为他人设立的担保物权的，人民法院应予支持。

【提醒】同一动产上存在多个价款优先权的，人民法院应当按照登记的时间先后确定清偿顺序。

坑点提示

注意动产抵押权人的超级优先权，一定得在该动产“交付”后10日内办理登记，才能享有超级优先权，而不是“订立合同”后10日内。

历年考情

2022年案例分析题考查动产抵押权人的超级优先权。

（4）货车A的所有权于6月1日转移。根据物权法律制度的规定，动产物权设立和转让前，第三人占有该动产的，负有交付义务的人可以通过转让请求第三人返还原物的权利代替交付。6月1日丙公司已经通过转让向赵某请求返还原物的权利来代替交付（答出“指示交付”即可得分）。

思维拓展

动产交付的交付替代

背诵条文：

（1）简易交付：动产物权设立和转让前，权利人已经占有该动产的，物权自民事法律行为生效时发生效力。

（2）占有改定：动产物权转让时，当事人又约定由出让人继续占有该动产的，物权自该约定生效时发生效力。

（3）指示交付：动产物权设立和转让前，第三人依法占有该动产的，负有交付义务的人可以通过转让请求第三人返还原物的权利代替交付。转让人与受让人之间有关转让返还原物请求权的协议生效时为动产交付之时。

坑点提示

注意指示交付，是指示第三人交付，故一般涉及第三人的，是指示交付。而区别简易交付和占有改定，简易交付是先占后买，买之前买方已经占有该动产，不需要再交付了。占有改定是卖后继续占有，比如卖方卖完后请求再租用一周，虽然还是卖方占有，但物权自该约定生效时就发生效力了，已经所有权归买方了，后续变成了租赁关系。

历年考情

2022年案例分析题、2020年案例分析题考查指示交付，2020年单项选择题考查占有改定。

（5）戊公司向丙公司要求支付违约金不能得到法律支持。根据合同法律制度的规定，合同具有相对性，因第三人原因造成违约的，合同当事人仍应当承担违约责任。（回答“因合同具有相对性，应由合同当事人承担违约责任”的，亦可得分）

思维拓展

思维拓展内容详见2023年注册会计师全国统一考试真题详解案例分析第3题第（2）问。

历年考情

2023年案例分析题、2022年案例分析题考查合同的相对性。

（6）货车A毁损后，乙公司无权拒绝向甲公司继续支付相应租金。根据合同法律制度的规定，乙公司占有租赁物期间，租赁物毁损的风险由承租人承担，承租人仍应向出租人支付相应租金。

思维拓展

融资租赁合同

- 租赁物的权属
  - 租赁期间归出租人
  - 期满有约从约，没有约定或者约定不明确且未达成补充协议，也无法根据条款或交易习惯确定，租赁物的所有权归出租人
  - 约定租赁期届满租赁物归承租人所有
    - 承租人已经支付大部分租金，但无力支付剩余租金，出租人因此解除合同收回租赁物的，收回的租赁物的价值超过承租人欠付的租金以及其他费用的，承租人可以请求相应返还
  - 约定租赁期限届满租赁物归出租人所有
    - 租赁物毁损、灭失或者附合、混合于他物致使承租人不能返还的，出租人有权请求承租人给予合理补偿
  - 约定租赁期限届满，承租人仅需向出租人支付象征性价款的，视为约定的租金义务履行完毕后租赁物的所有权归承租人

- 承租人
  - 维修义务：承租人应当履行占有租赁物期间的维修义务
  - 风险承担
    - 租赁物毁损、灭失的风险有约从约，无约承租人担
      - 出租人要求承租人继续支付租金的，人民法院应予支持
    - 租赁物造成第三人的人身伤害或者财产损害，承租人担
    - 租赁物不符合约定或者不符合使用目的的，出租人不担责，除非出租人干预选择租赁物
  - 索赔权
    - 可以约定，出卖人不履行买卖合同义务的，由承租人行使索赔权
    - 行使索赔权不影响租金支付，除非出租人干预选择租赁物，干预的话，承租人可以请求减免相应租金
  - 拒绝受领
    - 情形
      - 租赁物严重不符合约定
      - 出卖人未在约定的交付期间或者合理期间内交付租赁物，经承租人或者出租人催告，在催告期满后仍未交付
    - 承租人拒绝受领租赁物，未及时通知出租人
    - 或者无正当理由拒绝受领
      - （以上两种情形）造成出租人损失，出租人可以要求承租人承担损害赔偿责任

- 融资租赁合同解除
  - 出租人解除权
    - 承租人未经出租人同意，将租赁物无权处分
    - 承租人死不付租金
      - 有约定：承租人未依约付租金，经催告后在合理期限内仍不支付租金的，出租人可以要求支付全部租金，也可以解除合同，收回租赁物
      - 对于欠付租金解除合同的情形没有明确约定：欠付2期以上或全部租金15%以上经催告合理期限内仍不支付
    - 承租人违反合同约定，致使合同目的不能实现的其他情形
  - 承租人解除权：因出租人的原因致使承租人无法占有、使用租赁物

坑点提示

注意和一般租赁合同的区分

- 期限
  - 最长期限：20年
    - 超过部分无效
    - 续租可续订，但仍不超20年
  - 不定期
    - 6月以上要书面，当事人未采用书面形式的，无法确定租赁期限的，视为不定期租赁
    - 期限没约或约定不明且未达成补充协议，也无法根据条款或交易习惯确定
    - 租赁期满继续用，出租人未提异议
  - 不定期双方可随时解，但是应当在合理期限之前通知对方
- 权利与义务
  - 出租人：维修义务（若不履行，承租人可自行维修，维修费用由出租人负担），另有约定除外
  - 承租人
    - 权利　因维修租赁物影响承租人使用的，应当相应减少租金或者延长租期
    - 依约使用义务　依约使用不担责，未依约使用出租人可解除并要求赔偿
    - 改善或者增设他物　经同意可以，未同意恢复原状或赔偿
    - 转租
      - 经同意可以，未经同意出租人可以解除合同
      - 经同意，合同相对性，第三人对租赁物造成损失的，承租人应当赔偿损失
- 收益
  - 有约从约，无约归承租人
  - 因第三人主张权利，致使承租人不能对租赁物使用、收益的，承租人可以要求减少租金或者不支付租金
  - 第三人主张权利的，承租人应当及时通知出租人
- 风险
  - 非承租人原因毁损、灭失
    - 出租人担
    - 承租人可以要求减少租金或者不支付租金
    - 毁损、灭失，致使不能实现合同目的的，承租人可以解除合同
  - 租赁物危及承租人的安全或者健康　承租人可随时解除合同，即使签合同的时候明知
- 买卖不破租赁
  - 租赁物在承租人按照租赁合同占有期间内发生所有权变动的，不影响租赁合同的效力
  - 适用于所有租赁，不仅仅针对房屋租赁
- 房屋租赁合同
  - 无效情形（在一审法庭辩论终结前符合规定了可以定为有效）
    - 未取得建设工程规划许可证或者未按照建设工程规划许可证的规定建设
    - 未经批准或者未按照批准内容建设的临时建筑
    - 租赁期限超过临时建筑的使用期限，超过部分无效
  - 无效不影响租金　当事人请求参照合同约定的租金标准支付房屋占有使用费的，人民法院一般应予支持
  - 未登记备案不影响效力
  - 承租人的优先权
    - 仅限房屋租赁，同等条件下
    - 不享有
      - 房屋共有人行使优先购买权的
      - 出租人将房屋出卖给近亲属
    - 认定放弃
      - 出租人履行通知义务后，承租人在15日内未明确表示购买的
      - 出租人拍卖的，拍卖5日前通知承租人，承租人未参加拍卖
    - 侵害优先购买权可要求赔偿，但不能请求买卖合同无效
  - 同住人的权利　承租人在房屋租赁期间死亡的，与其生前共同居住的人或者共同经营人可以按照原租赁合同租赁该房屋

抢分秘籍

融资租赁义务承担责任一般都是承租人来承担。出租人一般只出钱，不管事，不担责，除非出租人干预选择租赁物。

历年考情

2022年案例分析题、2021年案例分析题、2020年案例分析题考查融资租赁合同。

4.（本小题15分。）万能科技系上市公司。2015年至2018年6月30日期间，万能科技与若干关联经销商之间发生持续、大额关联交易，但万能科技在相关各期年报及2018年半年报中均未披露上述关联关系和关联交易。2020年6月5日，万能科技公告称收到中国证监会《立案通知书》：因涉嫌未按规定披露关联交易，中国证监会决定对万能科技立案调查。当日，万能科技股票盘中一度跌停，收盘跌幅5%。

2021年7月2日，万能科技公告称其收到中国证监会的《行政处罚决定书》。当日，万能科技股票未出现明显波动。

2022年2月，投资者甲和乙分别以万能科技及其全体董事为被告向人民法院提起诉讼。甲于2019年2月多次购入万能科技股票，并于2020年6月底一次性全部卖出，出现投资损失。乙曾于2018年6月多次购入万能科技股票，并于2018年12月一次性全部卖出，出现投资损失；后又于2020年6月8日购入万能科技股票，并一直持有至诉讼期间。

在甲提起的诉讼中，甲主张以2020年6月5日《立案通知书》公告日为虚假陈述揭露日。万能科技则认为：与其他虚增业绩、隐瞒亏损等行为不同，未披露关联关系和关联交易不会对投资者造成重大误导，因此不具有“重大性”，原告主张的侵权行为不成立。

在乙提起的诉讼中，乙主张其可请求的投资差额损失为：2020年6月8日买入股票的平均价格与2018年12月卖出价格的差额，乘以2020年6月8日买入的股票数量。

万能科技董事丙在诉讼中提出：其对万能科技与经销商之间存在关联关系的事实并不知情，且无相关职业背景和专业知识对此予以查知，其履职并无过错，不应承担责任。

独立董事丁在诉讼中提出：其于2018年5月开始担任万能科技独立董事，并在公司发布2018年半年报时，已明确声称其无法保证文件内容的真实性、准确性、完整性且披露了具体的异议理由，因此其履职并无过错，不应承担责任。

人民法院查明：丁在审议2018年半年报的董事会决议时虽表达了异议但最终投了赞成票。另，人民法院将2020年7月5日定为基准日。

根据上述内容，分别回答下列问题：

（1）甲关于“以2020年6月5日《立案通知书》公告日为虚假陈述揭露日”的主张是否符合证券法律制度的规定？并说明理由。

审题要点

问题中抓住关键词“虚假陈述揭露日”，考生可迅速锁定考查的知识点是虚假陈述揭露日。

（2）万能科技关于“未披露关联关系和关联交易不具有‘重大性’”的主张是否符合证券法律制度的规定？并说明理由。

> **审题要点**
> 问题中抓住关键词“未披露关联关系和关联交易不具有‘重大性’”，考生可迅速锁定考查的知识点是重大事件。

（3）根据证券法律制度的规定，甲的投资差额损失应如何计算？并说明理由。

> **审题要点**
> 问题中抓住关键词“甲的投资差额损失应如何计算”，考生可迅速锁定考查的知识点是虚假陈述民事责任投资差额损失计算。

（4）乙关于投资差额损失的主张是否符合证券法律制度的规定？并说明理由。

> **审题要点**
> 问题中抓住关键词“乙关于投资差额损失”，考生可去题目中找关键信息“2020年6月5日《立案通知书》公告日为虚假陈述揭露日”“乙曾于2018年6月多次购入万能科技股票，并于2018年12月一次性全部卖出，出现投资损失；后又于2020年6月8日购入万能科技股票，并一直持有至诉讼期间”，考生可迅速锁定考查的知识点是虚假陈述民事责任因果关系判定。

（5）丙关于“其履职并无过错，不应承担责任”的主张是否符合证券法律制度的规定？并说明理由。

> **审题要点**
> 问题中抓住关键词“其履职并无过错，不应承担责任”，考生可去题目中找关键信息“万能科技董事丙”，考生可迅速锁定考查的知识点是虚假陈述的法律责任。

（6）丁关于“其履职并无过错，不应承担责任”的主张是否符合证券法律制度的规定？并说明理由。

> **审题要点**
> 问题中抓住关键词“其履职并无过错，不应承担责任”，考生可去题目中找关键信息“独立董事丁，丁在审议2018年半年报的董事会决议时虽表达了异议但最终投了赞成票”，考生可迅速锁定考查的知识点是虚假陈述的法律责任。

【本题答案】

（1）甲关于“以2020年6月5日《立案通知书》公告日为虚假陈述揭露日”的主张，符合证券法律制度的规定。根据证券法律制度的规定，除当事人有相反证据足以反驳外，监管部门以涉嫌信息披露违法为由对信息披露义务人立案调查的信息公开之日，应当认定为揭露日。（理由部分如答“2020年6月5日《立案通知书》公告时市场出现了明显价格反应/价格变化”，即可得部分分数。）

思维拓展

揭露日、更正日的认定

虚假陈述揭露日，是指虚假陈述在具有全国性影响的报刊、电台、电视台或监管部门网站、交易场所网站、主要门户网站、行业知名的自媒体等媒体上，首次被公开揭露并为证券市场知悉之日。

除当事人有相反证据足以反驳外，下列日期应当认定为揭露日：

（1）监管部门以涉嫌信息披露违法为由对信息披露义务人立案调查的信息公开之日；

（2）证券交易场所等自律管理组织因虚假陈述对信息披露义务人等责任主体采取自律管理措施的信息公布之日。

信息披露义务人实施的虚假陈述呈连续状态的，以首次被公开揭露并为证券市场知悉之日为揭露日。信息披露义务人实施多个相互独立的虚假陈述的，人民法院应当分别认定其揭露日。

虚假陈述更正日，是指信息披露义务人在证券交易场所网站或者符合监管部门规定条件的媒体上，自行更正虚假陈述之日。

坑点提示

相关知识点

实施日
- 信息披露义务人在证券交易场所的网站或者符合监管部门规定条件的媒体上公告发布具有虚假陈述内容的信息披露文件，以披露日为实施日
- 通过召开业绩说明会、接受新闻媒体采访等方式实施虚假陈述的，以该虚假陈述的内容在具有全国性影响的媒体上首次公布之日为实施日
- 信息披露文件或者相关报导内容在交易日收市后发布的，以其后的第一个交易日为实施日
- 未及时披露相关更正、确认信息构成误导性陈述，或者未及时披露重大事件或者重要事项等构成重大遗漏的，以应当披露相关信息期限届满后的第一个交易日为实施日

注意和虚假陈述的民事责任结合考查

抢分秘籍

虚假陈述揭露日，主要看公开交易市场对相关信息的反应，来判断投资者是否知悉了虚假陈述，所以做题时不用死记硬背，主要看市场的反应。

有些题目描述人民法院认定某某日为虚假陈述揭露日，一般人民法院认定的是对的。

历年考情

2023年案例分析题、2022年案例分析题、2021年案例分析题、2020年案例分析题考查虚假陈述。

（2）万能科技关于“未披露关联关系和关联交易不具有‘重大性’”的主张，

不符合证券法律制度的规定。根据证券法律制度的规定，虚假陈述的内容属于《证券法》第80条第二款、第81条第二款规定的重大事件，或虚假陈述的内容属于监管部门制定的规章和规范性文件中要求披露的重大事件或者重要事项的，或虚假陈述的实施、揭露或更正导致证券交易价格产生明显的变化的，应当认定虚假陈述的内容具有重大性。（或答“重大关联交易属于应披露的重大事件，且万能科技未能提交证据证明该虚假陈述不会导致公司证券交易价格或者交易量明显变化”，或仅答“2020年6月5日该虚假陈述被揭露时，股票交易价格出现了明显变化，说明具有‘重大性’”，亦可得分。）

思维拓展

重大事件

答题模板：

1.“×××”属于对上市公司证券及其衍生品种交易价格产生较大影响的重大事件，公司应当履行信息披露义务。

2.上市公司控股子公司（上市公司参股公司）发生“×××”重大事件，可能对上市公司证券及其衍生品种交易价格产生较大影响的，上市公司应当履行信息披露义务。

3.“×××”属于对上市交易公司债券的交易价格产生较大影响的重大事件，公司应当履行信息披露义务。

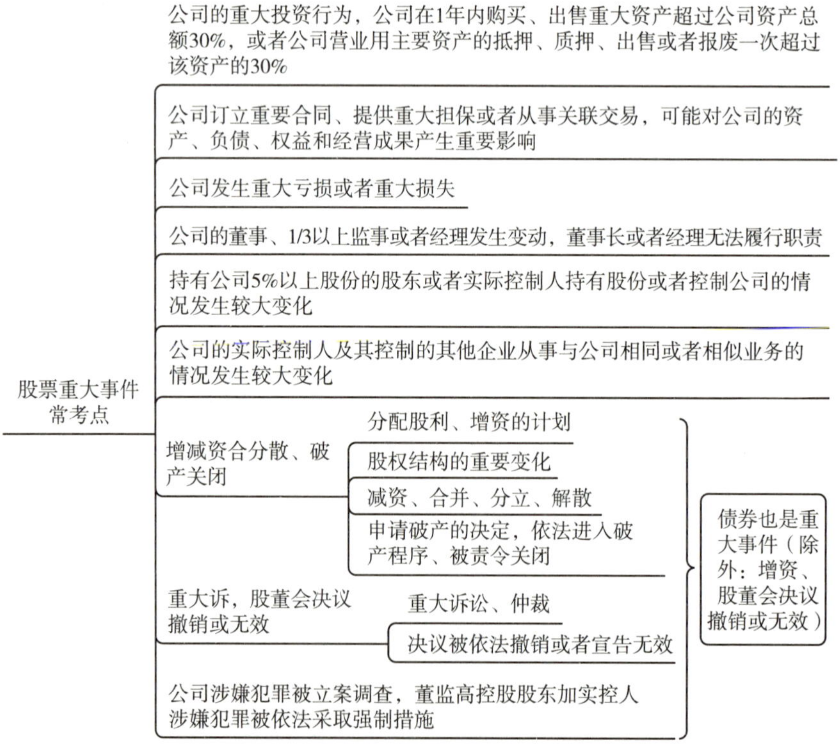

债券重大事件常考点
- 信用评级发生变化
- 重大资产抵押、质押、出售、转让、报废
- 放弃债权或者财产超过上年末净资产的10%
- 发生超过上年末净资产10%的重大损失
- 新增借款或者对外提供担保超过上年末净资产的20%

坑点提示

由于重大事件事项较多，一是考试时一般事件都比较重大，所以背诵答题模板，把题目事件复制粘贴进去，把答题模板答出即可；二是重大事件里面有一些数字性的点，要记清数字。

历年考情

2023年案例分析题、2022年案例分析题、2019年案例分析题考查重大事件的披露。

（3）甲的投资差额损失为：2019年2月买入股票的平均价格与2020年6月卖出价格之间的差额，乘以已卖出的股票数量。根据证券法律制度的规定，原告在实施日之后、揭露日之前买入，在揭露日之后、基准日之前卖出的股票，按买入股票的平均价格与卖出股票的平均价格之间的差额，乘以已卖出的股票数量计算。（只要答到“甲在实施日之后、揭露日之前买入，在揭露日之后、基准日之前卖出”，即可得1分）

思维拓展

虚假陈述民事责任投资差额损失

赔多少	实际发生的损失为限	投资差额损失
		投资差额损失部分的佣金和印花税
原告因虚假陈述买入相关股票	在揭露日或更正日之后、基准日之前卖出	（买入均价－卖出均价）×揭露日至基准日之间卖出股票数量
	基准日之前未卖出	（买入均价－基准价）×基准日持有股票数量
原告因虚假陈述卖出相关股票	在揭露日或更正日之后、基准日之前买回	买回股票的平均价格与卖出股票的平均价格之间的差额，乘以买回的股票数量
	基准日之前未买回	基准价格与卖出股票的平均价格之间的差额，乘以未买回的股票数量
基准日	在采用集中竞价的交易市场中，自揭露日或更正日起，被虚假陈述影响的证券集中交易累计成交量达到可流通部分100%之日为基准日	
	自揭露日或更正日起，集中交易累计换手率在10个交易日内达到可流通部分100%的，以第10个交易日为基准日	
	在30个交易日内未达到可流通部分100%的，以第30个交易日为基准日	

续表

基准价格	虚假陈述揭露日或更正日起至基准日期间每个交易日收盘价的平均价格，为损失计算的基准价格
证券投资产品，在确定因虚假陈述导致的损失时，每个产品应当单独计算	
投资者及依法设立的证券投资产品开立多个证券账户进行投资的，应当将各证券账户合并，所有交易按照成交时间排序，以确定其实际交易及损失情况	

坑点提示

原告因虚假陈述买入相关股票，那就是买的价格高，卖的价格低，那就用买的平均价减卖的平均价，再乘揭露日至基准日之间卖的股数即可。如果到了基准日还没卖，那就用买的平均价减基准价，再乘基准日持有股票数量。

原告因虚假陈述卖出相关股票，那就是卖得便宜，重新买贵，那就用买回股票的平均价格与卖出股票的平均价格之间的差额，乘以买回的股票数量。如果基准日前未买回，那就用基准价格与卖出股票的平均价格之间的差额，乘以未买回的股票数量。

历年考情

2022年案例分析题考查因虚假陈述的投资差额损失。

（4）乙关于投资差额损失的主张，不符合证券法律制度的规定。乙于2020年6月8日的买入行为是在揭露日之后，其投资决定与虚假陈述之间没有交易因果关系。（理由部分如答："万能科技的虚假陈述属于诱多型虚假陈述，乙所主张的投资差额损失，不符合诱多型虚假陈述投资差额损失的计算"，可得部分分数。）

思维拓展

虚假陈述民事责任因果关系判定

成立	信息披露义务人实施了虚假陈述
	原告交易的是与虚假陈述直接关联的证券
	原告在虚假陈述实施日之后、揭露日或更正日之前实施了相应的交易行为
不成立	原告的交易行为发生在虚假陈述实施前，或者是在揭露或更正之后
	原告在交易时知道或者应当知道存在虚假陈述，或者虚假陈述已经被证券市场广泛知悉
	原告的交易行为是受到虚假陈述实施后发生的上市公司的收购、重大资产重组等其他重大事件的影响
	原告的交易行为构成内幕交易、操纵证券市场等证券违法行为的

坑点提示

因果关系判定主要抓住投资者交易行为的实施时间，应该在虚假陈述实施日之后、揭露日或更正日之前实施了相应的交易行为。

历年考情

2023年案例分析题、2022年案例分析题、2021年案例分析题考查虚假陈述民事责任中因果关系的判定。

（5）丙关于“其履职并无过错，不应承担责任”的主张，不符合证券法律制度的规定。根据证券法律制度的规定，发行人的董事、监事、高级管理人员和其他直接责任人员主张对虚假陈述没有过错，但不能提供勤勉尽责的相应证据，仅以其不从事日常经营管理、无相关职业背景和专业知识等理由主张其没有过错的，人民法院不予支持。

（6）丁关于“其履职并无过错，不应承担责任”的主张，不符合证券法律制度的规定。根据证券法律制度的规定，独立董事在独立意见中对虚假陈述事项发表保留意见、反对意见或者无法表示意见并说明具体理由的，人民法院应当认定其没有过错，但独立董事在审议、审核相关文件时投赞成票的除外。（理由部分如答“只是在信息披露文件中声称自己无法保证该文件内容的真实性、准确性、完整性，不构成主观上没有过错的理由”，或答“丁在董事会审议时投了赞成票，因此不能证明自己没有过错”，可得2分。）

思维拓展

思维拓展内容详见2023年注册会计师全国统一考试真题详解案例分析第4题第（4）问。

坑点提示

虚假陈述民事责任的承担要注意区别是无过错责任，还是过错推定责任。过错推定责任的话，证明自己没有过错即可免责，关键在于如何证明自己没有过错。

历年考情

2023年案例分析考查、2022年案例分析题、2020年案例分析题考查虚假陈述的民事责任承担主体和责任承担形式。

2021年注册会计师全国统一考试《经济法》真题详解

一、单项选择题（本题型共26小题，每小题1分，共26分。每小题只有一个正确答案，请从每小题的备选答案中选出一个你认为正确的答案，用鼠标点击相应的选项。）

审题要点

题目中提示“法律构成的基本单位”，考生可迅速锁定考查的知识点是法律规范。

1.下列各项中，属于法律构成的基本单位，并具体体现法律属性、实现法律功能的是（　　）。

A.法律规范　　B.法律条文

C.法律文件　　D.法律制度

【本题答案】A

【本题解析】本题考核法律规范的概念。法律规范是法律构成的基本单位，具体体现法律的属性，实现法律的功能。

思维拓展

法律规范的种类

<table>
<tr><th>划分标准</th><th colspan="2">分类</th><th colspan="2">语言表达式</th></tr>
<tr><td rowspan="3">为主体提供行为模式的方式</td><td colspan="2">授权性规范</td><td colspan="2">“可以……”“有权……”“享有……权利”</td></tr>
<tr><td rowspan="2">义务性规范</td><td>命令性</td><td colspan="2">“应当……”“必须……”“有……义务”</td></tr>
<tr><td>禁止性</td><td colspan="2">“不得……”“禁止……”</td></tr>
<tr><td rowspan="2">是否允许当事人进行自主调整及按自己的意愿设定权利和义务</td><td colspan="2">强行性规范（不允许任意变动和伸缩）</td><td colspan="2">通常，义务性规范都是强行性规范。
“应当……”“必须……”</td></tr>
<tr><td colspan="2">任意性规范（允许）</td><td colspan="2">“可以……”</td></tr>
<tr><td rowspan="3">内容的确定性程度</td><td colspan="2">确定性规范</td><td colspan="2"></td></tr>
<tr><td colspan="2" rowspan="2">非确定性规范（需要引用其他法律规范来说明或补充）</td><td>委任性</td><td>“由……规定”</td></tr>
<tr><td>准用性</td><td>“参照……规定”“依照……规定”</td></tr>
</table>

坑点提示

法律规范（内容：包括权利、义务及法律后果）不同于法律条文（形式）

法律条文	是法律规范的文字表述形式，是法律规范的表现形式
	是规范性法律文件的基本构成要素
法律规范	是法律条文的内容
	法律条文的内容还可能包含其他法律要素，如法律原则等
法律规范与法律条文不一一对应	（1）一项法律规范的内容可以表现在不同法律条文甚至不同的规范性法律文件中 （2）一个法律条文中也可以反映若干法律规范的内容

历年考情

2022年2道单项选择题、2021年单项选择题考查法律规范。

2. 推进全面依法治国的根本目的是（　　）。

审题要点

题目中提示“推进全面依法治国的根本目的”，考生可迅速锁定考查的知识点。

A. 坚持中国特色社会主义法治道路

B. 依法保障人民权益

C. 推进国家治理体系和治理能力现代化

D. 建设中国特色社会主义法治体系

【本题答案】B

【本题解析】本题考核习近平法治思想。推进全面依法治国，根本目的是依法保障人民权益。

思维拓展

思维拓展内容详见2022年注册会计师全国统一考试真题详解单选第2题。

坑点提示

注意区分全面推进依法治国的总目标和根本目的。总目标是建设中国特色社会主义法治体系、建设社会主义法治国家。而根本目的是依法保障人民权益。

抢分秘籍

我们国家以人为本，根本目的找人，依法保障人民权益。

历年考情

2022年、2019年单项选择题考查全面推进依法治国的总目标。2021年单项选择题考查全面推进依法治国的根本目的。2020年单项选择题考查中央全面依法治国委员会办公室设在哪里。

审题要点

题目中提示“意思表示”，考生可迅速锁定考查的知识点是意思表示。该种题目，“下列关于……表述中，正确的是（ ）”属于对该知识点的综合性考查，需要全面掌握该知识点。

3.根据基本民事法律制度的规定，下列关于意思表示的表述中，正确的是（　　）。

A.有相对人的意思表示也称对话的意思表示

B.以对话方式作出的意思表示，相对人知道其内容时生效

C.以公告方式作出的意思表示，到达相对人时生效

D.沉默只在有法律规定的情况下才可视为意思表示

【本题答案】B

【本题解析】本题考核意思表示。以对话方式作出的意思表示，相对人知道其内容时生效，选项B正确。选项A错误，意思表示以有无相对人可以分为有相对人的意思表示和无相对人的意思表示，而有相对人的意思表示又分为对话的意思表示和非对话的意思表示。选项C错误，以公告方式作出的意思表示，公告发布时生效。选项D错误，沉默在有法律规定、当事人约定或者符合当事人之间的交易习惯时，均可以视为意思表示。

思维拓展

思维拓展内容详见2023年注册会计师全国统一考试真题详解单选第4题。

坑点提示

公告是面向大众的，不会一一通知，故发布时就生效。

历年考情

2023年单项选择题、2021年单项选择题、多项选择题、2019年单项选择题考查意思表示。

审题要点

题目中提示“适用诉讼时效的”，考生可不用看前面资料，直接迅速锁定考查的知识点是诉讼时效的适用，直接选出答案。

4.出国访学的甲回国后，发现邻居乙的房屋外墙摇摇欲坠，随时可能倒向自己的房屋，更发现乙存在擅自入住自己房屋、在自己房屋门口随意倾倒垃圾、毁坏自己房屋门窗等不当行为，遂向乙提出若干请求。根据基本民事法律制度的规定，下列请求权中，适用诉讼时效的是（　　）。

A.请求乙加固其随时可能倒塌的房屋外墙

B.请求乙返还房屋

C.请求乙停止在自己房屋门口倾倒垃圾

D.请求乙赔偿毁坏的门窗损失

【本题答案】D

【本题解析】本题考核诉讼时效。根据法律制度的规定，下列请求权不适用诉讼时效：（1）请求停止侵害、排除妨碍、消除危险（选项A、C）；（2）不动产物权和登记的动产物权的权利人请求返还财产（选项B）；（3）请求支付抚养费、赡养费或者扶养费；（4）依法不适用诉讼时效的其他请求权。

思维拓展

诉讼时效的不适用对象

债权请求权	基于投资关系产生的缴付出资请求权
	支付存款本金及利息请求权
	兑付国债、金融债券以及向不特定对象发行的企业债券本息请求权
	【记忆】投存债（投资、存款、债券），注意债券范围
其他请求权	请求停止侵害、排除妨碍、消除危险
	不动产物权和登记的动产物权的权利人请求返还财产
	请求支付抚养费、赡养费或者扶养费

坑点提示

诉讼时效PK除斥期间

除斥期间是指法律规定某种权利预定存续的期间，债权人在此期间不行使权利，预定期间届满，便可发生该权利消灭的法律后果。

例如受遗赠人应当在知道受遗赠后60日内，作出接受或者放弃受遗赠的表示；到期没有表示的，视为放弃受遗赠。60日即为受遗赠权的除斥期间。

不同点	诉讼时效	除斥期间
适用对象	债权请求权	一般适用于形成权，如追认权、解除权、撤销权等，也可能适用于请求权，如受遗赠权
可以援用的主体	人民法院不能主动援用，须由当事人主张后，人民法院才能审查	无论当事人是否主张，人民法院均可主动审查
法律效力	诉讼时效届满只是让债务人取得抗辩权，债权人实体权利不消灭	除斥期间届满，实体权利消灭

抢分秘籍

侵害、妨碍、危险，支付抚养费等一般都有持续性，故不适用诉讼时效，而已经登记的所有权，包括不动产物权和登记的动产，登记具有很强的公信力，不管多长时间所有者可以要回属于他的房子，不是对方霸占3年，所有者就超过了诉讼时效，故不动产物权和登记的动产不适用诉讼时效。

历年考情

2022年单项选择题、2021年单项选择题、多项选择题、2020年单项选择题考查诉讼时效。

审题要点

题目中提示“物的种类”，考生可迅速锁定考查的知识点是物的种类。

5.根据物权法律制度的规定，下列关于物的种类的表述中，正确的是（　　）。

A.可替代物与不可替代物的分类仅限于不动产

B.消费物与非消费物的分类仅限于动产

C.汽车属于可分物

D.文物属于禁止流通物

【本题答案】B

【本题解析】本题考核物的种类。消费物与非消费物的分类仅限于动产，选项B正确。选项A错误，可替代物与不可替代物的分类仅限于动产。选项C错误，汽车属于不可分物。选项D错误，文物属于限制流通物。

思维拓展

思维拓展内容详见2022年注册会计师全国统一考试真题详解单选第4题。

坑点提示

1.仅限于动产的分类：可替代物与不可替代物、消费（耗）物与非消费（耗）物。

【记忆】替代消费仅动产

2.流通、限制还是禁止？

【记忆】摸金校尉吃药是限制，文物、黄金、药品是限制。

3.可分还是不可分

分割变性质或价值减损为不可分。

历年考情

2022年单项选择题、多项选择题、2021年单项选择题、2020年多项选择题考查物的种类。2019年单项选择题考查是否属于物权法上的物。

审题要点

题目中提示“禁止抵押的财产”，考生可迅速锁定考查的知识点是禁止抵押的财产。

6.根据物权法律制度的规定，下列各项中，属于禁止抵押的财产的是（　　）。

A.海域使用权　　　　　　　　B.正在建造的建筑物

C.土地所有权　　　　　　　　D.生产设备

【本题答案】C

【本题解析】本题考核抵押财产。下列财产不得抵押：（1）土地所有权（选项C）；（2）宅基地、自留地、自留山等集体所有的土地使用权，但法律规定可以抵押的除外；（3）学校、幼儿园、医疗机构等为公益目的成立的非营利法人的教育设施、医疗卫生设施和其他公益设施；（4）所有权、使用权不明或者有争议的财产；（5）依法被查封、扣押、监管的财产；（6）法律、行政法规规定不得抵押的其他财产。

思维拓展

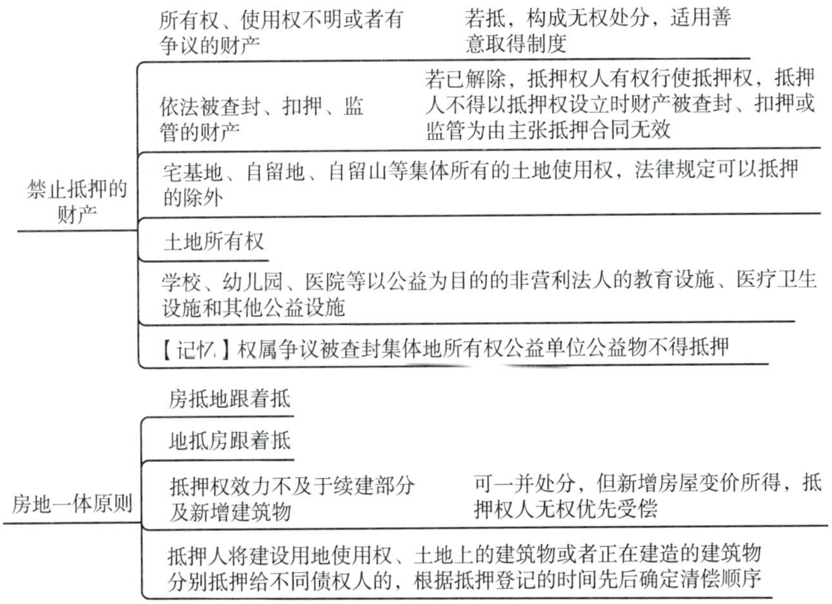

坑点提示

土地所有权以及集体所有的地不归私人所有，故私人不能拿来抵押。公益的非营利法人的公益设施，要用来做公益，不能抵押。依法查封、扣押、监管的，权属不明有争议的不一定是你的，不能抵押。

注意看清题目是土地所有权还是土地使用权，一般土地使用权可以抵押，土地所有权不能抵押。

历年考情

2021年单项选择题考查抵押财产的范围。

审题要点

题目中提示“承诺”，考生可迅速锁定考查的知识点是承诺。该种题目，“下列关于……表述中，正确的是（ ）”属于对该知识点的综合性考查，需要全面掌握该知识点。

7.根据合同法律制度的规定，下列关于承诺的表述中，正确的是（　　）。

A.承诺自承诺通知到达要约人时生效

B.承诺人发出承诺后，不得反悔

C.受要约人超过承诺期限发出承诺，属于迟到承诺

D.迟到承诺视为新要约

【本题答案】A

【本题解析】本题考核承诺。承诺自承诺通知到达要约人时生效，选项A正确。选项B错误，承诺人发出承诺后反悔的，可以撤回承诺，其条件是撤回承诺的通知应当在承诺通知到达要约人之前或者与承诺通知同时到达要约人，即在承诺生效前到达要约人。选项C错误，受要约人超过承诺期限发出承诺，为迟延承诺，而非迟到承诺。选项D错误，迟延的承诺为新要约；除要约人及时通知受要约人因承诺超过期限不接受该承诺的以外，迟到的承诺为有效承诺。

思维拓展

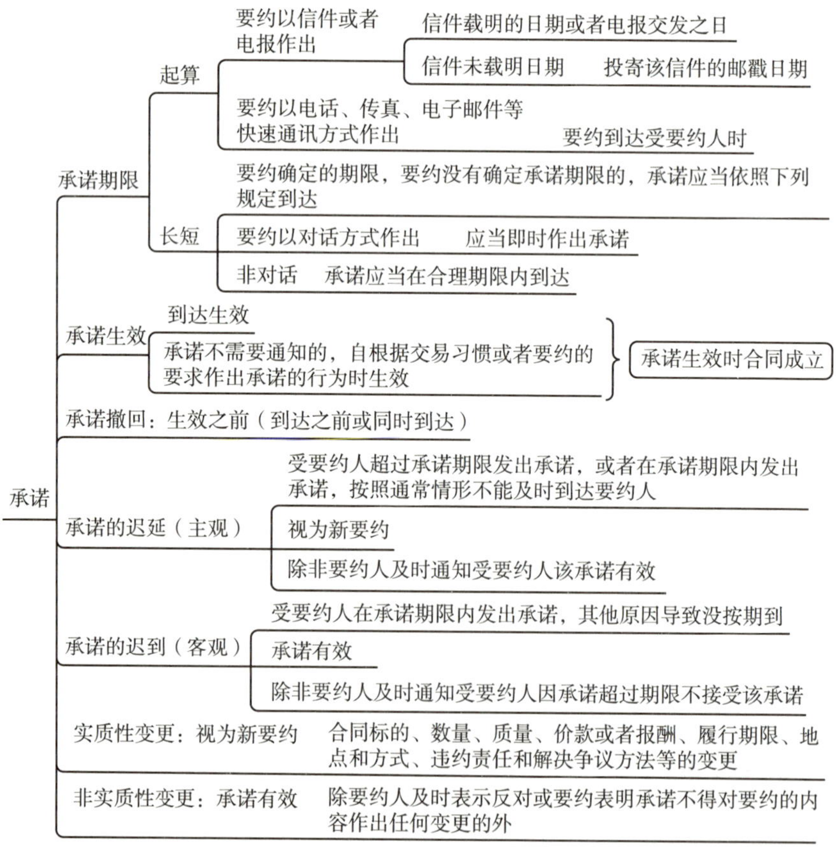

坑点提示

承诺的迟延PK承诺的迟到

承诺的迟延是主观原因造成的，主观上就迟延或能预计到的迟延。而迟到是客观原因造成的，主观上预计不能迟，但客观原因导致迟到。迟延是主观原因导致的，一般视为新要约，除非要约人及时通知承诺有效；迟到是客观原因导致的，一般承诺有效，除非要约人及时通知不接受，主动权掌握在要约人手里。

历年考情

2021年单项选择题、2020年单项选择题、案例分析题考查承诺。

8.根据合同法律制度的规定，下列关于行纪的表述中，正确的是（　　）。

> **审题要点**
>
> 题目中提示“行纪”，考生可迅速锁定考查的知识点是行纪。该种题目，“下列关于……表述中，正确的是（　）”属于对该知识点的综合性考查，需要全面掌握该知识点。

A.行纪人处理委托事务产生的费用，由委托人承担

B.行纪人未完成全部委托事务的，不得请求报酬

C.行纪人以低于委托人指定的价格卖出货物的，应当经委托人同意

D.行纪人与第三人订立合同的，委托人直接享有该合同的权利

【本题答案】C

【本题解析】本题考核行纪。行纪人在行纪中低于委托人指定的价格卖出或者高于委托人指定的价格买入的，应当经委托人同意。未经委托人同意，行纪人补偿其差额的，该买卖对委托人发生效力，选项C正确。选项A错误，行纪人处理委托事务产生的费用，由行纪人负担。选项B错误，行纪人完成或者部分完成委托事务的，委托人应当向其支付相应的报酬。选项D错误，行纪人与第三人订立合同的，行纪人对该合同直接享有权利、承担义务。

思维拓展

行纪合同PK委托合同

	委托合同	行纪合同
以谁的名义	委托合同的受托人原则上是以委托人的名义订立合同（特殊情况：隐名代理）	行纪人以自己名义与第三人订立合同
是否有偿	可有偿可无偿	有偿（委托人逾期不支付报酬的，行纪人对委托物享有留置权，但当事人另有约定的除外）
费用负担	委托人	有约从约，无约行纪人自担
与自己交易	不得（否则构成代理权滥用）	除委托人有相反意思表示的以外，可以

行纪合同

高买低卖	行纪人低于委托人指定的价格卖出或高于委托人指定的价格买入，应当经委托人同意
	未经同意，行纪人补偿差额的，该买卖对委托人发生效力
低买高卖	行纪人高于委托人指定的价格卖出或低于委托人指定的价格买入，可以按照约定增加报酬
	没有约定或约定不明确，依照《民法典》的规定仍不能确定，该利益属于委托人
行纪人与第三人订立合同	行纪人对该合同直接享有权利、承担义务
	第三人不履行义务致使委托人受到损害的，“行纪人”应当承担损害赔偿责任，但行纪人与委托人另有约定的除外

坑点提示

行纪合同最典型的就是拍卖公司与委托人之间的合同。学习该知识点时可代入具体例子。小豆委托拍卖公司B拍卖祖传的古董，拍卖公司是以行纪人自己的名义和第三人订立合同的。行纪人对该合同直接享有权利、承担义务；第三人不给钱等原因导致小豆受损害，“行纪人”应当承担损害赔偿责任，但行纪人与委托人另有约定的除外。这里面体现了一定的合同的相对性。行纪合同是有偿的，小豆要给拍卖公司钱，由于小豆给了报酬，费用也就由行纪公司自己来担，当然另有约定的除外。如果卖的价格比小豆指定价格低，须经小豆同意，要是小豆没同意，拍卖公司补了差价，那么对小豆还是生效的。如果卖的价格比小豆指定价格高，有约从约，可以按约定增加拍卖公司的报酬，没有约定或约定不明确，依照《民法典》的规定仍不能确定，该利益属于小豆。

历年考情

2021年单项选择题考查行纪合同。

> **审题要点**
>
> 题目中提示“可以成为普通合伙人”，考生可迅速锁定考查的知识点是不能作为普通合伙人的情形。

9.根据合伙企业法律制度的规定，下列主体中，可以成为有限合伙企业普通合伙人的是（　　）。

A.公益性事业单位　　B.上市公司

C.一人有限责任公司　　D.国有独资公司

【本题答案】C

【本题解析】本题考核不能作为普通合伙人的情形。国有独资公司、国有企业、上市公司以及公益性的事业单位、社会团体不得成为普通合伙人。

思维拓展

谁能成为普通合伙人

1.合伙人为自然人的，应当具有完全民事行为能力，无民事行为能力人和限制民事行为能力人不得成为普通合伙人。

2.国有独资公司、国有企业、上市公司以及公益性的事业单位、社会团体不得成为普通合伙人，但可以成为有限合伙人。（国有上市公益性）

【提醒】这些人都可以当有限合伙人

坑点提示

由于普通合伙人要承担无限连带责任，无民事行为能力人和限制民事行为能力人无法承担这个责任，不能当普通合伙人，但有限合伙人只出钱不管事，所以无民事行为能力人和限制民事行为能力人也可以成为有限合伙人。国有独资公司、国有企业、上市公司以及公益性的事业单位、社会团体的背后是国家的资产，是股民的资产，是公益性的资产，也不能承担无限连带责任，故不能当普通合伙人，但可以当有限合伙人。

历年考情

2021年单项选择题、2020年单项选择题考查不能作为普通合伙人的情形。

10.普通合伙人甲和有限合伙人乙出资设立某有限合伙企业。该企业经营1年后丙以普通合伙人身份入伙，丁以有限合伙人身份入伙。此时，该合伙企业负债20万元。根据合伙企业法律制度的规定，下列关于新合伙人对该20万元债务责任承担的表述中，正确的是（　　）。

审题要点

题目中提示“新合伙人对该20万元债务责任承担”，考生找到关键信息“丙以普通合伙人身份入伙，丁以有限合伙人身份入伙”，可迅速锁定考查的知识点是合伙人入退伙的责任承担。

A.丙不承担责任

B.丙承担无限连带责任

C.丁不承担责任

D.丁以其实缴的出资额为限承担有限责任

【本题答案】B

【本题解析】本题考核合伙人入退伙的责任承担。根据合伙企业法律制度的规定，新入伙的普通合伙人对入伙前合伙企业的债务承担无限连带责任，选项B正确、选项A错误。在有限合伙企业中，新入伙的有限合伙人对入伙前有限合伙企业的债务，以其认缴的出资额为限承担责任，选项C、D错误。

思维拓展

思维拓展内容详见2022年注册会计师全国统一考试真题详解单选第12题。

坑点提示

入退伙责任的承担要区分清楚普通合伙人和有限合伙人。快速做题秘籍就是看他现在是什么身份，是普通合伙人就找无限连带责任，是有限合伙人就找有限责任。如果他已经退伙了，基于退伙前的原因发生的合伙企业债务，普通合伙人还是无限连带，有限合伙人以退伙时从有限合伙企业中取回的财产承担责任。

历年考情

2022年单项选择题、2021年单项选择题、2020年单项选择题考查入退伙及合伙人身份转换的责任承担。

审题要点

题目中提示“甲欲转让其部分财产份额给合伙人乙和非合伙人丁”，考生可迅速锁定考查的知识点是普通合伙人财产份额转让。

11.甲、乙、丙共同出资设立某普通合伙企业，合伙协议对于合伙人财产份额转让没有约定。在企业存续期间，**甲欲转让其部分财产份额给合伙人乙和非合伙人丁**。根据合伙企业法律制度的规定，下列表述中，正确的是（　　）。

A.甲向乙转让部分财产份额需要经过丙同意

B.丙对于甲向乙转让的财产份额有优先购买权

C.甲向丁转让财产份额需要经过乙、丙同意

D.丙对于甲向丁转让的财产份额无优先购买权

【本题答案】C

【本题解析】本题考核普通合伙人财产份额转让。根据合伙企业法律制度的规定，普通合伙人财产份额对外转让时，合伙协议有约定按约定，没有约定须其他合伙人一致同意。在同等条件下，其他合伙人有优先购买权。本题中合伙协议对于合伙人财产份额转让没有约定，故合伙人甲向非合伙丁转让财产份额需要经乙和丙一致同意，且同等条件下，乙和丙有优先购买权，选项C正确、选项D错误。普通合伙人财产份额对内转让时，无须其他合伙人同意，但应当通知其他合伙人，故甲向合

伙人乙转让的财产份额无须丙同意，只需通知丙即可，且丙并无优先购买权，选项A、B错误。

思维拓展

思维拓展内容详见2022年注册会计师全国统一考试真题详解单选第9题。

坑点提示

坑点提示内容详见2022年注册会计师全国统一考试真题详解单选第9题。

抢分秘籍

该种题目需要区分清楚是普通合伙人的财产份额转让，还是有限合伙人的财产份额转让，是对外转让还是对内转让。

历年考情

2022年单项选择题、2021年单项选择题、多项选择题、2019年单项选择题考查合伙人财产份额转让。

12.根据合伙企业法律制度的规定，下列各项中，属于合伙企业应当解散的法定情形是（　　）。

> **审题要点**
> 题目中提示“合伙企业应当解散的法定情形”，考生可迅速锁定考查的知识点是合伙企业应当解散的情形。

A.合伙期限届满，合伙人决定不再经营

B.合伙企业严重亏损

C.合伙人已不具备法定人数满15天

D.过半数合伙人提议解散

【本题答案】A

【本题解析】本题考核合伙企业应当解散的情形。根据《合伙企业法》的规定，合伙企业有下列情形之一的，应当解散：

（1）合伙期限届满，合伙人决定不再经营（选项A）；

（2）合伙协议约定的解散事由出现；

（3）全体合伙人决定解散（选项D）；

（4）合伙人已不具备法定人数满30天（选项C）；

【知识点链接】普通合伙企业2人以上，有限合伙企业2—50人

（5）合伙协议约定的合伙目的已经实现或者无法实现；

（6）依法被吊销营业执照、责令关闭或者被撤销；

（7）法律、行政法规规定的其他原因。

【知识点链接】有限合伙企业仅剩有限合伙人的，应当解散。

坑点提示

合伙企业应当解散的情形，第一大类是合伙人决定，一个是合伙期限届满，合伙人决定不再经营，另一个是全体合伙人决定解散。第二大类是约定解散事由出现，约定目标完成或无法完成。第三大类是被迫的，一个是合伙人已不具备法定人数满30天，另一个是依法被吊销营业执照、责令关闭或者被撤销。

而强制解散公司的条件主要是公司经营管理发生严重困难，股东会机制长期失灵，董事长期冲突。

历年考情

2022年单项选择题、2021年单项选择题考查合伙企业的解散与清算。

13.根据公司法律制度的规定，在名义股东与实际出资人之间确定投资权益的归属时，应当依据（　）。

A.股东名册的记载

B.其他股东的过半数意见

C.名义股东与实际出资人之间的合同约定

D.公司登记机关登记

【本题答案】C

【本题解析】本题考核名义股东与实际出资人。如果名义股东与实际出资人约定由名义股东出面行使股权，但由实际出资人享受投资权益，如无其他违法情形，该约定应确认有效，实际出资人可依照合同约定向名义股东主张相关权益，故选项C正确。

思维拓展

有限责任公司隐名与显名股东（实际出资人和名义股东）

约定有效	如果名义股东与实际出资人约定由名义股东出面行使股权，但由实际出资人享受投资权益，如无其他违法情形，该约定应确认有效，实际出资人可依照合同约定向名义股东主张相关权益
	实际出资人与名义股东因投资权益的归属发生争议，实际出资人以其实际履行了出资义务为由向名义股东主张权利的，人民法院应予支持
	名义股东以公司股东名册记载、公司登记机关登记为由否认实际出资人权利的，人民法院不予支持

续表

不得对抗善意相对人	善意：股东姓名或名称未在公司登记机关登记的，不得对抗善意相对人名义股东对股权的处分，实际出资人不能主张处分行为无效
	非善意：第三人明知该名义股东不是实际出资的股东，股权应归属于实际出资人，公司有权主张该第三人与名义股东之间的股权转让不发生权属变动的法律效果

股份有限公司

公司发行的股票均应为记名股票
上市公司和非上市公众公司的股份，采取电子簿记形式，集中登记、存管于专门的证券登记结算机构
个人股东出席上市公司股东会会议时，应出示"股票账户卡"而非股票来证明自己的股东资格
证券登记结算机构根据证券账户的记录，确认证券持有人持有证券的事实，办理证券持有人名册的登记。证券登记结算机构出具的证券登记记录是证券持有人持有证券的合法证明

坑点提示

理解名义股东与实际出资人，抓住他们之间的代持股协议对内有效，对外无效，不得对抗善意第三人即可。

历年考情

2021年单项选择题、多项选择题考查名义股东与实际出资人。

14. 根据公司法律制度的规定，公司经营管理发生严重困难，继续存续会使股东利益受到重大损失，通过其他途径不能解决的，**持有全部股东表决权一定比例以上的股东有权请求人民法院判决解散该公司**。该比例是（　　）。

A. 3%　　　　B. 5%

C. 10%　　　　D. 15%

> **审题要点**
> 题目中提示"持有全部股东表决权一定比例以上的股东有权请求人民法院判决解散该公司"，考生可迅速锁定考查的知识点是公司强制解散。

【本题答案】C

【本题解析】本题考核公司强制解散。根据公司法律制度的规定，公司经营管理发生严重困难，继续存续会使股东利益受到重大损失，通过其他途径不能解决的，持有公司全部股东表决权10%以上的股东，可以请求人民法院解散公司，选项C当选。

思维拓展

强制解散公司

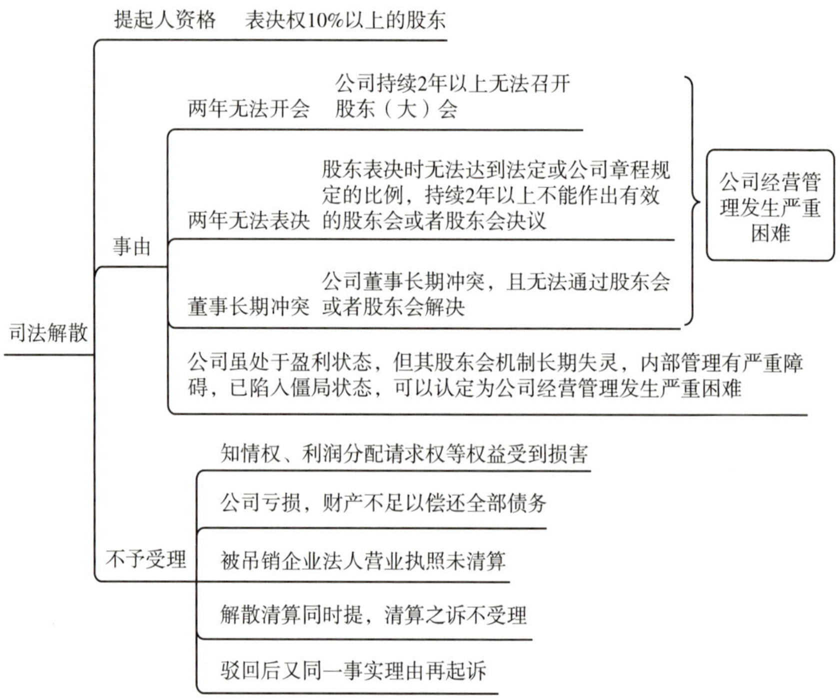

依2024年教材变化修改题目。

坑点提示

强制解散公司的事由主要是公司经营管理发生严重困难，股东会机制长期失灵，董事长期冲突

历年考情

2021年单项选择题考查公司强制解散。

审题要点

题目中提示“股份有限公司非破产清算程序的清算义务人”，考生可迅速锁定考查的知识点是清算义务人。

15. 根据公司法律制度的规定，股份有限公司非破产清算程序的清算义务人是（　　）。

A. 控股股东　　B. 董事

C. 主要债权人　　D. 监事

【本题答案】B

【本题解析】本题考核清算义务人。董事是公司的清算义务人。当公司出现解散事由时（因公司合并或者分立需要解散的除外），清算义务人应当在解散事由出现之日起15日内成立清算组。

思维拓展

清算

清算义务人	董事
成立清算组	当公司出现解散事由时（因公司合并或者分立需要解散的除外），清算义务人应当在解散事由出现之日起15日内成立清算组
	清算义务人未及时履行清算义务，给公司或者债权人造成损失的，应当承担赔偿责任
强制启动清算	（1）逾期不成立清算组进行清算或者成立清算组后不清算，利害关系人可以申请人民法院指定有关人员组成清算组进行清算。 "利害关系人"可以是公司的股东、债权人等。 （2）公司因依法被吊销营业执照、责令关闭或者被撤销而解散的，作出吊销营业执照、责令关闭或者撤销决定的部门或者公司登记机关，可以申请人民法院指定有关人员组成清算组进行清算
公司在清算期间的行为限制	（1）清算期间，公司不再从事新的经营活动，仅局限于清理公司已经发生但尚未了结的事务，包括清偿债务、实现债权以及处理公司内部事务等。 （2）清算期间，公司的代表机构为清算组。在公司依法清算结束并办理注销登记前，有关公司的民事诉讼，仍应当以公司的名义进行。 （3）清算期间，公司财产在未按照法定程序清偿前，不得分配给股东
清算程序	（1）通知债权人并公告。清算组应当自成立之日起10日内通知债权人，并于60日内在报纸上或者国家企业信用信息公示系统公告。 （2）债权申报和登记。债权人应当自接到通知之日起30日内，未接到通知的自公告之日起45日内，向清算组申报其债权。债权人申报债权，应当说明债权的有关事项，并提供证明材料。清算组应当对债权进行登记。在申报债权期间，清算组不得对债权人进行清偿

坑点提示

清算义务人，有限责任公司和股份公司都是董事。

历年考情

2022年多项选择题考查清算组成员。2021年单项选择题、2020年多项选择题考查清算义务人。

16. 美丽公司股东会作出分立决议，拟分立为美美公司和丽丽公司。飞和公司是美丽公司的债权人，与美丽公司就分立后债务清偿未达成协议。根据公司法律制度的规定，下列表述中，正确的是（　　）。

> **审题要点**
> 题目中提示"分立后债务清偿"，考生可迅速锁定考查的知识点公司分立。

A. 美丽公司应在作出分立决议之日起60日内在报纸上公告

B. 飞和公司有权要求美丽公司提前清偿债务

C. 飞和公司有权要求美丽公司提供相应担保

D. 飞和公司可选择向美美公司或丽丽公司请求履行全部债务

【本题答案】D

【本题解析】本题考核公司分立。公司分立前的债务由分立后的公司承担连带责任。但是，公司在分立前与债权人就债务清偿达成的书面协议另有约定的除外。飞和公司既可选择请求美美公司或丽丽公司履行全部债务，也可以选择请求两个公司按比例履行债务，选项D正确。选项A错误，在公司分立的情况下，公司应当自作出分立决议之日起10日内通知债权人，并于30日内在报纸上公告，选项B、C错误，在公司分立的情况下，没有赋予债权人请求公司清偿债务或者提供相应担保的权利。

思维拓展

1. 法定合并

- 法定合并
  - 方式
    - 吸收合并
    - 新设合并
  - 特点
    - 不需要经过清算程序
    - 债务转移不需要经过债权人的同意，直接由合并后的公司承继债务
    - 股东（大）会决议通过
    - 异议股东均可要求回购
  - 通知债权人
    - 10通30告，通30内告45
    - 自作出合并决议之日起10日内通知债权人，并于30日内在报纸上公告
    - 债权人自接到通知书之日起30日内，未接到通知书的自公告之日起45日内可以要求公司清偿债务或者提供相应的担保（无论是否到期）

2. 分立

- 分立
  - 方式
    - 派生分立（A→A+B）
      - 派生分立导致原公司资本减少时，原公司减资不需要经过法定的减资程序
    - 新设分立（A→B+C）
      - 消灭的公司不需要经过解散清算程序
  - 特点
    - 股东持有的股权变化不需要该股东的同意
    - 债务转移
      - 外部债权人得认可，不认可分立后企业连带责任
      - 内部有约从约，无约分时的资产比例
  - 通知债权人
    - 1通30告
    - 自作出分立决议之日起10日内通知债权人，并于30日内在报纸上公告
    - 没有赋予债权人请求公司清偿债务或提供相应担保的权利

3.减资

- 减资
  - 情形
    - 回购本公司股份注销，则减资
    - 出现严重亏损，通过减资弥补亏损
  - 方式
    - 返还出资
    - 减免出资义务
    - 缩减股权
  - 通知债权人
    - 10通30告，通30内告45（和合并一样）
    - 自作出减少注册资本决议之日起10日内通知债权人，并于30日内在报纸上公告
    - 债权人自接到通知书之日起30日内，未接到通知书的自公告之日起45日内可以要求公司清偿债务或者提供相应的担保
  - 自公告之日起45日后变更登记

坑点提示

合并、减资均有可能对债权人造成不好的影响，所以合并和减资赋予债权人请求公司清偿债务或者提供相应担保的权利。但是分立，公司分立前的债务由分立后的公司承担连带责任，除非公司在分立前与债权人就债务清偿达成的书面协议另有约定。对债权人没有不利影响，故分立没有赋予债权人请求公司清偿债务或者提供相应担保的权利。

历年考情

2023年多项选择题考查公司减资。2022年多项选择题考查公司合并。2021年单项选择题、2019年单项选择题考查公司分立。

依2024年教材变动修改题目。

17.根据证券法律制度的规定，上市公司配股的，拟配售股份数量不超过本次配售前股本总额的一定比例。该比例为（　　）。

审题要点

题目中提示“上市公司拟配售股份数量”，考生可迅速锁定考查的知识点是上市公司配股。

A. 5%　　B. 10%

C. 30%　　D. 50%

【本题答案】D

【本题解析】本题考核上市公司配股。根据证券法律制度的规定，上市公司配股的，拟配售股份数量不超过本次配售前股本总额的50%，并应当采用代销方式发行。

思维拓展

配股

配股的承销方式	上市公司配股的，拟配售股份数量不超过本次配售前股本总额的50%	应当采用代销方式发行
控股股东	应当在股东大会召开前公开承诺认配股份的数量	
配股失败	控股股东不履行认配股份的承诺，或者代销期限届满，原股东认购股票的数量未达到拟配售数量70%的，上市公司应当按照发行价并加算银行同期存款利息返还已经认购的股东	
配股比例相同	上市公司配股的，应当向股权登记日登记在册的股东配售，且配售比例应当相同	

坑点提示

注意是不超过本次配售股份“前”股本总额的50%，不是配售股份“后”股本总额的50%，也就是最多只能10配5。

历年考情

2021年单项选择题考查上市公司配股。

审题要点

题目中提示“影响证券交易价格或者证券交易量”，考生可迅速锁定考查的知识点是操纵市场行为。

18.根据证券法律制度的规定，任何人不得与他人串通，以事先约定的时间、价格和方式相互进行证券交易，**影响证券交易价格或者证券交易量**。该违法行为属于（　　）。

A.内幕交易行为　　B.虚假陈述行为

C.操纵市场行为　　D.编造、传播虚假信息行为

【本题答案】C

【本题解析】本题考核操纵市场行为。禁止任何人以下列手段操纵证券市场，影响或者意图影响证券交易价格或者证券交易量：（1）单独或者通过合谋，集中资金优势、持股优势或者利用信息优势联合或者连续买卖；（2）与他人串通，以事先约定的时间、价格和方式相互进行证券交易；（3）在自己实际控制的账户之间进行证券交易；（4）不以成交为目的，频繁或者大量申报并撤销申报；（5）利用虚假或者不确定的重大信息，诱导投资者进行证券交易；（6）对证券、发行人公开作出评价、预测或者投资建议，并进行反向证券交易；（7）利用在其他相关市场的活动操纵证券市场；（8）操纵证券市场的其他手段。

思维拓展

思维拓展内容详见2023年注册会计师全国统一考试真题详解案例

分析第4题第（3）问。

坑点提示

坑点提示内容详见2022年注册会计师全国统一考试真题详解单选第19题。

历年考情

2023年案例分析题、2022年单项选择题、2021年单项选择题、案例分析题、2020年单项选择题、2020年案例分析题考查操纵证券市场。

19.根据证券法律制度的规定，投资者保护机构受一定数量以上的投资者委托，可以作为代表人参加虚假陈述等证券民事赔偿诉讼。该数量为（　　）。

> **审题要点**
> 题目中提示“投资者保护机构”“作为代表人参加虚假陈述等证券民事赔偿诉讼”，考生可迅速锁定考查的知识点是特别代表人诉讼。

A. 50名　　B. 20名

C. 15名　　D. 10名

【本题答案】A

【本题解析】本题考核虚假陈述的民事诉讼。投资者保护机构受50名以上投资者委托，可以作为代表人参加诉讼，选项A当选。

思维拓展

思维拓展内容详见2023年注册会计师全国统一考试真题详解单选第19题。

坑点提示

注意在普通代表人诉讼中，投资者须通过进行登记参与诉讼，“明示加入”。而特别代表人诉讼中采用的是“默认加入、明示退出”的方式。投资者保护机构依据公告确定的权利人范围向证券登记结算机构调取的权利人名单，人民法院应当予以登记，列入代表人诉讼原告名单，并通知全体原告。

历年考情

2023年单项选择题考查虚假陈述的民事诉讼——普通代表人诉讼，2021年单项选择题考查虚假陈述的民事诉讼——特别代表人诉讼。

20.根据企业破产法律制度的规定，第一次债权人会议的召集主体是（　　）。

> **审题要点**
> 题目中提示“第一次债权人会议的召集主体”，考生可迅速锁定考查的知识点是第一次债权人会议。

A.管理人　　B.人民法院

C. 债权人委员会　　　　　　D. 债权额占债权总额1/4以上的债权人

【本题答案】B

【本题解析】本题考核第一次债权人会议。第一次债权人会议由人民法院召集，自债权申报期限届满之日起15日内召开，选项B当选。

思维拓展

债权人会议

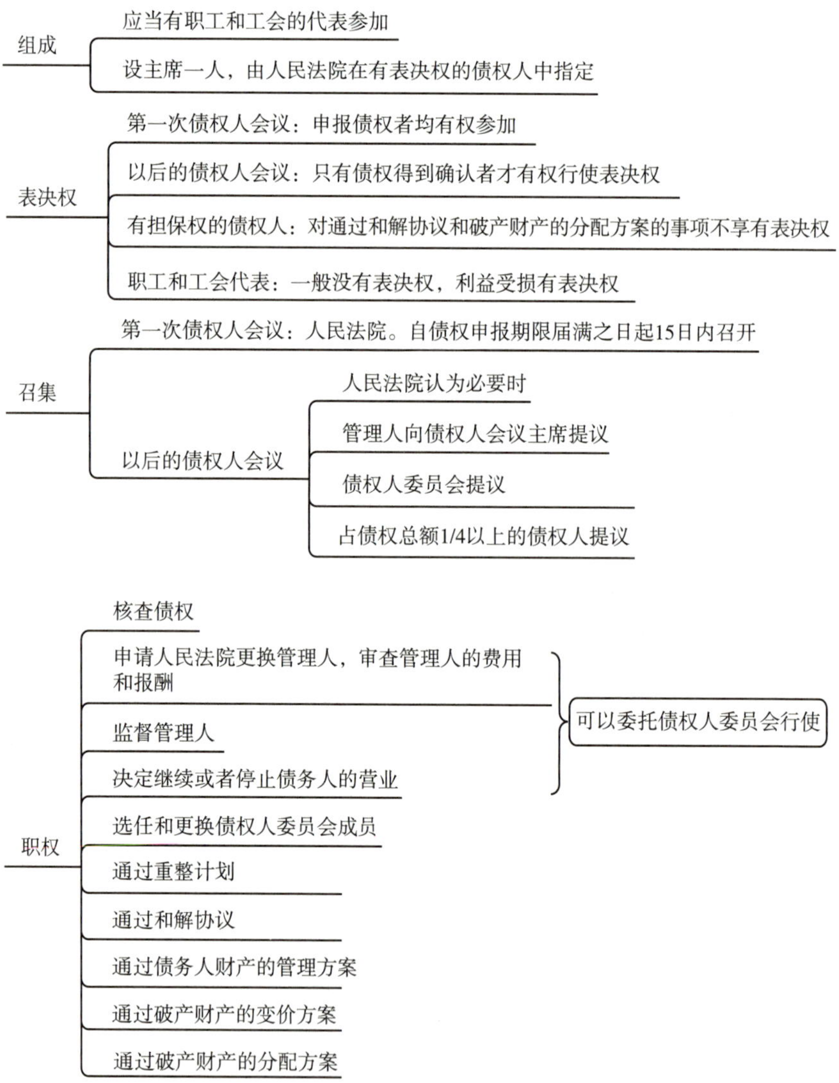

坑点提示

注意区分是第一次债权人会议还是以后的债权人会议。

历年考情

2021年单项选择题考查第一次债权人会议。

21.下列票据行为人中，在票据上的签章不符合《票据法》规定将导致票据无效的是（　　）。

> 审题要点
>
> 题目中提示“票据上的签章导致票据无效的”，考生可迅速锁定考查的知识点是票据行为的签章要件。

A.出票人　　B.保证人

C.背书人　　D.承兑人

【本题答案】A

【本题解析】本题考核票据行为的签章要件。根据票据法律制度的规定，下列情形导致票据无效：（1）票据和结算凭证金额须以中文大写和阿拉伯数字同时记载，二者必须一致，二者不一致的票据无效；（2）未使用按中国人民银行统一规定印制的票据，票据无效；（3）票据金额、日期、收款人名称不得更改，更改的票据无效；（4）出票人在票据上的签章不符合规定的，票据无效（选项A）；（5）出票人未记载“无条件支付的委托”的，汇票无效。

注意背书人、承兑人、保证人在票据上的签章不符合《票据法》和本办法规定的，其签章无效，但是不影响票据上其他签章的效力。

思维拓展

签章

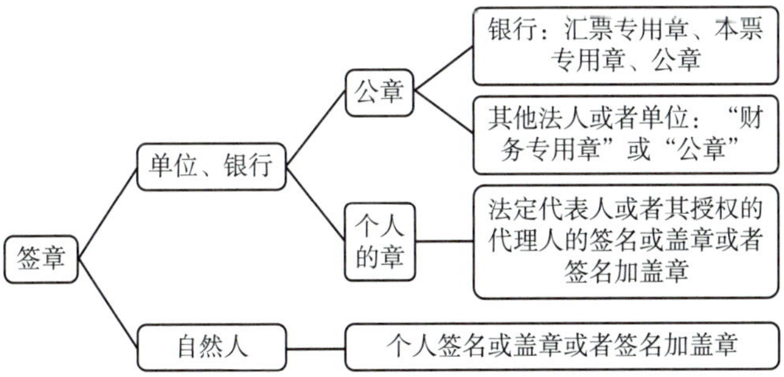

（1）未在票据上作真实且符合规定签章的人，原则上不承担票据责任（票据代理除外）。

（2）出票人在票据上的签章不符合规定的，票据无效。

（3）背书人、承兑人、保证人在票据上的签章不符合规定的，其签章无效，但不影响其他符合规定签章的效力。

（4）无民事行为能力人或者限制民事行为能力人在票据上签章的，其签章无效，但不影响其他真实签章的效力。

（5）票据上有伪造、变造的签章的，不影响票据上其他真实签章的效力

坑点提示

出票人签章是出票必须记载事项，不记载，出票行为无效，即票据无效。

历年考情

2021年单项选择题考查出票人在票据上的签章不符合规定的，票据无效。2020年案例分析题、2019年案例分析题考查未在票据上签章，并非票据债务人，不承担票据责任。

审题要点

题目中提示“国有独资企业”，考生可迅速锁定考查的知识点是国有独资企业。该种题目，“下列关于……表述中，正确的是（　）”属于对该知识点的综合性考查，需要全面掌握该知识点。

22. 根据企业国有资产法律制度的规定，下列关于国有独资企业的表述中，正确的是（　　）。

A. 国有独资企业设立的法律依据为《公司法》

B. 国有独资企业的企业财产属于全民所有

C. 国有独资企业包括国有独资公司和企业全部注册资本均属国有的非公司制企业

D. 国有独资企业对国家授予其经营管理的财产不享有处分权

【本题答案】B

【本题解析】本题考核国有独资企业。国有独资企业，即依照《全民所有制工业企业法》设立的，企业全部注册资本均为国有资本的非公司制企业，选项A、C错误。企业财产属于全民所有，国家依照所有权和经营权分离的原则授予企业经营管理，企业对国家授予其经营管理的财产享有占有、使用和依法处分的权利，选项B正确、选项D错误。综上，本题应选择选项B。

思维拓展

国有独资企业PK国有独资公司

	国有独资企业	国有独资公司
依据法律	《全民所有制工业企业法》	《公司法》
财产归属	（1）企业财产属于全民所有，授予企业经营管理。 （2）企业对国家授予其经营管理的财产享有占有、使用和依法处分的权利	公司拥有自己的财产

续表

	国有独资企业	国有独资公司
治理结构	（1）高管由政府或者履行出资人职责的机构直接任免。 （2）政府通过向企业派出监事组成的监事会，对企业进行监督。 （3）履行出资人职责的机构可以任免国有独资企业经理、副经理、财务负责人和其他高级管理人员	履行出资人职责的机构可以任免国有独资公司的董事长、副董事长、董事、监事会主席和监事
共同点	企业全部注册资本均为国有资本	

坑点提示

考试要看清是国有独资企业还是国有独资公司。国有独资公司是公司，但股东只有国家一家，故没有股东会，其他治理结构就和一般公司一样。所以履行出资人职责的机构可以任免董事、监事。董事会再决定聘任或者解聘公司高管。

历年考情

2021年单项选择题考查国有独资企业。

23.根据反垄断法律制度的规定，参与垄断协议的经营者主动报告达成垄断协议的有关情况并提供重要证据的，可以申请依法减轻或免除处罚。该制度是（　　）。

A.豁免制度　　B.宽大制度

C.承诺制度　　D.适用除外制度

【本题答案】B

【本题解析】本题考核宽大制度。所谓宽大制度，是指参与垄断协议的经营者主动向反垄断执法机构报告达成垄断协议的有关情况并提供重要证据的，反垄断执法机构可以对其宽大处理，酌情减轻或者免除其处罚，选项B正确。

审题要点

题目中提示"参与垄断协议的经营者主动报告达成垄断协议的有关情况并提供重要证据的，可以申请依法减轻或免除处罚"，考生可迅速锁定考查的知识点是宽大制度。

思维拓展

宽大制度

参与垄断协议的经营者主动报告达成垄断协议有关情况并提供重要证据的，反垄断执法机构可以对其宽大处理，酌情减轻或者免除其处罚。

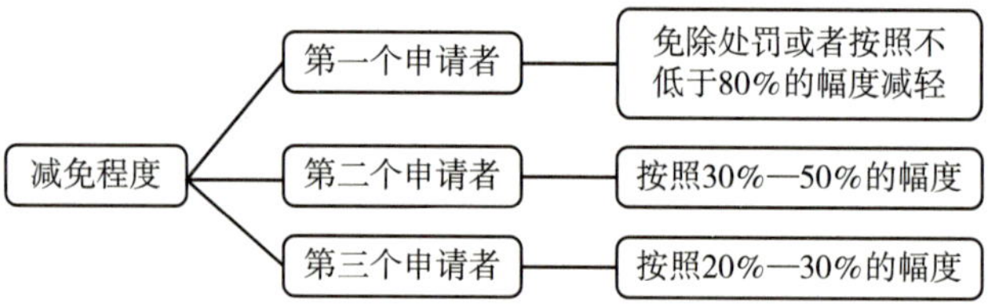

依2024年教材重新编写题目。

历年考情

2021年单项选择题考查宽大制度。

24. 根据反垄断法律制度的规定，下列关于我国公平竞争审查标准中的市场准入和退出标准表述中，不正确的是（　　）。

A. 可以对市场准入负面清单以外的行业、领域、业务等设置审批程序

B. 不得设置不合理和歧视性的准入和退出条件

C. 未经公平竞争审查不得授予经营者特许经营权

D. 不得限定经营、购买、使用特定经营者提供的商品和服务

【本题答案】A

【本题解析】本题考核公平竞争审查制度。公平竞争审查标准，市场准入和退出标准：（1）不得设置不合理和歧视性的准入和退出条件。（2）未经公平竞争审查不得授予经营者特许经营权。（3）不得限定经营、购买、使用特定经营者提供的商品和服务。（4）不得设置没有法律、行政法规或者国务院规定依据的审批或者具有行政审批性质的事前备案程序。（5）不得对市场准入负面清单以外的行业、领域、业务等设置审批程序。

审题要点

题目中提示"我国公平竞争审查标准中的市场准入和退出标准"，考生可迅速锁定考查的知识点是公平竞争审查制度。

思维拓展

公平竞争审查

行政机关和法律、法规授权的具有管理事务职能的组织在制定涉及市场主体经济活动的规定时，应当进行公平竞争审查。

基本原则	（1）尊重市场，竞争优先。 （2）立足全局，统筹兼顾。 （3）依法审查，强化监督。
联席会议制度	市场监管总局、发展改革委、财政部、商务部会同有关部门，建立健全公平竞争审查联席会议制度，统筹协调和监督指导全国公平竞争审查工作
	县级以上政府负责建立健全本地区公平竞争审查工作联席会议制度，原则上由本级人民政府分管负责同志担任联席会议召集人
	联席会议办公室设在市场监管部门，承担联席会议日常工作
	地方各级联席会议应当每年向本级人民政府和上一级联席会议报告

公平竞争审查标准

市场准入和退出标准	(1)不得设置不合理或者歧视性的准入和退出条件。 (2)未经公平竞争不得授予经营者特许经营权。 (3)不得限定经营、购买、使用特定经营者提供的商品和服务。 (4)不得设置没有法律、行政法规或者国务院规定依据的审批或者具有行政审批性质的事前备案程序。 (5)不得对市场准入负面清单以外的行业、领域、业务等设置审批程序
商品和要素自由流动标准	(1)不得对外地和进口商品、服务实行歧视性价格和歧视性补贴政策。 (2)不得限制外地和进口商品、服务进入本地市场或者阻碍本地商品运出、服务输出。 (3)不得排斥或者限制外地经营者参加本地招标投标活动。 (4)不得排斥、限制或者强制外地经营者在本地投资或者设立分支机构。 (5)不得对外地经营者在本地的投资或者设立的分支机构实行歧视性待遇，侵害其合法权益
影响生产经营成本标准	(1)不得违法给予特定经营者优惠政策。 (2)安排财政支出一般不得与特定经营者缴纳的税收或非税收入挂钩。 (3)不得违法违规减免或者缓征特定经营者应当缴纳的社会保险费用。 (4)不得在法律规定之外要求经营者提供或扣留经营者各类保证金
影响生产经营行为标准	(1)不得强制经营者从事《中华人民共和国反垄断法》禁止的垄断行为。 (2)不得违法披露或者违法要求经营者披露生产经营敏感信息，为经营者实施垄断行为提供便利条件。 (3)不得超越定价权限进行政府定价。 (4)不得违法干预实行市场调节价的商品和服务的价格水平
例外规定	虽然在一定程度上具有限制竞争的效果，但在符合规定的情况下可以出台实施： (1)维护国家经济安全、文化安全、科技安全或者涉及国防建设的。 (2)为实现扶贫开发、救灾救助等社会保障目的。 (3)为实现节约能源资源、保护生态环境、维护公共卫生健康安全等社会公共利益的。 政策制定机关应当说明相关政策措施对实现政策目的不可或缺，且不会严重限制市场竞争，并明确实施期限

坑点提示

公平竞争审查主打“公平”，对于市场准入负面清单以外的，不得设置审批程序。要注意例外规定，涉及经济文化科技安全、国防、扶贫救灾、社会公共利益的可出台，要说明。

历年考情

2022年多项选择题、2021年单项选择题考查公平竞争审查。

25.根据涉外投资法律制度的规定，下列关于地方各级人民政府向外国投资者、外商投资企业所作政策承诺的表述中，正确的是（　　）。

A.政府换届后可以不再履行上届政府所作的政策承诺

> **审题要点**
> 题目中提示“地方各级人民政府向外国投资者、外商投资企业所作政策承诺”，考生可迅速锁定考查的知识点是外商投资保护。

B.行政区划调整可以作为不履行政策承诺的合理理由

C.因国家利益、社会公共利益需要可以依照法定权限和程序改变政策承诺

D.政策承诺包括书面承诺和口头承诺

【本题答案】C

【本题解析】本题考核外商投资保护。地方各级人民政府及其有关部门应当履行向外国投资者、外商投资企业依法作出的政策承诺以及依法订立的各类合同，不得以行政区划调整、政府换届、机构或者职能调整以及相关责任人更替等为由违约毁约。因国家利益、社会公共利益需要改变政策承诺、合同约定的，应当依照法定权限和程序进行，并依法对外国投资者、外商投资企业因此受到的损失及时予以公平、合理的补偿。政策承诺，是指地方各级人民政府及其有关部门在法定权限内，就外国投资者、外商投资企业在本地区投资所适用的支持政策、享受的优惠待遇和便利条件等作出的“书面”承诺。

思维拓展

思维拓展内容详见2023年注册会计师全国统一考试真题详解多选第15题。

坑点提示

这种题目理解为主，从保护外商投资出发，政策承诺得是书面的，防止纠纷，不得随意改变，除非国家利益、社会公共利益，改也得依法合规，有损失要赔。

历年考情

2023年多项选择题、2021年单项选择题、2020年多项选择题考查外商投资保护。

审题要点

题目中提示“对外直接投资”，考生可迅速锁定考查的知识点是对外直接投资。该种题目，“下列关于……表述中，正确的是（ ）”属于对该知识点的综合性考查，需要全面掌握该知识点。

26.根据涉外投资法律制度的规定，下列关于对外直接投资的表述中，正确的是（　　）。

A.我国境内投资者对外直接投资不属于国际直接投资

B.我国境内投资者对外直接投资不适用我国国内法

C.我国对外直接投资的形式仅包括新设和并购，参股和增资不属于对外直接投资

D.我国按照对外直接投资的不同情形，实行核准或备案管理

【本题答案】D

【本题解析】本题考核对外直接投资。选项A错误，对外直接投资与外商直接投资从性质上说均属国际直接投资。选项B错误中国境内投资者对外直接投资，需要遵守投资所在国即东道国的法律和政策，以及中国与有关东道国签订的双边投资保护协定和双方共同缔结或参加的多边条约中的相关规定。与此同时，作为投资者的母国，中国国内法中的相关规定当然也要予以适用。选项C错误，对外直接投资的形式包括新设、并购、参股、增资、再投资等。选项D正确，对外直接投资实行核准备案制度。

思维拓展

思维拓展内容详见2023年注册会计师全国统一考试真题详解单选第25题。

历年考情

2023年单项选择题、2020年单项选择题考查对外直接投资核准备案制度。2021年单项选择题考查对外直接投资概念。2019年多项选择题考查对外直接投资需要遵循的法律规则。

二、多项选择题（本题型共16小题，每小题1.5分，共24分。每小题均有多个正确答案，请从每小题的备选答案中选出你认为正确的所有答案，用鼠标点击相应的选项。每小题所有答案选择正确的得分，不答、错答、漏答均不得分。）

1. 下列各项中，属于单方法律行为的有（　　）。

A. 赠与　　B. 债务免除

C. 撤销权的行使　　D. 效力待定行为的追认

审题要点

题目中提示“单方法律行为”，考生可迅速锁定考查的知识点是法律行为的分类。

【本题答案】BCD

【本题解析】本题考核法律行为的分类。单方民事法律行为是根据一方当事人的意思表示而成立的民事法律行为。该民事法律行为仅有一方当事人的意思表示而无须他方的同意即可发生法律效力，如撤销权的行使、解除权的行使、效力待定行为的追认、债务的免除等。

思维拓展

思维拓展内容详见2023年注册会计师全国统一考试真题详解单选第3题。

坑点提示

坑点提示内容详见2023年注册会计师全国统一考试真题详解多选第1题。

抢分秘籍

抢分秘籍内容详见2023年注册会计师全国统一考试真题详解多选第1题。

历年考情

2023年单项选择题、2022年单项选择题、2022年多项选择题、2021年多项选择题、2020年单项选择题考查民事法律行为的分类。

审题要点

题目中提示“可撤销合同”，考生可迅速锁定考查的知识点可撤销的民事法律行为。

2. 下列各项中，属于可撤销合同的有（　　）。

A. 因重大误解而订立的合同　B. 因受欺诈而订立的合同

C. 因受胁迫而订立的合同　D. 以虚假表示订立的合同

【本题答案】ABC

【本题解析】本题考核可撤销的民事法律行为。可撤销的民事法律行为包括因重大误解而为的民事法律行为、受欺诈而为的民事法律行为、受胁迫而为的民事法律行为、显失公平的民事法律行为。选项D属于无效的民事法律行为。

思维拓展

可撤销PK无效

	可撤销	无效
效力	在撤销前已经生效	自始无效
主张权利主体	撤销权应依诉行使，由人民法院或者仲裁机构作出。由撤销权人申请，人民法院不主动干预	司法机关和仲裁机构可以在诉讼或者仲裁过程中主动宣告其无效
行为效果	撤销权人对权利行使拥有选择权。可撤销的民事法律行为，如果不被撤销，则属于有效行为；只有被撤销的情况下，才自始无效	自始无效、当然无效、绝对无效
行使时间	撤销权行使有时间限制	无时间限制

历年考情

2023年多项选择题、2022年单项选择题、2021年多项选择题考查民事法律行为的效力。

3.下列各项中，属于物权法律制度的基本原则的有（　　）。

A.物权法定原则　　B.物权相对原则

C.物权优先原则　　D.物权公示原则

【本题答案】AD

【本题解析】本题考核物权法律制度的基本原则。物权法律制度的基本原则包括物权法定原则、物权客体特定原则、物权公示原则。

审题要点

题目中提示“物权法律制度的基本原则”，考生可迅速锁定考查的知识点。

思维拓展

物权法律制度的基本原则

原则	含义
物权法定原则	物权的种类和内容，由法律规定
物权客体特定原则（亦称一物一权原则）	一个物上只能存在一个所有权，但所有权可以和其他物权并存，也可以多人共同对一物享有一个所有权
物权公示原则	动产以交付占有为公示手段，不动产则以登记为公示手段

坑点提示

物权PK债权

物权		债权	
支配性	支配权，仅以自己意志实现权利，无需第三人的积极行为协助	请求权	债权实现有赖于债务人的履行行为
排他性	能够排除他人意志以同样方式支配，一物之上只能有一项所有权	兼容性	同一标的物上成立双重买卖，两项买卖合同均可有效，并不相互排斥
绝对性	排除任何他人的干涉，绝对权（对世权）	相对性	债权则仅对特定的债务人存在，相对权（对人权）

历年考情

2021年多项选择题考查物权法律制度的基本原则。

4.根据合同法律制度的规定，下列关于赠与合同撤销规则的表述中，正确的有（　　）。

审题要点

题目中提示“赠与合同撤销规则”，考生可迅速锁定考查的知识点。

A.当受赠人有法律规定的忘恩行为时，赠与人可以撤销赠与，但赠与具有救灾性质的除外

B.受赠人严重侵害赠与人的近亲属的，赠与人可以此为由撤销赠与

C.赠与人的撤销权，自知道或应当知道撤销原因之日起1年内行使

D.赠与人因受赠人的侵害行为而死亡的，赠与人的继承人行使撤销权的期间为自撤销原因发生之日起6个月

【本题答案】BC

【本题解析】本题考核赠与合同的撤销。选项A、B：受赠人有下列情形之一的，赠与人可以撤销赠与：（1）严重侵害赠与人或者赠与人的近亲属；（2）对赠与人有扶养义务而不履行；（3）不履行赠与合同约定的义务。因受赠人的违法行为致使赠与人死亡或者丧失民事行为能力的，赠与人的继承人或者法定代理人可以撤销赠与。这些是法定撤销情形，不论赠与合同是否经过公证，赠与财产的权利是否转移，赠与是否具有社会公益、道德义务性质，有撤销权的人（包括赠与人、赠与人的继承人和法定代理人）即可行使撤销权。选项C、D：赠与人的撤销权，自知道或者应当知道撤销原因之日起1年内行使。赠与人的继承人或者法定代理人的撤销权，自知道或者应当知道撤销原因之日起6个月内行使。

思维拓展

赠与合同

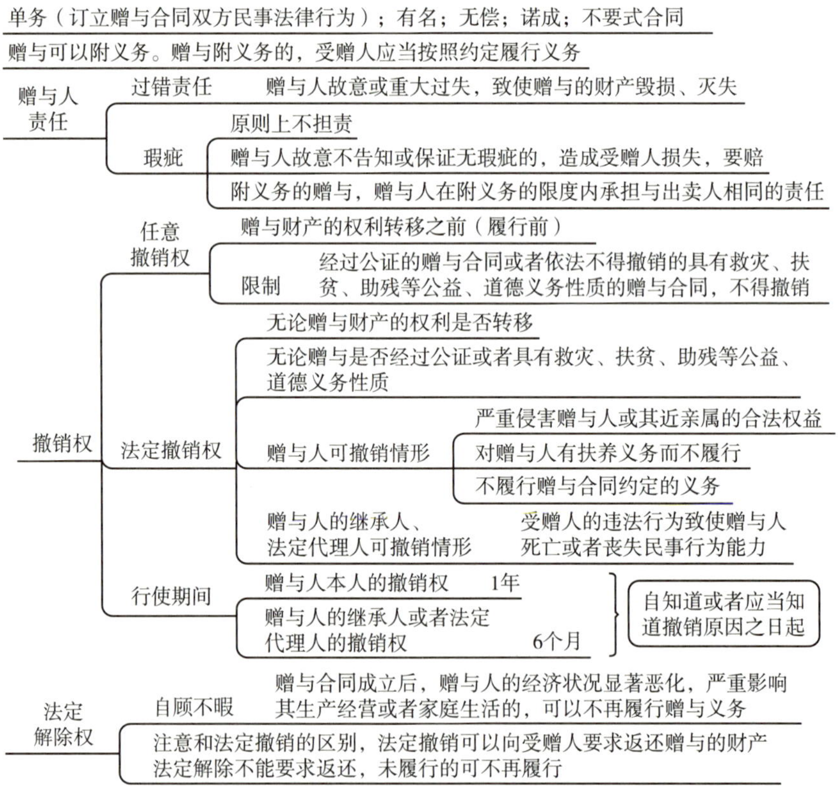

坑点提示

任意撤销权PK法定撤销权PK法定解除

任意撤销权：在权利实际转移之前，赠与能反悔，但是“公公道”不能反悔，经过公证的，公益、道德义务性质的不得撤销。

法定撤销权：是受赠人有忘恩行为，可法定撤销，不论财产权利是否转移，是否“公公道”（经过公证的，公益、道德义务性质的）。

法定解除：是赠与人自己都穷得活不下去了，财产权利已经转移的，不能要求返还，还没履行的可不再履行。

历年考情

2021年多项选择题、2020年单项选择题考查赠与合同的任意撤销权和法定撤销权。

5.根据合伙企业法律制度的规定，下列关于合伙企业特征的表述中，正确的有（　　）。

> 审题要点
> 题目中提示“合伙企业特征”，考生可迅速锁定考查的知识点。

A.合伙企业的信用基础最终取决于普通合伙人的偿债能力

B.合伙企业具有法人资格

C.合伙企业的内部治理和利益分配高度灵活

D.合伙企业缴纳企业所得税

【本题答案】AC

【本题解析】本题考核合伙企业的特征。根据合伙企业法律制度的规定，合伙企业具有如下几个特征：（1）合伙企业是合伙人共同出资、共同经营、共享收益、共担风险的自愿联合；（2）合伙企业的信用基础最终取决于普通合伙人的偿债能力（选项A正确）；（3）合伙企业无法人资格，但具有许多类似法人的特点（选项B错误）；（4）合伙企业的内部治理和利益分配高度灵活（选项C正确）；（5）合伙企业并非企业所得税纳税人，而由合伙人分别缴纳所得税（选项D错误）。

思维拓展

1.在共同出资、共同经营、共享收益、共担风险四项特征之中，最关键的是共担风险。

2.个人独资企业、合伙企业为非法人组织。

3.个人独资企业和合伙企业本身不缴纳企业所得税，而是对投资者个人或自然人合伙人取得的生产经营所得征收个人所得税。合伙人如果是公司，就从合伙企业分得的所得缴纳企业所得税。

4.虽然合伙企业首先以自有财产清偿债务，但对其债务兜底的最终还是承担无限连带责任的普通合伙人。所以合伙企业的信用基础最终取决于普通合伙人的偿债能力。

坑点提示

判断是否是法人的关键点看是否能自己独立承担责任，个人独资企业、合伙企业都不能自己独立承担责任，为非法人组织。但个人独资企业、合伙企业都可以成为法律关系主体。另外注意，分公司不具有法人资格，其民事责任由公司承担。子公司可以自己独立承担责任为法人。

合伙人共担风险并不意味着合伙人承担的风险必须是相同类型或等级的。合伙人可以约定不同合伙人享有不同类型或等级的权益，承担不同类型或等级的风险。（2024年新增）

历年考情

2021年单项选择题、多项选择题考查合伙企业的特征。

审题要点

题目中提示“普通合伙企业设立条件”，考生可迅速锁定考查的知识点。

6.根据合伙企业法律制度的规定，下列关于普通合伙企业设立条件的表述中，正确的有（　　）。

A.有2个以上合伙人

B.有书面或口头的合伙协议

C.有合伙人认缴或者实际缴付的出资

D.有合伙企业的名称和生产经营场所

【本题答案】ACD

【本题解析】本题考核普通合伙企业设立条件。设立普通合伙企业，应当具备下列条件：（1）有2个以上合伙人。合伙人为自然人的，应当具有完全民事行为能力；（2）有书面合伙协议；（3）有合伙人认缴或者实际缴付的出资；（4）有合伙企业的名称和生产经营场所；（5）法律、行政法规规定的其他条件。

思维拓展

合伙企业的设立条件（有人有协议有钱有名有场所）

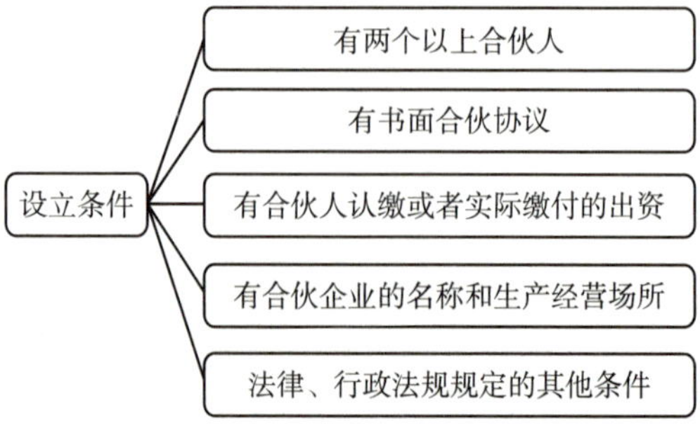

坑点提示

合伙人	（1）合伙人为自然人的，应当具有完全民事行为能力，无民事行为能力人和限制民事行为能力人不得成为普通合伙人。 （2）国有独资公司、国有企业、上市公司以及公益性的事业单位、社会团体不得成为普通合伙人，但可以成为有限合伙人（国有上市公益性）
书面合伙协议	（1）合伙协议应当依法由全体合伙人协商一致，以书面形式订立。合伙协议经全体合伙人签名、盖章后生效。 （2）修改或者补充合伙协议，应当经全体合伙人一致同意；但是，合伙协议另有约定的除外（修补有约从约，无约得一致同意）。 （3）订立合伙协议、设立合伙企业，应当遵循自愿、平等、公平、诚实信用原则
出资	（1）合伙人可以用货币、实物、知识产权、土地使用权或者其他财产权利出资，普通合伙人也可以用劳务出资。 （2）合伙人以劳务出资的，其评估办法由全体合伙人协商确定，并在合伙协议中载明。 （3）合伙人以实物、知识产权、土地使用权或者其他财产权利出资，需要评估作价的，可以由全体合伙人协商确定，也可以由全体合伙人委托法定评估机构评估
名称	（1）一般普通合伙企业：标明“普通合伙”字样。 （2）特殊普通合伙企业：标明“特殊普通合伙”字样。 （3）有限合伙企业：标明“有限合伙”字样

历年考情

2021年单项选择题、多项选择题、2020年单项选择题、2019年单项选择题考查普通合伙企业设立条件。

7.根据公司法律制度的规定，在股份有限公司，下列主体中，可以查阅公司的会计账簿、会计凭证的有（　　）。

依2024年教材变化修改题目。

审题要点

题目中提示“可以查阅公司的会计账簿、会计凭证的”，考生可迅速锁定考查的知识点是知情权。

A.连续360日单独持有公司5%股份的股东

B.连续180日单独持有公司4%股份的股东

C.连续90日单独持有公司5%股份的股东

D.连续180日合计持有公司2%股份的股东

【本题答案】AB

【本题解析】本题考核知情权。在股份有限公司，“连续180日以上单独或者合计持有公司3%以上股份的股东”要求查阅公司的会计账簿、会计凭证的，适用上述有限责任公司股东的知情权规定，“公司章程对持股比例有较低规定的，从其规定”。

思维拓展

思维拓展内容详见2022年注册会计师全国统一考试真题详解单选

第16题。

坑点提示

坑点提示内容详见2022年注册会计师全国统一考试真题详解单选第16题。

历年考情

2023年单项选择题、2022年单项选择题、多项选择题、2021年多项选择题、2019年多项选择题考查股东知情权。

审题要点

题目中提示“公司股东可以用于出资的”，考生可迅速锁定考查的知识点是股东出资。

8. 根据公司法律制度的规定，下列各项中，公司股东可以用于出资的有（　　）。

A. 知识产权　　B. 土地使用权

C. 劳务　　D. 商誉

【本题答案】AB

【本题解析】本题考核股东出资。股东不得以劳务、信用、自然人姓名、商誉、特许经营权或者设定担保的财产等作价出资。

思维拓展

思维拓展内容详见2022年注册会计师全国统一考试真题详解单选第15题。

坑点提示

坑点提示内容详见2022年注册会计师全国统一考试真题详解单选第15题。

抢分秘籍

普通合伙人因为对合伙企业的债务承担无限连带责任，故只有普通合伙人可以拿劳务出资，其他都不行。一些不太容易确认价值的，公司股东不能出资，例如信用、自然人姓名、商誉、特许经营权，以及设定担保的财产公司股东也不能出资。另外记忆口诀，劳务担保，信名誉权，迅速答题。

审题要点

题目中提示“公司首次公开发行新股应当符合的条件”，考生可迅速锁定考查的知识点是公司首次公开发行新股应当符合的条件。

历年考情

2022年单项选择题、2021年多项选择题考查股东出资方式。

9. 根据证券法律制度的规定，下列各项中，属于公司首次公开发行新股应当符合的条件的有（　　）。

A. 具备健全且运行良好的组织机构

B. 具有持续经营能力

C. 最近3年财务会计报告被出具无保留意见审计报告

D. 发行人及其控股股东、实际控制人最近3年不存在贪污、贿赂、侵占财产、挪用财产或者破坏社会主义市场经济秩序的刑事犯罪

【本题答案】ABCD

【本题解析】本题考核公司首次公开发行新股应当符合的条件。公司首次公开发行新股，应当符合下列条件：

（1）具备健全且运行良好的组织机构（选项A）；（2）具有持续经营能力（选项B）；（3）最近3年财务会计报告被出具无保留意见审计报告（选项C）；（4）发行人及其控股股东、实际控制人最近3年不存在贪污、贿赂、侵占财产、挪用财产或者破坏社会主义市场经济秩序的刑事犯罪（选项D）；（5）经国务院批准的国务院证券监督管理机构规定的其他条件。

思维拓展

比较重要的发行条件总结

主板上市公司公开增发普通股	（1）最近24个月内曾公开发行证券的，不存在发行当年营业利润比上年下降50%以上的情形。 （2）最近3个会计年度连续盈利。 （3）最近3年以现金方式累计分配的利润不少于最近3年实现的年均可分配利润的30%
配股	拟配售股份数量不超过本次配售股份前股本总额的50%
主板上市公司向不特定对象公开增发普通股	（1）最近3个会计年度加权平均净资产收益率平均不低于6%。 （2）发行价格应不低于公告招股意向书前20个交易日公司股票均价或者前一个交易日的均价（不低于较低者）
主板上市公司非公开发行普通股	（1）发行对象不超过35名。 （2）发行价格不低于定价基准日前20个交易日公司股票均价的80%。定价基准日为本次非公开发行股票的发行期首日
上市公司公开发行优先股	（1）公司已发行的优先股不得超过公司普通股股份总数的50%，且筹资金额不得超过发行前净资产的50%，已回购、转换的优先股不纳入计算。 （2）最近3个会计年度实现的年均可分配利润应当不少于优先股一年的股息。 （3）最近3个会计年度应当连续盈利

续表

公开发行公司债券	最近3年平均可分配利润足以支付公司债券1年的利息
专业投资者和普通投资者都可以参与认购的公开发行公司债券	(1)发行人最近3年无债务违约或者延迟支付本息的事实。 (2)发行人最近3年平均可分配利润不少于债券1年利息的1.5倍。 (3)发行人最近一期末净资产规模不少于250亿元。 (4)发行人最近36个月内累计公开发行债券不少于3期，发行规模不少于100亿元。 【记忆】3年3期百亿，3年无本息违约，3年年均可分利润够1年利息的1.5倍，净资产250个亿。 未达到上述标准的公司债券公开发行，应仅限于专业投资者参与认购
主板上市公司公开发行可转债	(1)最近3年实现的年均可分配利润不少于公司债券1年的利息(一般债券也有此条件)。 (2)最近3年加权平均净资产收益率平均不低于6%。 (3)本次发行后累计公司债券余额不超过最近1期末净资产额的40%

坑点提示

由于各种发行条件太多太杂，复习难度很大，所以选择性记忆，记住常考的一些有数字的考点。另外要多做些相关案例分析题，学会灵活地运用。

历年考情

2022年单项选择题考查上市公司非公开发行股票的发行价格。2021年单项选择题考查上市公司配股。2020年案例分析题考查公开发行可转债的条件。

审题要点

题目中提示“征集人”“代为行使表决权等股东权利”，考生可迅速锁定考查的知识点是代理权征集。

10.根据证券法律制度的规定，甲上市公司的下列机构或人员中，可以作为征集人，自行或者委托证券公司、证券服务机构，公开请求上市公司股东委托其代为出席股东会，并代为行使表决权等股东权利的有(　　)。

A.甲公司董事会

B.职工监事李某

C.独立董事刘某

D.持有甲公司3%有表决权股份的股东王某

【本题答案】ACD

【本题解析】本题考核投资者保护制度。上市公司董事会、独立董事、持有1%以上有表决权股份的股东或者依照法律、行政法规或者国务院证券监督管理机构的规定设立的投资者保护机构（简称投资者保护机构），可以作为征集人，自行或者委托证券公司、证券服务机构，公开请求上市公司股东委托其代为出席股东会，并代为行使提案权、表决权等股东权利。

思维拓展

思维拓展内容详见2023年注册会计师全国统一考试真题详解案例分析第4题第（6）问。

坑点提示

证券纠纷

无论是诉讼纠纷还是非诉讼纠纷（如调解）的场合，证券公司都应承担证明“其行为符合法律、行政法规以及国务院证券监督管理机构的规定，不存在误导、欺诈等情形”的举证责任。

历年考情

2023年案例分析题、2021年2道多项选择题考查投资者保护制度。

11.根据支付结算法律制度的规定，下列关于银行结算账户的表述中，正确的有（　　）。

A.银行结算账户分为单位银行结算账户和个人银行结算账户

B.一般存款账户是存款单位的主办账户

C.一般存款账户可以办理现金缴存和支取

D.临时存款账户的有效期最长不得超过2年

审题要点

题目中提示“银行结算账户”，考生可迅速锁定考查的知识点是银行结算账户。该种题目，“下列关于……表述中，正确的是（　）”属于对该知识点的综合性考查，需要全面掌握该知识点。

【本题答案】AD

【本题解析】本题考核银行结算账户。选项B错误，基本存款账户是存款人的主办账户。选项C错误，一般存款账户用于办理存款人借款转存、借款归还和其他结算的资金收付；该账户可以办理现金缴存，但不得办理现金支取。

思维拓展

思维拓展内容详见2023年注册会计师全国统一考试真题详解单选第21题。

坑点提示

银行结算账户

基本存款账户	办理日常转账结算和现金收付
	主办账户
	只能开立一个
	现金存取均可
一般存款账户	办理借款转存、借款归还和其他结算
	在基本存款账户开户银行以外的银行营业机构开立
	可以存现金不能取现金
临时存款账户	存款人有下列情况的，可以申请开立临时存款账户： （1）设立临时机构； （2）异地临时经营活动； （3）注册验资； （4）境外（含港澳台地区）机构在境内从事经营活动
	有效期最长不得超过2年

历年考情

2023年单项选择题、2022年单项选择题、2021年多项选择题考查银行结算账户。

审题要点

题目中提示“必须对相关国有资产进行评估”，考生可迅速锁定考查的知识点是企业国有资产评估的范围。

12.根据企业国有资产法律制度的规定，国家出资企业及其各级子企业的下列行为中，必须对相关国有资产进行评估的有（　　）。

A.资产转让、置换

B.非上市公司国有股东股权比例变动

C.国有独资企业与其下属独资企业之间的合并

D.整体资产或者部分资产租赁给非国有单位

【本题答案】ABD

【本题解析】本题考核企业国有资产评估的范围。应当进行资产评估的情形包括：（1）整体或部分改建为有限责任公司或者股份有限公司；（2）以非货币资产对外投资；（3）合并、分立、破产、解散；（4）非上市公司国有股东股权比例变动；（5）产权转让；（6）资产转让、置换；（7）整体资产或者部分资产租赁给非国有单位；（8）以非货币资产偿还债务；（9）资产涉讼；（10）收购非国有单位的资产；（11）接受非国有单位以非货币资产出资；（12）接受非国有单位以非货币资产抵债。

国有独资企业与其下属独资企业（事业单位）之间或其下属独资企业（事业单位）之间的合并、资产（产权）置换和无偿划转，可以不进行资产评估。

思维拓展

企业国有资产评估

1.需要评估

一般企业	（1）整体或者部分改建为有限责任公司或者股份有限公司； （2）以非货币资产对外投资； （3）合并、分立、破产、解散； （4）非上市公司的国有股东股权比例变动； （5）产权转让； （6）资产转让、置换； （7）整体资产或者部分资产租赁给非国有单位； （8）以非货币资产偿还债务； （9）资产涉讼； （10）收购非国有单位的资产； （11）接受非国有单位以非货币资产出资； （12）接受非国有单位以非货币资产抵债； （13）法律、行政法规规定的其他需要进行评估的事项
金融企业	增加： （1）资产拍卖； （2）债权转股权； （3）债务重组； （4）接受非货币性资产抵押或者质押； （5）处置不良资产等

2.可以不对相关国有资产进行评估

（1）经各级人民政府或其履行出资人职责的机构批准，对企业整体或者部分资产实行无偿划转；

（2）国有独资企业与其下属独资企业（事业单位）之间或者其下属的独资企业（事业单位）之间的合并、资产（产权）置换和无偿划转。

【提醒】金融企业在发生多次同类型的经济行为时，同一资产在评估报告使用有效期内，并且资产、市场状况未发生重大变化的，以及上市公司可流通的股权转让时，也可以不进行评估

坑点提示

这种题目可以凭自己的理解做题，可能导致国有资产流失的应该

进行评估，而不会导致国有资产流失的不用评估。可以反向记忆，记不用评估的：（1）经各级人民政府或其履行出资人职责的机构批准，对企业整体或者部分资产实行无偿划转。企业国有产权无偿划转，是指企业国有产权在政府机构、事业单位、国有独资企业 、国有独资公司之间的无偿转移行为，不会导致国有资产流失，故可以不评估。（2）国有独资企业与其下属独资企业（事业单位）之间或者其下属的独资企业（事业单位）之间的合并、资产（产权）置换和无偿划转。也不会导致国有资产流失，可以不评估。

历年考情

2022年多项选择题、2021年多项选择题、2019年单项选择题考查企业国有资产评估的范围。

13.根据反垄断法律制度的规定，涉嫌垄断行为的经营者在被调查期间可以提出中止调查申请，承诺在一定期限内采取措施消除行为影响；但对特定类型的垄断行为，反垄断执法机构不接受中止调查申请。下列各项中，属于此类型的垄断行为有（　　）。

审题要点

题目中提示“反垄断执法机构不接受中止调查申请”，考生可迅速锁定考查的知识点是经营者承诺，考查反垄断执法机构不得接受经营者提出承诺的行为。

A.涉嫌固定价格的横向垄断协议

B.涉嫌限制商品销售数量的横向垄断协议

C.涉嫌分割原材料采购市场的横向垄断协议

D.涉嫌采用新技术的横向垄断协议

【本题答案】ABC

【本题解析】本题考核经营者承诺。在两种情形下，反垄断执法机构不得接受经营者提出承诺，中止调查：（1）反垄断执法机构对涉嫌垄断行为调查核实后，认为构成违法垄断行为的，应当依法作出处理决定，不再接受经营者提出承诺；（2）涉嫌固定或者变更商品价格（选项A）、限制商品的生产数量或者销售数量（选项B）、分割销售市场或者原材料采购市场（选项C）等三类严重限制竞争的横向垄断协议的，反垄断执法机构不应接受经营者提出承诺。

思维拓展

思维拓展内容详见2022年注册会计师全国统一考试真题详解多选第14题。

坑点提示

坑点提示内容详见2022年注册会计师全国统一考试真题详解多选第14题。

历年考情

2022年多项选择题、2021年多项选择题考查经营者承诺。

14.根据反垄断法律制度的规定，下列关于反垄断民事诉讼的表述中，正确的有（　　）。

A.因行业协会章程违反反垄断法而发生争议的经营者，可以向人民法院提起反垄断民事诉讼

B.反垄断民事诉讼双方当事人都有权向人民法院申请专家出庭，经人民法院准许，双方聘请的专家都可以出庭并发表专业意见

C.人民法院受理反垄断民事案件，应以执法机构对相关垄断行为进行调查为前提条件

D.经人民法院同意，反垄断民事诉讼当事人可以协商确定专业机构就案件专门性问题作出经济分析报告

【本题答案】ABD

【本题解析】本题考核反垄断民事诉讼。在我国，人民法院受理垄断民事纠纷案件，不以执法机构已对相关垄断行为进行了查处为前提条件，选项C不当选。选项A、B、D均当选。

审题要点

题目中提示“反垄断民事诉讼”，考生可迅速锁定考查的知识点是反垄断民事诉讼。该种题目，“下列关于……表述中，正确的是（　）”属于对该知识点的综合性考查，需要全面掌握该知识点。

思维拓展

反垄断民事诉讼

原告资格	因垄断行为受到损失以及因合同内容、行业协会的章程等违反《反垄断法》而发生争议的自然人、法人或者其他组织，可以向人民法院提起反垄断民事诉讼 【提醒】作为间接购买人的消费者，只要因垄断行为受损，也可以作为垄断民事案件的原告	
与行政执法的关系	不以执法机构已对相关垄断行为进行了查处为前提条件	
专家在诉讼中的作用	就案件的专门性问题进行说明	不是证据，是参考依据
	就案件的专门性问题作出的市场调查或者经济分析报告	应当视为鉴定意见，是证据
持续性垄断行为	原告起诉时被诉垄断行为已经持续超过3年，被告提出诉讼时效抗辩的，损害赔偿应当自原告向人民法院起诉之日向前推算3年计算	

坑点提示

反垄断民事诉讼

只要你觉得你因为垄断行为受到损害了，不论是直接购买人还是间接购买人，都可以去告，不以执法机构已对相关垄断行为进行了查处为前提条件，你觉得你因为垄断行为受到损害了，就可以去告。专家说明是参考不是证据，但专家出市场调查或者经济分析报告了，就是鉴证，是证据了。持续性的超3年，损失算3年。

历年考情

2021年单项选择题、多项选择题、2019年单项选择题考查反垄断民事诉讼。

审题要点

题目中提示“涉外经济法律制度”，考生可迅速锁定考查的知识点是涉外经济法律制度。该种题目，“下列关于……表述中，正确的是（ ）”属于对该知识点的综合性考查，需要全面掌握该知识点。

15. 下列关于涉外经济法律制度的表述中，正确的有（ ）。

A. 涉外经济法律制度是调整涉外经济关系的法律规范的总称

B. 一国的涉外经济法律制度属于其国内法

C. 一国缔结或参加的双边或多边国际条约、协定，对其涉外经济法律制度有重要影响

D. 外商投资法律制度和对外投资法律制度同属涉外投资法律制度

【本题答案】ABCD

【本题解析】本题考核涉外经济法律制度的概念。涉外经济法律制度是调整涉外经济关系的法律规范的总称。一国的涉外经济法律制度尽管仍属国内法，却必然需要较多地考虑其他国家（地区）的相关法律制度以及通行的国际规则。一国缔结或参加的双边和多边国际条约、协定，对于其涉外经济法律制度有着重要影响。按照资本流入、流出的方向不同，涉外投资习惯上又区分为外商投资和对外（海外）投资，从而形成外商投资法律制度和对外投资法律制度这两套各有特点而又相互联系的法律制度。

思维拓展

涉外经济法律制度

（1）涉外经济法律制度是调整涉外经济关系的法律规范的总称。

（2）一国的涉外经济法律制度尽管仍属国内法，却必然需要较多地考虑其他国家（地区）的相关法律制度以及通行的国际规则。

（3）一国缔结或参加的双边和多边国际条约、协定，对于其涉外

经济法律制度有着重要影响。

（4）外商投资法律制度和对外投资法律制度同属涉外投资法律制度。

（5）无论是涉外投资，还是对外贸易，都要受制于我国的外汇管理制度。

（6）涉外投资法律制度、对外贸易法律制度和外汇管理制度有着不可分割的内在联系，共同构成涉外经济法律制度这个整体。

坑点提示

该种题目可以根据自己的理解判断。外商投资就是外国投资者在中国境内投资。对外投资就是中国投资者在境外投资。这些都是涉外经济法律制度要调整的。我国制定的涉外经济法律制度肯定属于国内法。

历年考情

2021 年多项选择题考查涉外经济法律制度。

16. 根据涉外投资法律制度的规定，下列外商投资中，外国投资者或者境内相关当事人应当在实施投资前主动向外商投资安全审查工作机制办公室申报的有（　　）。

> **审题要点**
>
> 题目中提示“外商投资安全审查工作”，考生可迅速锁定考查的知识点是外商投资安全审查的申报范围。

A. 投资军工配套领域

B. 在军事设施周边地域投资

C. 在军工设施周边地域投资

D. 投资关系国家安全的重要基础设施，并取得所投资企业的实际控制权

【本题答案】ABCD

【本题解析】本题考核外商投资安全审查。下列范围内的外商投资，外国投资者或者境内相关当事人（以下统称当事人）应当在实施投资前主动向工作机制办公室申报：（1）投资军工、军工配套等关系国防安全的领域，以及在军事设施和军工设施周边地域投资；（2）投资关系国家安全的重要农产品、重要能源和资源、重大装备制造、重要基础设施、重要运输服务、重要文化产品与服务、重要信息技术和互联网产品与服务、重要金融服务、关键技术以及其他重要领域，并取得所投资企业的实际控制权。

思维拓展

外商投资安全审查制度

工作机制办公室设在国家发展改革委	
由国家发展改革委、商务部牵头	
申报范围	应当在实施投资前主动向工作机制办公室申报： （1）投资军工、军工配套等关系国防安全的领域，以及在军事设施和军工设施周边地域投资。 （2）投资关系国家安全的重要农产品、重要能源和资源、重大装备制造、重要基础设施、重要运输服务、重要文化产品与服务、重要信息技术和互联网产品与服务、重要金融服务、关键技术以及其他重要领域，并取得所投资企业的实际控制权（金融信息互联网，能源文化农产品，装备设施搞运输，关键技术不能少）。 未申报，由工作机制办公室责令限期申报；拒不申报的，责令限期处分股权或者资产以及采取其他必要措施，恢复到投资实施前的状态，消除对国家安全的影响
	申报范围内的外商投资，工作机制办公室有权要求当事人申报
审查机制	分为一般审查和特别审查。审查期间，当事人不得实施投资
一般审查	应当自决定之日起30个工作日内完成一般审查
	不影响国家安全→通过安全审查的决定。 影响或者可能影响国家安全→作出启动特别审查的决定（书面通知当事人）
特别审查	自启动之日起60个工作日内完成；特殊情况下可以延长审查期限，但应书面通知当事人

坑点提示

外商投资安全审查的申报范围：涉军工关系国家安全的重要领域。要注意关系国家安全的重要领域要取得所投资企业的实际控制权才需要申报。

历年考情

2022年单项选择题、2021年多项选择题考查外商投资安全审查。

三、案例分析题（本题型共4小题50分。其中一道小题可以选用中文或英文解答，请仔细阅读答题要求。如使用英文解答，须全部使用英文，答题正确的，增加5分。本题型最高得分为55分。）

1.（本小题10分）2020年10月15日，甲公司因陷入财务困境无法清偿到期债务而向人民法院提出破产申请。此前一周，甲公司职工李某被拖欠多月工资，迳行向人民法院提出针对甲公司的破产申请。

2020年11月10日，人民法院裁定受理甲公司破产案件，并采用竞争方式确定A会计师事务所担任管理人，同时确定B会计师事务所作为管理人的接替人选。甲公司曾于2016年9月1日聘用A会计师事务所担任其财务顾问，聘期1年。

管理人在清理债务人财产过程中发现：

（1）甲公司于2020年5月8日提前向乙公司清偿债务100万元，该笔债务本应于2020年10月10日到期。

（2）甲公司于2020年10月10日向丙公司订购了一套生产设备，约定货到付款。丙公司于11月9日向甲公司发出该设备。在货物运送途中，丙公司于11月12日得知人民法院受理甲公司破产案件，向承运人及管理人要求将设备运回，但未能实现。该设备于11月13日到达管理人。

（3）甲公司章程记载其股东王某应

于2021年5月31日前向公司缴清价值50万元的实物出资。王某已向公司交付一批价值35万元的机械设备以履行出资义务。进入破产程序后，管理人要求王某补缴剩余15万元出资，王某以其出资期限尚未届满为由拒绝。

根据上述内容，分别回答下列问题：

（1）人民法院是否应当受理甲公司职工李某迳行提起的破产申请？并说明理由。

审题要点

问题中抓住关键词“是否应当受理职工李某迳行提起的破产申请”，考生可迅速锁定考查的知识点是职工提出破产申请应经职工代表大会或者全体职工（会议）多数决议通过。

（2）A会计师事务所与本案是否存在影响其忠实履行管理人职责的利害关系？并说明理由。

审题要点

问题中抓住关键词“是否存在影响其忠实履行管理人职责的利害关系”，考生可迅速锁定考查的知识点是管理人资格。

（3）管理人是否有权要求撤销甲公司向乙公司的提前清偿行为？并说明理由。

审题要点

问题中抓住关键词“管理人是否有权要求撤销甲公司向乙公司的提前清偿行为”，考生可迅速锁定考查的知识点是破产撤销权。

（4）管理人是否应当准许丙公司取回生产设备？并说明理由。

审题要点

问题中抓住关键词“管理人是否应当准许丙公司取回生产设备”，考生可去题目中找关键信息“2020年11月10日，人民法院裁定受理甲公司破产案件”“丙卖货物给甲，在货物运送途中，丙公司于11月12日得知人民法院受理甲公司破产案件，向承运人及管理人要求将设备运回，但未能实现。该设备于11月13日到达管理人”，考生可迅速锁定考查的知识点是出卖人的取回权。

（5）王某是否有权以出资期限尚未届满为由拒绝补缴出资？并说明理由。

审题要点

问题中抓住关键词“是否有权以出资期限尚未届满为由拒绝补缴出资”，考生可迅速锁定考查的知识点是债务人的出资人的出资是否受出资期限的限制。

【本题答案】

（1）人民法院不应当受理甲公司职工李某迳行提起的破产申请。根据企业破产法律制度的规定，职工提出破产申请应经职工代表大会或者全体职工（会议）多数决议通过。

思维拓展

1.破产原因

- 破产原因
  - 不能清偿到期债务+资不抵债
  - 不能清偿到期债务+明显缺乏清偿能力
  - 何为“明显缺乏清偿能力”（以下情形 → 无法清偿债务）
    - 因资金严重不足或者财产不能变现等原因
    - 法定代表人下落不明且无其他人员负责管理财产
    - 经人民法院强制执行（任一债权人经强制执行未清偿即可）
    - 长期亏损且经营扭亏困难
    - 【记忆】钱没了无人管财产强制执行长期亏损不能还

2.破产申请

- 三种破产程序
  - 破产清算
  - 和解
  - 重整
- 提出
  - 债务人　三种程序都能提
  - 债权人（以下均和解不提）
    - 有担保债权人
    - 无担保债权人
    - 破产企业的职工（应经职工代表大会或者全体职工会议多数决议通过）
  - 税务和社保　只清算
  - 国务院金融监督管理机构　金融机构破产
  - 债权人申请对债务人进行破产清算的，在人民法院受理破产申请后、宣告债务人破产前，债务人或者出资额占债务人注册资本1/10以上的出资人，可以向人民法院申请重整
- 撤回
  - 受理前：可撤回
  - 受理后：不可撤
  - 不得裁定驳回破产申请，除非不符合破产条件
- 当事人可以在“全国企业破产重整案件信息网”上预约破产立案，上传申请材料等，取得向法院提交破产申请的证据，以维护其破产申请权利
- 破产申请的驳回
  - 受理时债务人未发生破产原因，可以裁定驳回，但是，受理后债务人发生破产原因的除外
  - 受理时债务人存在破产原因，后由于债务人财产的市场价值发生变化导致其在案件受理后资产超过负债，乃至破产原因消失的，不影响破产案件的受理效力与继续审理，人民法院不得裁定驳回申请，债务人如不愿意进行破产清算，可以通过申请和解、重整等方式清偿债务、结束破产程序

坑点提示

1. 是否受理

- 受理
  - 数额异议
  - 是否担保异议
  - 资料不全
  - 以连带责任的人未丧失清偿能力提异议
  - 以其具有清偿能力或者资产超过负债为由提出异议，但又不能立即清偿债务或者与债权人达成和解的
  - 市场价值发生变化导致破产原因消失
  - 以申请人未预先交纳诉讼费用为由提异议
  - 债权人申请动机不纯
  - 债务人存在资产不明等逃债行为
  - （以上情形）异议不成立，不影响人民法院对破产申请的受理
  - 受理时，即发现债务人财产可能不足以支付破产费用、无财产可供分配的，应当先受理破产案件，在对此况审查确认后作出破产宣告，同时作出终结破产程序的裁定

不受理：受理前，提出破产申请的债权人的债权因清偿或者其他原因消灭。不影响其他符合条件的主体再次提出破产申请。

2. 去哪儿申请：破产案件的地域管辖由债务人住所地人民法院管辖。

当事人可以在“全国企业破产重整案件信息网”上预约破产立案、上传申请材料等，取得向法院提交破产申请的证据，以维护其破产申请权利。

3. 破产申请书应当载明下列事项：

（1）申请人、被申请人的基本情况；

（2）申请目的；

（3）申请的事实和理由；

（4）人民法院认为应当载明的其他事项。

抢分秘籍

问异议是否成立的题目，可以按套路答。

答题模板：根据规定，“×××”，异议不成立，不影响人民法院对破产申请的受理。

“×××”可以根据题目中公司提出异议的内容，作些许总结，答题即可。

历年考情

2023年单项选择题、2021年案例分析题考查破产申请的提出——提出破产申请的当事人。2020年案例分析题考查破产申请的提出——破产案件的管辖。2019年案例分析题考查破产申请的提出——破产申请书应当载明事项。

（2）A会计师事务所与本案不存在影响其忠实履行管理人职责的利害关系。根据企业破产法律制度的规定，社会中介机构在人民法院受理破产申请前3年内，曾经担任债务人、债权人的财务顾问、法律顾问，人民法院可以认定为存在利害关系。本案中A会计师事务所并不存在此种情况。

思维拓展

- 谁定：人民法院定人选定报酬
- 管理人资格
  - 可以担任
    - 机构
      - 清算组
      - 社会中介机构
    - 个人
      - 事实清楚、债权债务关系简单、债务人财产相对集中的企业破产案件
  - 不得担任
    - 因故意犯罪受过刑事处罚
    - 曾被吊销相关专业执业证书
    - 与本案有利害关系
  - 回避
    - 机构、清算组
      - 债权债务人都有关系的
        - 有未了结债权债务
        - 3年内
          - 控股股东实控人，财务顾问法律顾问
      - 只和债务人有关系的
        - 3年内曾固定中介服务
    - 个人
      - 机构回避情形再加两条
      - 均是债权债务人都有关系
        - 和控股股东董监高有亲属关系
        - 3年内是其董监高

坑点提示

- 管理人报酬
  - 纯报酬
    - 含：聘用本专业人员费用
    - 不含：其执行职务、进行破产管理工作的费用，如公告费用、变价财产费用等
    - 政府部门派出的工作人员，不支付报酬
  - 聘请其他人的报酬
    - 谁承担赔偿责任：被聘请的中介机构（管理人过错范围内补充赔偿责任）
    - 聘本专业：所需费用从其报酬中支付（破产清算事务所聘用都算聘本专业）
    - 聘非本专业：破产费用（经债权人会议同意）
  - 多少
    - 根据债务人最终清偿的财产价值总额，分段确定
    - 担保权人优先受偿的担保物价值，不计入"债务人最终清偿的财产价值总额"
    - 管理人对担保物的维护、变现、交付等管理工作付出合理劳动的，有权向担保权人收取适当的报酬
    - 重整期间的管理人报酬应当根据管理人对重整发挥的实际作用等因素予以确定和支付

抢分秘籍

必背条文

1.管理人资格

答题模板：根据规定，“xxx”属于有可能影响其忠实履行管理人职责的利害关系，不得担任管理人。

例：根据规定，社会中介机构现在担任或者在人民法院受理破产申请前3年内曾经担任债务人、债权人的财务顾问、法律顾问的，属于有可能影响其忠实履行管理人职责的利害关系，不得担任管理人。

（1）社会中介机构、清算组成员。

①与债务人、债权人有未了结的债权债务关系；

②现在是或者在人民法院受理破产申请前三年内曾经是债务人、债权人的控股股东或者实际控制人；

③现在担任或者在人民法院受理破产申请前三年内曾经担任债务人、债权人的财务顾问、法律顾问；

④在人民法院受理破产申请前三年内，曾为债务人提供相对固定的中介服务；

（2）清算组成员的派出人员、社会中介机构的派出人员、个人管理人。

①具有第（1）项所述情形；

②现在担任或者在人民法院受理破产申请前三年内曾经担任债务人、债权人的董事、监事、高级管理人员；

③与债权人或者债务人的控股股东、董事、监事、高级管理人员存在夫妻、直系血亲、三代以内旁系血亲或者近姻亲关系。

2.管理人无正当理由拒绝人民法院指定的，编制管理人名册的人民法院可以决定停止其担任管理人1–3年，或者将其从管理人名册中除名。

历年考情

2021年案例分析题、2019年单项选择题考查管理人的资格。

（3）管理人无权要求撤销甲公司向乙公司的提前清偿行为。根据企业破产法律制度的规定，破产申请受理前1年内债务人提前清偿的未到期债务，在破产申请受理前已经到期，管理人请求撤销该清偿行为的，人民法院不予支持。

思维拓展

破产撤销权

1. 有权撤销

- 人民法院受理破产申请前一年内
  - 放弃债权
  - 无偿转让财产
  - 以明显不合理的价格进行交易
    - 因撤销受让人已支付价款所产生的债务：共益债务
    - 明显不合理的价格：上下30%
    - 不论相对人是否知情，均可撤销
  - 对没有财产担保的债务提供财产担保
    - 设定债务的同时提供的财产担保，不能撤销
  - 对未到期的债务提前清偿
    - 受理前已经到期不能撤销

2. 个别清偿

- 个别清偿
  - 受理后，个别清偿无效
  - 受理前6个月内：债务人有破产原因仍个别清偿可撤销。但使债务人受益的除外
  - 债务人以其财产向债权人提供物权担保的，在其担保物市场价值内向债权人所作的清偿有效
  - 不撤销的个别清偿
    - 为维系基本生产需要而支付水费、电费等
    - 劳动报酬、人身损害赔偿金
    - 经诉讼、仲裁、执行程序对债权人进行的个别清偿（债务人与债权人恶意串通损害其他债权人利益的除外）

坑点提示

不得抵销的情形

- 不得抵销的情形
  - 债务人的债务人在破产申请受理后取得他人对债务人的债权的
  - 债权人已知债务人有不能清偿到期债务或者破产申请的事实，对债务人负担债务的
  - 债务人的债务人已知债务人有不能清偿到期债务或者破产申请的事实，对债务人取得债权的
  - （以上后两项）因为法律规定或者有破产申请一年前所发生的原因而负担或取得的除外

历年考情

2021年案例分析题、2020年案例分析题考查破产撤销权。

（4）管理人应当准许丙公司取回生产设备。根据企业破产法律制度的规定，人

民法院受理破产申请时，出卖人已将买卖标的物向作为买受人的债务人发运，债务人尚未收到且未付清全部价款的，出卖人对在运途中标的物主张了取回权但未能实现，在买卖标的物到达管理人后，出卖人向管理人主张取回的，管理人应予准许。

思维拓展

取回权

- 一般取回权
  - 可以通过管理人取回，管理人不给，以债务人为被告向人民法院提起诉讼
  - 债务人重整期间不符合双方事先约定条件一般不取回
- 何时取回
  - 破产财产变价方案或者和解协议、重整计划草案提交债权人会议表决前
  - 期限后主张，承担相关费用
- 未支付费用，不让取（留置权）
- 权属不清的鲜活易腐等不易保管的财产或者不及时变现价值将严重贬损的财产，管理人及时变价提存
- 毁损、灭失
  - 代偿取回权　因此获得的保险金、赔偿金、代偿物尚未交付或虽交付但可区分
  - 交付不能区分
    - 毁损、灭失发生在破产申请受理前：普通破产债权
    - 毁损、灭失发生在破产申请受理后：共益债务
- 无权处分
  - 符合善意取得制度：原权利人无法取回该财产
    - 转让行为发生在破产申请受理前：普通破产债权
    - 转让行为发生在破产申请受理后：共益债务
  - 不符合善意取得制度：因第三人已支付对价而产生的债务
    - 转让行为发生在破产申请受理前：普通破产债权
    - 转让行为发生在破产申请受理后：共益债务
- 出卖人取回权（在途标的物）
  - 债务人尚未收到且未付清全部价款，出卖人可以向管理人表示取回在运途中的标的物
  - 管理人可以支付全部价款，请求出卖人交付标的物
  - 到达管理人后行使：管理人不应准许
  - 到达前行使但未实现：到达管理人后，出卖人向管理人主张取回的，管理人应予准许
- 所有权保留买卖合同
  - 所有权保留买卖合同的标的物，不适用于不动产
  - 出卖人对标的物保留的所有权，未经登记，不得对抗善意第三人

坑点提示

出卖人取回权

1. 未及时行使取回权

出卖人对在运途中标的物未及时行使取回权，在买卖标的物到达管理人后向管

理人行使在运途中标的物取回权的，管理人不应准许。

2. 及时行使了取回权但未实现

出卖人通过通知承运人或者实际占有人中止运输、返还货物、变更到达地，或者将货物交给其他收货人等方式，对在运途中标的物主张了取回权但未能实现，或者在货物未达管理人前已向管理人主张取回在运途中标的物，在买卖标的物到达管理人后，出卖人向管理人主张取回的，管理人应予准许。

历年考情

2021 年案例分析题、2020 年案例分析题、2019 年案例分析题考查出卖人取回权。2020 年案例分析题考查一般取回权。

（5）王某无权以出资期限尚未届满为由拒绝补缴出资。根据企业破产法律制度的规定，在企业破产时，出资人必须立即缴纳所认缴的出资，而不受原出资期限是否已到的限制。

思维拓展

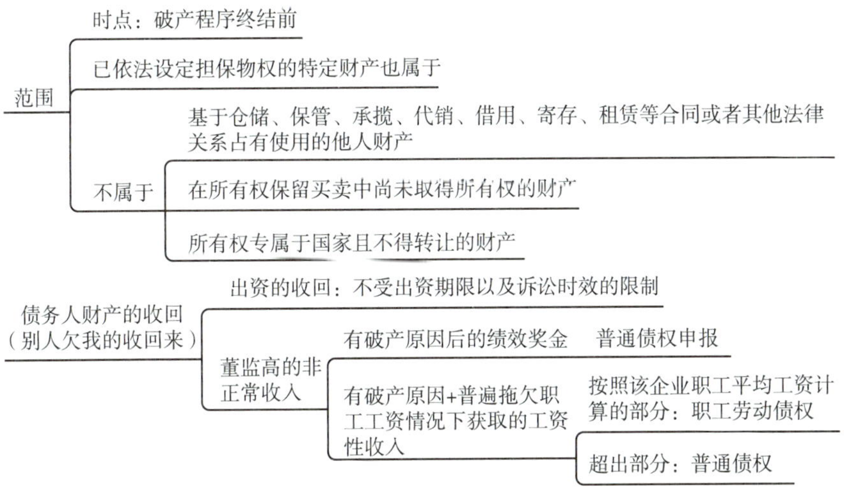

坑点提示

股东以其认缴的出资额或认购的股份为限对公司承担责任。股东认缴的出资是公司的财产。在企业破产时，股东要把没有出资到位的认缴的出资立即缴纳，不受原出资期限是否已到的限制。

历年考情

2021 年案例分析题、2020 年案例分析题考查债务人财产的收回。

2.（本小题10分，可以选用中文或英文解答，如使用英文解答，须全部使用英文，答题正确的，增加5分，最高得分为15分。）

A公司向B公司购买一批货物。为支付货款，A公司向B公司签发一张以甲银行为承兑人的汇票，并在买卖合同中约定："A公司向B公司签发的汇票不得转让"。甲银行作为承兑人在汇票上签章。

B公司收到汇票后，为支付装修款将其背书转让给C公司，并在汇票上注明"不得转让"。C公司为支付房租租金，将该汇票背书转让给D公司。D公司又将该汇票背书转让给E公司，用于购买货物。后E公司未向D公司交付约定质量的货物，构成违约。由于当地突发特大洪水，E公司为捐款赈灾，将该汇票背书转让给红十字会。

汇票到期后，红十字会向甲银行提示付款。甲银行以A公司账户余额不足为由拒绝付款。红十字会遂向前手追索。D公司以E公司违约为由拒绝向红十字会承担票据责任。A公司和B公司均以汇票不得转让为由拒绝向红十字会承担票据责任。

E公司向红十字会承担票据责任后，向D公司追索。

根据上述内容，分别回答下列问题：

（1）A公司"以汇票不得转让为由拒绝向红十字会承担票据责任"的主张是否成立？并说明理由。

（2）B公司是否应承担票据责任？并说明理由。

审题要点

问题中抓住关键词"以汇票不得转让为由拒绝向红十字会承担票据责任"，考生可去题目中找关键信息"在买卖合同中约定：'A公司向B公司签发的汇票不得转让'"，考生可迅速锁定考查的知识点是在票据之外另行记载有关事项，即使其内容和票据有关，也不发生票据法上的效力。

审题要点

问题中抓住关键词"B公司是否应承担票据责任"，考生可去题目中找关键信息"B公司收到汇票后，将其背书转让给C公司，并在汇票上注明'不得转让'"，考生可迅速锁定考查的知识点是背书"不得转让"。

（3）D公司“**以E公司违约为由拒绝向红十字会承担票据责任**”的主张是否成立？并说明理由。

（4）**D公司是否应向E公司承担票据责任**？并说明理由。

【本题答案】

（1）A公司“以汇票不得转让为由拒绝向红十字会承担票据责任”的主张不成立。根据票据法律制度的规定，出票人是票据债务人，承担担保承兑和担保付款的责任。票据行为必须在票据上进行记载，才能产生票据法上的效力。如果在票据之外另行记载有关事项，即使其内容和票据有关，也不发生票据法上的效力。

审题要点

问题中抓住关键词“D公司以E公司违约为由拒绝向红十字会承担票据责任”，考生可去题目中找关键信息“后E公司未向D公司交付约定质量的货物，构成违约”“E公司为捐款赈灾，将该汇票背书转让给红十字会”，考生可迅速锁定考查的知识点是无偿取得票据的受让人所能够取得的权利不得优于其前手。

审题要点

问题中抓住关键词“D公司是否应向E公司承担票据责任”，考生可去题目中找关键信息“后E公司未向D公司交付约定质量的货物，构成违约”，考生可迅速锁定考查的知识点是票据债务人可以对不履行约定义务的与自己有直接债权债务关系的持票人进行抗辩。

思维拓展

票据作为有价证券的特征

票据是债权证券和金钱证券	（1）持票人可以就票据上所载的金额向特定票据债务人行使请求权，其性质是债权，所以票据是债权证券。 （2）就债权的标的而言，持票人享有的权利是请求债务人给付一定的金钱，所以票据是一种金钱证券
票据是设权证券	权利的发生必须首先作成证券。票据上所表示的权利，是由出票这种票据行为创设。没有票据，就没有票据上的权利
票据是文义证券	（1）票据上的一切权利义务，都严格依照票据上记载的文义而定，文义之外的任何理由、事项都不得作为根据。 （2）票据上记载的文义即使有错，通常也不得依据票据之外的其他证据变更或者补充。 （3）票据的这个特征，主要是为了保护善意持票人，以维护交易安全

坑点提示

票据责任

票据上的主债务人	本票出票人、汇票承兑人以及被保证人是主债务人的保证人	最后持票人应当首先对其请求付款，并且在追索关系中，其为最终的偿还义务人，不再享有再追索权
票据上的次债务人	（1）汇票上的出票人、背书人、保证人。 （2）本票上的背书人、保证人。 （3）支票上的出票人、背书人、保证人	
仅仅是票据关系的“关系人”	支票上的付款人，以及未经承兑的汇票的付款人，并非票据义务人	

抢分秘籍

是否承担票据责任

1.常见命题形式：A公司和B公司在买卖合同中约定票据不得转让。

背诵条文：票据是文义证券，A公司和B公司在买卖合同中约定票据不得转让，不具有票据法上的效力。

2.票据上未签章

常见命题形式（1）：伪造

背诵条文：伪造人并未以自己名义在票据上签章，不承担票据责任。

在假冒他人名义的情形下，被伪造人不承担票据责任。

常见命题形式（2）：甲欠乙货款，乙欠丙工程款，甲未在汇票被背书人栏内记载乙公司名称，乙直接补记丙公司为被背书人，背书转让给丙。

背诵条文：背书人未记载被背书人名称即将票据交付他人的，持票人在票据被背书人栏内记载自己的名称与背书人记载具有同等法律效力。

由于乙公司未在该汇票上签章，并非票据债务人，不承担票据责任。

3.保证人未在票据或者粘单上记载“保证”字样而另行签订保证合同或者保证条款。

背诵条文：保证人未在票据或者粘单上记载“保证”字样而另行签订保证合同或者保证条款的，不属于票据保证，不承担票据责任。

历年考情

2022年多项选择题、2021年多项选择题考查票据的特征。2021年多项选择题、单项选择题、2020年单项选择题考查票据上的主债务人。2021年2道案例分析题考查在买卖合同中约定票据不得转让。2020年案例分析题、2019年案例分析题考查未签章是否承担票据责任。

（2）B公司不应当承担票据责任。根据票据法律制度的规定，背书人记载“不得转让”字样的情形下，记载人对于其直接后手的后手不承担票据责任。

思维拓展

（1）背书“不得转让”。

背诵条文：背书人在汇票上记载“不得转让”字样，其后手再背书转让的，原背书人对后手的被背书人不承担保证责任，只对直接的被背书人承担责任。

【提示】电子商业汇票的背书人记载“不得转让”事项的，汇票无法继续进行背书转让。

（2）背书“附条件”：条件无效，背书有效。

常见命题形式：B将汇票背书转让给C，但B在汇票粘单上记载“只有C交货后，该汇票才发生背书转让的效力”。C一直未向B交货。

背诵条文：背书不得附有条件，背书附有条件的，所附条件不具票据上的效力，背书有效。

（3）背书不连续。

常见命题形式：E公司被F公司吸收合并，E公司办理了公司注销登记。6月1日，F公司为支付材料款将该汇票背书转让给G公司。8月5日，G公司向X银行提示付款，X银行以背书不连续为由拒绝付款。

问：在X银行拒绝付款时，G公司应如何证明其是票据权利人？

背诵条文：根据规定，以背书转让的汇票，背书应当连续。持票人以背书的连续，证明其汇票权利；非经背书转让，而以其他合法方式取得汇票的，依法举证，证明其汇票权利。因此，G需要证明：E公司与F公司发生了吸收合并，E公司被注销登记，E公司的所有权利、义务均由F公司承受。那么尽管背书不连续，但G公司用相关证件证明了E、F之间权利转移的原因，G就可以主张票据权利了。

（4）背书人未记载被背书人名称即将票据交付他人的，持票人在票据被背书人栏内记载自己的名称。

背诵条文：根据规定，背书人未记载被背书人名称即将票据交付他人的，持票人在票据被背书人栏内记载自己的名称与背书人记载具有同等法律效力。

（5）背书未交付。

常见命题形式：B公司拟向C公司购买钢材，遂在该汇票背书栏中作为背书人签章，并记载C公司为被背书人，由本公司业务人员携至验货现场。由于发现钢材存在质量问题，该业务人员遂将汇票携回，未予交付。

C公司是否因B公司的背书行为而取得票据权利？并说明理由。

背诵条文：C公司未取得票据权利。根据规定，背书是指持票人为将票据权利转让给他人或者将票据权利授予他人行使，在票据背面或者粘单上记载有关事项并签章，然后将票据交付给被背书人的票据行为。在本题中，尽管B公司在该汇票上记载C公司为被背书人，但未将该汇票交付给C公司，C公司未取得票据权利。

坑点提示

1.出票人在汇票上记载“不得转让”字样的，汇票不得转让。如果收款人将此种汇票背书转让（包括贴现）给他人，背书行为无效，取得票据的人并不能因此而取得票据权利。

电子商业汇票的出票人记载“不得转让”事项的，汇票无法进行背书转让。

2. 填明“现金”字样的银行汇票、银行本票和用于支取现金的支票不得背书转让

历年考情

2021年案例分析题、2020年案例分析题考查背书“不得转让”。2019年案例分析题考查背书附条件。

（3）D公司“以E公司违约为由拒绝向红十字会承担票据责任”的主张成立。根据票据法律制度的规定，无偿取得票据的受让人所能够取得的权利不得优于其前手。

思维拓展

因税收、继承、赠与依法无偿取得票据的，所享有的票据权利不得优于其前手的权利。

1. 和基础关系抗辩结合

（1）常见命题形式：

第一种：E（票据持票人）向C追索，C以D未向其交货为由拒绝承担票据责任。E公司知悉C公司与D公司之间的合同纠纷。E公司将票据无偿赠与给F公司。

背诵条文：票据债务人不得以自己与持票人的前手之间的抗辩事由对抗持票人，但持票人明知存在抗辩事由而取得票据的除外。

因税收、继承、赠与依法无偿取得票据的，所享有的票据权利不得优于其前手的权利。

第二种：C公司将该汇票背书转让给D公司，用于支付买卖合同的货款。后因D公司向C公司交付的货物存在严重质量问题，双方发生纠纷。D公司将票据无偿赠与给E公司。

背诵条文：票据债务人可以对不履行约定义务的与自己有直接债权债务关系的持票人，进行抗辩。

因税收、继承、赠与依法无偿取得票据的，所享有的票据权利不得优于其前手的权利。

2. 和非善意取得结合

以欺诈、偷盗或者胁迫等手段取得票据的，或者明知有前列情形，出于恶意取得票据的，不得享有票据权利。

因税收、继承、赠与依法无偿取得票据的，所享有的票据权利不得优于其前手的权利。

坑点提示

票据保证的效力：保证人与被保证人负同一责任。

历年考情

2021年案例分析题考查因税收、继承、赠与依法无偿取得票据的，所享有的票据权利不得优于其前手的权利。

（4）D公司不应当向E公司承担票据责任。根据票据法律制度的规定，票据债务人可以对不履行约定义务的与自己有直接债权债务关系的持票人进行抗辩。

思维拓展

基础关系抗辩

1.常见命题形式：A银行（承兑人）以出票人甲公司银行账户资金不足为由拒绝付款

背诵条文：承兑人不得以其与出票人之间的资金关系来对抗持票人，拒绝支付汇票金额。

2.常见命题形式：

第一种：E（票据持票人）向C追索，C以D未向其交货为由拒绝承担票据责任。C公司与D公司之间的合同纠纷E不知情。

第二种：E公司知悉C公司与D公司之间的合同纠纷。

背诵条文：票据债务人不得以自己与持票人的前手之间的抗辩事由对抗持票人，但持票人明知存在抗辩事由而取得票据的除外。

3.常见命题形式：

持票人E公司持该汇票向甲银行提示付款，甲银行以其与A公司之间的承兑协议已被人民法院撤销为由拒绝付款。

背诵条文：票据债务人不得以自己与出票人之间的抗辩事由对抗持票人，但持票人明知存在抗辩事由而取得票据的除外。

或：票据基础关系的瑕疵并不影响票据行为的效力。如果银行已经作为承兑人签章，即使承兑协议无效或者被撤销，该银行的承兑行为的效力不因此而受影响，持票人有权请求该银行承担票据责任。

4.常见命题形式：C公司将该汇票背书转让给D公司，用于支付买卖合同的货款。后因D公司向C公司交付的货物存在严重质量问题，双方发生纠纷。D公司向E公司（持票人）承担票据责任后，向C公司行使再追索权时，C公司以D公司违反买卖合同约定为由予以拒绝。

背诵条文：票据债务人可以对不履行约定义务的与自己有直接债权债务关系的持票人，进行抗辩。

5. 常见命题形式：A公司向B公司购买货物，合同金额为600万元。为支付货款，A公司向B公司签发了一张银行承兑汇票，但因工作人员疏忽，将汇票金额记载为900万元。B背书转让给C公司，C公司追索时，A公司辩称，900万元票面金额系错误记载，其仅应在600万元合同金额范围内承担票据责任。

背诵条文：基于票据行为无因性理论，票据行为的内容如果与基础关系不一致，票据关系的内容只能依据票据行为来确定。

坑点提示

基于票据行为的无因性，票据基础关系的瑕疵不影响票据行为的效力，但是，基于赠与等无偿的原因而授受票据的，持票人所取得的票据权利不得优于其前手。另外票据债务人可以对不履行约定义务的与自己有直接债权债务关系的持票人，进行抗辩。

历年考情

2022年案例分析题考查、2020年案例分析题、2019年单项选择题考查基础关系抗辩。

3.（本小题15分。）2021年1月5日，赵某向钱某表示希望借款100万元。钱某同意借款，但要求先扣除5万元利息，并且须为该笔借款提供抵押担保与保证担保。赵某愿以自有房屋A提供抵押，朋友孙某则愿提供保证。1月11日，赵某与钱某签订书面借款合同，约定：借款金额100万元，借期6个月，利率5%，届期一次性偿还。同日，孙某与钱某签订书面保证合同，约定孙某就赵某届期未能偿还的全部借款本息承担保证责任，但未约定保证方式；同时，赵某与钱某就房屋A签订书面抵押合同。次日，钱某扣除5万元利息后，向赵某汇款95万元。1月15日，赵某与钱某就房屋A办理抵押登记。

2021年5月25日，赵某欲将房屋以市价卖与李某，并将此事通知钱某，钱某未作回复。2021年6月2日，赵某与李某签订书面房屋买卖合同，并于当日办理过户登记。

赵某届期未能偿还钱某借款。钱某要求就房屋A实现抵押权，遭李某拒绝。钱某转而要求保证人孙某承担保证责任，孙某以享有先诉抗辩权为由予以拒绝。经赵某劝说，孙某同意承担保证责任，但在计算作为保证责任范围的本息金额时，各方发生分歧。分歧解决后，孙某将所有欠款偿还给钱某。事后，孙某向李某追偿，遭李某拒绝。

根据上述内容，分别回答下列问题：

（1）赵某与钱某之间的借款合同何时成立？并说明理由。

（2）钱某对赵某出售房屋之通知未作回复是否影响李某取得房屋A所有权？并说明理由。

（3）钱某是否有权就房屋A实现抵押权？并说明理由。

（4）什么是先诉抗辩权？孙某是否享有先诉抗辩权？并说明理由。

（5）孙某须承担多少金额的保证责任？并说明理由。

（6）孙某是否有权向李某追偿？并说明理由。

【本题答案】

（1）钱某与赵某之间的借款合同于2021年1月12日成立。根据合同法律制度的规定，自然人之间的借款合同自贷款人提供借款时成立。

审题要点

问题中抓住关键词“赵某与钱某之间的借款合同何时成立”，考生可迅速锁定考查的知识点是自然人之间的借款合同自贷款人提供借款时成立。

审题要点

问题中抓住关键词“钱某对赵某出售房屋之通知未作回复是否影响李某取得房屋A所有权”，考生可去题目中找关键信息“赵某向钱某借钱，赵某愿以自有房屋A提供抵押，办理了抵押登记，赵某欲将房屋以市价卖与李某，并将此事通知钱某，钱某未作回复”，考生可迅速锁定考查的知识点是除非当事人另有约定，否则抵押人有权转让抵押物所有权，不必经抵押权人同意。

审题要点

问题中抓住关键词“钱某是否有权就房屋A实现抵押权”，该问题接上问，考生可迅速锁定考查的知识点是抵押权的存续不会因为抵押财产转让而受影响。

审题要点

问题中抓住关键词“先诉抗辩权”，考生可去题目中找关键信息“孙某与钱某签订书面保证合同，约定孙某就赵某届期未能偿还的全部借款本息承担保证责任，但未约定保证方式”，考生可迅速锁定考查的知识点是当事人在保证合同中对保证方式未作约定的，按照一般保证承担保证责任。一般保证人享有先诉抗辩权。

审题要点

问题中抓住关键词“孙某须承担多少金额的保证责任”，考生可迅速锁定考查的知识点是保证责任范围。

审题要点

问题中抓住关键词“孙某是否有权向李某追偿”，考生可去题目中找关键信息“孙某提供人保，李某的房子是抵押物”，考生可迅速锁定考查的知识点是保证与第三人提供的担保并存的，其中一人承担了担保责任，无权向另外一个担保人追偿。

思维拓展

思维拓展内容详见2022年注册会计师全国统一考试真题详解案例分析第3题第（1）问。

坑点提示

坑点提示内容详见2022年注册会计师全国统一考试真题详解案例分析第3题第（1）问。

历年考情

2022年案例分析题、2021年案例分析题、2020年案例分析题考查合同的成立时间。

（2）钱某对赵某出售房屋之通知未作回复不影响李某取得房屋A所有权。根据物权法律制度的规定，除非当事人另有约定，否则抵押人有权转让抵押物所有权，不必经抵押权人同意。

（3）钱某有权就房屋A实现抵押权。根据物权法律制度的规定，抵押权的存续不会因为抵押财产转让而受影响。

思维拓展

抵押物转让限制

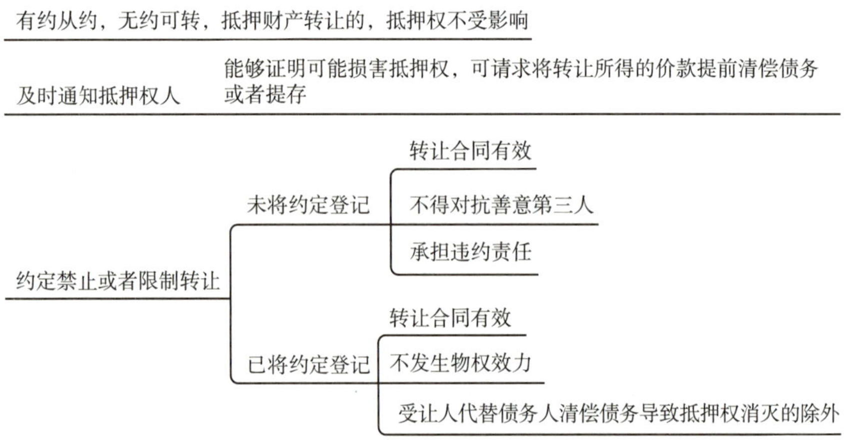

坑点提示

因为抵押权的存续也不会因为抵押财产转让而受影响，转让以后，抵押权人仍可以就该抵押物行使抵押权，故除非当事人另有约定，否则抵押人有权转让抵押物所有权，不必经抵押权人同意。但应该通知抵押权人，因为转让可能影响抵押权人利益。抵押权人能够证明抵押财产转让可能损害抵押权的，可以请求抵押人将转让所得的价款向抵押权人提前清偿债务或者提存。转让价款超过债权数额的部分归抵押人所有，不足部分由债务人清偿。

历年考情

2021年案例分析题考查抵押物转让限制。

（4）先诉抗辩权是指在主合同纠纷未经审判或仲裁，并就债务人财产依法强制执行用于清偿债务前，对债权人可拒绝承担保证责任。孙某享有先诉抗辩权。根据合同法律制度的规定，当事人在保证合同中对保证方式未作约定的，按照一般保证承担保证责任。一般保证责任人享有先诉抗辩权。

思维拓展

思维拓展内容详见2022年注册会计师全国统一考试真题详解案例分析第2题第（3）问。

历年考情

2022年案例分析题、2021年案例分析题考查先诉抗辩权。

（5）孙某须承担保证责任的金额是99.75万元。根据合同法律制度的规定，利息预先在本金中扣除的，应当按照实际借款数额返还借款并计算利息。实际借款数额为95万元，该笔借款利率为5%，故实际借款本息为95+95×5%=99.75（万元）。

思维拓展

思维拓展内容详见2023年注册会计师全国统一考试真题详解单选第8题。

坑点提示

1.该题借款合同和保证责任范围结合考查，具有一定的灵活性。

保证担保的责任范围包括主债权及其利息、违约金、损害赔偿金和实现债权的费用。保证合同对责任范围另有约定的，从约定。

2.民间借贷合同无效情形

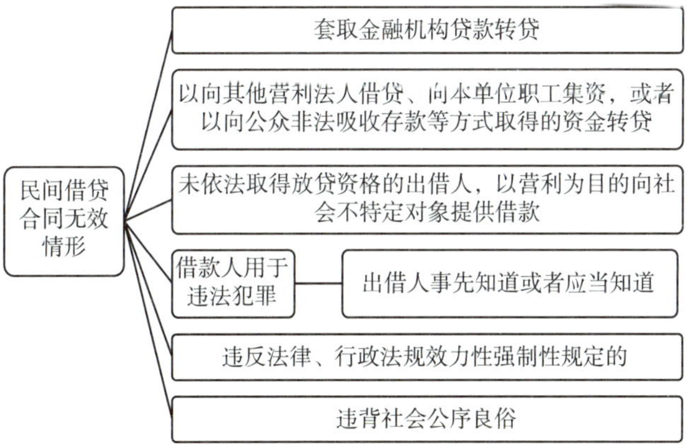

历年考情

2023年案例分析题、单项选择题、2022年单项选择题、2021年多项选择题、案例分析题考查民间借贷合同。

（6）孙某无权向李某追偿。根据合同法律制度的规定，保证与第三人提供的担保并存的，其中一人承担了担保责任，无权向另外一个担保人追偿。

思维拓展

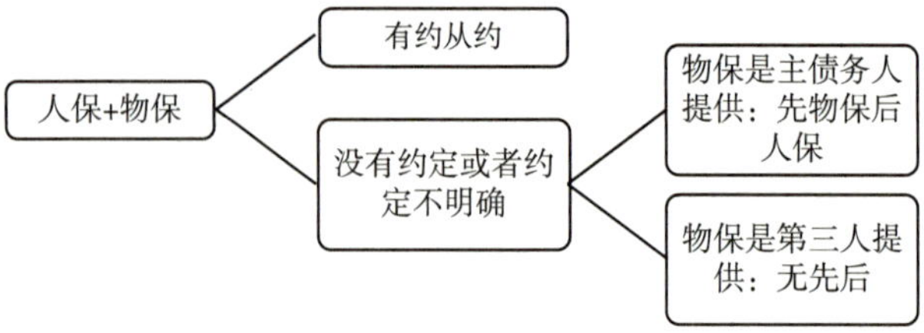

物的担保和保证并存时，如果债务人不履行债务，则根据下列规则确定当事人的担保责任承担：

（1）根据当事人的约定确定承担责任的顺序。

（2）没有约定或者约定不明的，如果保证与债务人提供的物的担保并存，则债权人先就债务人的物的担保求偿。保证在物的担保不足清偿时承担补充清偿责任。

在第三人的物保与债务人的物保并存时，也应同样处理，除非债务人提供的物不足以清偿全部债务。

（3）没有约定或者约定不明的，如果保证与第三人提供的物的担保并存，则债权人既可以就物的担保实现债权，也可以请求保证人承担保证责任 。保证与物的担保居于同一清偿顺序。

（4）没有约定或者约定不明的，如果保证与第三人提供的物的担保并存，其中一人承担了担保责任，则只能向债务人追偿，不能向另外一个担保人追偿。

坑点提示

担保人承担了担保责任后，向债务人追偿，而不能向另外一个担保人追偿。

历年考情

2021年案例分析题考查物保与人保竞合时的处理。

4.（本小题15分。）星美公司是上市公司，股本总额10亿元，控股股东晨亮集团持有该公司53%的股份。星美公司最近一期期末经审计的净资产为2.8亿元。

2019年1月21日，星美公司制订了优先股发行方案草案，计划通过公开发行优先股筹资1.5亿元，第一年采取5%的固定股息率，第二年起股息率参考银行同期贷款利率在3%至6%之间浮动。该方案未获董事会表决通过。

2020年3月26日，为整合行业资源，星美公司拟购买海蓝集团的全资子公司河瀚公司的全部股权。此前经双方审计报告确认，河瀚公司与星美公司最近一个会计年度的合并财务会计报告期末资产总额比为51%，营业收入比为21%，资产净额比为44%。

2021年6月，星美公司面临严重财务困难。豪鑫公司拟收购星美公司部分股份，并提出挽救星美公司的重组方案。该重组方案主要涉及星美公司出售部分资产以及豪鑫公司受让晨亮集团持有的星美公司33%的股份等事宜。

2021年6月16日，星美公司临时股东会审议通过前述部分资产出售方案。

相关材料初稿显示：豪鑫公司拟免于以要约收购的方式受让晨亮集团持有的星美公司33%的股份，且承诺1年内不转让其在星美公司中所拥有的权益；如不符合免于以要约方式增持股份的规定，豪鑫公司拟向星美公司全体股东发出收购其部分股份的要约。

根据上述内容，分别回答下列问题：

（1）星美公司**优先股发行方案草案中确定的筹资1.5亿元**的计划，是否符合证券法律制度的规定？并说明理由。

（2）星美公司**优先股发行方案草案中确定的股息率**是否符合证券法律制度的规定？并说明理由。

（3）星美公司购买海蓝集团的全资子公司河瀚公司的全部股权**是否构成重大资产重组**？并说明理由。

（4）相关材料初稿中的豪鑫公司“承诺1年内不转让其在星美公司中所拥有的权益”内容，是否符合证券法律制度的规定？并说明理由。

（5）**豪鑫公司拟向星美公司全体股东发出部分股份收购要约**是否符合证券法律制度的规定？并说明理由。

审题要点

问题中抓住关键词“优先股发行方案草案中确定的筹资1.5亿元”，考生可迅速锁定考查的知识点是优先股发行条件。

审题要点

问题中抓住关键词“优先股发行方案草案中确定的股息率”，考生可迅速锁定考查的知识点是公开发行优先股必须采取固定股息率。

审题要点

问题中抓住关键词“是否构成重大资产重组”，考生可迅速锁定考查的知识点是重大资产重组行为的界定。

审题要点

原第（4）问2024年教材变化，删除第（4）问题相关资料。

审题要点

问题中抓住关键词“承诺1年内不转让其在星美公司中所拥有的权益”，考生可去题目中找关键信息“星美公司面临严重财务困难。豪鑫公司拟收购星美公司部分股份，并提出挽救星美公司的重组方案”“豪鑫公司拟免于以要约收购的方式受让晨亮集团持有的星美公司33%的股份，且承诺1年内不转让其在星美公司中所拥有的权益”，考生可迅速锁定考查的知识点是免于要约收购。

审题要点

问题中抓住关键词“发出部分股份收购要约”，考生可去题目中找关键信息“豪鑫公司拟免于以要约收购的方式受让晨亮集团持有的星美公司33%的股份”，说明是协议收购，而且接上问，不能免于要约，触发强制全面要约收购，考生可迅速锁定考查的知识点是强制要约收购。

【本题答案】

（1）星美公司优先股发行方案草案中确定的筹资1.5亿元的计划，不符合证券法律制度的规定。根据证券法律制度的规定，公开发行优先股的筹资金额不得超过发行前净资产的50%（或答：星美公司最近一期期末经审计的净资产为2.8亿元，筹资1.5亿元的优先股发行方案超过了净资产的50%）。

（2）星美公司优先股发行方案草案中确定的股息率不符合证券法律制度的规定。根据证券法律制度的规定，为保护公众投资者，公开发行优先股必须采取固定股息率。

思维拓展

优先股

- 谁可以
  - 公开发行　上市公司
  - 非公开发行　上市公司（含注册地在境内的境外上市公司）和非上市公众公司
- 公司应当以现金的形式向优先股股东支付股息
- 优先股发行条件
  - 公司已发行的优先股不得超过公司普通股股份总数的50%，且筹资金额不得超过发行前净资产的50%，已回购、转换的优先股不纳入计算
- 上市公司公开发行优先股主要条件
  - 最近3个会计年度实现的年均可分配利润应当不少于优先股一年的股息
  - 最近3个会计年度应当连续盈利
  - 情形之一
    - 其普通股为上证50指数成份股
    - 以公开发行优先股作为支付手段收购或吸收合并其他上市公司
    - 以减少注册资本为目的回购普通股的，可以公开发行优先股作为支付手段，或者在回购方案实施完毕后，可公开发行不超过回购减资总额的优先股
    - 【记忆】50为收购减资回购普通股换优先股
- 公开发行优先股特殊要求
  - 采取固定股息率
  - 在有可分配税后利润的情况下必须向优先股股东分配股息
  - 未向优先股股东足额派发股息的差额部分必须累积到下一会计年度
  - 优先股股东按照约定的股息率分配股息后，不再同普通股股东一起参加剩余利润分配

坑点提示

学会从问题中找信息，题目问“星美公司优先股发行方案草案中确定的筹资1.5亿元的计划是否符合证券法律制度的规定”，考生需要回忆公开发行优先股条件中和筹资金额相关的条件。快速抓住知识点。

历年考情

2021年案例分析题考查优先股的发行与交易。

（3）星美公司购买海蓝集团的全资子公司河瀚公司的全部股权构成重大资产重组。根据证券法律制度的规定，上市公司及其控股或控制的公司购买资产达到资产总额50%以上即构成重大资产重组，购买股权也属购买资产（或答：在本案中，河瀚公司与星美公司的资产总额比超过50%，故构成重大资产重组）。

思维拓展

普通重大资产重组判定

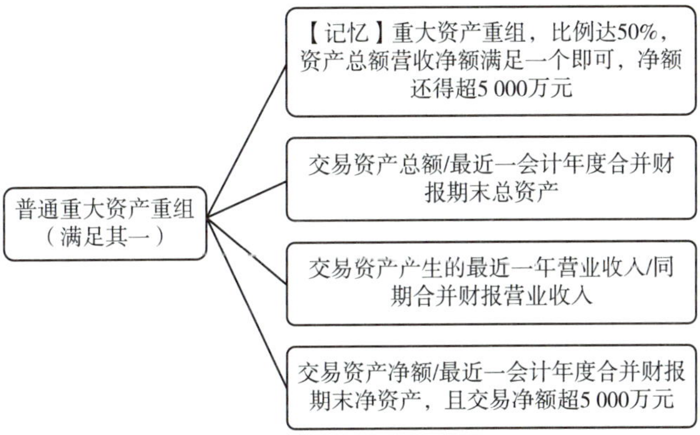

坑点提示

和特殊重大资产重组判定区分

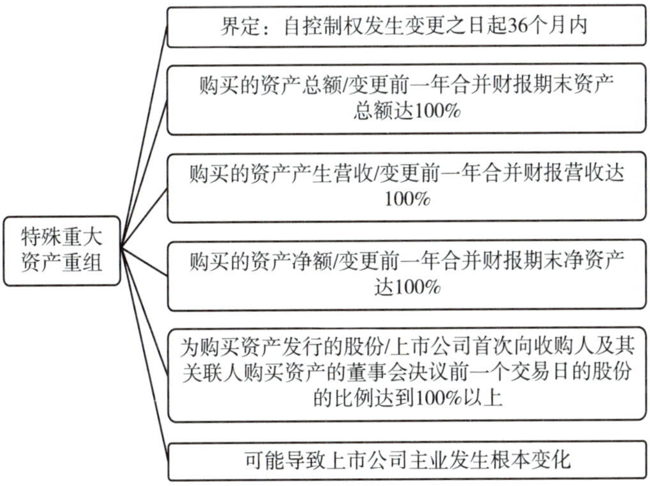

抢分秘籍

必背条文

上市公司及其控股或者控制的公司购买、出售资产，达到下列标准之一的，构成重大资产重组：

（1）购买、出售的资产总额占上市公司最近一个会计年度经审计的合并财务会计报告期末资产总额的比例达到50%以上。

（2）购买、出售的资产在最近一个会计年度所产生的营业收入占上市公司同期经审计的合并财务会计报告营业收入的比例达到50%以上。

（3）购买、出售的资产净额占上市公司最近一个会计年度经审计的合并财务会计报告期末净资产额的比例达到50%以上，且超过5 000万元人民币。

注意答题技巧：题目中符合哪条答哪条即可，不必全部答出。首先在题目中找信息，题目中说“此前经双方审计报告确认，河瀚公司与星美公司最近一个会计年度的合并财务会计报告期末资产总额比为51%，营业收入比为21%，资产净额比为44%”。我们得出资产总额占比符合条件。

答题模板：上市公司及其控股或者控制的公司购买、出售资产XXX（资产总额/营业收入）占比达到50%以上，故构成重大资产重组。

如果是净资产额达标，则答：上市公司及其控股或者控制的公司购买、出售资产净额占净资产额的比例达到50%以上，且超过5 000万元人民币，故构成重大资产重组。

如果模板也答不出，可直接复制题目信息“河瀚公司与星美公司最近一个会计年度的合并财务会计报告期末资产总额比为51%”，达到50%以上，故构成重大资产重组。

历年考情

2021年案例分析题考查普通重大资产重组行为的界定。

（4）相关材料初稿中的豪鑫公司“承诺1年内不转让其在星美公司中所拥有的权益”内容，不符合证券法律制度的规定。根据证券法律制度的规定，上市公司面临严重财务困难，收购人若要免于以要约收购方式增持股份的，其所提出的挽救公司的重组方案应取得该公司股东会批准，且收购人承诺3年内不转让其在该公司中所拥有的权益（或答：承诺1年内不转让所受让股份不符合3年的股份锁定期要求；如“3年”写成“36个月”也可）。

（5）豪鑫公司拟向星美公司全体股东发出部分股份收购要约不符合证券法律制度的规定。根据证券法律制度的规定，收购人拟通过协议方式收购一个上市公司股份超过30%，继续收购又不符合发出免于要约情形的，应当发出全面要约。

思维拓展

思维拓展内容详见2022年注册会计师全国统一考试真题详解单选第18题。

坑点提示

坑点提示内容详见2022年注册会计师全国统一考试真题详解单选第18题。

历年考情

2022年单项选择题、多项选择题、2019年案例分析题考查免于发出要约。2021年案例分析题、2020年案例分析题考查强制要约收购。

2020年注册会计师全国统一考试
《经济法》真题详解

一、单项选择题（本题型共26小题，每小题1分，共26分。每小题只有一个正确答案，请从每小题的备选答案中选出一个你认为正确的答案，用鼠标点击相应的选项。）

审题要点

题目中提示“不得不服从经济条件”“法的特征”，考生可迅速锁定考查的知识点是法的特征。

1.“君主们在任何时候都不得不服从经济条件，并且从来不能向经济条件发号施令。”马克思的这句名言所体现的法的特征是（　　）。

A.法是统治阶级意志的体现

B.法受物质生活条件的制约

C.法是国家意志的体现

D.法是由国家强制力保障实施的行为规范

【本题答案】B

【本题解析】本题考核法的特征。按照马克思主义“经济基础决定上层建筑”的基本原理，作为上层建筑重要组成部分的法，是由具体的经济基础即特定物质生活条件所决定的，因此，统治阶级不可能任意立法。马克思所说的“君主们在任何时候都不得不服从经济条件，并且从来不能向经济条件发号施令”，即表明统治阶级的意志必须服从于社会的物质生活条件。

思维拓展

思维拓展内容详见2023年注册会计师全国统一考试真题详解单选第1题。

坑点提示

判断是否是纳入法律规范范畴的行为规范

<table>
<tr><td rowspan="2">纳入</td><td colspan="2">社会规范（人与人）</td></tr>
<tr><td>经国家制定或认可后的技术规范（人与自然、劳动工具）</td><td>如环境保护、食品安全、建筑质量标准等</td></tr>
<tr><td>不纳入</td><td>单纯的技术规范</td><td>如度量衡等</td></tr>
</table>

抢分秘籍

抓住题目中关键词“经济条件”快速选择物质生活条件。

历年考情

2020年单项选择题考查法的特征。2020年多项选择题考查法律与道德的关系。

2.下列关于法人权利能力与行为能力的表述中，正确的是（　　）。

A.法人先取得权利能力，后取得行为能力

B.法人终止时，权利能力和行为能力同时消灭

C.所有法人都有权利能力，但并非所有法人都有行为能力

D.法人的行为能力只能通过其法定代表人实现

审题要点

题目中提示“法人权利能力与行为能力”，考生可迅速锁定考查的知识点是法律关系主体的权利能力和行为能力。但该种题目，“下列关于……表述中，正确的是（　）”属于该知识点的综合性考查，需要全面掌握该知识点。

【本题答案】B

【本题解析】本题考核法律关系主体的权利能力和行为能力。作为民事法律关系主体的法人，其权利能力从法人成立时产生，其行为能力伴随着权利能力的产生而同时产生；法人终止时，其权利能力和行为能力同时消灭。法人的行为能力则通过法定代表人或其他代理人来实现。

思维拓展

法律关系主体的权利能力和行为能力

	定义	法人 PK 自然人	
权利能力	权利主体享有权利和承担义务的能力，它反映了权利主体取得权利和承担义务的资格	法人	始于成立，终于消灭。 成立：签发营业执照。 消灭：注销登记
		自然人	始于出生、终于死亡
行为能力	权利主体能够通过自己的行为取得权利和承担义务的能力	法人	法人成立时产生，终止时消灭
			与权利能力同生同灭
		自然人	自然人具有行为能力必须首先具有权利能力，具有权利能力并不必然具有行为能力

坑点提示

自然人的民事行为能力

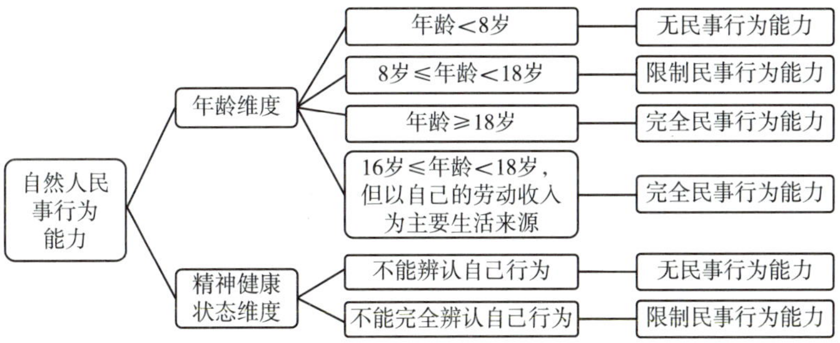

抢分秘籍

法人的权利能力和行为能力同生同灭。而自然人只要人活着就有权利能力，但不一定有行为能力，例如刚出生的婴儿有权利能力，但为无民事行为能力人。自然人具有行为能力必须首先具有权利能力，具有权利能力并不必然具有行为能力。

根据司法解释，判断限制民事行为能力人实施的民事法律行为是否与其年龄、智力、精神健康状况相适应，可以从行为与本人生活相关联的程度，本人的智力、精神健康状况能否理解其行为并预见相应的后果，以及标的、数量、价款或者报酬等方面认定。（2024年新增）

历年考情

2021年单项选择题、2020年单项选择题、2019年单项选择题考查法律关系主体的权利能力和行为能力。

审题要点

题目中提示“民事法律行为概念”，考生可迅速锁定考查的知识点是民事法律行为。该种题目，“下列关于……表述中，正确的是（　）”属于对该知识点的综合性考查，需要全面掌握该知识点。

3.根据民事法律制度的规定，下列关于民事法律行为概念的表述中，正确的是（　　）。

A.民事法律行为以意思表示为要素

B.民事法律行为包括事实行为

C.民事法律行为包括侵权行为

D.民事法律行为的目的是指行为人实施行为的动机

【本题答案】A

【本题解析】本题考核民事法律行为。民事法律行为是民事主体通过意思表示设立、变更或终止民事法律关系的行为。民事法律行为以意思表示为要素，以设立、变更或终止权利义务为目的，此处的“目的”仅指当事人实施民事法律行为所追求的法律后果，不包括行为人实施行为的动机。民事法律行为不包括事实行为与侵权行为。事实行为，即与表达法律效果、特定精神内容无关的行为，如创作行为、侵权行为等。

思维拓展

民事法律行为的概念与特征

概念	民事主体通过意思表示设立、变更、终止民事法律关系的行为
特征	1.以意思表示为要素 2.以设立、变更或终止权利义务为目的 【提醒】此处的“目的”仅指当事人实施民事法律行为所追求的法律后果，不包括行为人实施行为的动机

坑点提示

区分法律事实、事件、行为、法律行为、事实行为

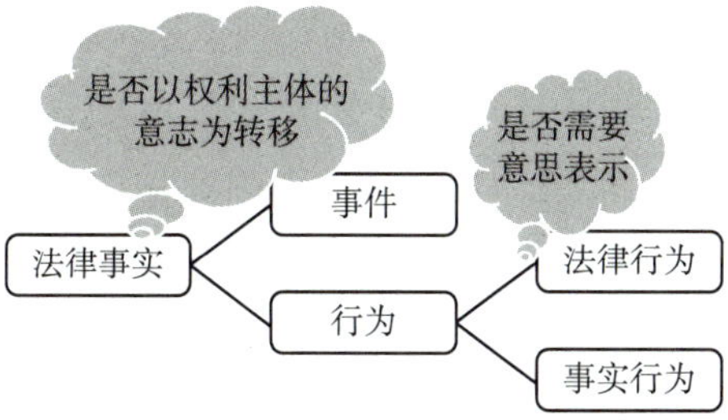

类别		举例	说明
事件		人的出生与死亡	不以权利主体的意志为转移
		自然灾害与意外事件	
		时间的经过	
行为	法律行为	签订买卖合同、赠与合同等	需要意思表示
	事实行为	创作行为、侵权行为等	不需要意思表示

历年考情

2020年单项选择题考查民事法律行为概念。

4.根据民事法律制度的规定，下列关于负担行为与处分行为的表述中，正确的是（　　）。

A.负担行为直接导致既有权利的变动

B.民事主体根据负担行为所负担的义务不包括不作为义务

C.负担行为产生的是债法上的法律效果

D.处分行为中的权利人享有履行请求权

审题要点

题目中提示“负担行为与处分行为”，考生可迅速锁定考查的知识点是民事法律行为分类中的负担行为与处分行为。该种题目重在理解。

【本题答案】C

【本题解析】本题考核负担行为与处分行为。选项A、C，负担行为产生的是债法上的法律效果，处分行为是直接导致权利发生变动的法律行为。选项B，负担行为是使一方相对于他方承担一定给付义务的法律行为。这种给付义务既可以是作为，也可以是不作为。选项D，负担行为中的权利人可以享有要求履行的请求权，义务人的履行行为是请求权实现的重要前提；处分行为则直接使权利发生变动，并不需要义务人积极履行给付义务。

思维拓展

思维拓展内容详见2023年注册会计师全国统一考试真题详解单选

第3题。

坑点提示

负担行为PK处分行为

A公司卖面包给B公司，1月1日签订买卖合同是负担行为，产生债法上的法律效果，B需要给付A钱，A需要把面包交付给B。1月5日A公司将面包交付给B，面包的所有权才转移给B，产生物权变动，交付动产行为是处分行为。

【提醒】区别负担行为和处分行为只需判断是否直接引起物权变动，可以直接引起物权变动的是处分行为。

历年考情

2023年单项选择题、2022年单项选择题、多项选择题、2021年多项选择题、2020年单项选择题考查民事法律行为的分类。

审题要点

题目中提示“须经登记方可生效”，考生可迅速锁定考查的知识点是物权变动——登记生效。

5. 根据物权法律制度的规定，下列物权变动中，须经登记方可生效的是（　　）。

A. 转让土地承包经营权

B. 设定地役权

C. 在生产设备上设定抵押权

D. 设立建设用地使用权

【本题答案】D

【本题解析】本题考核物权变动——登记生效。选项A、B、C，登记不是生效条件而是对抗要件。选项D，建设用地使用权自登记时设立。

思维拓展

思维拓展内容详见2023年注册会计师全国统一考试真题详解案例分析第3题第（5）问。

坑点提示

物权变动

登记生效	不动产所有权，不动产抵押权，建设用地使用权，居住权，质权中基金份额、股权、知识产权中的财产权、应收账款等权利质押 【提醒】三票三单一债券（汇票、支票、本票、存款单、仓单、提单、债券）的质押看是否有权利凭证，有权利凭证交付生效，无权利凭证登记生效
交付生效	一般动产所有权、动产质权

续表

交付生效、登记对抗	船舶、航空器和机动车等特殊动产所有权
合同生效设立，登记对抗	地役权、动产抵押权 【提醒】土地承包经营权自土地承包经营合同生效时设立，土地承包经营权人将土地承包经营权互换、转让的，当事人可以向登记机构申请登记，未经登记，不得对抗善意第三人

历年考情

2023年案例分析题、2021年案例分析题考查不动产抵押权的设立。2022年案例分析题、2020年案例分析题、2019年案例分析题考查动产抵押权的设立。2019年案例分析题考查动产所有权转移。2022年多项选择题考查登记对抗。2023年单项选择题考查基于法律行为的物权变动。2020年单项选择题考查物权变动——登记生效。

6.根据合同法律制度的规定，下列关于承诺的表述中，正确的是（　　）。

审题要点

题目中提示“承诺”，考生可迅速锁定考查的知识点是承诺。该种题目，“下列关于……表述中，正确的是（　）”属于对该知识点的综合性考查，需要全面掌握该知识点。

A.要约以对话方式作出的，承诺应当在合理期限内到达

B.承诺人可以撤回承诺，但撤回承诺的通知不得晚于承诺通知到达要约人

C.受要约人超过承诺期限发出承诺的，除要约人表示反对外，该承诺有效

D.承诺的内容应与要约的内容一致，否则视为新要约

【本题答案】B

【本题解析】本题考核承诺。选项A，承诺应当在要约确定的期限内到达要约人；要约没有确定承诺期限的，并且是以对话方式作出的，应当即时作出承诺，但当事人另有约定的除外。选项C，受要约人超过承诺期限发出承诺的，为迟延承诺，除要约人及时通知受要约人该承诺有效的以外，迟延的承诺应视为新要约。选项D，承诺的内容应当与要约的内容一致。受要约人对要约的内容作出实质性变更的，为新要约。承诺对要约的内容作出非实质性变更的，除要约人及时表示反对或者要约表明承诺不得对要约的内容作出任何变更的以外，该承诺有效，合同的内容以承诺的内容为准。

思维拓展

思维拓展内容详见2021年注册会计师全国统一考试真题详解单选

第7题。

坑点提示

坑点提示内容详见2021年注册会计师全国统一考试真题详解单选第7题。

历年考情

2021年单项选择题、2020年单项选择题、案例分析题考查承诺。

审题要点

题目中提示“赠与合同撤销”，考生可迅速锁定考查的知识点是赠与合同撤销。

7.根据合同法律制度的规定，下列关于赠与合同撤销的表述中，正确的是（　　）。

A.受赠人有法律规定的忘恩行为时，即使赠与具有救灾性质，赠与人也可以撤销赠与

B.受赠人严重侵害赠与人的近亲属的，赠与人不得以此为由撤销赠与

C.赠与人的撤销权，须从撤销原因发生之日起1年内行使

D.赠与人因受赠人的侵害行为而死亡的，赠与人的继承人行使撤销权的期间是自知道或者应当知道撤销原因之日起1年

【本题答案】A

【本题解析】本题考核赠与合同的撤销。选项A、B，受赠人有下列情形之一的，赠与人可以撤销赠与：（1）严重侵害赠与人或者赠与人的近亲属；（2）对赠与人有扶养义务而不履行；（3）不履行赠与合同约定的义务。因受赠人的违法行为致使赠与人死亡或者丧失民事行为能力的，赠与人的继承人或者法定代理人可以撤销赠与。这些是法定撤销情形，不论赠与合同是否经过公证，赠与财产的权利是否转移，赠与是否具有社会公益、道德义务性质，有撤销权的人（包括赠与人、赠与人的继承人和法定代理人）即可行使撤销权。选项C、D，赠与人的撤销权，自知道或者应当知道撤销原因之日起1年内行使。赠与人的继承人或者法定代理人的撤销权，自知道或者应当知道撤销原因之日起6个月内行使。

思维拓展

思维拓展内容详见2021年注册会计师全国统一考试真题详解多选第4题。

坑点提示

坑点提示内容详见2021年注册会计师全国统一考试真题详解多选

第4题。

历年考情

2021年多项选择题、2020年单项选择题考查赠与合同的任意撤销权和法定撤销权。

8. 根据合伙企业法律制度的规定，下列主体中，可以成为普通合伙人的是（　　）。

审题要点

题目中提示“可以成为普通合伙人”，考生可迅速锁定考查的知识点是不能作为普通合伙人的情形。

A. 某公益性事业单位　　B. 创业板上市的某民营企业

C. 某大型国有企业　　D. 某个人独资企业

【本题答案】D

【本题解析】本题考核普通合伙企业的设立。国有独资公司、国有企业、上市公司以及公益性的事业单位、社会团体不得成为普通合伙人。

思维拓展

谁能成为普通合伙人

1. 合伙人为自然人的，应当具有完全民事行为能力，无民事行为能力人和限制民事行为能力人不得成为普通合伙人。

2. 国有独资公司、国有企业、上市公司以及公益性的事业单位、社会团体不得成为普通合伙人，但可以成为有限合伙人。（国有上市公益性）

【提醒】这些人都可以成为有限合伙人

坑点提示

由于普通合伙人要承担无限连带责任，无民事行为能力人和限制民事行为能力人无法承担这个责任，不能成为普通合伙人，但无限合伙人只出钱不管事，所以无民事行为能力人和限制民事行为能力人也可以成为有限合伙人。国有独资公司、国有企业、上市公司以及公益性的事业单位、社会团体的背后是国家的资产，是股民的资产，是公益性的资产，也不能承担无限连带责任，故不能成为普通合伙人，但可以成为有限合伙人。

历年考情

2021年单项选择题、2020年单项选择题考查不能作为普通合伙人的情形。

审题要点

题目中提示“当然退伙事由”，考生可迅速锁定考查的知识点是当然退伙。

9.根据合伙企业法律制度的规定，下列情形中，属于当然退伙事由的是（　　）。

A.合伙人未履行出资义务

B.合伙人个人丧失偿债能力

C.合伙人执行合伙事务时有不正当行为

D.合伙人因故意或重大过失给合伙企业造成损失

【本题答案】B

【本题解析】本题考核当然退伙。普通合伙人有下列情形之一的，当然退伙:（1）作为合伙人的自然人死亡或者被依法宣告死亡;（2）个人丧失偿债能力;（3）作为合伙人的法人或者其他组织依法被吊销营业执照、责令关闭、撤销，或者被宣告破产;（4）法律规定或者合伙协议约定合伙人必须具有相关资格而丧失该资格;（5）合伙人在合伙企业中的全部财产份额被人民法院强制执行。选项A、C、D属于“除名”的情形。

思维拓展

思维拓展内容详见2022年注册会计师全国统一考试真题详解多选第5题。

坑点提示

坑点提示内容详见2022年注册会计师全国统一考试真题详解多选第5题。

历年考情

2023年单项选择题、2022年单项选择题、2020年单项选择题考查当然退伙。2022年单项选择题、2021年单项选择题、2021年单项选择题考查入退伙及合伙人身份转换的责任承担。2022年单项选择题考查普通合伙企业合伙人退伙结算及其效果。2022年、2020年多项选择题考查通知退伙。2019年多项选择题考查协议退伙。2023年单项选择题考查除名退伙。

审题要点

题目中提示“有限合伙企业合伙事务执行人”，考生可迅速锁定考查的知识点是有限合伙企业的事务执行。

10.根据合伙企业法律制度的规定，下列关于有限合伙企业合伙事务执行人的表述中，正确的是（　　）。

A.合伙协议可以约定由有限合伙人担任合伙事务执行人

B.合伙协议无约定的情况下，全体普通合伙人是合伙事务的共同执行人

C.合伙事务执行人执行合伙事务造成合伙财产损失的，应向合伙企业或其他合伙人承担赔偿责任

D.合伙事务执行人不得要求合伙企业就执行事务的劳动付出支付报酬

【本题答案】B

【本题解析】本题考核有限合伙企业的事务执行。选项A，有限合伙人不执行合伙事务，不得对外代表有限合伙企业。选项C，合伙事务执行人若因自己的"过错"造成合伙企业财产损失的，应向合伙企业或其他合伙人负赔偿责任。选项D，执行事务合伙人可以要求在合伙协议中确定执行事务的报酬及报酬提取方式。

思维拓展

思维拓展内容详见2022年注册会计师全国统一考试真题详解单选第11题。

坑点提示

坑点提示内容详见2022年注册会计师全国统一考试真题详解单选第11题。

历年考情

2022年单项选择题、2020年单项选择题、多项选择题、2019年多项选择题考查合伙企业事务执行。

11.根据合伙企业法律制度的规定，合伙企业解散的，应当进行清算。下列各项中，应当以合伙企业财产优先支付的是（　　）。

> **审题要点**
> 题目中提示"合伙企业解散""清算""应当以合伙企业财产优先支付"，考生可迅速锁定考查的知识点是合伙企业的清算。

A.所欠税款　　B.清算费用

C.职工工资　　D.所欠债务

【本题答案】B

【本题解析】本题考核合伙企业的清算。合伙企业的财产首先用于支付合伙企业的清算费用。

思维拓展

合伙企业财产在支付清算费用和职工工资、社会保险费用、法定补偿金以及缴纳所欠税款、清偿债务后的剩余财产，依照规定进行分配。

【记忆】合伙企业清算财产支付顺序：清算费用先结清，员工关怀

不能少，社保法定要补偿，国家欠税先缴上，还有剩下先还债。

坑点提示

注意和企业破产财产的清偿顺序结合记忆。坑点提示内容详见2023年注册会计师全国统一考试真题详解案例分析第1题第（4）问。

历年考情

2022年多项选择题考查合伙企业清算财产支付——清算费用。2020年单项选择题、2019年单项选择题考查合伙企业清算财产支付顺序。

审题要点

题目中提示“有权作出决议解除股东资格的公司机构”，考生可迅速锁定答案股东会。

12. 甲有限责任公司的职工股东乙未履行出资义务，经公司催告在合理期间内仍拒绝缴纳。根据公司法律制度的规定，有权作出决议解除乙股东资格的公司机构是（　　）。

A. 董事会　　B. 监事会

C. 股东会　　D. 职工代表大会

【本题答案】C

【本题解析】本题考核违反出资义务的责任。有限责任公司的股东未履行出资义务或者抽逃全部出资，经公司催告缴纳或者返还，其在合理期间内仍未缴纳或者返还出资，公司以股东会决议解除该股东的股东资格，该股东请求确认该解除行为无效的，人民法院不予支持。

思维拓展

违反出资义务的责任（2024年新变动）

继续履行出资义务	股东未履行或者未全面履行出资义务，公司或者其他股东请求其向公司依法全面履行出资义务的，人民法院应予支持
	公司设立时，股东未按照公司章程规定实际缴纳出资，或者实际出资的非货币财产的实际价额显著低于所认缴的出资额的，设立时的其他股东与该股东在出资不足的范围内承担连带责任
董事会催缴、股东失权	公司成立后，董事会应当对股东的出资情况进行核查，发现股东未按期足额缴纳公司章程规定的出资的，应当由公司向该股东发出书面催缴书，催缴出资
	未及时履行催缴义务，给公司造成损失的，负有责任的董事应当承担赔偿责任
	股东未按照公司章程规定的出资日期缴纳出资，公司依法发出书面催缴书催缴出资的，可以载明缴纳出资的宽限期；宽限期自公司发出催缴书之日起，不得少于60日
	宽限期届满，股东仍未履行出资义务的，公司经董事会决议可以向该股东发出失权通知，通知应当以书面形式发出
	自通知发出之日起，该股东丧失其未缴纳出资的股权

续表

董事会催缴、股东失权	丧失的股权应当依法转让，或者相应减少注册资本并注销该股权；6个月内未转让或者注销的，由公司其他股东按照其出资比例足额缴纳相应出资
	股东对失权有异议的，应当自接到失权通知之日起30日内，向人民法院提起诉讼
股东权利受限、股东资格解除	股东未履行或者未全面履行出资义务或者抽逃出资，公司根据公司章程或者股东会决议对其利润分配请求权、新股优先认购权、剩余财产分配请求权等股东权利作出相应的合理限制，该股东请求认定该限制无效的，人民法院不予支持
	有限责任公司的股东未履行出资义务或者抽逃全部出资，经公司催告缴纳或者返还，其在合理期间内仍未缴纳或者返还出资，公司以股东会决议解除该股东的股东资格，该股东请求确认该解除行为无效的，人民法院不予支持。 【提醒】在解除股东资格的情形下，人民法院在判决时应当释明，公司应当及时办理法定减资程序或者由其他股东或者第三人缴纳相应的出资。 在办理法定减资程序或者其他股东或者第三人缴纳相应的出资之前，公司债权人依照相关规定请求负有责任的股东、董事、高级管理人员等承担相应责任的，人民法院应予支持
补充清偿责任	股东未履行或者未全面履行出资义务，公司债权人请求未履行或者未全面履行出资义务的股东在未出资本息范围内对公司债务不能清偿的部分承担补充赔偿责任的，人民法院应予支持
	未履行或者未全面履行出资义务的股东已经承担上述责任，其他债权人提出相同请求的，人民法院不予支持
	公司债权人，请求公司的发起人与被告股东承担连带责任的，人民法院应予支持；公司的发起人承担责任后，可以向被告股东追偿
董事、高级管理人员责任	股东在公司增资时未履行或者未全面履行出资义务的，公司、其他股东或者公司债权人请求未尽忠实义务和勤勉义务而使出资未缴足的董事、高级管理人员承担相应责任的，人民法院应予支持；董事、高级管理人员承担责任后，可以向被告股东追偿
股权转让后的出资责任	有限责任公司股东转让已认缴出资但未届出资期限的股权的，由受让人承担缴纳该出资的义务
	受让人未按期足额缴纳出资的，转让人对受让人未按期缴纳的出资承担补充责任
	未按照公司章程规定的出资日期缴纳出资或者作为出资的非货币财产的实际价额显著低于所认缴的出资额的股东转让股权的，转让人与受让人在出资不足的范围内承担连带责任；受让人不知道且不应当知道存在上述情形的，由转让人承担责任
抽逃出资的责任	抽逃出资股东应当返还抽逃的出资；给公司造成损失的，负有责任的董事、监事、高级管理人员应当与该股东承担连带赔偿责任

坑点提示

股东会职权大于董事会大于高管，故有权作出决议解除股东资格的只能是股东会。选举和更换非由职工代表担任的董事、监事，决定有关董事、监事的报酬事项也是股东会的职权。

历年考情

2022年案例分析题、2020年单项选择题、2019年多项选择题考查违反出资义务的责任。

审题要点

题目中提示“请求分配利润”“基于同一分配方案也提出分配利润的请求并申请参加诉讼”，考生可迅速锁定考查的知识点是股利分配请求权。

13.甲有限责任公司的股东乙起诉公司请求分配利润。该公司另一股东丙得知后，在一审法庭辩论终结前，基于同一分配方案也提出分配利润的请求并申请参加诉讼。根据公司法律制度的规定，丙在本案中的诉讼地位是（　　）。

A.共同原告

B.共同被告

C.无独立请求权的第三人

D.有独立请求权的第三人

【本题答案】A

【本题解析】本题考核股利分配请求权。一审法庭辩论终结前，其他股东基于同一分配方案请求分配利润并申请参加诉讼的，应当列为共同原告。

思维拓展

股利分配请求权

制定与实施	无论有限责任公司还是股份有限公司，利润分配方案均由董事会制定，股东会以普通多数决议通过后，再由董事会实施
分配比例	有限责任公司按照股东实缴的出资比例分配利润，全体股东约定不按照出资比例分配利润的除外
	股份有限公司按照股东所持有的股份比例分配利润，公司章程另有规定的除外
何时分配	股东会作出分配利润的决议的，董事会应当在股东会决议作出之日起6个月内进行分配
股利分配请求权诉讼	股东起诉请求公司分配利润的案件，应当列公司为被告
	一审法庭辩论终结前，其他股东基于同一分配方案请求分配利润并申请参加诉讼的，应当列为共同原告
	如果公司股东会已作出含具体分配方案的有效决议，而公司又无正当理由拒不执行该决议的，法院应当判决公司依决议履行分配利润的义务
	如果股东在诉讼中未提交上述决议，法院应驳回其要求公司分配利润的请求，除非公司不分配利润是因部分股东滥用股东权利所致，而且不分配利润损害了其他股东的利益

坑点提示

股利分配请求权诉讼的前提是公司股东会已作出含具体分配方案的有效决议，而公司又无正当理由拒不执行该决议或者公司不分配利润是因部分股东滥用股东权利所致，而且不分配利润损害了其他股东的利益。

历年考情

2022年单项选择题、2020年单项选择题考查股利分配请求权。

14. 根据公司法律制度的规定，公司以法定公积金转增注册资本时，所留存的该项公积金不得少于转增前公司注册资本的（　　）。

依2024年教材重新编写题目。

A. 10%　　B. 15%

C. 25%　　D. 30%

【本题答案】C

【本题解析】本题考核公积金。公司以法定公积金转增注册资本时，所留存的该项公积金不得少于转增前公司注册资本的25%。

思维拓展

公积金

构成	“法定盈余公积金”“任意盈余公积金”“资本公积金”
资本公积金	直接由资本原因形成的公积金，属于资本的储备。公司以超过股票票面金额的发行价格发行股份所得的溢价款、发行无面额股所得股款未计入注册资本的金额以及国务院财政部门规定列入资本公积金的其他项目，应当列为公司资本公积金
公积金的用途	弥补公司的亏损、扩大公司生产经营或者转为增加公司注册资本
公司弥补亏损顺序	第一顺序财源是任意公积金和法定公积金，这两项公积金仍不足以弥补亏损的，可以按照规定使用资本公积金
法定公积金转增注册资本	所留存的该项公积金不得少于转增前公司注册资本的25%

坑点提示

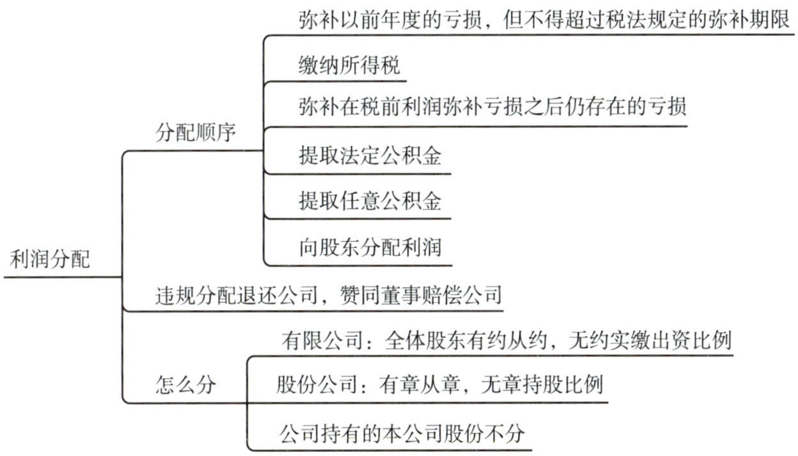

历年考情

审题要点

题目中提示“编制年度报告并披露”，考生可迅速锁定考查的知识点是年度报告的披露。

2020年单项选择题、2019年案例分析题考查公积金。

15. 根据证券法律制度的规定，上市公司应当在每个会计年度结束之日起一定期限内编制年度报告并披露。该期限是（　　）。

A. 1个月　　B. 3个月

C. 4个月　　D. 6个月

【本题答案】C

【本题解析】本题考核年度报告的披露。年度报告应当在每一个会计年度结束之日起4个月内编制完成并披露。

思维拓展

定期报告

内容	包括年度报告、中期报告
年度报告	4个月内（4.30） 强制审计
中期报告	2个月内（8.31）

坑点提示

招股说明书（公开发行股票时）

引用的财务报表的有效期	最近一期截止日后6个月内，可延3个月
招股说明书有效期	招股说明书最后一次签署之日起6个月

依2024年教材重新编写题目。

历年考情

审题要点

题目中提示“公司拟在主板首次公开发行股份并上市”，考生可迅速锁定考查的知识点是主板首发条件。

2020年单项选择题考查年度报告的披露。

16. 根据证券法律制度的规定，公司拟在主板首次公开发行股份并上市的，发行前股本总额的最低数额应当是（　　）。

A. 1 000万元　　B. 2 000万元

C. 3 000万元　　D. 5 000万元

【本题答案】C

【本题解析】本题考核主板首发条件。公司拟在主板首次公开发行股票并上市的，发行前股本总额不少于3 000万元。

思维拓展

思维拓展内容详见2022年注册会计师全国统一考试真题详解多选第9题。

历年考情

2022年单项选择题考查上市公司非公开发行股票的发行价格。2021年单项选择题考查上市公司配股。2020年案例分析题考查公开发行可转债的条件。

17.根据证券法律制度的规定，对证券、发行人公开作出评价、预测或者投资建议，并进行反向证券交易，**影响或者意图影响证券交易价格的行为**是（　　）。

> **审题要点**
> 题目中提示“影响或者意图影响证券交易价格”，考生可迅速锁定考查的知识点是操纵市场行为。

A.内幕交易行为　　B.虚假陈述行为

C.操纵市场行为　　D.编造、传播虚假信息的行为

【本题答案】C

【本题解析】本题考核操纵市场行为。禁止任何人以下列手段操纵证券市场，影响或者意图影响证券交易价格或者证券交易量：（1）单独或者通过合谋，集中资金优势、持股优势或者利用信息优势联合或者连续买卖；（2）与他人串通，以事先约定的时间、价格和方式相互进行证券交易；（3）在自己实际控制的账户之间进行证券交易；（4）不以成交为目的，频繁或者大量申报并撤销申报；（5）利用虚假或者不确定的重大信息，诱导投资者进行证券交易；（6）对证券、发行人公开作出评价、预测或者投资建议，并进行反向证券交易；（7）利用在其他相关市场的活动操纵证券市场；（8）操纵证券市场的其他手段。

思维拓展

思维拓展内容详见2023年注册会计师全国统一考试真题详解案例分析第4题第（3）问。

坑点提示

对证券、发行人公开作出评价、预测或者投资建议，并进行反向证券交易，影响或者意图影响证券交易价格的行为是操纵市场行为，一定要注意要“进行反向证券交易”。如果并没有进行反向证券交易，仅进行公开测评、评价、建议、解读等行为，并影响了证券交易价格或证券交易量，则可能构成利用虚假或者不确定的重大信息，诱导投资者进

行证券交易的操纵证券市场行为。

历年考情

2023年案例分析题、2022年单项选择题、2021年单项选择题、案例分析题、2020年单项选择题、案例分析题考查操纵证券市场。

审题要点

题目中提示“票据上主债务人”，考生可迅速锁定考查的知识点是票据债务人。

18. 根据票据法律制度的规定，下列主体中，属于票据上主债务人的是（　　）。

A. 支票出票人　　B. 汇票承兑人

C. 汇票出票人　　D. 支票付款人

【本题答案】B

【本题解析】本题考核票据债务人。票据上的主债务人，是指本票出票人、汇票承兑人以及被保证人是主债务人的保证人。次债务人包括：（1）汇票上的出票人、背书人、保证人。（2）本票上的背书人、保证人。（3）支票上的出票人、背书人、保证人。支票上的付款人，以及未经承兑的汇票的付款人，并非票据义务人，而仅仅是票据关系的“关系人”。

思维拓展

票据责任

票据上的主债务人	本票出票人、汇票承兑人以及被保证人是主债务人的保证人	最后持票人应当首先对其请求付款，并且在追索关系中，其为最终的偿还义务人，不再享有再追索权
票据上的次债务人	（1）汇票上的出票人、背书人、保证人。 （2）本票上的背书人、保证人。 （3）支票上的出票人、背书人、保证人	
仅仅是票据关系的“关系人”	支票上的付款人，以及未经承兑的汇票的付款人，并非票据义务人	

坑点提示

找票据上的主债务人抓住最后持票人应当首先对谁请求付款这一点，汇票找承兑人，本票找出票人。如果被保证人是主债务人，则保证人属于主债务人；如果被保证人是次债务人，则属于次债务人。

历年考情

2022年多项选择题、2021年单项选择题、2020年单项选择题考查票据上的主债务人。

审题要点

题目中提示“国有金融企业经批准进行改组改制涉及资产评估”，考生可迅速锁定考查的知识点是企业国有资产评估项目核准制。

19. 根据企业国有资产法律制度的规定，国有金融企业经批准进行改组改制涉及资产评估的，其资产评估项目应经特定部门核准。该特定部门是（　　）。

A.财政部门　　B.国有资产监督管理部门

C.证券监督管理部门　　D.市场监督管理部门

【本题答案】A

【本题解析】本题考核企业国有资产评估项目核准制。中央金融企业资产评估项目报财政部核准。地方金融企业资产评估项目报本级财政部门核准。

思维拓展

1.国有资产评估核准制

核准制	一般规定	经各级人民政府批准经济行为的事项涉及的资产评估项目，分别由其授权履行出资人职责的机构负责核准
	金融企业	金融企业下列经济行为涉及资产评估的，资产评估项目实行核准： （1）经批准进行改组改制、拟在境内或者境外上市、以非货币性资产与外商合资经营或者合作经营的经济行为； （2）经县级以上人民政府批准的其他涉及国有资产产权变动的经济行为 中央金融企业资产评估项目报财政部核准，地方金融企业资产评估项目报本级财政部门核准
	企业收到资产评估机构出具的评估报告后，应当逐级上报初审，经初审同意后，自评估基准日起8个月内向履行出资人职责的机构提出核准申请。	

2.国有资产评估备案制

备案制	经国务院国有资产监督管理机构或国务院授权的部门批准经济行为的事项	国务院国有资产监督管理机构或国务院授权的部门负责备案
	经国务院国有资产监督管理机构或国务院授权的部门所出资企业及其各级子企业批准经济行为的事项	由中央企业负责备案
	企业收到资产评估机构出具的评估报告后，将备案材料逐级报送给履行出资人职责的机构或其所出资企业，自评估基准日起9个月内提出备案申请	

3.国有资产评估程序

评估程序	选择评估机构	资产评估机构的组织形式为合伙制或者公司制。 资产评估机构开展国有资产评估业务，应当按规定向省级财政部门备案
	指定评估师	指定至少两名相应专业类别的评估师承办
	出具评估报告	资产评估报告应当由至少两名承办该项业务的评估师签名并加盖资产评估机构印章
	档案保存	评估档案的保存期限不少于15年 属于法定评估业务的，保存期限不少于30年

坑点提示

国务院授权财政部对金融行业的国有资产进行监管。故国有金融企业一般找财政部门，中央找财政部，地方找本级财政部门。

历年考情

2022年多项选择题、2021年多项选择题、2019年单项选择题考查企业国有资产评估的范围。2020年单项选择题考查企业国有资产评估的核准制和备案制。

审题要点

原单选第20题涉及知识点2024年教材已删除，对该题目进行重新编写

20. **甲公司在相关市场中具有市场支配地位**。从2019年3月1日起，甲公司凭借其市场支配地位，持续从事不公平的垄断高价行为。2023年3月1日，该滥用行为的受害人乙公司向人民法院提起民事诉讼，要求判令甲公司赔偿损失。甲公司提出，其滥用行为始于2019年，开始之时乙公司即知情，直至今日才提出损害赔偿，3年诉讼时效已过。下列关于本案损害赔偿的表述中，符合反垄断法律制度规定的是（　　）。

A. 诉讼时效已过，甲公司有权拒绝赔偿乙公司损失

B. 甲公司应赔偿乙公司全部经济损失

C. 甲公司应赔偿乙公司全部经济损失的50%

D. 甲公司应赔偿乙公司自2020年3月1日以来的经济损失

【本题答案】D

【本题解析】本题考核反垄断民事诉讼的诉讼时效。原告起诉时被诉垄断行为已经持续超过3年，被告提出诉讼时效抗辩的，损害赔偿应当自原告向人民法院起诉之日向前推算3年计算。

思维拓展

思维拓展内容详见2021年注册会计师全国统一考试真题详解多选第14题。

坑点提示

一般诉讼时效期间为3年。反垄断民事诉讼中，如果是持续性垄断行为，已经持续超过3年，由于是持续性的，故并没有超过诉讼时效期间，但是计算损害赔偿的时候，应当自原告向人民法院起诉之日向前推算3年计算。

历年考情

2021年单项选择题、多项选择题、2019年单项选择题考查反垄断

民事诉讼。

21.下列经营者集中附加的限制性条件中，属于结构性条件的是（　　）。

A.剥离知识产权　　B.许可关键技术

C.终止排他性协议　　D.开放平台等基础设施

【本题答案】A

【本题解析】本题考核经营者集中附加限制性条件的分类。限制性条件包括如下几类：（1）剥离有形资产、知识产权等无形资产或相关权益等结构性条件；（2）开放网络或平台等基础设施、许可关键技术（包括专利、专有技术或其他知识产权）、终止排他性协议等行为性条件；（3）结构性条件和行为性条件相结合的综合性条件。选项A属于结构性条件，选项B、C、D属于行为性条件。

审题要点

题目中提示“经营者集中附加的限制性条件”“结构性条件”，考生可迅速锁定考查的知识点是经营者集中附加限制性条件的分类。

思维拓展

经营者集中审查决定

禁止集中决定	国务院反垄断执法机构认为经营者集中具有或者可能具有排除、限制竞争效果的，应当作出禁止经营者集中的决定
不予禁止决定	（1）不具有排除、限制竞争效果。 （2）具有或者可能具有排除、限制竞争效果，但是经营者能够证明该集中对竞争产生的有利影响明显大于不利影响或者符合社会公共利益
附条件的不予禁止决定	限制性条件的分类： （1）业务剥离：剥离有形资产、知识产权等无形资产或相关权益等结构性条件。 （2）开放网络或平台等基础设施、许可关键技术（包括专利、专有技术或其他知识产权）、终止排他性协议等行为性条件。 （3）结构性条件和行为性条件相结合的综合性条件

坑点提示

结构性条件PK行为性条件

结构性条件找“剥离”，行为性条件找“开放、许可、终止”等行为。

历年考情

2021年多项选择题、2020年单项选择题、多项选择题考查经营者集中审查决定——限制性条件的分类。

22.下列关于《外商投资法》的特色与创新的表述中，正确的是（　　）。

A.从投资行为法转型为企业组织法

B.全面落实外商投资国民待遇原则

审题要点

题目中提示“《外商投资法》的特色与创新”，考生可迅速锁定考查的知识点是《外商投资法》的特色与创新。

C.仅适用于外商直接投资，不适用于间接投资

D.相比外商投资促进和保护，更加强调对外商投资的管理

【本题答案】B

【本题解析】本题考核《外商投资法》的特色与创新。《外商投资法》的特色与创新主要体现在四个方面，即从企业组织法转型为投资行为法，更加强调对外商投资的促进和保护，全面落实内外资一视同仁的国民待遇原则，以及更加周延地覆盖外商投资实践（适用于外商间接投资）。

思维拓展

《外商投资法》（自2020年1月1日起实施）

特色与创新	（1）从企业组织法转型为投资行为法。 （2）强调对外商投资的促进与保护。 （3）全面落实国民待遇原则。 （4）更加周延地覆盖外商投资实践
5年过渡期	《外商投资法》设置了5年的过渡期，规定在其施行前依照“外资三法”设立的外商投资企业，在其施行后5年内可以继续保留原企业组织形式
准入前国民待遇加负面清单管理制度	（1）所谓“准入前国民待遇”，并不是说准入后就不享受国民待遇。我国对外商投资的国民待遇是从准入后向准入前（或者更准确地说准入阶段）延展，这里所说的准入前国民待遇，实际上是包含准入阶段和准入后的运营阶段在内的整个投资阶段的国民待遇。 （2）负面清单由国务院投资主管部门（国家发改委）会同国务院商务主管部门（商务部）等有关部门提出，报国务院发布或者报国务院批准后由国务院投资主管部门、商务主管部门发布

坑点提示

这种题目理解记忆。

1.原外资三法《中外合资经营企业法》《外资企业法》《中外合作经营企业法》更强调组织形式。《外商投资法》不再是一部企业组织法，而是一部投资行为法；不再是以企业组织为着眼点和依归，而是以投资行为为着眼点和依归。

2.“外资三法”侧重于管理。而《外商投资法》更为强调对外商投资的促进与保护。

3.在“外资三法”时代的大多数时期，外商投资和外国投资者所享有的国民待遇仅限于准入后，亦即获准进入中国市场投资以后。就市场准入本身而言，外国投资者并不享有国民待遇，而是同中国投资者区别对待的，要经过专门的申请和审批程序。

《外商投资法》国家对外商投资实行准入前国民待遇加负面清单管

理制度。所谓“准入前国民待遇”，并不是说准入后就不享受国民待遇。我国对外商投资的国民待遇是从准入后向准入前（或者更准确地说准入阶段）延展，这里所说的准入前国民待遇，实际上是包含准入阶段和准入后的运营阶段在内的整个投资阶段的国民待遇。

4.“外资三法”仅涉及新设投资亦即设立外商投资企业这种外商投资形式，对于跨国并购未予规定，对于通过协议控制等方式进行的间接投资也未涉及。对于反垄断审查、国家安全审查等涉及外商投资行为的特色性问题，“外资三法”也未予涉及，从而不能在立法层面周延地覆盖外商投资实践。《外商投资法》更加周延地覆盖外商投资实践。

历年考情

2020年单项选择题考查《外商投资法》的特色与创新。

23. 某非敏感类境外投资项目，投资主体为地方企业，中方投资额为2亿美元。根据涉外投资法律制度的规定，下列表述中，正确的是（　　）。

> **审题要点**
> 题目中提示“非敏感类境外投资项目”“中方投资额为2亿美元”，考生可迅速锁定考查的知识点是对外直接投资核准备案制度。

A. 该项目应由国家发展改革委核准

B. 该项目应由国家发展改革委备案

C. 该项目应由投资主体注册地的省级政府发展改革部门核准

D. 该项目应由投资主体注册地的省级政府发展改革部门备案

【本题答案】D

【本题解析】本题考核对外直接投资核准备案制度。实行备案管理的范围是投资主体直接开展的非敏感类项目。投资主体是地方企业且中方投资额3亿美元以下的，备案机关是投资主体注册地的省级政府发展改革部门。

思维拓展

思维拓展内容详见2023年注册会计师全国统一考试真题详解单选第25题。

坑点提示

坑点提示内容详见2023年注册会计师全国统一考试真题详解单选第25题。

历年考情

2023年单项选择题、2020年单项选择题考查对外直接投资核准备案制度。2021年单项选择题考查对外直接投资概念。2019年多项选择

审题要点

题目中提示“经常项目外汇管理制度”，考生可迅速锁定考查的知识点是经常项目外汇管理制度。

题考查对外直接投资需要遵循的法律规则。

24. 根据外汇管理法律制度的规定，下列关于经常项目外汇管理制度的表述中，正确的是（　　）。

A. 经常项目包括贸易收支、服务收支和经常转移，但不包括投资收益

B. 经常项目外汇收入实行强制结汇制

C. 经常项目外汇支出凭有效单证进行审批

D. 经常项目外汇收支需有真实、合法的交易基础

【本题答案】D

【本题解析】本题考核经常项目外汇管理制度。经常项目，通常是指一个国家或地区对外交往中经常发生的交易项目，包括贸易收支、服务收支、收益和经常转移。收益包括职工报酬和投资收益两部分；选项A“不包括投资收益”有误。经常项目外汇收入实行意愿结汇制；选项B“强制结汇制”有误。经常项目外汇支出凭有效单证，无需审批；选项C“进行审批”有误。

思维拓展

思维拓展内容详见2023年注册会计师全国统一考试真题详解单选第26题。

坑点提示

坑点提示内容详见2023年注册会计师全国统一考试真题详解单选第26题。

历年考情

2022年单项选择题、2020年单项选择题考查外汇管理制度。

二、多项选择题（本题型共14小题，每小题1.5分，共21分。每小题均有多个正确答案，请从每小题的备选答案中选出你认为正确的所有答案，用鼠标点击相应的选项。每小题所有答案选择正确的得分，不答、错答、漏答均不得分。）

审题要点

题目中提示“法律与道德的关系”，考生可迅速锁定考查的知识点是法律与道德的关系。这种题目重在理解。

1. 下列关于法律与道德的关系的表述中，正确的有（　　）。

A. 法律规范和道德规范的调整范围相互交叉

B. 法律属于社会制度，道德属于社会意识形态

C. 法律规定的是权利，道德强调的是义务

D.法律由国家强制力保障实施，道德主要靠舆论、内心信仰和宣传教育等手段实现

【本题答案】ABD

【本题解析】本题考核法律与道德的关系。从法律与道德之间的关系看，一方面，法律意识与道德观念紧密联系、相互重叠，法律规范与道德规范的调整范围相互交叉、相互包容。通常，法律所禁止和制裁的行为，也是道德所禁止和谴责的行为；法律所要求和鼓励的行为，也是道德所培养和倡导的行为。另一方面，法律与道德也存在区别。法律属于社会制度的范畴，道德属于社会意识形态的范畴；法律规范的主要内容是权利与义务，并且强调两者之间的平衡，道德则强调对他人、对社会集体履行义务、承担责任；法律规范是由国家强制力保证实施的，而道德规范则主要依靠社会舆论、人的内心信念以及宣传教育等手段来实现。

思维拓展

法律与道德

紧密联系、相互重叠	法律规范与道德规范的调整范围相互交叉、相互包容 （1）通常，法律所禁止和制裁的行为，也是道德所禁止和谴责的行为。 （2）通常，法律所要求和鼓励的行为，也是道德所培养和倡导的行为
区别	法律属于社会制度的范畴，道德属于社会意识形态的范畴
	法律规范的主要内容是权利与义务，并且强调两者之间的平衡，道德则强调对他人、对社会集体履行义务、承担责任
	法律规范是由国家强制力保证实施的，而道德规范则主要依靠社会舆论、人的内心信念以及宣传教育等手段来实现

抢分秘籍

这种题目可以根据自己的理解做题，C选项，“法律规定的是权利”，法不可能只有权利，肯定还有义务，故C选项明显不正确。

历年考情

2020年多项选择题考查法律与道德的关系。2020年单项选择题考查法的特征。

2.添附是所有权取得的特殊方式。根据物权法律制度的规定，下列各项中，属于添附的有（　　）。

> **审题要点**
> 题目中提示“添附”，考生可迅速锁定考查的知识点是添附。

A.先占　　B.加工

C.附合　　　　　　　D.混合

【本题答案】BCD

【本题解析】本题考核添附。添附是附合、混合与加工的总称。

思维拓展

思维拓展内容详见2022年注册会计师全国统一考试真题详解单选第5题。

坑点提示

坑点提示内容详见2022年注册会计师全国统一考试真题详解单选第5题。

抢分秘籍

抢分秘籍内容详见2022年注册会计师全国统一考试真题详解单选第5题。

历年考情

2021年、2020年多项选择题考查添附。

审题要点

题目中提示"约定担保和法定担保"，考生可迅速锁定考查的知识点是约定担保方式。

3.担保有约定担保和法定担保之分。根据合同法律制度的规定，下列各项中，属于约定担保的有（　　）。

A.保证　　　　　　　B.抵押

C.留置　　　　　　　D.定金

【本题答案】ABD

【本题解析】本题考核约定担保方式。约定担保包括保证、抵押、质押和定金。留置属于法定担保。

思维拓展

担保方式

合同的主要担保方式	保证、抵押、质押、留置和定金	
约定担保	依据当事人的合同而设立	保证、抵押、质押和定金
法定担保	直接依据法律的规定而设立	留置
人的担保	保证	
物的担保	抵押、质押、留置	
金钱担保	定金	

续表

反担保	担保人可以要求债务人为担保人的担保提供担保
	保证、抵押、质押均可作为反担保方式
	留置和定金不能作为反担保方式
	在债务人自己向原担保人提供反担保的场合，保证就不得作为反担保方式

坑点提示

留置权：债务人不履行到期债务，债权人可以留置已经合法占有的债务人或第三人的动产，并有权就该动产优先受偿。这是法定的权利，不需要当事人之间特别约定。

历年考情

2020年多项选择题考查担保方式。

4.甲、乙、丙三人共同出资成立某普通合伙企业，合伙协议约定甲担任合伙事务执行人，但并未约定其执行事务的权限。根据合伙企业法律制度的规定，下列事项中，甲无权单独决定的有（　　）。

> **审题要点**
> 题目中提示"甲担任合伙事务执行人""甲无权单独决定的"，考生可迅速锁定考查的知识点是合伙事务执行的形式。

A.变更该企业的名称

B.变更该企业的经营范围

C.变更该企业主要经营场所的地点

D.聘任丁担任该合伙企业总经理

【本题答案】ABCD

【本题解析】本题考核合伙事务执行的形式。除合伙协议另有约定外，合伙企业的下列事项应当经全体合伙人一致同意：（1）改变合伙企业的名称；（2）改变合伙企业的经营范围、主要经营场所的地点；（3）处分合伙企业的不动产；（4）转让或者处分合伙企业的知识产权和其他财产权利；（5）以合伙企业名义为他人提供担保；（6）聘任合伙人以外的人担任合伙企业的经营管理人员。

思维拓展

思维拓展内容详见2023年注册会计师全国统一考试真题详解多选第6题。

坑点提示

坑点提示内容详见2023年注册会计师全国统一考试真题详解多选

第6题。

历年考情

2020年多项选择题、2019年多项选择题考查合伙事务执行的形式。

审题要点

题目中提示“合伙人通知退伙”，考生可迅速锁定考查的知识点是通知退伙的条件。

5. 根据合伙企业法律制度的规定，下列各项中，属于合伙人通知退伙应当满足的条件的有（　　）。

A. 合伙协议未约定合伙企业的经营期限

B. 退伙不给合伙企业事务执行造成不利影响

C. 提前30日通知其他合伙人

D. 其他合伙人一致同意

【本题答案】ABC

【本题解析】本题考核通知退伙的条件。通知退伙的条件：（1）必须是合伙协议未约定合伙企业的经营期限；（2）必须是合伙人的退伙不给合伙企业事务执行造成不利影响；（3）必须提前30日通知其他合伙人。

思维拓展

思维拓展内容详见2022年注册会计师全国统一考试真题详解多选第5题。

坑点提示

坑点提示内容详见2022年注册会计师全国统一考试真题详解多选第5题。

历年考情

2020年、2022年多项选择题考查通知退伙。2019年多项选择题考查协议退伙。2023年单项选择题考查除名退伙。2023年单项选择题、2022年单项选择题、2020年单项选择题考查当然退伙。2020年单项选择题、2021年单项选择题、2022年单项选择题考查入退伙及合伙人身份转换的责任承担。2022年单项选择题考查普通合伙企业合伙人退伙结算及其效果。

审题要点

题目中提示“有限责任公司股东增资优先认缴权”，考生可迅速锁定考查的知识点是有限责任公司股东增资优先认缴权。

6. 根据公司法律制度的规定，下列关于有限责任公司股东增资优先认缴权的表述中，正确的有（　　）。

A. 股东享有优先认缴权须以公司决议为前提

B.股东的优先认缴权只能依其实缴出资比例行使

C.股东可以放弃优先认缴权

D.股东可以将其优先认缴权转让给其他股东

【本题答案】CD

【本题解析】本题考核有限责任公司股东增资优先认缴权。选项A、B，有限公司股东的优先认缴权是法定权利，认购数额以其实缴出资比例为准，除非全体股东约定其他认购比例。选项C，股东可以放弃行使自己的增资优先认缴权。选项D，增资优先认缴权可以在公司原股东之间自由转让，但不得转让给股东以外的人。

思维拓展

出资优先权

出资优先权	公司新增资本或发行新股时，原有股东享有的在同等条件下优先认缴出资或者认购新股的权利
优缺点	出资优先权具有保护公司原股东的比例利益免受被动稀释的作用，但也有降低公司公开筹资效率，妨碍公司吸收非现金增资、实施股权激励等负面效果
有限责任公司	有限责任公司股东的出资优先权（具体称“增资优先认缴权”）是法定权利，认缴金额以其实缴出资比例为准，除非全体股东约定其他认缴比例
股份有限公司	股份有限公司股东不享有出资优先权（具体称“新股优先认购权”），除非公司章程另有规定或者股东会决议另有决定
有限责任公司增资优先认缴权具体说明	（1）股东优先认缴权在公司外部增资和内部增资时均可适用。 （2）股东应当在公司形成增资决议的过程中，向公司作出明确且合格的行使优先认缴权的意思表示。优先认缴权性质上属于形成权，股东作出意思表示后即与公司形成认缴出资的合意。 （3）公司原股东仅得在同等条件下行使优先认缴权，因此，当公司拟接纳外部投资者以特定的非现金资产增资、对员工实施股权激励时，原有股东通常因无法满足同等条件而无权优先增资。 （4）优先认缴权的范围限于特定股东的实缴出资比例。全体股东可以约定不按照出资比例行使优先认缴权。此类约定可以采取任何合理的形式，例如约定于章程中、达成书面或口头协议等，法律并无形式上的特别要求。 （5）股东可以放弃行使自己的优先认缴权，其放弃的认缴份额并不当然成为其他股东行使优先认缴权的对象。 （6）优先认缴权可以在公司原股东之间自由转让，但不得转让给股东以外的人。 （7）针对侵害优先认缴权的不同行为，股东可提起的诉讼请求包括：请求人民法院否定相关决议效力、责令公司恢复原状、行使优先认缴权或责令公司继续履行增资认缴协议、判令公司损害赔偿等

坑点提示

注意出资优先权的有限责任公司和股份公司的区别。有限责任公司的股东人少，有一定的人合性，有限公司股东的优先认缴权是法定权利。认缴金额以其实缴出资比例为准，除非全体股东约定其他认缴比例。而股份公司股东人多，特别是上市公司，买了其股票，就可以成为其股东，所以股份有限公司股东不享有出资优先权，除非公司章程另有规定或者股东会决议另有决定。

历年考情

2020年多项选择题考查有限责任公司股东增资优先认缴权。

7.根据证券法律制度的规定，在我国境内发行下列证券时，应当适用《中华人民共和国证券法》的有（　　）。

> **审题要点**
>
> 题目中提示“适用《中华人民共和国证券法》”，考生可迅速锁定考查的知识点是《证券法》的适用范围。

A.股票　　B.公司债券

C.政府债券　　D.存托凭证

【本题答案】ABD

【本题解析】本题考核《证券法》的适用范围。《证券法》规定：“在中华人民共和国境内，股票、公司债券、存托凭证和国务院依法认定的其他证券的发行和交易，适用本法；本法未规定的，适用《中华人民共和国公司法》和其他法律、行政法规的规定。政府债券、证券投资基金份额的上市交易，适用本法；其他法律、行政法规另有规定的，适用其规定。”可见，政府债券、证券投资基金份额还不完全是《证券法》中的证券，只是当其上市交易时，才适用《证券法》。

思维拓展

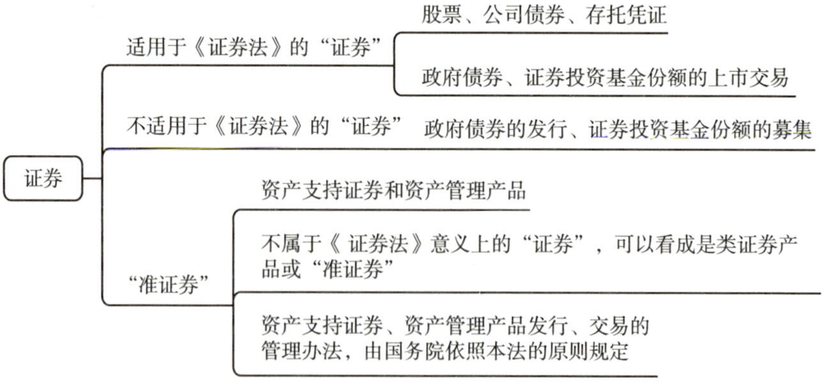

坑点提示

注意我国中央政府债券的发行适用《中华人民共和国国库券条

例》，地方政府债券的发行适用《地方政府债券发行管理办法》，证券投资基金份额的募集适用《证券投资基金法》；只有当政府债券、证券投资基金份额在证券交易所上市交易时，才适用《证券法》。

历年考情

2021年2道多项选择题、2020年多项选择题考查证券法的适用范围。

8. 根据证券法律制度的规定，下列情形中，属于上市公司主动退市的有（　　）。

A. 上市公司向证券交易所主动提出退市申请

B. 上市公司股份被要约收购，不再具备上市条件

C. 上市公司被吸收合并，丧失法人资格

D. 上市公司股东会决议解散公司

【本题答案】ABCD

【本题解析】本题考核主动退市。主动退市可以采取三种模式：一是上市公司向证券交易所主动提出申请；二是由上市公司、上市公司股东或者其他收购人通过向所有股东发出收购全部股份或者部分股份的要约，导致公司股本总额、股权分布等发生变化不再具备上市条件；三是上市公司因新设或者吸收合并，不再具有独立主体资格并被注销，或者上市公司股东会决议解散。

> **审题要点**
> 题目中提示“上市公司主动退市”，考生可迅速锁定考查的知识点是主动退市。

思维拓展

思维拓展内容详见2023年注册会计师全国统一考试真题详解多选第9题。

坑点提示

强制退市

情形	分为重大违法类强制退市、交易类强制退市、财务类强制退市、规范类强制退市等情形
重大违法强制退市情形	（1）欺诈发行、重大信息披露违法或者其他严重损害证券市场秩序的重大违法行为，且严重影响上市地位。 （2）上市公司存在涉及国家安全、公共安全、生态安全、生产安全和公众健康安全等领域的违法行为，情节恶劣，严重损害国家利益、社会公共利益，或者严重影响上市地位
去向	强制退市公司股票应当统一在全国股转系统挂牌转让
退市整理期	退市整理期通常不适用于主动退市公司 交易类强制退市公司股票也不进入退市整理期交易

历年考情

2023年多项选择题、2020年多项选择题考查主动退市。

> **审题要点**
>
> 题目中提示“汇票到期日记载方式”，考生可迅速锁定考查的知识点是汇票到期日的记载方式。

9. 根据票据法律制度的规定，下列各项中，属于汇票到期日记载方式的有（　　）。

A. 见票即付　　　　B. 定日付款

C. 出票后定期付款　　　　D. 见票后定期付款

【本题答案】ABCD

【本题解析】本题考核汇票到期日的记载方式。《票据法》规定了汇票到期日的四种记载方式，分别是：（1）见票即付；（2）定日付款；（3）出票后定期付款；（4）见票后定期付款。

思维拓展

票据期限

<table>
<tr><th colspan="2">票据种类</th><th>提示承兑期限</th><th>提示付款期限</th><th>票据权利时效</th></tr>
<tr><td rowspan="4">商业汇票</td><td>见票即付</td><td>无需提示承兑</td><td>出票日起1个月内</td><td>出票日起2年</td></tr>
<tr><td>定日付款</td><td rowspan="2">到期日前提示承兑</td><td rowspan="3">到期日起10日内</td><td rowspan="3">到期日起2年</td></tr>
<tr><td>出票后定期付款</td></tr>
<tr><td>见票后定期付款</td><td>出票日起1个月</td></tr>
<tr><td colspan="2">本票</td><td>无需</td><td>出票日起最长不得超过2个月</td><td>出票日起2年</td></tr>
<tr><td colspan="2">支票</td><td>无需</td><td>出票日起10日内</td><td>出票日起6个月</td></tr>
</table>

【提醒】

汇票未按照规定期限提示承兑的，持票人丧失对出票人之外的前手的追索权。

如果未在规定期限内提示付款，持票人即丧失对出票人、汇票承兑人之外的前手的追索权。

支票持票人未按照规定期限提示付款的，付款人可以不予付款；付款人不予付款的，出票人仍应当对持票人承担票据责任。

持票人因超过票据权利时效或者因票据记载事项欠缺而丧失票据权利的，仍享有民事权利，可以请求出票人或者承兑人返还其与未支付的票据金额相当的利益。

历年考情

2020年单项选择题、多项选择题考查票据的记载事项。

10.根据企业国有资产法律制度的规定，下列各项中，属于企业国有资产产权登记内容的有（　　）。

A.出资人名称、住所　　B.企业的现金流

C.企业的实收资本　　D.企业的投资情况

【本题答案】ACD

【本题解析】本题考核企业国有资产占有产权登记内容。企业国有资产产权登记包括占有产权登记、变动产权登记、注销产权登记。其中，占有产权登记的主要内容包括：（1）出资人名称、住所、出资金额及法定代表人；（2）企业名称、住所及法定代表人；（3）企业的资产、负债及所有者权益；（4）企业实收资本、国有资本；（5）企业投资情况；（6）国务院国有资产监督管理机构规定的其他事项。

> **审题要点**
>
> 题目中提示“企业国有资产产权登记内容”，考生可迅速锁定考查的知识点是企业国有资产占有产权登记内容。

思维拓展

思维拓展内容详见2022年注册会计师全国统一考试真题详解单选第22题。

坑点提示

该种题目要对内容做到熟悉，另外也可以结合自己的理解。国有资产产权登记，顾名思义主要是对国有资产的登记，故选项B企业的现金流不需要登记，需要登记企业的资产、负债及所有者权益。

历年考情

2022年多项选择题考查国有企业应当申请注销产权登记的情形。2020年多项选择题考查企业国有资产产权登记内容。

11.下列主体中，属于《反垄断法》规制对象的有（　　）。

A.经营者　　B.行业协会

C.行政机关　　D.具有管理公共事务职能的组织

【本题答案】ABCD

【本题解析】本题考核反垄断法适用的主体和行为。反垄断法适用的主体和行为包括：（1）以经营者为主体的垄断行为；（2）行业协会参与的垄断行为；（3）滥用行政权力排除、限制竞争行为（滥用行政权力排除、限制竞争行为的主体是行政机关和法律、法规授权的具有管理公共事务职能的组织）。

> **审题要点**
>
> 题目中提示“《反垄断法》规制对象”，考生可迅速锁定考查的知识点是反垄断法适用的主体和行为。

思维拓展

《反垄断法》的适用范围

《反垄断法》立法宗旨：预防和制止垄断行为，保护市场公平竞争，鼓励创新，提高经济运行效率，维护消费者利益和社会公共利益，促进社会主义市场经济健康发展。

1.地域范围

（1）境内经济活动中的垄断行为，适用《反垄断法》(属地原则)。

（2）境外的垄断行为，对境内市场竞争产生排除、限制影响的，适用《反垄断法》(效果原则)。

【提醒】这里所称“境内”不含我国港、澳、台地区。

2.《反垄断法》适用的主体和行为

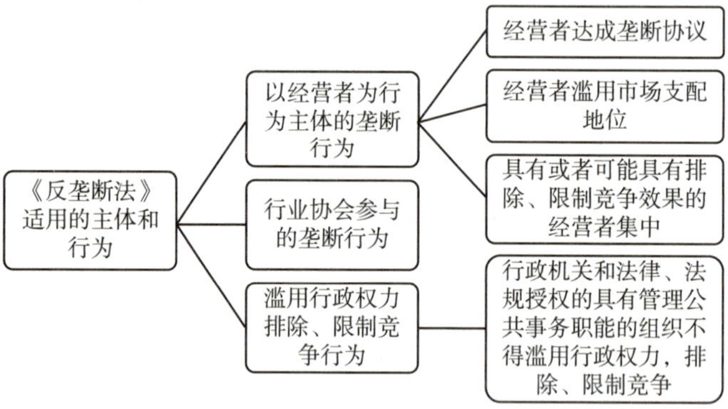

3.《反垄断法》的适用除外

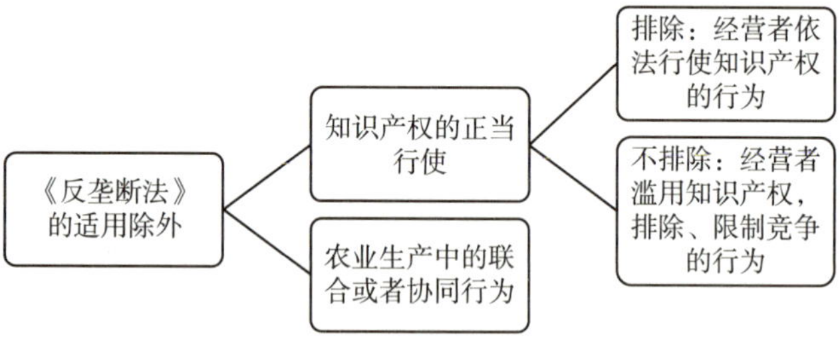

4.国有垄断企业

对于铁路、石油、电信、电网、烟草等重点行业，国家通过立法赋予国有企业以垄断性经营权，但是，如果这些国有垄断企业从事垄断协议、滥用市场支配地位行为，或者从事可能排除、限制竞争的经营者集中行为，同样应受《反垄断法》的规制。

5.垄断协议可被《反垄断法》豁免的条件

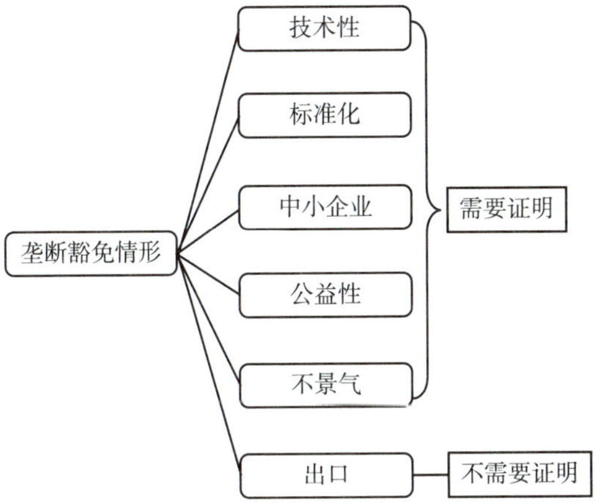

坑点提示

考查《反垄断法》的适用范围，注意《反垄断法》的适用除外和豁免的区别。适用除外是根本就不适用，豁免是适用但给豁免了。另外要注意一些细节，比如知识产权，如果正常使用不适用《反垄断法》，但滥用适用，比如垄断企业正常经营不适用，但是有垄断行为（从事垄断协议、滥用市场支配地位行为，或者从事可能排除、限制竞争的经营者集中行为）同样适用。

历年考情

2021年单项选择题、2020年单项选择题、2019年多项选择题考查《反垄断法》的适用范围。

12.根据反垄断法律制度的规定，下列各项中，属于**反垄断执法机构调查涉嫌垄断行为时可采取的措施**的有（　　）。

A.进入被调查的经营者的营业场所或者其他有关场所进行检查

B.复制被调查的有关单位的会计账簿和电子数据

C.要求被调查的经营者的利害关系人说明有关情况

D.查封、扣押相关证据

【本题答案】ABCD

【本题解析】本题考核反垄断调查措施。反垄断执法机构调查涉嫌垄断行为，可以采取下列措施：（1）进入被调查的经营者的营业场所或者其他有关场所进行检查；（2）询问被调查的经营者、利害关系人或者其他有关单位或者个人，要求其说明有关情况；（3）查阅、复制被调查

审题要点

题目中提示“反垄断执法机构调查涉嫌垄断行为时可采取的措施”，考生可迅速锁定考查的知识点是反垄断调查措施。

的经营者、利害关系人或者其他有关单位或者个人的有关单证、协议、会计账簿、业务函电、电子数据等文件和资料；（4）查封、扣押相关证据；（5）查询经营者的银行账户。

思维拓展

思维拓展内容详见2023年注册会计师全国统一考试真题详解单选第24题。

坑点提示

反垄断执法机构调查涉嫌垄断行为时可采取的措施有查询经营者的银行账户，但是注意不能冻结经营者账户。

历年考情

2023年单项选择题、2022年多项选择题、单项选择题、2021年单项选择题考查反垄断行政执法——反垄断机构及执法权。2021年多项选择题、2020年多项选择题、2019年多项选择题考查反垄断行政执法——反垄断调查措施。

> **审题要点**
>
> 题目中提示“外商投资保护”，考生可迅速锁定考查的知识点是外商投资保护。该种题目，“下列关于……表述中，正确的是（　）”属于对该知识点的综合性考查，需要全面掌握该知识点。这种题目以理解为主。

13. 根据涉外投资法律制度的规定，下列关于外商投资保护的表述中，正确的有（　　）。

A. 国家对于外国投资者的投资，原则上可以实行征收

B. 外国投资者在中国境内的利润，可以依法以人民币或者外汇自由汇出

C. 外国投资者、外商投资企业认为行政行为所依据的国务院部门和地方人民政府及其部门制定的规范性文件不合法，在依法对行政行为申请行政复议或者提起行政诉讼时，可以一并请求对该规范性文件进行审查

D. 行政机关及其工作人员不得利用行政手段强制或者变相强制外国投资者、外商投资企业转让技术

【本题答案】BCD

【本题解析】本题考核外商投资保护。选项A，国家对于外国投资者的投资“原则上不实行征收”。选项B，外国投资者在中国境内的出资、利润、资本收益、资产处置所得、取得的知识产权许可使用费、依法获得的补偿或者赔偿、清算所得等，可以依法以人民币或者外汇自由汇入、汇出。选项C，外国投资者、外商投资企业认为行政行为所依据

的国务院部门和地方人民政府及其部门制定的规范性文件不合法，在依法对行政行为申请行政复议或者提起行政诉讼时，可以一并请求对该规范性文件进行审查。选项D，行政机关及其工作人员不得利用实施行政许可、行政检查、行政处罚、行政强制以及其他行政手段，强制或者变相强制外国投资者、外商投资企业转让技术。

思维拓展

思维拓展内容详见2023年注册会计师全国统一考试真题详解多选第15题。

坑点提示

这种题目理解为主，从保护外商投资出发。

历年考情

2021年单项选择题、2020年多项选择题考查外商投资保护。

14.根据外汇管理法律制度的规定，下列外汇资金中，境内机构可以用于境外直接投资的有（　　）。

审题要点

题目中提示“境内机构可以用于境外直接投资的”，考生可迅速锁定考查的知识点是境外直接投资。

A.自有外汇资金

B.符合规定的国内外汇贷款

C.人民币购汇

D.该机构留存境外的境外直接投资所得利润

【本题答案】ABCD

【本题解析】本题考核境外直接投资。境内机构可以使用自有外汇资金、符合规定的国内外汇贷款、人民币购汇或实物、无形资产及经外汇局核准的其他外汇资产来源等进行境外直接投资。境内机构境外直接投资所得利润也可留存境外用于其境外直接投资。

思维拓展

资本项目外汇管理制度——直接投资项下的外汇管理

外商直接投资	无论是直接投资的汇入还是汇出，外国投资者应先在外汇局办理登记
境外直接投资	境内机构可以使用自有外汇资金、符合规定的国内外汇贷款、人民币购汇或者实物、无形资产及经外汇局核准的其他外汇资产进行境外直接投资。境内机构境外直接投资所得利润也可留存境外用于其境外直接投资
	对于境内机构境外直接投资实行登记备案制度
	境内机构将其所得的境外直接投资利润汇回境内的，可以保存在其经常项目外汇账户或者办理结汇

坑点提示

境内机构可以使用哪些外汇资产进行境外直接投资，只要是合法合规的外汇资产均可以，货币性的也可以，非货币性的实物、无形资产等也可以。

历年考情

2020年多项选择题考查境外直接投资。

三、案例分析题（本题型共4小题55分。其中一道小题可以选用中文或英文解答，请仔细阅读答题要求。如使用英文解答，须全部使用英文，答题正确的，增加5分。本题型最高得分为60分。）

1.（本小题10分。）2019年9月5日，人民法院受理债权人针对债务人甲公司提出的破产申请。随后，甲公司及甲公司股东张某（出资额占甲公司注册资本的比例为15%）均向人民法院提出重整申请，甲公司同时提出自行管理财产和营业事务的申请。9月18日，人民法院裁定甲公司重整，批准甲公司自行管理财产和营业事务，并指定乙会计师事务所为管理人。

重整计划草案调减了甲公司出资人的相应权益，需债权人会议出资人组对此进行表决。甲公司共有股东20人，其中10名股东赞成重整计划草案，合计出资比例为45%；4名股东反对重整计划草案，合计出资比例为15%；其余股东未参加表决。

重整期间，甲公司所欠丙银行一笔借款到期，该笔借款以甲公司正在使用的一台生产设备为抵押担保。丙银行要求将该设备变卖以实现其抵押权。

重整期间，甲公司擅自将存放于公司仓库的一批贵重原材料转移给其关联企业。部分债权人将此情况报告了管理人乙会计师事务所。乙会计师事务所认为，人民法院已批准甲公司自行管理财产和营业事务，因此管理人不再负有义务。

根据上述内容，分别回答下列问题：

（1）张某是否有资格向人民法院提出重整申请？并说明理由。

> **审题要点**
> 问题中抓住关键词“张某是否有资格向人民法院提出重整申请”，考生可去题目中找关键信息“甲公司股东张某（出资额占甲公司注册资本的比例为15%）向人民法院提出重整申请”，考生可迅速锁定考查的知识点是重整申请。

（2）重整计划草案是否通过了出资人组表决？并说明理由。

> **审题要点**
> 问题中抓住关键词“重整计划草案是否通过了出资人组表决”，考生可迅速锁定考查的知识点是重整计划的出资人组表决。

（3）重整期间，丙银行能否就甲公司抵押的设备实现抵押权？并说明理由。

> **审题要点**
> 问题中抓住关键词“重整期间”“能否实现抵押权”，考生可迅速锁定考查的知识点是重整期间，对债务人的特定财产享有的担保权暂停行使。

（4）乙会计师事务所关于“人民法院已批准甲公司自行管理财产和营业事务，因此管理人不再负有义务”的观点是否正确？并说明理由。

> **审题要点**
> 问题中抓住关键词“自行管理财产和营业事务”，考生可迅速锁定考查的知识点是重整程序中财产管理和营业事务执行。

（5）对于甲公司擅自转移财产的行为，债权人可以通过何种途径获得法律救济？并说明理由。

> **审题要点**
> 问题中抓住关键词“甲公司擅自转移财产的行为”“何种途径获得法律救济”，考生可迅速锁定考查的知识点是重整程序中财产管理和营业事务执行——终止自行管理。

【本题答案】

（1）张某有资格向人民法院提出破产重整申请。根据企业破产法律制度的规定，债权人申请对债务人进行破产清算的，在人民法院受理破产申请后、宣告债务人破产前，债务人或者出资额占债务人注册资本1/10以上的出资人，可以向人民法院申请重整。

思维拓展

破产申请

- 三种破产程序
  - 破产清算
  - 和解
  - 重整
- 提出
  - 债务人　三种程序都能提
  - 债权人（和解不提）
    - 有担保债权人
    - 无担保债权人
    - 破产企业的职工（应经职工代表大会或者全体职工会议多数决议通过）
  - 税务和社保　只清算
  - 国务院金融监督管理机构　金融机构破产
  - 债权人申请对债务人进行破产清算的，在人民法院受理破产申请后、宣告债务人破产前，债务人或者出资额占债务人注册资本1/10以上的出资人，可以向人民法院申请重整
- 撤回
  - 受理前：可撤回
  - 受理后：不可撤
  - 不得裁定驳回破产申请，除非不符合破产条件
- 当事人可以在“全国企业破产重整案件信息网”上预约破产立案、上传申请材料等，取得向法院提交破产申请的证据，以维护其破产申请权利
- 破产申请的驳回
  - 受理时债务人未发生破产原因，可以裁定驳回。但是，受理后债务人发生破产原因的除外
  - 受理时债务人存在破产原因，后由于债务人财产的市场价值发生变化导致其在案件受理后资产超过负债，乃至破产原因消失的，不影响破产案件的受理效力与继续审理，人民法院不得裁定驳回申请，债务人如不愿意进行破产清算，可以通过申请和解、重整等方式清偿债务、结束破产程序

坑点提示

注意税务机关和社会保险机构无权提出重整申请，尽管他们可以参加重整程序受偿。税务机关和社会保险机构不能在重整程序中主动作出债权减免的让步，不能为重整作出实质贡献，赋予其重整申请权没有意义。

历年考情

2020年案例分析题考查破产重整申请。

（2）重整计划草案通过了出资人组的表决。根据破产法律制度的规定，出资人组对重整计划草案中涉及出资人权益调整事项的表决，经参与表决的出资人所持表决权2/3以上通过的，即为该组通过重整计划草案。参加表决股东的合计出资比例为60%，其中投赞成票的股东的合计出资比例为45%，超过了法定比例。

思维拓展

债权人会议决议

- 和解协议、重整计划：1/2+2/3
  - 和解协议：由出席会议的有表决权的债权人过半数同意，并且其所代表的债权额占无财产担保债权总额的2/3以上
  - 重整计划的分组表决
    - 权益因重整计划草案受到调整或者影响的债权人或者股东，有权参加表决；不受影响不参加
    - 由出席会议的同一表决组的债权人过半数同意，并且其所代表的债权额占该组债权总额的2/3以上
    - 出资人组对上市公司重整计划草案中涉及出资人权益调整事项的表决，经参与表决的出资人所持表决权2/3以上通过的，即为该组通过重整计划草案
- 其他决议：1/2+1/2：由出席会议的有表决权的债权人过半数通过，并且其所代表的债权额占无财产担保债权总额的1/2以上
- 表决方式
  - 现场表决
  - 采取通信、网络投票等非现场方式：事先告知表决事项，召开后的3日内告知表决结果
- 决议的撤销
  - 召开违反法定程序
  - 表决违反法定程序
  - 决议内容违法
  - 决议超出债权人会议的职权范围
- 方案未通过怎么办
  - 财产的管理方案、破产财产的变价方案未通过：由人民法院裁定，对裁定不服，15日内申请复议。复议期间不停止裁定的执行
  - 破产财产的分配方案未通过：经两次表决仍未通过的，由人民法院裁定。债权额占无财产担保债权总额1/2以上的债权人对裁定不服，15日内向该人民法院申请复议

坑点提示

注意重整计划是分组表决的。债权人组是由出席会议的同一表决组的债权人过半数同意（首先人数过半数），并且其所代表的债权额占该组债权总额的2/3以上（其次债权额占比得2/3以上）。

但是出资人组肯定不会看债权额占比，看的是表决权占比2/3以上，出资人组

也不看人数，出资人组经参与表决的出资人所持表决权2/3以上通过。

另外注意人民法院在必要时可以决定在普通债权组中设小额债权组对重整计划草案进行表决。

历年考情

2020年案例分析题、2019年案例分析题考查重整计划的表决——出资人组表决。

（3）重整期间，丙银行不能就甲公司抵押的设备实现抵押权。根据企业破产法律制度的规定，重整期间，为了不因以担保财产清偿执行而影响债务人生产经营，原则上对债务人的特定财产享有的担保权暂停行使。

思维拓展

重整程序——相关规定

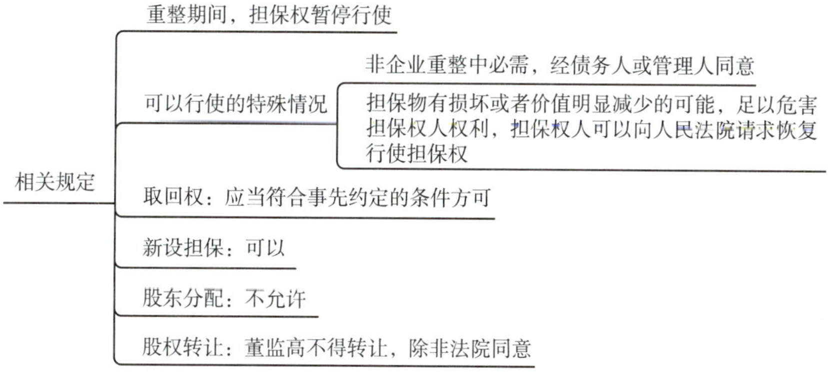

坑点提示

在担保物为企业重整所必需时，物权担保债权人的优先受偿权受到限制，原则上不能行使对担保物的变现权利，这是重整程序与其他破产程序的重大不同之处。限制担保物权的目的，是为保证债务人不因担保财产的清偿执行而影响其生产经营，无法进行重整。

历年考情

2020年案例分析题考查重整期间，对债务人的特定财产享有的担保权暂停行使。

（4）乙会计师事务所关于“人民法院已批准甲公司自行管理财产和营业事务，因此管理人不再负有义务”的观点不正确。根据企业破产法律制度的规定，经人民法院批准由债务人自行管理财产和营业事务的，管理人应当对债务人的自行管理行为进行监督。

（5）债权人可以向人民法院提出申请，作出终止债务人自行管理的决定。根据企业破产法律制度的规定，甲公司擅自转移财产属于严重损害债权人利益的行为，管理人应当申请人民法院作出终止债务人自行管理的决定。本案中，由于管理人怠于履行其监督义务，债权人可以直接向人民法院提出申请。

思维拓展

重整程序——财产管理和营业事务执行、重整计划制定

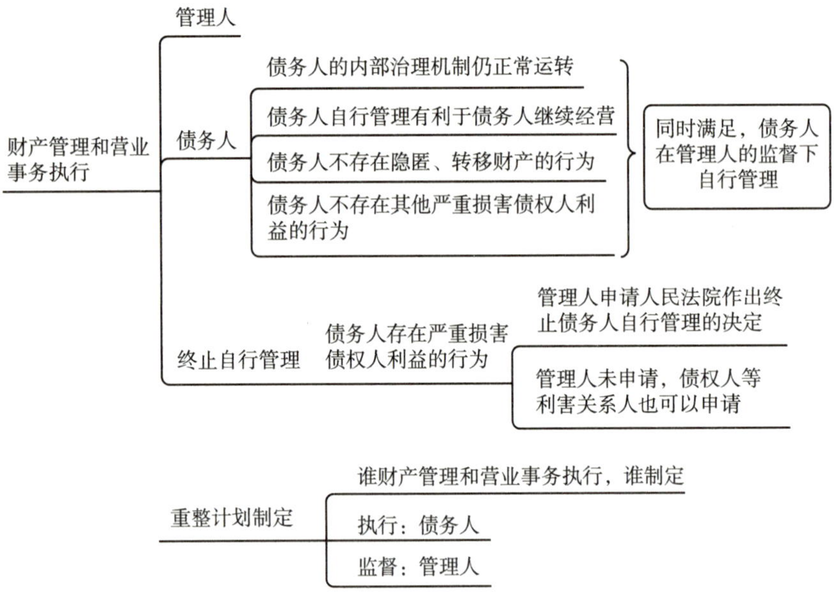

坑点提示

注意债务人自行管理财产和营业事务的，管理人应当对债务人的自行管理行为进行监督。另外注意重整计划的制定，谁财产管理和营业事务执行，谁制定重整计划。如果是管理人财产管理和营业事务执行，管理人制定重整计划。如果是债务人自己财产管理和营业事务执行，债务人制定重整计划。债务人执行重整计划，管理人监督。

历年考情

2020年案例分析题考查重整的管理财产和营业事务执行。

2.（本小题10分，可以选用中文或英文解答，如使用英文解答，须全部使用英文，答题正确的，增加5分，最高得分为15分。）A公司为支付工程款，向B公司签发了一张以甲银行为承兑人、金额为50万元的银行承兑汇票。甲银行作为承兑人在票面上签章。

B公司财务人员项某利用职务之便将汇票盗出，伪造B公司财务专用章和法定代表人签章，将汇票背书转让给与其合谋的C公司。C公司又将该汇票背书转让给D公司，用于偿付货款。D公司对于汇票伪造一事不知情。

后来D公司被E公司吸收合并，E公司于汇票到期日向甲银行提示付款；甲银行以E公司不是汇票上的被背书人为由拒付，E公司遂向B、C公司追索。B公司拒绝，理由是：票据转让背书系项某与C公司合谋伪造，C公司及其后手D公司均未取得票据权利。

根据上述内容，分别回答下列问题：

（1）**C公司是否取得票据权利**？并说明理由。

（2）**D公司是否取得票据权利**？并说明理由。

（3）**B公司是否应当承担票据责任**？并说明理由。

（4）**C公司是否应当承担票据责任**？并说明理由。

【本题答案】

（1）C公司未取得票据权利。C公司与项某合谋，伪造的背书行为无效，故不能取得票据权利。

（2）D公司取得票据权利。虽然C公司并非票据权利人，但D公司善意且无重大过失，且支付了相应对价，故取得票据权利。

审题要点

问题中抓住关键词“C公司是否取得票据权利”，考生可去题目中找关键信息“B公司财务人员项某将汇票盗出，伪造B公司签章，将汇票背书转让给与其合谋的C公司”，考生可迅速锁定考查的知识点是票据的非善意取得。

审题要点

问题中抓住关键词“D公司是否取得票据权利”，考生可去题目中找关键信息“C公司又将该汇票背书转让给D公司，用于偿付货款。D公司对于汇票伪造一事不知情”，考生可迅速锁定考查的知识点是票据权利的善意取得。

审题要点

问题中抓住关键词“B公司是否应当承担票据责任”，考生可去题目中找关键信息“B公司财务人员项某将汇票盗出，伪造B公司签章”，考生可迅速锁定考查的知识点是票据的伪造。

审题要点

问题中抓住关键词“C公司是否应当承担票据责任”，考生可去题目中找关键信息“B公司财务人员项某将汇票盗出，伪造B公司签章，将汇票背书转让给与其合谋的C公司”“C公司又将该汇票背书转让给D公司”“D公司被E公司吸收合并”，考生可迅速锁定考查的知识点是票据上有伪造签章的，不影响其他真实签章的效力。

思维拓展

思维拓展内容详见2022年注册会

计师全国统一考试真题详解案例分析第2题第（4）问。

坑点提示

判定“善意”“非善意”，主要看是否“明知”，所以做题时抓一些关键词，“合谋”“知情”。

另外还要注意，无处分权人处分他人之票据权利，受让人依照票据法所规定的票据转让方式取得票据，并且善意且无重大过失，则可以取得票据权利。除了善意以外，还强调“无重大过失”，如果受让人并非明知，也应尽到一定程度的注意以审查转让人是否有处分权。例如，应当审查转让人的身份是否就是票据上所记载的权利人。

历年考情

2022年案例分析题、2021年2道案例分析题、2020年2道案例分析题考查票据权利的善意取得。

（3）B公司不应承担票据责任。由于B公司的签章系项某伪造，B公司并未在汇票上签章，因此不是票据义务人，不应承担票据责任。

（4）C公司应当承担票据责任。票据伪造行为虽为无效，但C公司的签章是真实的，该真实签章的效力不受伪造行为影响。

思维拓展

伪造

1.常见命题形式：A银行（承兑人）以票据被伪造为由拒绝付款

背诵条文：票据上有伪造签章的，不影响票据上其他真实签章的效力，在票据上真正签章的当事人，仍应对被伪造的票据的权利人承担票据责任，票据债权人在提示承兑、提示付款或者行使追索权时，在票据上的真正签章人不能以伪造为由进行抗辩。

2.伪造人并未以自己名义在票据上签章，不承担票据责任。

应承担何种法律责任：如果伪造人的行为给他人造成损害的，必须承担民事责任；情节轻微，不构成犯罪的，依照国家有关规定给予行政处罚；构成犯罪的，还应承担刑事责任。

3.被伪造人：在假冒他人名义的情形下，被伪造人不承担票据责任。

坑点提示

伪造人、被伪造人及其他相关人员是否承担票据责任，抓住一点，票据上有无其真实签章，有真实签章得承担票据责任，没有真实签章，不承担票据责任。

历年考情

2020年2道案例分析题、2019年案例分析题考查票据的伪造。

3.（本小题17分。）甲公司获悉乙医院欲购10台呼吸机，遂于2017年6月3日向乙医院发出要约函，称愿以30万元的总价向乙医院出售呼吸机10台，乙医院须先支付定金5万元，货到后10日内支付剩余货款，质量保证期为5年。2017年7月6日，乙医院获知信件内容，并于同日向甲公司发出传真表示同意要约，但同时提出：总价降为28万元，2017年9月5日前交付全部货物，我方于2017年10月10日前支付剩余货款；任何一方未按约履行，均须向对方支付违约金5万元。次日，甲公司回复传真表示同意。双方未约定货物交付地点及方式。

2017年7月29日，乙医院向甲公司支付定金5万元。次日，甲公司将呼吸机交付承运人丙公司。2017年8月10日，乙医院收到8台呼吸机，且其中2台存在瑕疵：1台外观有轻微划痕，1台严重变形无法正常使用。经查，甲公司漏发1台，实际只发了9台；运输途中遇山洪暴发被洪水冲走1台；2台呼吸机的瑕疵系因甲公司员工不慎碰撞所致。

2017年10月13日，乙医院要求甲公司另行交付4台呼吸机，否则将就未收到的2台呼吸机以及存在瑕疵的2台呼吸机部分解除合同；并要求甲公司支付违约金5万元，同时双倍返还定金。甲公司要求乙医院支付剩余货款23万元，并告知乙，甲公司之前委托丁公司保管1台全新呼吸机，已通知丁公司向乙医院交付以补足漏发的呼吸机，其余则未作出回应。乙医院表示同意接收丁公司交来的呼吸机。

甲公司交付乙医院的呼吸机中有1台一直未启用。直至2019年12月5日启用时，乙医院才发现该台呼吸机也因质量瑕疵无法使用，遂向甲公司主张赔偿，甲公司拒绝。

根据上述内容，分别回答下列问题：

（1）甲公司与乙医院的买卖合同何时成立？并说明理由。

（2）乙医院是否有权就外观有划痕和严重变形无法使用的呼吸机部分解除合同？并分别说明理由。

（3）甲公司是否有权要求丙公司赔偿被洪水冲走的呼吸机？并说明理由。

（4）**甲公司是否有权要求乙医院支付被洪水冲走呼吸机的价款**？并说明理由。

（5）乙医院是否有权要求甲公司同时支付违约金和双倍返还定金？并说明理由。

（6）甲公司通知丁公司向乙医院交付呼吸机，是否构成甲公司向乙医院的交付？并说明理由。

（7）乙医院**是否有权要求甲公司就2019年12月5日发现的呼吸机质量瑕疵进行赔偿**？并说明理由。

审题要点

问题中抓住关键词“买卖合同何时成立”，考生可去题目中找关键信息“甲公司于2017年6月3日向乙医院发出要约”“2017年7月6日，乙医院向甲公司发出传真表示对要约进行实质性变更，视为新要约”“次日，甲公司回复传真表示同意”，考生可迅速锁定考查的知识点是结合要约、承诺考查合同成立时间。

审题要点

问题中抓住关键词“外观有划痕和严重变形无法使用”“解除合同”，考生可迅速锁定考查的知识点是合同的解除。

审题要点

问题中抓住关键词“甲公司是否有权要求丙公司赔偿被洪水冲走的呼吸机”，考生可去题目中找关键信息“甲公司将呼吸机交付承运人丙公司”，考生可迅速锁定考查的知识点是运输合同的责任承担。

审题要点

问题中抓住关键词“甲公司是否有权要求乙医院支付被洪水冲走呼吸机的价款”，考生可去题目中找关键信息“双方未约定货物交付地点及方式”“2017年7月29日次日甲公司将呼吸机交付承运人丙公司”“运输途中遇山洪暴发被洪水冲走1台”，考生可迅速锁定考查的知识点是买卖合同标的物风险的转移。

审题要点

问题中抓住关键词“是否有权要求同时支付违约金和双倍返还定金”，考生可迅速锁定考查的知识点违约金定金只能二选其一。

审题要点

问题中抓住关键词“通知丁公司向乙医院交付呼吸机”，考生可迅速锁定考查的知识点指示交付。

审题要点

问题中抓住关键词“是否有权要求甲公司就2019年12月5日发现的呼吸机质量瑕疵进行赔偿”，考生可去题目中找关键信息“质量保证期为5年”，考生可迅速锁定考查的知识点是买卖合同的检验期。

【本题答案】

（1）甲公司与乙医院的买卖合同于2017年7月7日成立。根据合同法律制度的规定，2017年7月6日乙公司向甲公司发出的传真，改变了价款等内容，构成对要约内容的实质变更，属于新要约，甲公司次日的回复构成对此新要约的承诺。

思维拓展

思维拓展内容详见2022年注册会计师全国统一考试真题详解案例分析第3题第（1）问。

坑点提示

坑点提示内容详见2022年注册会计师全国统一考试真题详解案例分析第3题第（1）问。

历年考情

2022年案例分析题、2021年案例分析题、2020案例分析题考查合同的成立时间。

（2）乙医院无权就外观有划痕的呼吸机主张部分解除合同，但有权就严重变形的呼吸机主张部分解除合同。根据合同法律制度的规定，因标的物不符合质量要求，致使不能实现合同目的的，买受人可以解除合同。外观划痕不影响合同目的，不构成解除事由。又据法律规定，标的物为数物，其中一物不符合约定的，买受人可以就该物解除合同，因此，就严重变形影响使用的呼吸机，乙公司有权部分解除合同。

思维拓展

合同的解除

- 法定解除
  - 不可抗力致使不能实现合同目的
  - 履行期限届满之前，当事人一方明确表示或者以自己的行为表明不履行主要债务
  - 迟延履行债务或者有其他违约行为致使不能实现合同目的
  - 迟延履行主要债务，经催告后在合理期限内仍未履行
    - 合理期限
      - 商品房买卖合同：3个月
  - 以持续履行的债务为内容的不定期合同，当事人可以随时解除合同，但是应当在合理期限之前通知对方
    - 借款合同、租赁合同等都是持续性合同
- 其他情形
  - 甲方爸爸随时解除
    - 承揽合同：定作人随时解除，造成损失要赔
    - 货运合同：托运人随时解除，造成损失要赔
  - 双方随时解除
    - 委托合同
      - 有错造成损失要赔
        - 无偿委托合同赔直接损失
        - 有偿委托合同赔直接损失和合同履行后可以获得的利益
    - 不定期租赁合同
  - 租赁物危及承租人的安全或者健康的：承租方随时解除
  - 不安抗辩权：当事人在中止履行合同后，如果对方在合理期限内未恢复履行能力且未提供适当担保的，可以解除合同
  - 分期付款买卖合同
    - 分期付款的买受人未支付到期价款的金额达到全部价款的1/5，经催告后在合理期限内仍未支付到期价款的
      - 出卖人可以请求买受人一并支付到期与未到期的全部价款
      - 或者解除合同
    - 解除合同
      - 双方应互相返还财产
      - 出卖人可以向买受人要求支付该标的物的使用费
  - 承揽人将其承揽的主要工作交由第三人完成，未经定作人同意的，定作人可以解除合同
- 解除权行使
  - 行使期限
    - 法律规定或者当事人约定解除权行使期限，期限届满当事人不行使
    - 没有约定
      - 自解除权人知道或者应当知道解除事由之日起一年内不行使
      - 或者经对方催告后在合理期限内不行使
    - （以上情形）该权利消灭
  - 何时解除
    - 自通知到达对方时解除
    - 通知载明债务人在一定期限内不履行债务则合同自动解除：在该期限内未履行债务的，合同自通知载明的期限届满时解除
    - 有异议，任何一方当事人均可以请求人民法院或者仲裁机构确认解除行为的效力
    - 未通知对方，直接以提起诉讼或者申请仲裁的方式依法主张解除合同：确认该主张的，合同自起诉状副本或者仲裁申请书副本送达对方时解除

坑点提示

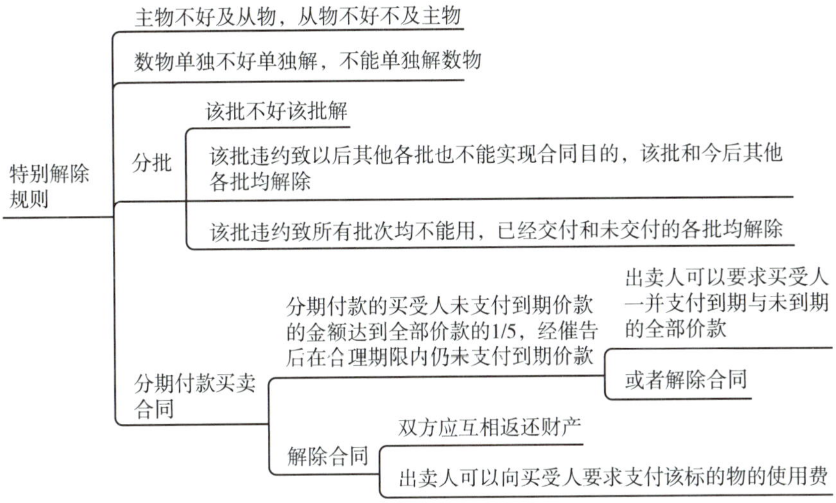

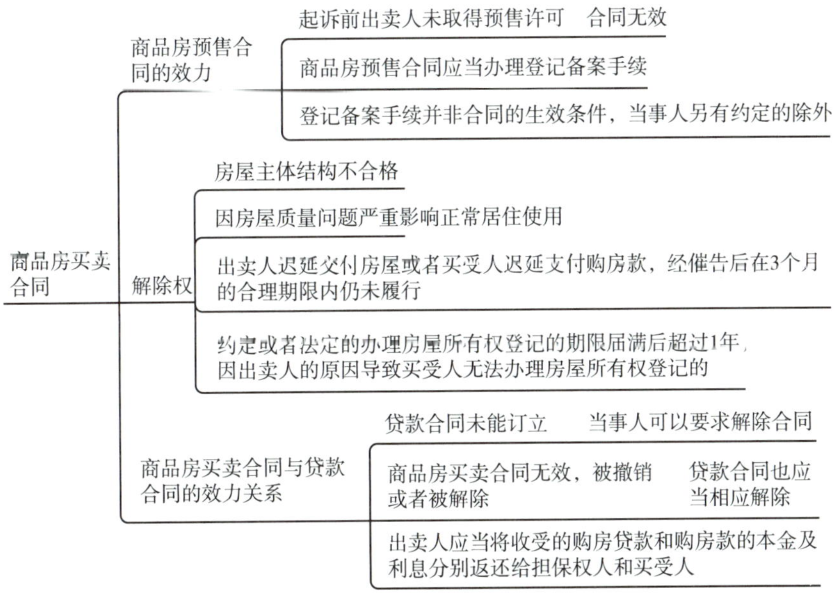

历年考情

2020年单项选择题、案例分析题、2021年多项选择题考查合同的解除。

（3）甲公司无权请求丙公司赔偿被洪水冲走的呼吸机。根据合同法律制度的规定，承运人对运输过程中货物的毁损、灭失承担损害赔偿责任，但承运人证明货物的毁损、灭失是因不可抗力等造成的，不承担赔偿责任。本案中，山洪暴发构成不可抗力，呼吸机被洪水冲走，承运人丙公司不承担责任。

（4）甲公司有权要求乙医院支付被洪水冲走呼吸机的价款。根据合同法律制度的规定，当事人没有约定交付地点或约定不明确，标的物需要运输的，出卖人将标的物交付给第一承运人后，标的物毁损、灭失的风险由买受人承担。呼吸机被山洪冲走构成标的物灭失的风险，应由买受人承担，故乙医院有义务支付该呼吸机的价款。

思维拓展

交付风险、孳息转移

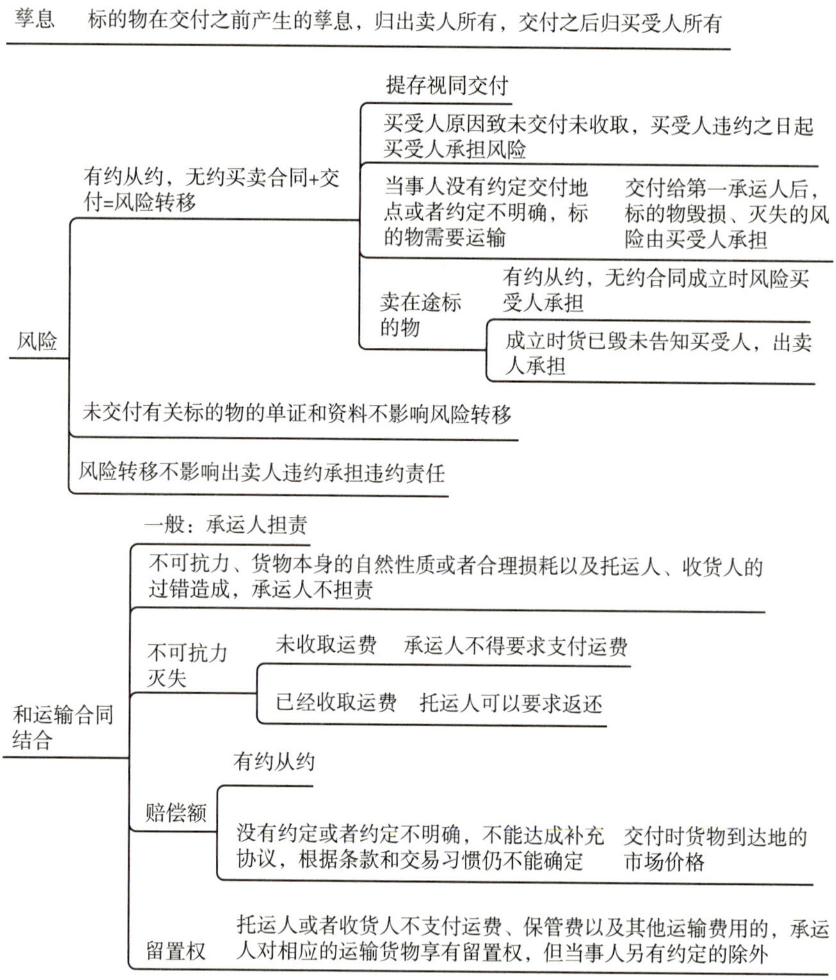

坑点提示

不可抗力是法定免责事由。

历年考情

2020年案例分析题考查标的物毁损、灭失的风险承担。

（5）乙医院无权要求甲公司同时支付违约金和双倍返还定金。根据合同法律制度的规定，在同一合同中，当事人既约定违约金，又约定定金的，在一方违约时，当事人只能选择适用违约金条款或定金条款，不能同时要求适用两个条款。

思维拓展

定金

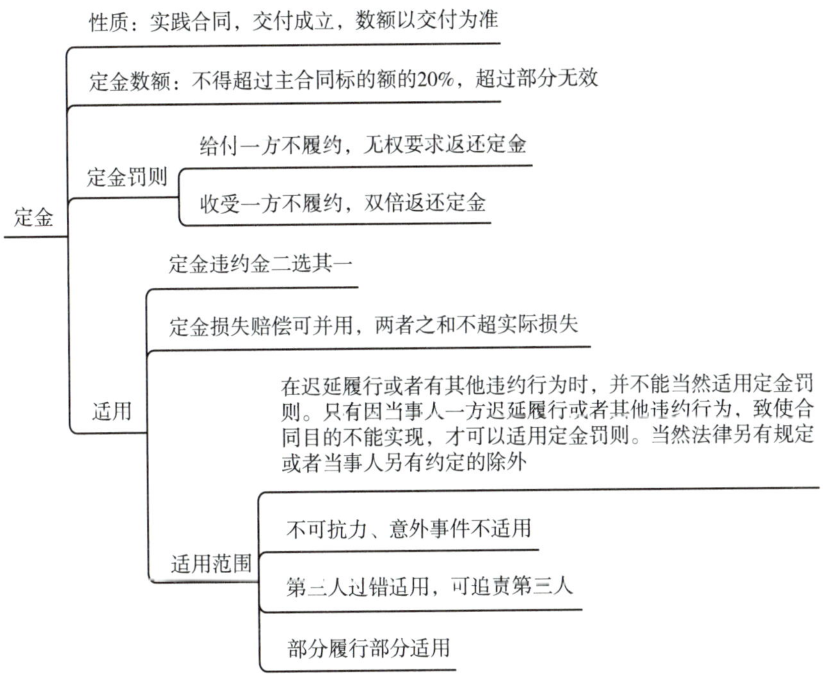

【提醒】2024年新增内容：

（1）当事人约定以交付定金作为合同成立或者生效条件，应当交付定金的一方未交付定金，但是合同主要义务已经履行完毕并为对方所接受的，人民法院应当认定合同在对方接受履行时已经成立或者生效。

（2）双方当事人均具有致使不能实现合同目的的违约行为，其中一方请求适用定金罚则的，人民法院不予支持。当事人一方仅有轻微违约，对方具有致使不能实现合同目的的违约行为，轻微违约方可以主张适用定金罚则。

（3）当事人一方已经部分履行合同，对方接受并主张按照未履行部分所占比例适用定金罚则的，人民法院应予支持。对方主张按照合同整体适用定金罚则的，人民法院不予支持，但是部分未履行致使不能实现合同目的的除外。

（4）因不可抗力致使合同不能履行，非违约方主张适用定金罚则的，人民法院不予支持。

坑点提示

1. 违约责任

- 违约
  - 债务人违约行为
    - 预期违约（履行期限到来之前）
    - 届期违约（履行期限到来之后）
  - 债权人迟延
    - 债权人无正当理由拒绝受领的，债务人可以请求债权人赔偿增加的费用
    - 在债权人受领迟延期间，债务人无须支付利息

2. 承担方式

- 继续履行：金钱之债一定可以请求继续履行
- 补救措施
  - 有约从约
  - 无约或约定不明：可以合理选择要求对方承担修理、更换、重作、退货、减少价款或者报酬等违约责任
- 损害赔偿
  - 继续履行、补救措施后还有损失可要求损害赔偿
  - 具体方式
    - 赔偿损失
      - 包括合同履行后可以获得的利益
      - 不得超过违反合同一方订立合同时预见到或者应当预见到的因违反合同可能造成的损失
    - 支付违约金
      - 数额
        - 低于损失：可请求增加，以损失为限
        - 过分高于损失：超过损失的1.3倍，请求调减
      - 适用
        - 违约金定金二选其一
        - 迟延履行，支付违约金后，还应当继续履行债务。
        - 因违约解除合同可要求违约金
        - 以出卖人接受价款时未主张逾期付款违约金为由不支付违约金的，人民法院不予支持
    - 适用定金罚则
  - 过失相抵规则
    - 一方违约时，对方对于损失的发生或者扩大有过错，应当相应减轻违约方的违约责任
    - 当事人一方违约后，对方应当采取适当措施防止损失的扩大
      - 因防止损失扩大而支出的合理费用由违约方承担
      - 没有采取适当措施致使损失扩大的，不得就扩大的损失请求赔偿
    - 当事人一方违约造成对方损失，对方对损失的发生有过错的，可以减少相应的损失赔偿额

【提醒】违约责任侵权责任只能二选其一，一审开庭以前可变更

- 法定免责
  - 仅不可抗力：自然灾害，政府行为（如政府禁运），社会异常现象（如罢工骚乱）等
  - 根据不可抗力的影响，部分或者全部免除责任
  - 当事人迟延履行后发生不可抗力的，不能免除责任
  - 两个义务
    - 及时通报事由
    - 取得有关不可抗力的证明

历年考情

2022年案例分析题、2020年案例分析题考查违约责任。

（6）甲公司通知丁公司直接向乙医院交付呼吸机，构成甲公司向乙医院的交付。根据物权法律制度的规定，动产物权设定和转让前，第三人依法占有该动产的，负有交付义务的人可以通过转让请求第三人返还原物的权利代替交付。

思维拓展

思维拓展内容详见2022年注册会计师全国统一考试真题详解案例分析题第3题第（4）问。

坑点提示

坑点提示内容详见2022年注册会计师全国统一考试真题详解案例分析第3题第（4）问。

历年考情

2022年案例分析题、2020年案例分析题考查指示交付，2020年单项选择题考查占有改定。

（7）乙医院有权要求甲公司就2019年12月5日发现的呼吸机质量瑕疵进行赔偿。根据合同法律制度的规定，出卖人交付的标的物不符合质量要求的，买受人可以依法要求其承担违约责任。但买受人收到标的物应当及时检验并通知出卖人，买受人在合理期间内未通知或者自标的物收到之日起两年内未通知出卖人的，视为标的物质量符合约定，但对标的物有质量保证期的，适用质量保证期，不适用该两年的规定。乙公司就该瑕疵通知甲公司时虽然已经超过两年，但因双方约定的质量保证期为5年，乙公司在质量保证期内通知甲公司，有权主张甲公司损害赔偿。

思维拓展

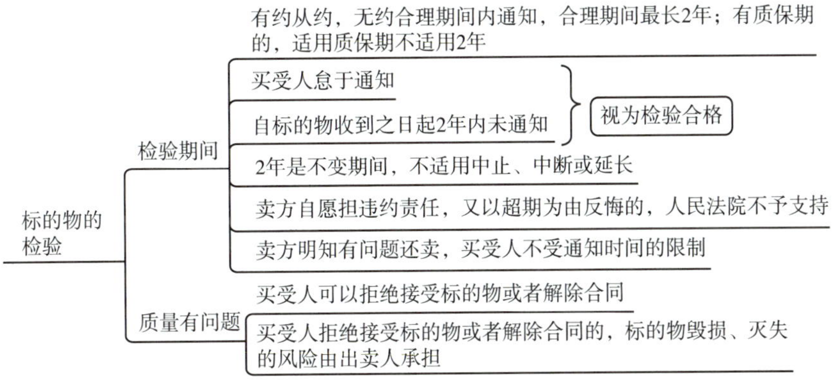

坑点提示

注意考查买卖合同检验期间，如果问是否可以请求赔偿，答题时注意答出“出卖人交付的标的物不符合质量要求的，买受人可以依法要求其承担违约责任”。

另外，注意出卖人知道或者应当知道提供的标的物不符合约定的，买受人不受通知时间的限制。

背诵条文：

1.当事人约定检验期限的

当事人约定检验期间的，买受人应当在检验期间内将标的物的数量或者质量不符合约定的情形通知出卖人。买受人怠于通知的，视为标的物的数量或者质量符合约定。

2.当事人未约定检验期限的

买受人应当在发现或者应当发现标的物的数量或者质量不符合约定的合理期限内通知出卖人。买受人在合理期限内未通知或者自标的物收到之日起2年内未通知出卖人的，视为标的物的数量或者质量符合约定；但对标的物有质量保证期的，适用质量保证期，不适用2年的规定。

历年考情

2020年案例分析题考查买卖合同的检验期。

4.（本小题18分。）甲公司为上市公司。2019年5月，以甲公司董事长为首的8名董事和高管所持公司股票的限售期到期。

2019年5月底，农业农村部向社会通报猪瘟疫情。6月5日，财经媒体大同财经发布新闻报道称，甲公司正在与某科研机构合作研发“可有效预防非洲猪瘟的疫苗”；当日，甲公司股票交易价格明显上涨。6月18日，甲公司发布重大合同公告，声称公司研发的兽用疫苗注射液将投入产业化生产，对猪瘟的预防率达到100%，并将给公司带来显著业绩增长；当日，甲公司股票涨停，交易量显著增多，8名董事和高管各自售出部分股票。

6月19日，农业农村部发布公告称“目前尚未有任何猪瘟商品化疫苗获批或上市，且目前尚无预防率为100%的猪瘟疫苗”。证券交易所亦于同日就甲公司6月18日披露的公告向甲公司发出问询函。甲公司回复称，6月18日的公告误将“兽用注射液”写成“兽用疫苗注射液”。当日，甲公司股票跌停。

2020年2月4日，甲公司发布公告称：因公司涉嫌证券违法行为，证监会决定对甲公司立案调查。

投资者李某于2019年6月5日买入甲公司股票，于2019年6月19日卖出。投资者赵某于2019年6月18日买入甲公司股票，并一直持有。投资者孙某于2019年6月3日买入甲公司股票，于2020年3月陆续卖出。2020年5月，李某、赵某和孙某分别向人民法院提起虚假陈述民事赔偿诉讼，要求甲公司及其董事、高管赔偿投资损失。

李某向人民法院主张：虚假陈述实施日为2019年6月5日。孙某向人民法院主张：虚假陈述揭露日为2020年2月4日证监会立案调查公告之日。

人民法院查明：公司股票价格自2019年6月19日跌停后，一直处于相对低位；2020年2月4日公司股价没有明显下跌。人民法院将2019年6月19日认定为虚假陈述揭露日，并驳回李某和孙某的起诉。

在赵某提起的诉讼中，甲公司董事长等人提出：虚假陈述行为人是甲公司，公司董事和高管不应该作为虚假陈述民事赔偿诉讼的共同被告。

证监会在调查中发现：甲公司8名董事和高管在6月初向交易所报备减持计划的同时，授意大同财经记者袁某发布公司研发“非洲猪瘟疫苗”的新闻，有证据表明袁某应当知道该新闻是不真实的。稽查人员认为：甲公司8名董事和高管的行为构成操纵市场；袁某也违反了证券法的相关规定。袁某辩称：他不是信息披露义务人，其作为记者有权进行财经新闻报导，没有义务核实信息的真实性，因此没有违反证券法。

根据上述内容，分别回答下列问题：

（1）甲公司6月18日的**公告构成哪些类型的信息披露违法行为**？并分别说明理由。

（2）甲公司董事长关于“**公司董事和高管不应该作为共同被告**”的主张是否成立？并说明理由。

（3）李某关于“**虚假陈述实施日为2019年6月5日**”的主张是否成立？并说明理由。

（4）法院**将2019年6月19日认定为虚假陈述揭露日**，是否符合证券法律制度的规定？并说明理由。

（5）**法院认可投资者赵某的原告资格**，是否符合证券法律制度的规定？并说明理由。

（6）甲公司董事和高管的行为是否构成**操纵市场**？并说明理由。

（7）袁某关于“**他不是信息披露义务人**”“**没有义务核实信息的真实性**”**的辩解**是否成立？并说明理由。

【本题答案】

（1）甲公司6月18日的公告构成信息披露违法行为中的虚假记载和误导性陈述。信息披露义务人披露的信息中对相关财务数据进行重大不实记载，或者对其他重要信息作出与真实情况不符的描述，应当认定构成所披露的信息有虚假记载的信息披露违法行为。信息披露义务人披露的信息隐瞒了与之相关的部分重要事实，或者未及时披露相关更正、确认信息，致使已经披露的信息因不完整、不准确而具有误导性的，应当认定构成所披露的信息有误导性陈述的信息披露违法行为。

审题要点

问题中抓住关键词“公告构成哪些类型的信息披露违法行为”，考生可去题目中找关键信息“6月18日的公告误将‘兽用注射液’写成‘兽用疫苗注射液’”“当日，甲公司股票涨停，交易量显著增多”，考生可迅速锁定考查的知识点是虚假陈述的类型。

审题要点

问题中抓住关键词“公司董事和高管不应该作为共同被告”，考生可迅速锁定考查的知识点是虚假陈述的民事责任。

审题要点

问题中抓住关键词“虚假陈述实施日为2019年6月5日”，考生可迅速锁定考查的知识点是虚假陈述的实施日。

审题要点

问题中抓住关键词“2019年6月19日认定为虚假陈述揭露日”，考生可迅速锁定考查的知识点是虚假陈述的揭露日。另外做题小技巧：一般法院认定的是对的。

审题要点

问题中抓住关键词“法院认可投资者赵某的原告资格”，考生可迅速锁定考查的知识点是投资者的损失与虚假陈述行为之间是否存在因果关系。另外做题小技巧：一般法院认定的是对的。

审题要点

问题中抓住关键词“是否构成操纵市场”，考生可迅速锁定考查的知识点是操纵市场。

审题要点

问题中抓住关键词“他不是信息披露义务人”“没有义务核实信息的真实性”的辩解”，考生可迅速锁定考查的知识点是禁止任何单位和个人编造、传播虚假信息或者误导性信息，扰乱证券市场。

思维拓展

虚假陈述界定

- 界定
  - 虚假记载：披露的信息中对相关财务数据进行重大不实记载，或者对其他重要信息作出与真实情况不符的描述
  - 误导性陈述：披露的信息隐瞒了与之相关的部分重要事实，或者未及时披露相关更正、确认信息，致使已经披露的信息因不完整、不准确而具有误导性
  - 重大遗漏：对重大事件或者重要事项等应当披露的信息未予披露
  - 不正当披露：未按照规定的期限方式等要求及时、公平披露信息

- 诱多型虚假陈述：行为人发布虚假的利多消息，或隐瞒实质的利空消息不予公布或不及时公布，使投资者在股价处于相对高位时进行投资追涨
- 诱空型虚假陈述：行为人发布虚假的消极利空消息，或者隐瞒实质性的利好消息不予公布、不及时公布等，使得投资者以低于股票真实价值的不适当股价消极卖出甚至空仓的行为
- 预测性信息（即“软信息”）构成虚假陈述
  - 信息披露文件未对影响该预测实现的重要因素进行充分风险提示的
  - 预测性信息所依据的基本假设、选用的会计政策等编制基础明显不合理的
  - 预测性信息所依据的前提发生重大变化时，未及时履行更正义务的

- 消极信息披露人
  - 不负有信息披露义务的主体，即使知悉，沉默本身不构成虚假陈述
  - 将相关信息公开，构成信息泄露
  - 禁止任何单位和个人编造、传播虚假信息或者误导性信息，扰乱证券市场
  - 禁止证券交易场所、证券公司、证券登记结算机构、证券服务机构及其从业人员，证券业协会、证券监督管理机构及其工作人员，在证券交易活动中作出虚假陈述或者信息误导
  - 各种传播媒介传播证券市场信息必须真实、客观，禁止误导
  - 传播媒介及其从事证券市场信息报道的工作人员不得从事与其工作职责发生利益冲突的证券买卖
  - 编造、传播虚假信息或者误导性信息，扰乱证券市场，给投资者造成损失的，行为人应当依法承担赔偿责任

坑点提示

注意虚假陈述界定时，有时候公司的行为可能构成两种以上虚假陈述。比如这个题目问构成“哪些”类型的信息披露违法行为，问的是“哪些”，有可能是两种以上。要注意问题里面的一些小细节。

历年考情

2020年案例分析题考查虚假陈述的界定。

（2）甲公司董事长关于“公司董事和高管不应该作为共同被告”的主张不成立。根据证券法律制度的规定，信息披露义务人虚假陈述致使投资者在证券交易中遭受损失的，信息披露义务人应当承担赔偿责任，发行人的控股股东、实际控制人、董事、监事、高级管理人员和其他直接责任人员以及保荐人、承销的证券公司及其直接责任人员，应当与发行人承担连带赔偿责任，但是能够证明自己没有过错的除外（或答：信息披露义务人的董事、高管与信息披露义务人针对虚假陈述民事赔偿责任承担连带责任，除非能证明自己没有过错）。

思维拓展

思维拓展内容详见2022年注册会计师全国统一考试真题详解案例分析第4题第（6）问。

坑点提示

虚假陈述民事责任的承担要注意区别是无过错责任，还是过错推定责任。过错推定责任的话，证明自己没有过错可免责，怎么证明自己没有过错。

历年考情

2022年案例分析题考查独立董事在虚假陈述中的民事责任承担。2022年案例分析题、2020年案例分析题考查虚假陈述中董监高的民事责任承担。

（3）李某关于“虚假陈述实施日为2019年6月5日”的主张不成立。信息披露义务人在证券交易场所的网站或者符合监管部门规定条件的媒体上公告发布具有虚假陈述内容的信息披露文件，以披露日为实施日。在本案中，信息披露义务人是甲公司，甲公司于6月18日发布重大合同公告，该日即为甲公司实施虚假陈述的日期。

思维拓展

实施日
- 信息披露义务人在证券交易场所的网站或者符合监管部门规定条件的媒体上公告发布具有虚假陈述内容的信息披露文件，以披露日为实施日
- 通过召开业绩说明会、接受新闻媒体采访等方式实施虚假陈述的，以该虚假陈述的内容在具有全国性影响的媒体上首次公布之日为实施日
- 信息披露文件或者相关报导内容在交易日收市后发布的，以其后的第一个交易日为实施日
- 未及时披露相关更正，确认信息构成误导性陈述，或者未及时披露重大事件或者重要事项等构成重大遗漏的，以应当披露相关信息期限届满后的第一个交易日为实施日

坑点提示

注意虚假陈述实施日，是指信息披露义务人作出虚假陈述或者发生虚假陈述之日。关键注意信息披露义务人发布的时间以及具有全国性影响的媒体上首次公布的时间。

历年考情

2023年案例分析题、2022年案例分析题、2021年案例分析题、2020年案例分析题考查虚假陈述实施日及揭露日的认定以及虚假陈述民事责任中因果关系的确定。

（4）法院将2019年6月19日认定为虚假陈述揭露日，符合证券法律制度的规定。虚假陈述被揭示的意义在于其对证券市场发出了一个警示信号，提醒投资者重新判断股票价值，进而对市场价格产生影响。市场在2019年6月19日对农业农村部的公告有明显反应，6月19日被认定为虚假陈述揭露日符合法律规定（或答：6月19日农业农村部的公告起到了揭露或澄清的效果，即可得分）。

思维拓展

思维拓展内容详见2022年注册会计师全国统一考试真题详解案例分析第4题第（1）问。

坑点提示

虚假陈述揭露日，主要看公开交易市场对相关信息的反应，来判断投资者是否知悉了虚假陈述，所以做题时不用死记硬背，主要看市场的反应。

有些题目描述人民法院认定某某日为虚假陈述揭露日，一般人民法院认定的是对的。

历年考情

2023年案例分析题、2022年案例分析题、2021年案例分析题、2020年案例分析题考查虚假陈述实施日及揭露日的认定以及虚假陈述民事责任中因果关系的确定。

（5）法院认可投资者赵某的原告资格，符合证券法律制度的规定。虚假陈述民事赔偿诉讼的原告投资者应该在虚假陈述实施日及以后，至揭露日或者更正日之前买入该证券；并在虚假陈述揭露日或者更正日及以后，因卖出该证券发生亏损，或者因持续持有该证券而产生亏损。本案虚假陈述实施日是2019年6月18日，赵某于当日买入后一直持有，符合有关原告资格的规定。

思维拓展

思维拓展内容详见2022年注册会计师全国统一考试真题详解第4题第（4）问。

坑点提示

因果关系判定主要抓住投资者交易行为的实施时间，应该在虚假陈述实施日之后、揭露日或更正日之前实施了相应的交易行为。

历年考情

2023年案例分析题、2022年案例分析题、2021年案例分析题考查虚假陈述民事责任中因果关系的判定。

（6）甲公司董事和高管的行为构成操纵市场。证券法律制度规定，“禁止任何人以下列手段操纵证券市场，影响或者意图影响证券交易价格或者证券交易量……利用虚假或者不确定的重大信息，诱导投资者进行证券交易”。在本案中，甲公司高管授意袁某发布虚假信息，误导市场，致使6月18日当日股票涨停，影响了证券交易价格，该行为构成《证券法》规定的操纵市场。（或答：当日交易量显著增多、影响了证券交易量，构成《证券法》的操纵市场）

思维拓展

思维拓展内容详见2023年注册会计师全国统一考试真题详解案例分析第4题第（3）问。

坑点提示

坑点提示内容详见2022年注册会计师全国统一考试真题详解单选第19题。

历年考情

2023年案例分析题、2022年单项选择题、2021年单项选择题、案例分析题、2020年单项选择题、案例分析题考查操纵证券市场。

（7）袁某关于“他不是信息披露义务人”“没有义务核实信息的真实性”的辩解，不成立。《证券法》规定，禁止任何单位和个人编造、传播虚假信息或者误导性信息，扰乱证券市场。即使不是信息披露义务人，也有义务在知道或应当知道信息为虚假信息或误导性信息时，不予传播。

思维拓展

- 消极信息披露人
  - 不负有信息披露义务的主体，即使知悉，沉默本身不构成虚假陈述
  - 将相关信息公开，构成信息泄露
  - 禁止任何单位和个人编造、传播虚假信息或者误导性信息，扰乱证券市场
  - 禁止证券交易场所、证券公司、证券登记结算机构，证券服务机构及其从业人员，证券业协会、证券监督管理机构及其工作人员，在证券交易活动中作出虚假陈述或者信息误导
  - 各种传播媒介传播证券市场信息必须真实、客观，禁止误导
  - 传播媒介及其从事证券市场信息报道的工作人员不得从事与其工作职责发生利益冲突的证券买卖
  - 编造、传播虚假信息或者误导性信息，扰乱证券市场，给投资者造成损失的，行为人应当依法承担赔偿责任

坑点提示

背诵条文：禁止任何单位和个人编造、传播虚假信息或者误导性信息，扰乱证券市场。

历年考情

2020年案例分析题考查消极信息披露人的虚假陈述。

2019年注册会计师全国统一考试《经济法》真题详解

一、单项选择题（本题型共24小题，每小题1分，共24分。每小题只有一个正确答案，请从每小题的备选答案中选出一个你认为正确的答案，用鼠标点击相应的选项。）

审题要点

题目中提示“全面推进依法治国的总目标”，考生可迅速锁定考查的知识点是全面依法治国基本方略。

1.全面推进依法治国的总目标是（　　）。

A.坚持中国共产党的领导，坚持人民主体地位

B.建设中国特色社会主义法治体系，建设社会主义法治国家

C.依法治国和以德治国相结合

D.法律面前人人平等

【本题答案】B

【本题解析】本题考核全面依法治国基本方略。全面推进依法治国的总目标是建设中国特色社会主义法治体系，建设社会主义法治国家。

思维拓展

思维拓展内容详见2022年注册会计师全国统一考试真题详解单选第2题。

历年考情

2022年、2019年单项选择题考查全面推进依法治国的总目标。2021年单项选择题考查全面推进依法治国的根本目的。2020年单项选择题考查中央全面依法治国委员会办公室设在哪里。

审题要点

题目中提示“无权利能力”，考生可迅速锁定考查的知识点是法律主体的民事权利能力。

2.根据民事法律制度的规定，下列各项中，属于无权利能力的是（　　）。

A.刚出生的婴儿　　B.植物人

C.病理性醉酒的人　　D.智能机器人

【本题答案】D

【本题解析】本题考核法律主体的民事权利能力。根据规定，自然人从出生时起到死亡时止，具有民事权利能力，依法享有民事权利，承担民事义务。机器人不是自然人，没有民事权利能力。

思维拓展

思维拓展内容详见2020年注册会计师全国统一考试真题详解单选第2题。

坑点提示

坑点提示内容详见2020年注册会计师全国统一考试真题详解单选第2题。

抢分秘籍

法人的权利能力和行为能力同生同灭。而自然人只要是人活着就有权利能力，但不一定有行为能力，例如，刚出生的婴儿有权利能力，但为无民事行为能力人。自然人具有行为能力必须首先具有权利能力，具有权利能力并不必然具有行为能力。

历年考情

2021年单项选择题、2020年单项选择题、2019年单项选择题考查法律关系主体的权利能力和行为能力。

3.根据民事法律制度的规定，下列关于意思表示的表述中，正确的是（　　）。

> **审题要点**
> 题目中提示“意思表示”，考生可迅速锁定考查的知识点是意思表示。

A.要约不属于意思表示

B.以公告方式发出的意思表示，公告发布时生效

C.非对话的意思表示属于无相对人的意思表示

D.继承开始后，继承人没有作出意思表示的，视为放弃继承

【本题答案】B

【本题解析】本题考核意思表示。选项A：要约属于意思表示。选项C：有相对人的意思表示分为对话的意思表示和非对话的意思表示。选项D：继承开始后，继承人放弃继承的，应当在遗产处理前，以书面形式作出放弃继承的表示；没有表示的，视为接受继承。

思维拓展

思维拓展内容详见2023年注册会计师全国统一考试真题详解单选第4题。

历年考情

2023年单项选择题、2021年单项选择题、多项选择题、2019年单项选择题考查意思表示。

审题要点

题目中提示“物权法上物”，考生可迅速锁定考查的知识点是物权法律制度上的物。

4. 根据物权法律制度的规定，下列各项中，属于物权法上物的是（　　）。

A. 太阳　　B. 月亮

C. 星星　　D. 海域

【本题答案】D

【本题解析】本题考核物权法律制度上的物。物权法律制度上的物具有如下特点：（1）有体性；（2）可支配性；（3）在人的身体之外。选项A、B、C因不能为人力所支配而不属于物权法律制度上的物。

思维拓展

物权法律制度上的物的特点

有体性	我国物权法上的物仅指有体物，行为、智力成果（包括电脑程序）以及各项权利等都不是物权法上的物，不属物权客体	权利，经法律特别规定可成为物权客体，如以股权、票据权利等出质构成权利质权，也称为“准质权”
可支配性	太阳、月亮、星星、汽车尾气不是物权法上的物	
在人的身体之外	人是权利主体，不能成为物权客体	若人体器官脱离人的身体，也可成为物

坑点提示

注意是物权法上的物。像智力成果常成为知识产权法律关系的客体。在理解基础上记住一些常考的点，行为、智力成果（包括电脑程序）以及各项权利、太阳、月亮、星星、汽车尾气、人都不是物权法上的物。权利，经法律特别规定可成为物权客体，如以股权、票据权利等出质构成权利质权，也称为“准质权”。

伴随经济社会快速发展，新型法律客体也不断衍生，如个人信息、数据、网络虚拟财产等。（2024年新增）

历年考情

2022年单项选择题、多项选择题、2021年单项选择题、2020年多项选择题考查物的种类。2019年单项选择题考查是否属于物权法上的物。

5. 根据物权法律制度的规定，下列关于建设用地使用权的表述中，正确的是（　　）。

A. 建设用地使用权自登记时设立

B. 以划拨方式取得的建设用地使用权，非经国务院审批不得转让

C. 建设用地使用权期间届满自动续期

D. 以划拨方式取得的建设用地使用权，最高使用年限为70年

审题要点

题目中提示“建设用地使用权”，考生可迅速锁定考查的知识点是建设用地使用权。该种题目，“下列关于……表述中，正确的是（ ）”属于对该知识点的综合性考查，需要全面掌握该知识点。

【本题答案】A

【本题解析】本题考核建设用地使用权的取得与期限。选项B，以划拨方式取得土地使用权的，转让房地产时，应当按照国务院规定，报有批准权的人民政府审批。选项C，只有住宅建设用地使用权届满，自动续期；其他情形应当至迟于届满前一年申请续期。选项D，以无偿划拨方式取得的建设用地使用权，除法律、行政法规另有规定外，没有使用期限的限制。

思维拓展

建设用地使用权

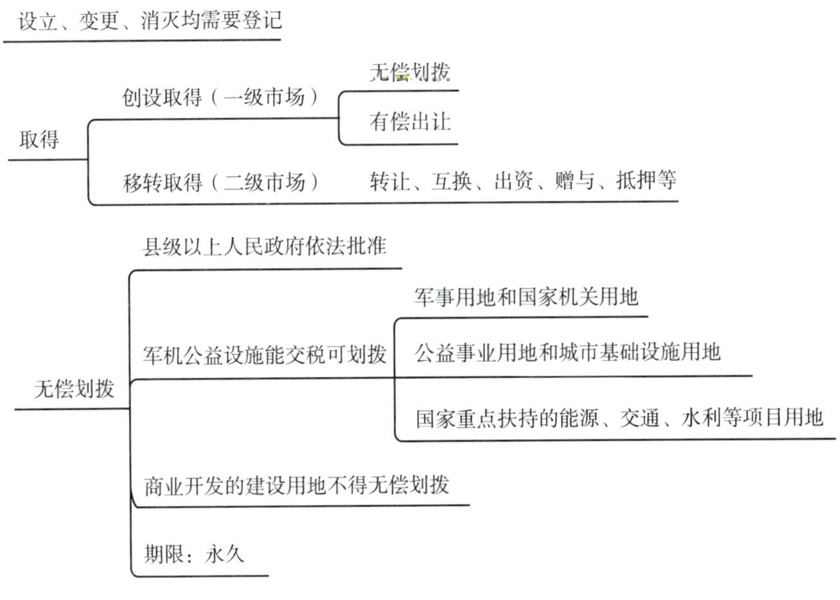

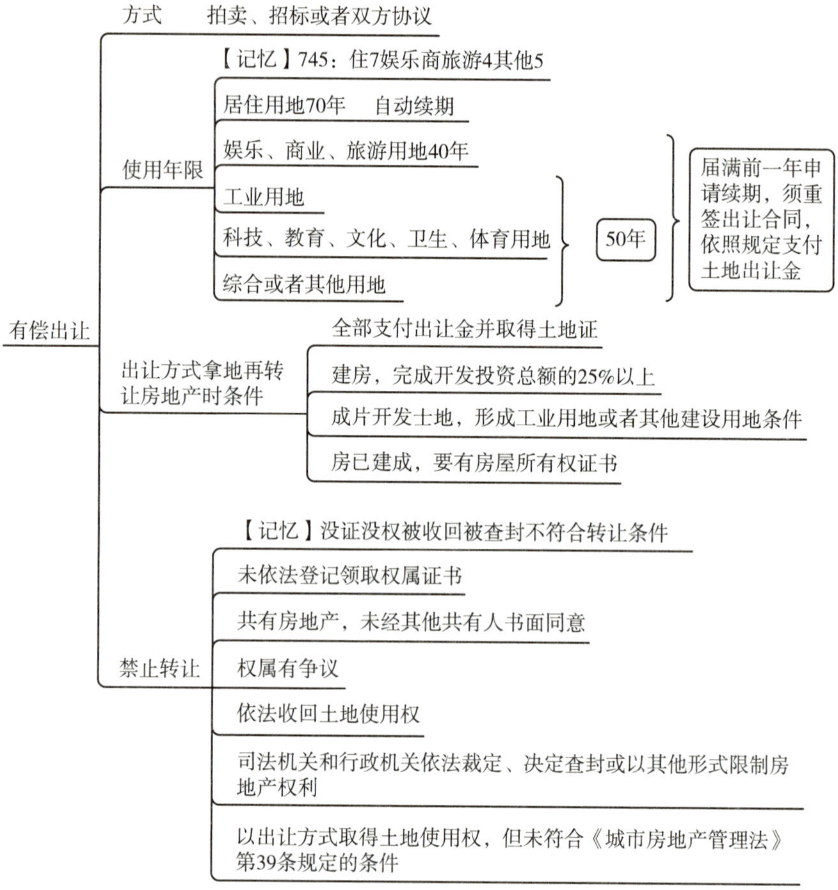

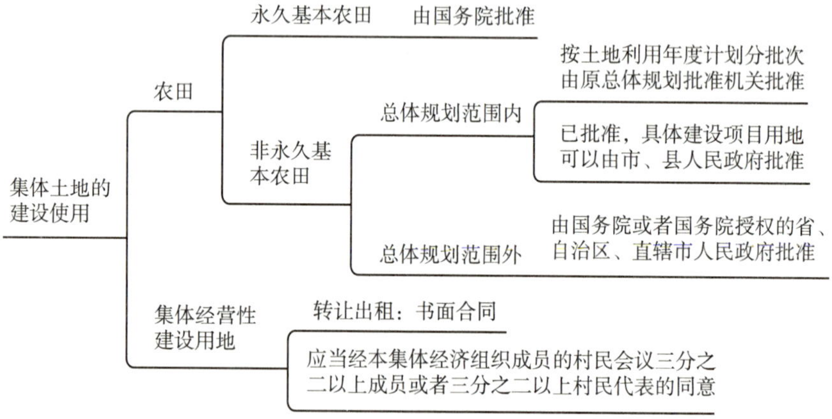

坑点提示

以有偿出让方式取得的建设用地使用权，出让最高年限745，住7娱乐商旅游4其他5，居住用地70年，旅游、商业、娱乐用地 40 年，其他50年。只有住宅建设用地使用权期限届满的，自动续期。

历年考情

2021年单项选择题、2019年单项选择题考查建设用地使用权。

6. 甲向乙借款200万元，期限自2017年1月1日起至2019年12月31日止，丙为保证人。2019年6月5日，甲向乙追加借款100万元，双方约定全部借款于2020年12月31日清偿。丙对甲向乙追加借款与首期借款期限延长之事不知情。根据合同法律制度的规定，下列关于丙的保证责任的表述中，正确的是（　　）。

A. 保证责任范围是200万元，期限至2020年12月31日

B. 保证责任范围是300万元，期限至2020年12月31日

C. 保证责任范围是200万元，期限至2019年12月31日

D. 保证责任范围是300万元，期限至2019年12月31日

审题要点

题目中提示“丙的保证责任”“丙对甲向乙追加借款与首期借款期限延长之事不知情”，考生可迅速锁定考查的知识点是主合同变更与保证责任承担。

【本题答案】C

【本题解析】本题考核主合同变更与保证责任承担。根据规定，未经保证人书面同意，加重债务人的债务的，保证人对加重的部分不承担保证责任；债权人和债务人变更主债权债务合同的履行期限，未经保证人书面同意的，保证期间不受影响。

思维拓展

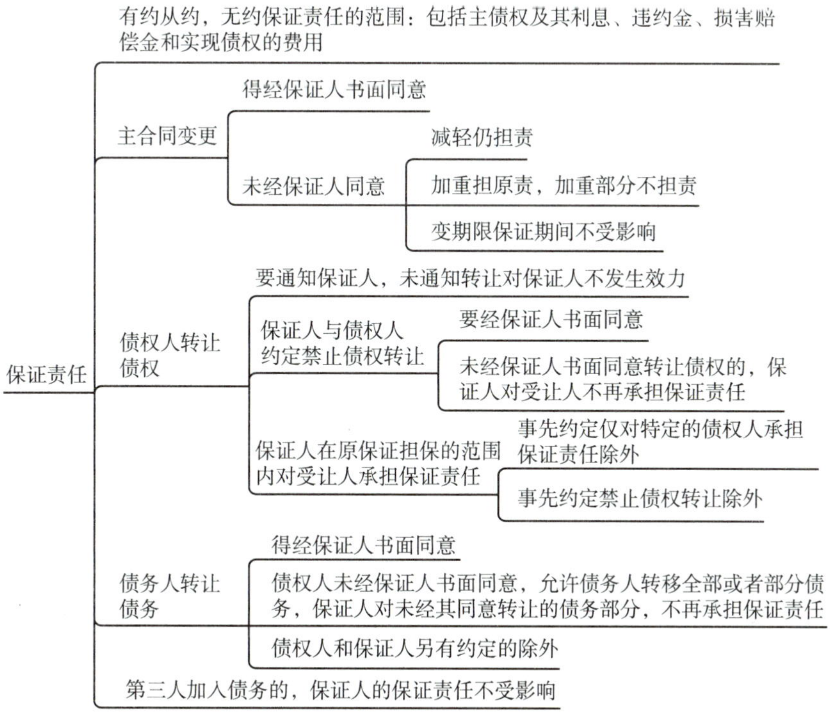

坑点提示

主合同变更，须经保证人书面同意，未书面同意，保证责任的承担，主要看保证责任是否加重了，如果加重了，加重部分不担责；如果减轻了，仍担责。以这种原理去理解债权人转让债权，债权人转让债权，还谁的钱都是还，一般对保证人没影响，故一般不需要保证人的同意，只需要通知即可，未通知对保证人不发生效力。但是债务人转让债务，万一新债务人财务状况不好，对保证人有影响，得经保证人书面同意。第三人加入债务，多一个人和债务人一起还钱，那对保证人是好事，所以保证人的保证责任不受影响。

历年考情

2021年案例分析题、2019年单项选择题考查保证责任。

审题要点

题目中提示“合伙人以劳务出资的，确定评估办法的主体”，考生可迅速锁定考查的知识点是合伙人以劳务出资的，其评估办法由全体合伙人协商确定。

7.根据合伙企业法律制度的规定，合伙人以劳务出资的，确定评估办法的主体应当是（　　）。

A.全体合伙人　　B.法定评估机构

C.合伙企业登记机关　　D.合伙企业事务执行人

【本题答案】A

【本题解析】本题考核合伙人的出资。合伙人以劳务出资的，其评估办法由全体合伙人协商确定，并在合伙协议中载明。

思维拓展

思维拓展内容详见2022年注册会计师全国统一考试真题详解单选第15题。

历年考情

2020年单项选择题、2019年单项选择题考查合伙人的出资。

8.某普通合伙企业有甲、乙、丙、丁四位合伙人，合伙协议约定，合伙企业债务由各合伙人平均承担。现该合伙企业无力清偿到期债务12万元，甲向债权人清偿了9万元，乙向债权人清偿了3万元。根据合伙企业法律制度的规定，下列关于合伙企业债务内部追偿的表述中，正确的是（　　）。

审题要点

题目中提示“合伙企业债务内部追偿”，考生可迅速锁定考查的知识点是合伙企业债务内部追偿。

A.甲无权向丙或丁追偿　　B.甲可以向乙追偿3万元

C.甲可以向丙追偿6万元　　D.甲可以向丁追偿3万元

【本题答案】D

【本题解析】本题考核合伙企业的损益分配。合伙企业的利润分配、亏损分担，按照合伙协议的约定办理；合伙协议未约定或者约定不明确的，由合伙人协商决定；协商不成的，由合伙人按照实缴出资比例分配、分担；无法确定出资比例的，由合伙人平均分配、分担。题目中合伙协议约定“平均承担”，那么甲可以向丙丁各追偿3万元。

思维拓展

合伙企业利润分配

- 利润分配
  - 普通合伙企业
    - 有约从约，无约协商，协商不成看实缴，无法确定平均分
    - 不得约定将全部利润分配给部分合伙人或者由部分合伙人承担全部亏损
  - 有限合伙企业
    - 全部利润分给部分合伙人，有约从约，无约不得
    - 部分合伙人承担全部亏损，绝对禁止

坑点提示

合伙企业的债权人应首先从合伙企业的全部财产中求偿，合伙企业不能清偿到期债务的，普通合伙人承担无限连带责任。普通合伙人对外承担无限连带责任，对内有约从约，无约协商，协商不成看实缴，无法确定平均分担。

历年考情

2019年单项选择题考查合伙企业的损益分配。

9.普通合伙人甲、乙、丙、丁分别持有某合伙企业18%、20%、27%和35%的财产份额。合伙协议约定：合伙人对外转让财产份额应当经持有3/5以上合伙财产份额的合伙人同意。现甲欲将其持有的10%财产份额转让给非合伙人戊，并将剩余8%的财产份额转让给合伙人丙。根据合伙企业法律制度的规定，下列表述中，正确的是（　　）。

> **审题要点**
> 题目中提示“财产份额转让”，考生可迅速锁定考查的知识点是合伙企业财产份额的转让。

A.未经乙、丙、丁一致同意，甲不得将其财产份额转让给戊

B.经丙、丁同意，甲即可将其财产份额转让给戊

C.未经乙同意，甲不得将其财产份额转让给丙

D.未经丁同意，甲不得将其财产份额转让给丙

【本题答案】B

【本题解析】本题考核合伙企业财产份额的转让。除合伙协议另有约定外，合伙人向合伙人以外的人转让其在合伙企业中的全部或者部分

财产份额时，须经其他合伙人一致同意；题目中是合伙协议另有约定，从其约定，选项B正确、选项A错误。合伙人之间转让在合伙企业中的全部或者部分财产份额时，应当通知其他合伙人；选项C、D错误。

思维拓展

思维拓展内容详见2021年注册会计师全国统一考试真题详解单选第11题。

坑点提示

普通合伙人财产份额对外转让PK对内转让

普通合伙人财产份额对外转让，要引入新的合伙人，所以要严格一些，有约从约，无约一致同意才可以。而对内转让，不引入新的合伙人，所以通知其他合伙人即可。另外考试要注意普通合伙人财产份额对外转让要看清合伙协议有无约定，有约定，先看合伙协议的约定。

抢分秘籍

该种题目需要区分清楚是普通合伙人的财产份额转让，还是有限合伙人的财产份额转让，是对外转让还是对内转让。

历年考情

2022年单项选择题、2021年单项选择题、多项选择题、2019年单项选择题考查合伙人财产份额转让。

> **审题要点**
>
> 题目中提示“有限合伙人，欲将其财产份额出质”，考生可迅速锁定考查的知识点是有限合伙人的财产份额出质。

10.甲为某有限合伙企业的**有限合伙人，欲将其财产份额出质**。合伙协议对该类事项的批准方式未作约定。下列关于该事项批准方式的表述中，符合合伙企业法律制度规定的是（　　）。

A.其他合伙人一致同意　　B.普通合伙人一致同意

C.有限合伙人一致同意　　D.无须其他合伙人同意

【本题答案】D

【本题解析】本题考核有限合伙人的财产份额出质。有限合伙人可以将其在有限合伙企业中的财产份额出质；但是，合伙协议另有约定的除外。

思维拓展

思维拓展内容详见2021年注册会计师全国统一考试真题详解单选第11题。

坑点提示

坑点提示内容详见2021年注册会计师全国统一考试真题详解单选第11题。

历年考情

2019年单项选择题考查合伙人的财产份额出质。

11.甲、乙拟共同投资设立丙公司，约定由乙担任法定代表人。在公司设立过程中，甲以丙公司名义与丁公司签订房屋租赁合同。后丙公司因故未成立，尚欠丁公司房租20万元。根据公司法律制度的规定，下列关于该租金清偿责任的表述中，正确的是（　　）。

> **审题要点**
>
> 题目中提示“甲以丙公司名义与丁公司签订房屋租赁合同”“丙公司因故未成立”“该租金清偿责任”，考生可迅速锁定考查的知识点是公司设立阶段的合同之债。

A.由甲承担全部责任

B.由乙承担全部责任

C.由甲、乙承担连带责任

D.由甲、乙依出资比例按份承担责任

【本题答案】C

【本题解析】本题考核公司设立阶段的合同之债。根据规定，发起人以设立中公司的名义订立合同。根据《民法典》的规定，公司成立后自动承担该合同义务。换言之，公司成立后，合同相对人有权请求公司承担该合同义务。公司未成立，亦即设立失败的，则单一发起人独自承担设立所产生的债务，发起人为数人的，连带承担债务。

思维拓展

设立阶段的债务

- 合同之债
  - 发起人以自己名义订立合同
    - 担责：二选一，发起人或公司
  - 设立中公司的名义订立合同
    - 公司成立，公司担
    - 公司未成立，发起人担
- 公司设立失败
  - 对外债务
    - 发起人连带责任
    - 还认股人已缴纳的股款并加算银行同期存款利息
  - 对内分担
    - 有约从约，约定的出资比例，平均
  - 对外还完，对内有错追责
- 侵权之债
  - 对外
    - 公司成立公司担
    - 公司未成立，发起人担
  - 对外还完，对内有错追责

坑点提示

要注意区分是合同之债还是侵权之债，发起人如因设立公司而对他人造成损害的，为侵权之债。侵权之债是因为设立公司发生的，所以主要是公司来担，公司未成立，发起人担。而合同之债需要看以谁的名义订立的，如果是发起人名义，那合同相对人有权选择请求该发起人或者成立后的公司承担合同义务。而如果是公司名义，主要找公司，公司未成立才找发起人。

历年考情

2019年单项选择题考查公司设立阶段的合同之债。

12. 根据公司法律制度的规定，上市公司在1年内出售重大资产超过公司资产总额一定比例的，应当由股东会作出决议，并经**出席会议的股东所持表决权的2/3以上通过**。该比例是（　　）。

A. 30%　　B. 50%

C. 60%　　D. 70%

审题要点

题目中提示“出席会议的股东所持表决权的2/3以上通过”，考生可迅速锁定考查的知识点是股东（大）会表决的特别决议。

【本题答案】A

【本题解析】本题考核上市公司组织机构特别规定。上市公司在一年内购买、出售重大资产或者担保金额超过公司资产总额30%的，应当由股东会作出决议，并经出席会议的股东所持表决权的2/3以上通过。

思维拓展

股东会表决

- 股份公司
  - 一股一表决权
  - 可委托代理人
  - 上市公司董事会、独立董事和符合有关条件的股东可无偿征集投票权
- 普通决议
  - 股份公司　出席+表决权过半数
  - 有限公司章程定
  - 典型事项　上市公司发行公司债券

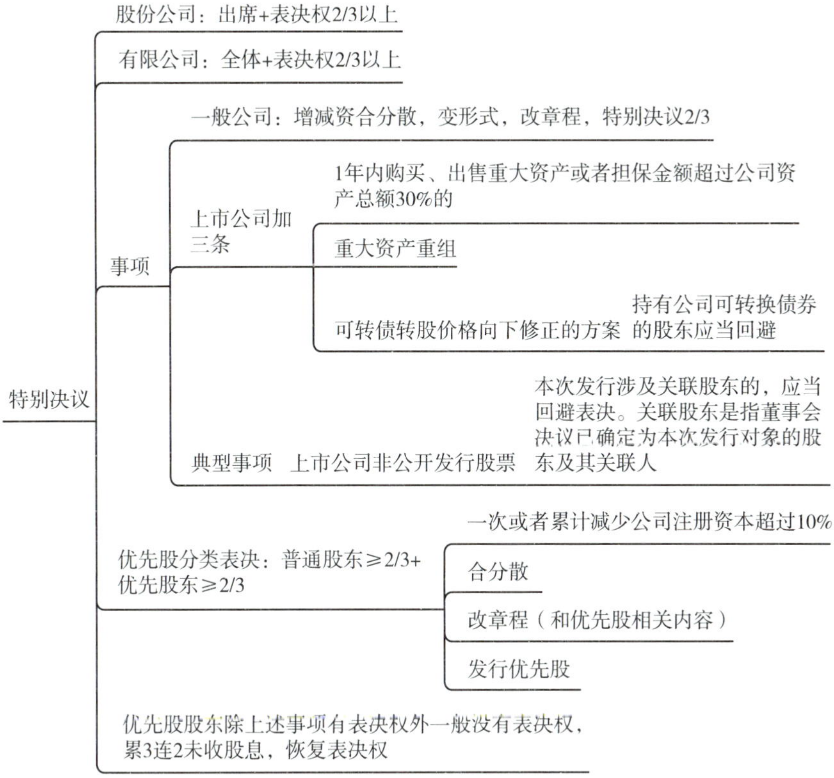

坑点提示

要注意区分股东的普通决议和特别决议。记住老师总结的特别决议的事项。

<table>
<tr><th colspan="2"></th><th>股份有限公司</th><th>有限责任公司</th></tr>
<tr><td rowspan="2">表决</td><td rowspan="2">特别决议</td><td>必须经出席会议的股东所持表决权的2/3以上通过</td><td>必须经代表（全体）2/3以上表决权的股东通过</td></tr>
<tr><td colspan="2">【提醒】特别决议的事项：（增减资改章程，合分散，变形式，特别决议2/3）
（1）修改公司章程；
（2）增加或减少注册资本；
（3）公司合并、分立、解散；
（4）变更公司形式。
上市公司：
（1）在一年内购买、出售重大资产或者担保金额超过公司资产总额30%的；
（2）上市公司股东会就重大资产重组事项作出决议，必须经出席会议的股东所持表决权的2/3以上通过；
（3）发行可转换公司债券募集说明书约定转股价格向下修正条款的，转股价格修正方案须提交公司股东会表决，且须经出席会议的股东所持表决权的2/3以上同意。股东会进行表决时，持有公司可转换债券的股东应当回避</td></tr>
</table>

另外要注意关联股东回避制度。

【提醒】股东出席股东会会议，所持每一股份有一表决权，类别股股东除外。公司持有的本公司股份没有表决权。上市公司控股子公司不得取得该上市公司的股份。上市公司控股子公司因公司合并、质权行使等原因持有上市公司股份的，不得行使所持股份对应的表决权，并应当及时处分相关上市公司股份。

历年考情

2022年多项选择题、2019年案例分析题、2019年单项选择题、考查股东会特别表决。2019年单项选择题考查优先股股东可以出席股东会会议并参与表决的事项。2020年案例分析题考查可转债转股价格向下修正方案的表决。

13.根据公司法律制度的规定，下列各项中，有权制订公司年度财务预算、决算方案的是（　　）。

A.总经理　　B.董事会

C.监事会　　D.股东会

审题要点

题目中提示“有权制订公司年度财务预算、决算方案的”，考生可迅速锁定考查的知识点是董事会的职权。

【本题答案】B

【本题解析】本题考核董事会的职权。董事会是制订公司的年度财务预算方案、决算方案；股东会是审议批准公司的年度财务预算方案、决算方案。

思维拓展

组织机构职权对比

股东会	（1）选举和更换董事、监事，决定有关董事、监事的报酬事项； （2）审议批准董事会的报告； （3）审议批准监事会的报告； （4）审议批准公司的利润分配方案和弥补亏损方案； （5）对公司增加或者减少注册资本作出决议； （6）对发行公司债券作出决议； （7）对公司合并、分立、解散、清算或者变更公司形式作出决议； （8）修改公司章程； （9）公司章程规定的其他职权。股东会可以授权董事会对发行公司债券作出决议 【提醒】只有一个股东的股份有限公司不设股东会。股东作出上列事项的决定时，应当采用书面形式，并由股东签名或者盖章后置备于公司
董事会	董事会行使下列职权： （1）召集股东会会议，并向股东会报告工作； （2）执行股东会的决议； （3）决定公司的经营计划和投资方案；

续表

董事会	（4）制订公司的利润分配方案和弥补亏损方案； （5）制订公司增加或者减少注册资本以及发行公司债券的方案； （6）制订公司合并、分立、解散或者变更公司形式的方案； （7）决定公司内部管理机构的设置； （8）决定聘任或者解聘公司经理及其报酬事项，并根据经理的提名决定聘任或者解聘公司副经理、财务负责人及其报酬事项； （9）制定公司的基本管理制度； （10）公司章程规定或者股东会授予的其他职权。 【提醒】公司章程对董事会职权的限制不得对抗善意相对人

坑点提示

1. 独立董事的特别职权

特别职权	独立董事除应具有董事的职权外，还应当行使以下特别职权： （1）重大关联交易（指上市公司拟与关联人达成的总额高于300万元或高于上市公司最近经审计净资产值的5%的关联交易）应由独立董事事前认可；独立董事作出判断前，可以聘请中介机构出具独立财务顾问报告，作为其判断的依据 （2）向董事会提议聘用或解聘会计师事务所 【提醒】第（1）、第（2）项事项应由1/2以上独立董事同意后，方可提交董事会讨论 （3）向董事会提请召开临时股东会 （4）提议召开董事会 （5）在股东会召开前公开向股东征集投票权 【提醒】前5项应当取得全体独立董事的1/2以上同意 （6）独立聘请外部审计机构和咨询机构，对公司的具体事项进行审计和咨询 【提醒】第（6）项应当经全体独立董事同意

2. 独立董事的独立意见

独立意见	独立董事应当对上市公司的以下重大事项向董事会或股东会发表独立意见： （1）提名、任免董事； （2）聘任或解聘高级管理人员； （3）公司董事、高级管理人员的薪酬； （4）上市公司的股东、实际控制人及其关联企业对上市公司现有或新发生的总额高于300万元或高于上市公司最近经审计净资产值的5%的借款或其他资金往来，以及公司是否采取有效措施回收欠款； （5）独立董事认为可能损害中小股东权益的事项； （6）法律、行政法规、中国证监会和公司章程规定的其他事项。 【记忆】独立董事独立意见：董高及薪酬、害中小股东、股控300万或净资产5%的借款
	独立董事应当就上述事项发表以下几类意见之一：同意；保留意见及其理由；反对意见及其理由；无法发表意见及其障碍
	如有关事项属于需要披露的事项，上市公司应当将独立董事的意见予以公告，独立董事出现意见分歧无法达成一致时，董事会应将各独立董事的意见分别披露

历年考情

2020年多项选择题考查独立董事应当发表的意见类型。2019年单项选择题考查董事会的职权。

14. 甲公司分立成乙、丙两公司。根据分立协议，乙公司承继甲公司20%净资产，丙公司承继甲公司80%净资产以及所有负债。甲公司的到期债权人丁公司接到分立通知后，要求上述相关公司立即清偿债务。下列关于丁公司债务清偿请求的表述中，符合公司法律制度规定的是（　　）。

审题要点

题目中提示“甲公司分立成乙、丙两公司”“丁公司债务清偿请求”，考生可迅速锁定考查的知识点是公司分立的责任承担。

A. 丁公司仅能请求乙公司对该债务承担20%的责任

B. 丁公司可请求乙、丙公司对该债务承担连带责任

C. 丁公司仅能请求丙公司对该债务承担80%的责任

D. 丁公司仅能请求丙公司对该债务承担责任，不能请求乙公司对该债务承担责任

【本题答案】B

【本题解析】本题考核公司分立的责任承担。公司分立前的债务由分立后的公司承担连带责任。但是，公司在分立前与债权人就债务清偿达成的书面协议另有约定的除外。

思维拓展

思维拓展内容详见2021年注册会计师全国统一考试真题详解单选第16题。

历年考情

2023年多项选择题考查公司减资。2022年多项选择题考查公司合并。2021年单项选择题、2019年单项选择题考查公司分立。

15. 根据证券法律制度的规定，对于申请在科创板公开发行股票并上市的公司，作出同意或者不同意股票公开发行并上市的审核意见的是（　　）。

审题要点

题目中提示“在科创板公开发行股票并上市的公司”“作出审核意见的是”，考生可迅速锁定考查的知识点是科创板首发上市。

A. 保荐人　　B. 证券交易所

C. 证监会　　D. 证券业协会

【本题答案】B

【本题解析】本题考核科创板首发上市。首次公开发行股票并在科创板上市，依法经上海证券交易所发行上市审核并报经中国证券监督管理委员会履行发行注册程序。

思维拓展

注册制or核准制

注册制

- 创业板、科创板首发
  - 证券交易所审核，报证监会履行注册程序。1年内有效
    - 交易所应当自受理注册申请文件之日起3个月内形成审核意见
    - 中国证监会在20个工作日内对发行人的注册申请作出同意注册或者不予注册的决定
    - 没通过，自决定作出之日起6个月后，发行人可以再次提出公开发行股票并上市申请
- 创业板、科创板增发
  - 董事会决议
    - 拟引入战略投资者，单独议案，就每名战略投资者单独审议
  - 股东大会决议（回避+出席+2/3以上）
    - 向本公司特定的股东及其关联人发行证券的，股东大会就发行方案进行表决时，关联股东应当回避
    - 中小投资者表决情况应当单独计票
    - 就每名战略投资者单独表决
    - 应当提供网络投票方式
    - 上市公司年度股东大会可以根据公司章程的规定，授权董事会决定向特定对象发行融资总额不超过人民币3亿元且不超过最近1年末净资产20%的股票，该项授权在下一年度股东大会召开日失效
  - 1年内有效
- 公开发行公司债券（注：非公开发行公司债券，承销机构或者依法自行销售的发行人应当在每次发行完成后5个工作日内向中国证券业协会备案）
  - 证券交易所收到注册申请文件后，在5个工作日内作出是否受理的决定
  - 证券交易所应当自受理注册申请文件之日起2个月内出具审核意见
  - 中国证监会应当自证券交易所受理注册申请文件之日起3个月内作出同意注册或者不予注册的决定
  - 一次注册，分期发行。2年内有效
  - 公开发行公司债券的募集说明书自最后签署之日起6个月内有效

核准制

- 主板首发
  - 证监会发行审核委员会审核
  - 6个月内发行
- 主板增发
  - 董事会决议，2个工作日内披露
  - 股东大会决议（回避+出席+2/3以上）
    - 向本公司特定的股东及其关联人发行的，股东大会就发行方案进行表决时，关联股东应当回避。关联股东是指董事会决议已确定为本次发行对象的股东及其关联人
  - 12个月内发行
  - 发行对象均属于前10名股东的，可以由上市公司自行销售

坑点提示

目前证券发行大部分都是注册制，只有主板是核准制。注册制证券交易所审核，报证监会履行注册程序。

历年考情

依2024年教材重新编写题目。

审题要点

题目中提示“甲公司拟在北京证券交易所公开发行股票”，考生可迅速锁定考查的知识点是北交所公开发行股票的条件。

2019年单项选择题考查科创板首发上市。

16. 甲公司拟在北京证券交易所公开发行股票，根据证券法律制度的规定，下列各项中属于甲公司应当符合的条件的有（　　）。

A. 属于高新技术产业或战略新兴产业

B. 最近三年财务会计报告无虚假记载，被出具无保留意见审计报告

C. 发行前股本总额不少于人民币3 000万元

D. 最近三个会计年度营业收入累计超过人民币3亿元

【本题答案】B

【本题解析】本题考核北交所公开发行股票的条件。发行人申请在北京证券交易所公开发行股票，应当符合下列规定：（1）具备健全且运行良好的组织机构；（2）具有持续经营力，财务状况良好；（3）最近3年财务会计报告无虚假记载，被出具无保留意见审计报告；（4）依法规范经营。

思维拓展

北京证券交易所

公司制	经国务院批准设立的中国第一家公司制证券交易所，受中国证监会监督管理	
注册制	公开发行申请报北京证券交易所审核并经证监会注册	
特点	发行人范围有法定限制	存量发行人为全国股转系统原精选层的挂牌公司，（新增）发行人应当为在全国股转系统连续挂牌满12个月的创新层挂牌公司
	投资者范围有法定限制	发行人仅得向不特定的合格投资者进行公开发行
北交所公开发行股票的条件	发行人申请在北京证券交易所公开发行股票，应当符合下列规定： （1）具备健全且运行良好的组织机构 （2）具有持续经营力，财务状况良好 （3）最近三年财务会计报告无虚假记载，被出具无保留意见审计报告 （4）依法规范经营	

坑点提示

坑点提示内容详见2021年注册会计师全国统一考试真题详解多选第9题。

历年考情

2022年多项选择题考查北交所公开发行股票的条件。

17. 根据企业破产法律制度的规定，下列主体中，**可以担任管理人**的是（　　）。

> **审题要点**
> 题目中提示“可以担任管理人”，考生可迅速锁定考查的知识点是管理人的资格。

A. 因盗窃行为受过刑事处罚的张某

B. 因违法行为被吊销执业证书的王某

C. 正在担任债务人财务顾问的李某

D. 破产申请受理前根据有关规定成立的行政清算组

【本题答案】D

【本题解析】本题考核管理人的资格。有下列情形之一的，不得担任管理人：（1）因故意犯罪受过刑事处罚（选项A）；（2）曾被吊销相关专业执业证书（选项B）；（3）与本案有利害关系（选项C）；（4）人民法院认为不宜担任管理人的其他情形。

思维拓展

思维拓展内容详见2021年注册会计师全国统一考试真题详解案例分析第1题第（2）问。

坑点提示

坑点提示内容详见2021年注册会计师全国统一考试真题详解案例分析第1题第（2）问。

抢分秘籍

抢分秘籍内容详见2021年注册会计师全国统一考试真题详解案例分析第1题第（2）问。

历年考情

2021年案例分析题、2019年单项选择题考查管理人的资格。

18. 甲公司向乙公司签发一张金额为35万元的银行承兑汇票，用于支付购买设备的价款。乙公司随即将汇票背书转让给丙公司，用于支付工程款。在丙公司提示付款前，**甲、乙公司之间的设备买卖合同因乙公**

审题要点

题目中提示"甲、乙公司之间的设备买卖合同因乙公司欺诈而被人民法院撤销"，考生可迅速锁定考查的知识点是票据基础关系的瑕疵并不影响票据行为的效力。

司欺诈而被人民法院撤销。甲公司的下列主张中，符合票据法律制度规定的是（　　）。

A. 请求乙公司返还汇票　　B. 请求乙公司返还35万元价款

C. 请求丙公司返还汇票　　D. 请求承兑银行对丙公司拒绝付款

【本题答案】B

【本题解析】本题考核票据关系。票据基础关系的瑕疵并不影响票据行为的效力。甲不能要求丙或乙返还票据。

思维拓展

思维拓展内容详见2022年注册会计师全国统一考试真题详解案例分析第2题第（2）问。

坑点提示

坑点提示内容详见2022年注册会计师全国统一考试真题详解案例分析第2题第（2）问。

历年考情

2022年案例分析题考查、2020年案例分析题、2019年单项选择题考查基础关系抗辩。

审题要点

题目中提示"代表国家行使企业国有资产所有权的"，考生可迅速锁定考查的知识点是国务院代表国家行使企业国有资产所有权。

19. 根据企业国有资产法律制度的规定，代表国家行使企业国有资产所有权的是（　　）。

A. 国务院　　B. 国有资产监督管理委员会

C. 财政部　　D. 中国人民银行

【本题答案】A

【本题解析】本题考核企业国有资产的监督管理体制。企业国有资产属于国家所有，国务院代表国家行使企业国有资产所有权。

思维拓展

企业国有资产监督管理体制

代表国家行使企业国有资产所有权	国务院
履行出资人职责	国务院、地方人民政府
	国务院所确定的关系国民经济命脉和国家安全的大型国家出资企业、重要基础设施和重要自然资源等领域的国家出资企业，由国务院代表国家履行出资人职责
	其他的国家出资企业，由地方人民政府代表国家履行出资人职责

续表

履行出资人职责的机构	国有资产监督管理机构，国有资本投资、运营公司，财政部
	国务院授权财政部对金融行业的国有资产进行监管，授权财政部对中央文化企业、中国铁路、中国烟草及中国邮政集团等公司履行出资人职责

坑点提示

（1）注意区别上述职责。

（2）注意国务院和地方人民政府依法履行出资人职责应坚持的原则：政企分开、社会公共管理职能与企业国有资产出资人职能分开、不干预企业依法自主经营。

（3）注意企业国有资产与企业法人财产不同：

①企业国有资产是指国家作为出资人对所出资企业所享有的权益，而不是指国家出资企业的各项具体财产。

②出资人将出资投入企业，所形成的企业的厂房、机器设备等企业的各项具体财产，属于企业的法人财产权。

③企业法人的动产和不动产，由企业享有占有、使用、收益和处分的权利。

④出资人对企业法人财产不具有直接的所有权。

历年考情

2019年单项选择题、多项选择题考查企业国有资产监督管理体制。

20.根据企业国有资产法律制度的规定，在选择国有资本控股公司的企业管理者时，履行出资人职责的机构所享有的权限是（　）。

依2024年教材重新编写题目。

审题要点

题目中提示“国有资本控股公司的企业管理者时，履行出资人职责的机构所享有的权限”，考生可迅速锁定考查的知识点是国家出资企业管理者的任免范围。

A.任免企业的经理、副经理

B.任免企业的董事长、副董事长、董事和监事

C.任免企业的财务负责人和其他高级管理人员

D.向企业的股东会或股东会提出董事、监事人选

【本题答案】D

【本题解析】本题考核国家出资企业管理者的任免范围。履行出资人职责的机构依照法律、行政法规以及企业章程的规定，任免或者建议任免国家出资企业的下列人员：（1）任免国有独资企业的经理、副经理、财务负责人和其他高级管理人员；（2）任免国有独资公司的董事长、副董事长、董事、监事会主席和监事；（3）向国有资本控股公司、国有资本参股公司的股东会、股东会提出董事、监事人选。

思维拓展

国家出资企业管理者的任职要求

<table>
<tr><th>企业类型</th><th>履行出资人职责的机构</th><th colspan="2">兼职限制</th></tr>
<tr><td>国有独资企业</td><td>任免总经理、副总经理、财务负责人和其他高级管理人员</td><td>未经履行出资人职责的机构同意，董事、高管不得在其他企业兼职</td><td rowspan="3">董高不得兼任监事</td></tr>
<tr><td>国有独资公司</td><td>任免董事长、副董事长、董事、监事会主席和监事</td><td>未经履行出资人职责的机构同意，董事、高管不得在其他企业兼职，董事长不得兼任经理</td></tr>
<tr><td>国有资本控股、参股公司</td><td>向股东会、股东会提出董事、监事人选</td><td>①未经股东会同意，董事、高管不得在经营同类业务的其他企业兼职
②未经股东会同意，控股公司董事长不得兼任经理</td></tr>
</table>

坑点提示

国有独资企业，履行出资人职责的机构只是任免高管。国有独资公司没有股东会，故履行出资人职责的机构任免董事、监事、董事长、副董事长和监事会主席。国有资本控股、参股公司，还有别的股东，有股东会，是由股东会决定聘任解聘董事、监事，故履行出资人职责的机构只能向股东会提出董事、监事人选。

历年考情

2021年多项选择题、2019年单项选择题考查国家出资企业管理者的任免范围。

审题要点

题目中提示“相关市场界定”，考生可迅速锁定考查的知识点是相关市场界定。

21. 下列关于相关市场界定的表述中，符合反垄断法律制度规定的是（　　）。

A. 只有滥用市场支配地位案件，才需要界定相关市场

B. 任何反垄断案件的分析中，相关市场均应从商品、地域和时间三个维度界定

C. 供给替代是界定相关市场的主要分析视角

D. 界定相关市场的基本标准是商品间“较为紧密的相互替代性”

【本题答案】D

【本题解析】本题考核相关市场。在垄断协议及滥用市场支配地位的禁止，以及经营者集中的反垄断审查案件中，均可能涉及相关市场的界定问题；选项A错误。界定相关市场涉及的维度包括时间、商品和地域等三个维度；但是，并非任何市场界定都涉及全部三个维度；选项B错误。需求替代是界定相关市场的主要分析视角；选项C错误。

思维拓展

思维拓展内容详见2023年注册会计师全国统一考试真题详解单选第23题。

坑点提示

判定是需求角度还是供给角度，主要抓住供给角度是看转产的难易，是从经营者角度出发。所以主抓一些关键词“经营者”“转产”“转换成本”。而需求角度主要是从“需求者”“商品”出发。

历年考情

2023年单项选择题、2021年多项选择题、2019年单项选择题考查相关市场界定。

22.根据涉外投资法律制度的规定，下列关于准入前国民待遇加负面清单管理模式的表述中，正确的是（　　）。

> 审题要点
> 题目中提示“准入前国民待遇加负面清单管理模式”，考生可迅速锁定考查的知识点是准入前国民待遇加负面清单管理模式。

A.准入前国民待遇是指在企业设立阶段给予外资国民待遇，不包括企业设立后的经营阶段

B.准入前国民待遇加负面清单管理模式目前在我国仅适用于自由贸易试验区

C.负面清单是指国家规定的准入特别管理措施

D.负面清单由商务部发布或批准发布

【本题答案】C

【本题解析】本题考核外商直接投资的准入管理。准入前国民待遇，包含准入阶段和准入后的运营阶段在内的整个投资阶段的国民待遇，选项A错误。“准入前国民待遇+负面清单”模式已经推广到全国范围，选项B错误。负面清单由国务院发布或批准发布，选项D错误。

思维拓展

准入前国民待遇加负面清单管理制度

准入前国民待遇加负面清单管理制度	所谓“准入前国民待遇”，并不是说准入后就不享受国民待遇。我国对外商投资的国民待遇是从准入后向准入前（或者更准确地说准入阶段）延展，这里所说的准入前国民待遇，实际上是包含准入阶段和准入后的运营阶段在内的整个投资阶段的国民待遇
	负面清单由国务院投资主管部门（国家发改委）会同国务院商务主管部门（商务部）等有关部门提出，报国务院发布或者报国务院批准后由国务院投资主管部门、商务主管部门发布

坑点提示

虽然叫“准入前国民待遇”，但准入后也是国民待遇。另外要注意国民清单是谁提出，谁发布。

历年考情

2019年单项选择题考查准入前国民待遇加负面清单管理。

审题要点

题目中提示“反倾销调查应当自立案调查决定公告之日起一定期限内结束”，考生可迅速锁定考查的知识点是反倾销调查。

23. 根据对外贸易法律制度的规定，**反倾销调查应当自立案调查决定公告之日起一定期限内结束**。该期限最长可以是（　　）。

A. 6个月　　B. 12个月

C. 18个月　　D. 24个月

【本题答案】C

【本题解析】本题考核反倾销调查。反倾销调查应当自立案调查决定公告之日起12个月内结束；特殊情况下可以延长，但延长期不得超过6个月。

思维拓展

反倾销措施

对倾销的调查和确定	由商务部负责
有权作出征收反倾销税决定的机构	国务院关税税则委员会
反倾销调查的启动	国内产业或者代表国内产业的自然人、法人或者有关组织，可以向商务部提出反倾销调查的书面申请。商务部应当自收到申请书及有关证据之日起60日内，决定立案调查或者不立案调查
	在表示支持申请或者反对申请的国内产业中，支持者的产量占支持者和反对者的总产量50%以上的，应当认定申请是由国内产业或者代表国内产业提出，可以启动反倾销调查；但是，表示支持申请的国内生产者的产量不足国内同类产品总产量的25%的，不得启动反倾销调查
	在特殊情形下，商务部可以自行决定立案调查
反倾销调查的期限	反倾销调查应当自立案调查决定公告之日起12个月内结束；特殊情况下可以延长，但延长期不得超过6个月（最长18个月）。
反倾销调查应当终止的情形	（1）申请人撤销申请的。 （2）没有足够证据证明存在倾销、损害或者二者之间有因果关系的。 （3）倾销幅度低于2%的。 （4）倾销进口产品实际或者潜在的进口量或者损害属于可忽略不计的。 （5）商务部认为不适宜继续进行反倾销调查的

坑点提示

反倾销税是关税范畴，由国务院关税税则委员会决定。

历年考情

2019年单项选择题考查反倾销调查的期限。

24.我国《外汇管理条例》在适用范围上采取属人主义与属地主义相结合的原则，对于特定主体，仅对其发生在中国境内的外汇收支和外汇经营活动适用该条例。下列各项中，属于此类主体的是（　　）。

A.到广州旅游1个月的美国公民甲

B.在北京设立的中德合资经营企业乙

C.已在上海连续居住3年的法国公民丙

D.持中华人民共和国居民身份证的中国公民丁

审题要点

题目中提示“特定主体，仅对其发生在中国境内的外汇收支和外汇经营活动适用该条例”，考生可迅速锁定考查的知识点《外汇管理条例》的适用范围。

【本题答案】A

【本题解析】本题考核《外汇管理条例》的适用范围。境内机构、境内个人的外汇收支或者外汇经营活动，以及境外机构、境外个人在境内的外汇收支或者外汇经营活动，适用《外汇管理条例》。题目让选择“仅对其在我国境内的外汇收支和外汇经营，适用我国管理制度的”，这是指“境外机构、境外个人”，选项B、C、D都属于境内机构或境内个人。

思维拓展

《外汇管理条例》的适用范围

<table>
<tr><td>外汇</td><td colspan="2">外汇包括外币现钞（包括纸币和铸币）、外币支付凭证或者支付工具（包括票据、银行存款凭证、银行卡）、外币有价证券（包括股票、债券）、特别提款权及其他外汇资产</td></tr>
<tr><td rowspan="4">《外汇管理条例》的适用范围</td><td>境内机构和境内个人</td><td>外汇收支或者外汇经营活动，不论其发生在境内或者境外，均适用该条例</td></tr>
<tr><td>境外机构和境外个人</td><td>仅对其发生在中国境内的外汇收支和外汇经营活动，适用该条例</td></tr>
<tr><td colspan="2">境内机构，是指境内的国家机关、企业、事业单位、社会团体、部队等，外国驻华外交领事机构和国际组织驻华代表机构除外</td></tr>
<tr><td colspan="2">境内个人，是指中国公民和在中国境内连续居住满1年的外国人，外国驻华外交人员和国际组织驻华代表除外</td></tr>
</table>

坑点提示

境内机构个人境内境外外汇均适用，境外机构和个人仅境内外汇适用。境内外个人判断，境内连续居住满1年的外国人算境内个人。

历年考情

2021年多项选择题、2019年单项选择题考查《外汇管理条例》的适用范围。

二、多项选择题（本题型共14小题，每小题1.5分，共21分。每小题均有多个正确答案，请从每小题的备选答案中选出你认为正确的所有答案，用鼠标点击相应的选项。每小题所有答案选择正确的得分，不答、错答、漏答均不得分。）

审题要点

题目中提示“单方民事法律行为”，考生可迅速锁定考查的知识点是民事法律行为的分类。

1.根据民事法律制度的规定，下列各项中，属于**单方民事法律行为**的有（　　）。

A.赠与　　B.借贷

C.追认　　D.撤销

【本题答案】CD

【本题解析】本题考核单方法律行为。单方法律行为是根据一方当事人的意思表示而成立的民事法律行为。追认与撤销都是一方当事人意思表示即可成立，是单方法律行为。赠与和借贷都是合同行为，双方当事人意思表示一致才能成立，是双方法律行为。

思维拓展

思维拓展内容详见2023年注册会计师全国统一考试真题详解单选第3题。

坑点提示

坑点提示内容详见2023年注册会计师全国统一考试真题详解多选第1题。

历年考情

2023年多项选择题、2022年单项选择题、2道多项选择题、2021年多项选择题、2020年单项选择题、2019年多项选择题考查民事法律行为分类 。

审题要点

题目中提示“乙拾得甲丢失的手机”，考生可迅速锁定考查的知识点是拾得遗失物。

2. **乙拾得甲丢失的手机，以市场价500元出让给不知情的旧手机经销商丙**。根据物权法律制度的规定，下列表述中正确的有（　　）。

A.乙拾得手机后，甲即失去手机所有权

B.乙将手机出让给丙的行为属于无权处分

C.甲有权请求乙给予损害赔偿

D.甲有权请求丙返还手机，但应向丙支付500元

【本题答案】BC

【本题解析】本题考核拾得遗失物处理规则。所有权人或者其他权利人有权追回遗失物（选项A错误）。该遗失物通过转让被他人占有的，权利人有权向无处分权人请求损害赔偿（选项C正确），或者自知道或者应当知道受让人之日起2年内向受让人请求返还原物，但受让人通过拍卖或者向具有经营资格的经营者购得该遗失物的，权利人请求返还原物时应当支付受让人所付的费用（题目中是拾得人乙直接卖给丙，甲请求丙返还时无需支付500元，选项D错误）。权利人向受让人支付所付费用后，有权向无处分权人追偿。遗失物不适用善意取得，拾得人乙无所有权，因此是无权处分行为（选项B正确）。

思维拓展

拾得遗失物

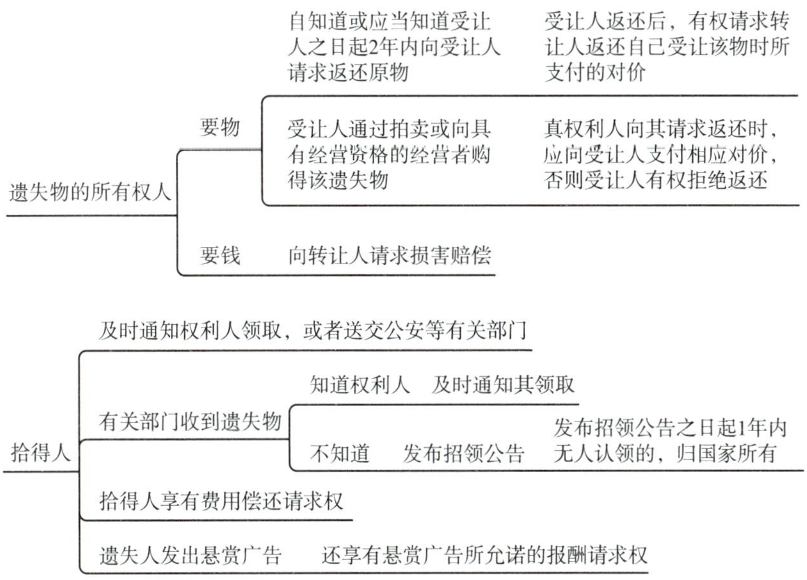

坑点提示

拾得遗失物不适用善意取得制度。受让人通过拍卖或向具有经营资格的经营者购得该遗失物，真权利人得花钱买回，然后找无权处分人赔偿损失，其他2年内有权请求要回自己的物。

历年考情

2019年多项选择题考查拾得遗失物。

3. 根据物权法律制度的规定，下列权利中，可以设定在动产之上的有（　　）。

A. 抵押权　　B. 质押权

C. 留置权　　D. 所有权

审题要点

题目中提示“可以设定在动产之上的”，考生可迅速锁定考查的知识点是物权的种类——动产物权。

【本题答案】ABCD

【本题解析】本题考核物权的种类——动产物权。动产物权是设定在动产之上的物权，如动产所有权、动产抵押权、动产质权、留置权。

思维拓展

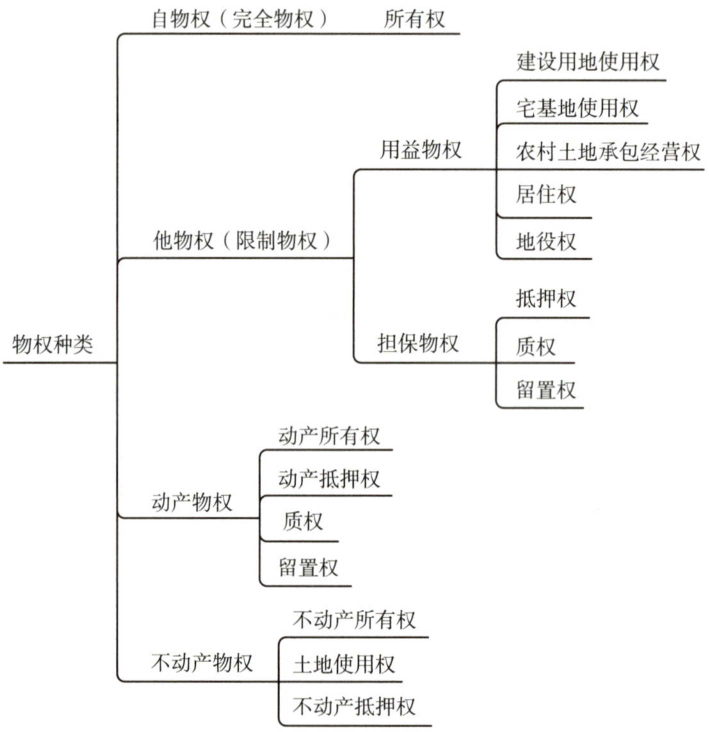

坑点提示

独立物权与从物权

标准	类型	具体物权
能否独立存在	独立物权	能独立存在，如所有权、土地使用权
	从物权	从属于其他权利而存在，担保物权从属于债权而存在，地役权从属于需役地的所有权或使用权而存在

历年考情

2019年多项选择题考查物权的种类——动产物权。

4.根据合伙企业法律制度的规定，下列事项中，除合伙协议另有约定外，须经全体合伙人一致同意方能通过的有（　　）。

A.合伙人向合伙人以外的人转让其合伙份额

B.合伙企业聘任合伙人以外的人担任企业经营管理人员

C.合伙企业分配利润

D.处分合伙企业的不动产

【本题答案】ABD

【本题解析】本题考核合伙企业事务执行的形式。除合伙协议另有约定外，合伙企业的下列事项应当经全体合伙人一致同意：（1）改变合伙企业的名称；（2）改变合伙企业的经营范围、主要经营场所的地点；（3）处分合伙企业的不动产；（4）转让或者处分合伙企业的知识产权和其他财产权利；（5）以合伙企业名义为他人提供担保；（6）聘任合伙人以外的人担任合伙企业的经营管理人员。除合伙协议另有约定外，普通合伙人向合伙人以外的人转让其在合伙企业中的全部或者部分财产份额时，须经其他合伙人一致同意。

审题要点

题目中提示“除合伙协议另有约定外，须经全体合伙人一致同意方能通过的”，考生可迅速锁定考查的知识点是除合伙协议另有约定外，应当经全体合伙人一致同意的事项。

思维拓展

思维拓展内容详见2023年注册会计师全国统一考试真题详解多选第6题。

历年考情

2022年单项选择题、2020年单项选择题、多项选择题、2019年多项选择题考查合伙企业事务执行。

5.根据合伙企业法律制度的规定，合伙企业存续期间出现特定情形时，合伙人可以退伙。这些情形有（　　）。

A.发生合伙协议约定的退伙事由

B.全体合伙人一致同意退伙

C.发生合伙人难以继续参加合伙的事由

D.其他合伙人严重违反合伙协议约定的义务

【本题答案】ABCD

【本题解析】本题考核协议退伙。合伙协议约定合伙期限的，在合伙企业存续期间，有下列情形之一的，合伙人可以退伙：（1）合伙协

审题要点

题目中提示“合伙人可以退伙”，考生可迅速锁定考查的知识点是协议退伙。

议约定的退伙事由出现；（2）经全体合伙人一致同意；（3）发生合伙人难以继续参加合伙的事由；（4）其他合伙人严重违反合伙协议约定的义务。

思维拓展

思维拓展内容详见2022年注册会计师全国统一考试真题详解多选第5题。

历年考情

2023年单项选择题考查除名退伙。2023年单项选择题、2022年单项选择题、2020年单项选择题考查当然退伙。2022年单项选择题、2021年单项选择题、2021年单项选择题考查入退伙及合伙人身份转换的责任承担。2022年单项选择题考查普通合伙企业合伙人退伙结算及其效果。2022年、2020年多项选择题考查通知退伙。2019年多项选择题考查协议退伙。

审题要点

题目中提示“人民法院应当确认董事会决议不成立”，考生可迅速锁定考查的知识点是公司决议不成立之诉。

6.根据公司法律制度的规定，下列情形中，人民法院应当确认董事会决议不成立的有（　　）。

A.公司未召开董事会会议作出该决议

B.公司召开了董事会会议，但未表决该决议事项

C.公司召开董事会会议时，到会董事人数不符合公司法或公司章程规定

D.董事会会议表决结果未达到公司法或公司章程规定的通过比例

【本题答案】ABCD

【本题解析】本题考核公司决议不成立之诉。股东会、董事会决议存在下列情形之一，当事人主张决议不成立的，人民法院应当予以支持：（1）公司未召开会议的，但依据公司法或者公司章程规定可以不召开股东会或者股东会而直接作出决定，并由全体股东在决定文件上签名、盖章的除外（选项A）；（2）会议未对决议事项进行表决的（选项B）；（3）出席会议的人数或者股东所持表决权不符合公司法或者公司章程规定的（选项C）（4）会议的表决结果未达到公司法或者公司章程规定的通过比例的（选项D）；（5）导致决议不成立的其他情形。

思维拓展

思维拓展内容详见2023年注册会计师全国统一考试真题详解单选第14题。

历年考情

2023年多项选择题、2022年多项选择题、2021年多项选择题、2019年多项选择题考查决议不成立的情形。2019年单项选择题、2020年单项选择题考查决议之诉应当列公司为被告。2019年案例分析题考查可撤销决议。

7.根据公司法律制度的规定，下列各项中，股份有限公司的所有股东均有权查阅的有（　　）。

A.股东名册　　B.董事会会议记录

C.监事会会议记录　　D.股东会会议记录

【本题答案】AD

【本题解析】本题考核知情权。有限责任公司和股份有限公司股东均有权查阅、复制公司章程、股东名册、股东会会议记录、董事会会议决议、监事会会议决议和财务会计报告。

审题要点

题目中提示“股份有限公司的所有股东均有权查阅”，考生可迅速锁定考查的知识点是股东权利——查阅权。

思维拓展

思维拓展内容详见2022年注册会计师全国统一考试真题详解单选第16题。

坑点提示

坑点提示内容详见2022年注册会计师全国统一考试真题详解单选第16题。

历年考情

2023年单项选择题、2022年单项选择题、多项选择题、2021年多项选择题、2019年多项选择题考查股东知情权。

依2024年教材重新编写题目。

8.根据证券法律制度的规定，下列股票发行行为中，应报证监会核准的有（　　）。

A.非公众公司向特定对象发行股票，发行后股东人数为200人

B.在全国股转系统挂牌的非上市公众公司的定向发行

C.股份有限公司首次公开发行股票并在主板上市

D.主板上市公司发行新股

【本题答案】BCD

【本题解析】本题考核股票发行的类型。选项A，非公众公司向特定对象发行股票，导致发行后股东人数“超过”200人，需经过证监会

审题要点

题目中提示“应报证监会核准”，考生可迅速锁定考查的知识点是股票发行的类型（是否需要核准）。

的核准。选项B，在全国股转系统挂牌的非上市公众公司向特定对象定向发行股票，需要经过中国证监会的核准；选项C、D，目前在主板首次公开发行股票并上市以及在主板增发新股，仍需中国证监会核准，在创业板和科创板首次公开发行股票并上市，采用注册制，由证券交易所审核，中国证监会依法履行发行注册程序。

思维拓展

未上市公众公司

是否需要中国证监会核准综述

- 股份有限公司向特定对象发行股票导致股东累计超过200人需要核准，除非3个月内降至200以内可以不提申请
- 在全国股转系统挂牌的非上市公众公司向特定对象发行股票，需要经过中国证监会的核准
- 股份公司申请其股票公开转让，如果股份公司股东超200人要核准，不超豁免核准，由全国股转系统进行审查

坑点提示

非上市公众公司定向发行，包括股份有限公司向特定对象发行股票导致股东累计超过200人，以及在全国股转系统挂牌的非上市公众公司向特定对象发行股票两种情形。这两种情形，都必须经过中国证监会的核准，而且发行对象只能是中国证监会规定的特定对象。

股东人数超过200人的公司申请其股票公开转让，应当按照中国证监会有关规定向中国证监会申请核准。

对于股东人数未超过200人的公司申请其股票公开转让，中国证监会豁免核准，由全国股转系统进行审查。

历年考情

2019年多项选择题考查股票发行的类型。

> **审题要点**
>
> 题目中提示“支票可以由出票人授权补记的”，考生可迅速锁定考查的知识点是支票上的金额与收款人名称可以由出票人授权补记。

9.根据票据法律制度的规定，支票的下列记载事项中，可以由出票人授权补记的有（　　）。

A.出票日期　　B.收款人名称

C.票据金额　　D.付款人名称

【本题答案】BC

【本题解析】本题考核支票出票的款式。支票上的金额与收款人名称可以由出票人授权补记。

思维拓展

1. 绝对记载事项

	商业汇票	本票	支票
表明“××票”字样	√	√	√
无条件支付的委托	√	承诺	√
确定的金额	√	√	√（可补记）
付款人名称	√	×	√
收款人名称	√	√	×（可补记）
出票人签章	√	√	√
出票日期	√	√	√

2. 相对记载事项

汇票	付款日期	未记载付款日期的，视为见票即付
	付款地	未记载付款地的，以付款人的营业场所、住所或者经常居住地为付款地
	出票地	未记载出票地的，以出票人的营业场所、住所或者经常居住地为出票地
	承兑日期	汇票上未记载承兑日期的，应当以收到提示承兑的汇票之日起的第3日为承兑日期
支票	付款地	未记载付款地的，以付款人的营业场所为付款地
	出票地	未记载出票地的，以出票人的营业场所、住所或者经常居住地为出票地
银行本票	付款地	未记载付款地的，以出票人的营业场所为付款地
	出票地	未记载出票地的，以出票人的营业场所为出票地
背书	背书未记载日期的，视为在票据到期日前背书	
保证日期	未记载保证日期的，出票日期为保证日期	
被保证人的名称	未记载被保证人的名称的，已承兑的票据，承兑人为被保证人；未承兑的票据，出票人为被保证人	

坑点提示

支票上的金额可以由出票人授权补记，未补记前不得使用。故支票上的金额虽然可授权补记，但是绝对必要记载事项。并未将支票收款人名称列为绝对必要记载事项。例如，甲公司签发支票给乙公司，但是未记载收款人。乙公司为支付货款，直接将支票交付给丙公司，未作任何记载。丙公司将自己的名称记载为收款人后，持票向付款人主张票据权利。甲公司、乙公司的行为，均符合票据法。也就是说，就支票而言，我国票据法承认了转让背书之外的这种票据权利转让方式。

历年考情

2019年多项选择题考查可以由出票人授权补记的记载事项。

> **审题要点**
> 题目中提示“我国企业国有资产监督管理体制”，考生可迅速锁定考查的知识点是企业国有资产的监督管理体制。该种题目，“下列关于……表述中，正确的是（　）”属于对该知识点的综合性考查，需要全面掌握该知识点。

10.根据企业国有资产法律制度的规定，下列关于**我国企业国有资产监督管理体制**的表述中，正确的有（　　）。

A.企业国有资产属于国家所有，国务院代表国家对国家出资企业履行出资人职责

B.地方人民政府无权代表国家对国家出资企业履行出资人职责

C.国有资本投资、运营公司可对授权范围内的国有资本履行出资人职责

D.履行出资人职责应当坚持政企分开、社会公共管理职能与企业国有资产出资人职能分开、不干预企业依法自主经营原则

【本题答案】CD

【本题解析】本题考核企业国有资产的监督管理体制。企业国有资产属于国家所有，国务院代表国家行使企业国有资产所有权；国务院和地方各级人民政府分别代表国家对国家出资企业履行出资人职责；选项A、B错误。

思维拓展

思维拓展内容详见2019年注册会计师全国统一考试真题详解单选第19题。

坑点提示

坑点提示内容详见2019年注册会计师全国统一考试真题详解单选第19题。

历年考情

2019年单项选择题、2019年多项选择题考查企业国有资产监督管理体制。

> 依2024年教材重新编写题目。

> **审题要点**
> 题目中提示“统一各自生产的手机充电器接口和技术”，考生可迅速锁定考查的知识点是垄断协议的豁免。

11.2021年，在某通用标准化会议组织的论坛上，与会的主要手机生产商达成协议，**统一各自生产的手机充电器接口和技术**。根据反垄断法律制度的规定，下列表述中说法正确的有（　　）。

A.协会仅组织论坛而未参加协议，不涉嫌垄断行为

B.主要手机生产商可以主张标准化卡特尔的豁免

C.主要手机生产商的行为涉嫌联合抵制交易

D.主要手机生产商的行为涉嫌横向垄断协议

【本题答案】BD

【本题解析】本题考核垄断协议的豁免。行业协会不得组织本行业的经营者从事法律禁止的垄断行为，协会作为组织者，属于行业协会参与的垄断行为；选项A错误。为提高产品质量、降低成本、增进效率，统一产品规格、标准或者实行专业化分工的。这类垄断协议也称为标准化卡特尔和专业化卡特尔。经营者为降低成本、提高质量、增进效率而达成的统一产品规格和标准的协议，以及经营者之间分工合作、各自发挥比较优势以提高产品质量和生产效率的协议，可得到反垄断法的豁免；选项B正确。联合抵制交易，是指具有竞争关系的经营者联合起来，共同拒绝与其他的特定经营者进行交易的行为；选项C错误。拒绝使用新技术、新工艺、新设备、新产品，属于横向垄断协议；选项D正确。

思维拓展

思维拓展内容详见2020年注册会计师全国统一考试真题详解多选第11题。

历年考情

2021年单项选择题、2020年单项选择题、2019年多项选择题考查《反垄断法》的适用范围。

12.下列关于**我国经营者集中申报制度**的表述中，符合反垄断法律制度规定的有（　　）。

> **审题要点**
> 题目中提示“我国经营者集中申报制度”，考生可迅速锁定考查的知识点是经营者集中申报制度。

A.我国对经营者集中实行强制的事前申报制

B.参与集中的所有经营者上一会计年度在全球范围内的营业额合计达到100亿元，并且其中至少两个经营者上一会计年度在中国境内的营业额均达到4亿元的经营者集中，应当申报

C.经营者在国务院反垄断执法机构规定的期限内未补交应当补交的申报材料的，视为未申报

D.参与集中的每个经营者30%以上有表决权的股份或者资产被同一未参与集中的经营者拥有的，可以免于申报

【本题答案】AC

【本题解析】本题考核经营者集中申报制度。参与集中的所有经营者上一会计年度在全球范围内的营业额合计超过100亿元人民币，并且

其中至少两个经营者上一会计年度在中国境内的营业额均超过4亿元人民币的经营者集中，应当事先向商务部申报，未申报的不得实施集中；选项B中说“达到”，不符合规定。参与集中的每个经营者50%以上有表决权的股份或者资产被同一个未参与集中的经营者拥有的，可以免于向商务部申报；选项D错误。

思维拓展

思维拓展内容详见2023年注册会计师全国统一考试真题详解多选第14题。

历年考情

2023年单项选择题、多项选择题、2022年单项选择题、2021年多项选择题、2019年多项选择题考查经营者集中。

审题要点

题目中提示“中国境内投资者对外直接投资时需要遵守的法律规则”，考生可迅速锁定考查的知识点是对外直接投资需要遵循的法律规则。

13. 根据涉外投资法律制度的规定，中国境内投资者对外直接投资时需要遵守的法律规则包括（　　）。

A. 中国法律

B. 投资所在国法律

C. 中国与投资所在国签订的双边投资保护协定

D. 中国与投资所在国共同缔结或参加的多边条约

【本题答案】ABCD

【本题解析】本题考核对外直接投资需要遵循的法律规则。中国境内投资者对外直接投资，需要遵守投资所在国即东道国的法律和政策，以及中国与有关东道国签订的双边投资保护协定和双方共同缔结或参加的多边条约中的相关规定。与此同时，作为投资者的母国，中国国内法中的相关规定当然也要予以适用。

思维拓展

思维拓展内容详见2023年注册会计师全国统一考试真题详解单选第25题。

历年考情

2021年单项选择题考查对外直接投资概念。2019年多项选择题考查对外直接投资需要遵循的法律规则。2020年单项选择题、2023年单项选择题考查对外直接投资核准备案制度。

14.根据外汇管理法律制度的规定，外汇市场可以划分为外汇零售市场和外汇批发市场。下列市场参与者之间进行的外汇买卖中，形成外汇批发市场的有（　　）。

审题要点

题目中提示“外汇批发市场”，考生可迅速锁定考查的知识点是外汇市场。

A.银行与企业之间进行的柜台式外汇买卖

B.银行与个人客户之间进行的外汇买卖

C.银行与银行之间进行的外汇买卖

D.银行与其他金融机构之间进行的外汇买卖

【本题答案】CD

【本题解析】本题考核外汇市场。外汇批发市场是指以银行业金融机构为主、以非银行金融机构和非金融企业为辅的机构间外汇买卖市场，也称银行间外汇市场。

思维拓展

外汇市场

外汇零售市场	银行与企业、银行与个人之间进行柜台式外汇买卖所形成的市场
外汇批发市场	以银行业金融机构为主、以非银行金融机构和非金融企业为辅的机构间外汇买卖市场，也称银行间外汇市场
外汇市场交易的币种和形式由国务院外汇管理部门规定	
交易模式	银行间外汇市场提供集中竞价、双边询价和撮合交易三种交易模式 支持人民币对外币的即期交易，远期和掉期交易，货币掉期交易，期权交易，11组外币对的即期、远期和掉期交易，以及12种外币拆借和外币同业存款交易

坑点提示

外汇零售市场记住关键词“银行与企业、银行与个人”，外汇批发市场以银行业金融机构为主。

历年考情

2019年多项选择题考查外汇批发市场。

三、案例分析题（本题型共4小题55分。其中一道小题可以选用中文或英文解答，请仔细阅读答题要求。如使用英文解答，须全部使用英文，答题正确的，增加5分。本题型最高得分为60分。）

1.（本小题10分）2018年9月3日，债务人甲公司出现不能清偿到期债务且明显缺乏清偿能力的情况；10月15日，债权人乙公司向人民法院提出针对甲公司的破产申请。甲公司对破产申请提出异议，理由是：（1）甲公司的账面资产大于负债，只是难以变现，不构成明显缺乏清偿能力；（2）乙公司未预先缴纳诉讼费用，不应立案。

11月1日，人民法院受理甲公司破产案件，并指定管理人。管理人调查甲公司财产状况时发现：当年8月，甲公司向丙公司购买起重机5台，总金额50万元，约定分两期付款，第二期付款日为2018年12月31日；在甲公司付清价款前，丙公司保留起重机的所有权。至人民法院指定管理人之时，甲公司已经收到5台起重机并投入使用，甲公司已经支付价款总计40万元。11月3日，管理人决定继续履行起重机买卖合同并通知丙公司，丙公司立即要求管理人支付剩余10万元起重机价款。管理人以第二期付款期限尚未届至为由拒绝。丙公司遂要求收回起重机。

此外，当年8月，甲公司与丁公司签订购买原材料合同，约定交货时间为11月30日之前。10月20日，丁公司发货，甲公司于11月5日收到货物。11月8日，丁公司向甲公司催收货款时发现，甲公司破产案件已为人民法院受理，遂要求取回该批货物。

根据上述内容，分别回答下列问题：

（1）甲公司关于“其账面资产大于负债，只是难以变现，不构成明显缺乏清偿能力”的异议是否成立？

（2）甲公司关于“乙公司未预先缴纳诉讼费用，人民法院不应立案”的异议是否成立？并说明理由。

（3）管理人是否有权以付款期限尚未届至为由拒绝支付甲公司所欠丙公司剩余10万元起重机价款？并说明理由。

（4）在管理人以第二期付款期限尚未届至为由拒绝付款的情况下，丙公司是否有权收回起重机？并说明理由。

（5）丁公司是否有权要求取回已交付的原材料？并说明理由。

【本题答案】

（1）甲公司的异议不成立。根据企业破产法律制度的规定，债务人账面资产虽然大于负债，但存在财产不能变现等原因，无法清偿债务的，人民法院应当认定其明显缺乏清偿能力。

（2）甲公司的异议不成立。根据企业破产法律制度的规定，破产案件的诉讼费用从债务人财产中拨付，因此相关当事人以申请人未预先缴纳诉讼费用为由对破产申请提出异议的，人民法院不予支持。

审题要点

问题中抓住关键词“其账面资产大于负债，只是难以变现，不构成明显缺乏清偿能力”的异议，考生可迅速锁定考查的知识点是破产申请是否受理。

审题要点

问题中抓住关键词“乙公司未预先缴纳诉讼费用，人民法院不应立案”的异议，考生可迅速锁定考查的知识点是破产申请是否受理。

审题要点

问题中抓住关键词“是否有权以付款期限尚未届至为由拒绝支付甲公司所欠丙公司剩余10万元起重机价款”，考生可去题目中找关键信息“甲公司向丙公司购买起重机5台，约定分两期付款，第二期付款日为2018年12月31日；在甲公司付清价款前，丙公司保留起重机的所有权”“11月1日，人民法院受理甲公司破产案件”“11月3日，管理人决定继续履行起重机买卖合同并通知丙公司，丙公司立即要求管理人支付剩余10万元起重机价款”，考生可迅速锁定考查的知识点是所有权保留买卖合同的处理。

审题要点

问题中抓住关键词“丙公司是否有权收回起重机”，考生可迅速锁定考查的知识点是所有权保留买卖合同的处理。

审题要点

问题中抓住关键词“丁公司是否有权要求取回已交付的原材料”，考生可去题目中找关键信息“10月20日，丁公司发货，甲公司于11月5日收到货物”“11月8日，丁公司向甲公司催收货款时发现，甲公司破产案件已为人民法院受理，遂要求取回该批货物”，考生可迅速锁定考查的知识点是出卖人取回权。

思维拓展

思维拓展内容详见2021年注册会计师全国统一考试真题详解案例分析第1题第（1）问。

坑点提示

坑点提示内容详见2021年注册会计师全国统一考试真题详解案例分析第1题第（1）问。

历年考情

2020年案例分析题、2019年案例分析题考查破产申请的受理。

（3）管理人无权以付款期限尚未届至为由拒绝支付剩余10万元起重机价款。根据企业破产法律制度的规定，买受人破产，其管理人决定继续履行所有权保留买卖合同的，原买卖合同中约定的买受人支付价款的期限在破产申请受理时视为到期，买受人管理人应当及时向出卖人支付价款。

（4）丙公司无权收回起重机。根据企业破产法律制度的规定，买受人破产，管理人决定继续履行所有权保留买卖合同的，买受人的管理人无正当理由未及时支付价款，出卖人有权依法主张取回标的物，但买受人已支付标的物总价款75%以上的除外。

思维拓展

思维拓展内容详见2022年注册会计师全国统一考试真题详解案例分析第1题第（3）问。

坑点提示

坑点提示内容详见2022年注册会计师全国统一考试真题详解案例分析第1题第（3）问。

抢分秘籍

抢分秘籍内容详见2022年注册会计师全国统一考试真题详解案例分析第1题第（3）问。

历年考情

2022年案例分析题、2019年案例分析题考查所有权保留买卖合同的处理。

（5）丁公司无权要求取回已交付的原材料。根据企业破产法律制度的规定，人民法院受理破产申请时，出卖人已将买卖标的物向债务人发运，债务人尚未收到且未付清全部价款的，出卖人可以取回在运途中的标的物。但出卖人对在运途中标的物未及时行使取回权，在标的物到达管理人后向管理人行使在运途中标的物的取回权的，管理人不应准许。

思维拓展

思维拓展内容详见2021年注册会计师全国统一考试真题详解案例分析第1题第（4）问。

坑点提示

坑点提示内容详见2021年注册会计师全国统一考试真题详解案例分析第1题第（4）问。

历年考情

2020年案例分析题考查一般取回权。2021年案例分析题、2020年案例分析题、2019年案例分析题考查出卖人取回权。

2.（本小题10分，可以选用中文或英文解答，如使用英文解答，须全部使用英文，答题正确的，增加5分，最高得分为15分。）

A公司向B公司购买一批生产设备。为支付货款，A公司向B公司签发一张以甲银行为承兑人、金额为500万元的银行承兑汇票。甲银行作为承兑人在票面上签章。B公司收到汇票后背书转让给C公司，用于偿还其所欠C公司的专利使用费，但未在被背书人栏内记载C公司的名称。C公司欠D公司一笔货款，遂直接将D公司记载为B公司的被背书人，并将汇票交给D公司。D公司随即将汇票背书转让给E公司，用于偿付工程款，并在汇票上注明："工程验收合格则转让生效。"E公司随即又将汇票背书转让给F公司，用于支付办公楼装修费用。后D公司与E公司因工程存在严重安全隐患、未能验收合格而发生纠纷。

B公司未在约定期间内向A公司发货，经催告后仍未发货。A公司遂向B公司主张解除合同、退还货款。

F公司于汇票到期日向银行提示付款，甲银行以A公司资信状况不佳、账户余额不足为由拒绝。F公司遂向前手行使追索权。A公司辩称，因B公司根本违约，其已向B公司主张解除合同、退还货款，故不应承担任何票据责任。D公司辩称，根据其在汇票上注明的条件，D公司对E公司的背书转让并未生效，故D公司无需向F公司承担票据责任。

根据上述内容，分别回答下列问题：

（1）甲银行拒绝向F公司付款的理由是否成立？并说明理由。

审题要点

问题中抓住关键词“甲银行拒绝向F公司付款的理由”，考生可去题目中找关键信息“甲银行以A公司资信状况不佳、账户余额不足为由拒绝”，考生可迅速锁定考查的知识点是票据基础关系对票据行为效力的影响。

（2）A公司拒绝向F公司承担票据责任的理由是否成立？并说明理由。

审题要点

问题中抓住关键词“A公司拒绝向F公司承担票据责任的理由”，考生可去题目中找关键信息“A公司辩称，因B公司根本违约，其已向B公司主张解除合同、退还货款，故不应承担任何票据责任”，考生可迅速锁定考查的知识点是票据基础关系对票据行为效力的影响。

（3）D公司对E公司的背书转让是否生效？并说明理由。

审题要点

问题中抓住关键词“D公司对E公司的背书转让是否生效”，考生可去题目中找关键信息“D公司随即将汇票背书转让给E公司，用于偿付工程款，并在汇票上注明：‘工程验收合格则转让生效’”，考生可迅速锁定考查的知识点是背书附条件。

（4）C公司是否应当承担票据责任？并说明理由。

审题要点

问题中抓住关键词“C公司是否应当承担票据责任”，考生可去题目中找关键信息“B公司收到汇票后背书转让给C公司，但未在被背书人栏内记载C公司的名称。C公司欠D公司一笔货款，遂直接将D公司记载为B公司的被背书人，并将汇票交给D公司”，考生可迅速锁定考查的知识点是未在票据上签章，并非票据债务人，不承担票据责任。

【本题答案】

（1）甲银行拒绝向F公司付款的理由不成立。根据票据法律制度的规定，付款人承兑汇票后，应当承担到期付款的责任。

思维拓展

票据责任

票据上的主债务人	本票出票人、汇票承兑人以及被保证人是主债务人的保证人	最后持票人应当首先对其请求付款，并且在追索关系中，其为最终的偿还义务人，不再享有再追索权
票据上的次债务人	（1）汇票上的出票人、背书人、保证人。 （2）本票上的背书人、保证人。 （3）支票上的出票人、背书人、保证人	
仅仅是票据关系的“关系人”	支票上的付款人，以及未经承兑的汇票的付款人，并非票据义务人	

坑点提示

是否承担票据责任

1.常见命题形式：A公司和B公司在买卖合同中约定票据不得转让

背诵条文：票据是文义证券，A公司和B公司在买卖合同中约定票据不得转让，不具有票据法上的效力。

2. 银行作为承兑人签章

背诵条文：付款人承兑汇票后，应当承担到期付款的责任。

3. 票据上未签章

常见命题形式：伪造。

背诵条文：伪造人并未以自己名义在票据上签章，不承担票据责任。

在假冒他人名义的情形下，被伪造人不承担票据责任。

常见命题形式：甲欠乙货款，乙欠丙工程款，甲未在汇票被背书人栏内记载乙公司名称，乙直接补记丙公司为被背书人，背书转让给丙。

背诵条文：背书人未记载被背书人名称即将票据交付他人的，持票人在票据被背书人栏内记载自己的名称与背书人记载具有同等法律效力。

由于乙公司未在该汇票上签章，并非票据债务人，不承担票据责任。

4. 保证人未在票据或者粘单上记载“保证”字样而另行签订保证合同或者保证条款

背诵条文：保证人未在票据或者粘单上记载“保证”字样而另行签订保证合同或者保证条款的，不属于票据保证，不承担票据责任。

历年考情

2019年案例分析题、2020年案例分析题、单项选择题、2021年多项选择题、单项选择题、案例分析题考查票据责任承担。

（2）A公司拒绝向F公司承担票据责任的理由不成立。根据票据法律制度的规定，出票人/票据债务人不得以其与持票人前手之间的抗辩事由对抗持票人。

思维拓展

思维拓展内容详见2022年注册会计师全国统一考试真题详解案例分析第2题第（2）问。

坑点提示

常考的基础关系可以抗辩的几种情形：

1. 基于赠与等无偿的原因而授受票据的，持票人所取得的票据权利不得优于其前手。

2. 票据债务人可以对不履行约定义务的与自己有直接债权债务关系的持票人，进行抗辩。

3. 持票人明知存在抗辩事由而取得票据，票据债务人可以抗辩。

历年考情

2022年案例分析题考查、2020年案例分析题、2019年单项选择题考查基础关系抗辩。2019年案例分析题考查票据抗辩中的“人的抗辩”。

（3）D公司对E公司的背书转让生效。根据票据法律制度的规定，背书时附有条件的，所附条件不影响背书行为的效力。（或答：背书时附有条件的，所附条件不具有汇票上的效力。）

（4）C公司不应承担票据责任。由于C公司未在汇票上签章，因此不是票据义务人，不承担票据债务/责任。

思维拓展

思维拓展内容详见2021年注册会计师全国统一考试真题详解案例分析第2题第（2）问。

坑点提示

附条件	出票	票据无效
	背书	背书有效，所附条件不具有票据上的效力
	承兑	视为拒绝承兑
	保证	保证有效，所附条件不具有票据上的效力

历年考情

2021年案例分析题、2020年案例分析题、2019年案例分析题考查汇票的背书。

3.（本小题17分。）甲、乙二人是在某技校结识的朋友。2017年10月12日，两人共同出资购买一台价格为50万元的挖掘机，甲出资10万元，乙出资40万元，双方约定按出资比例共有。

2018年7月9日，挖掘机出现故障，无法正常工作。乙在未征得甲同意的情况下请丙维修，维修费3万元。乙要求甲分担20%的维修费用，甲以维修未征得自己同意为由拒绝。丙要求乙支付全部维修费，乙拒绝。

乙不想再与甲合作，欲将其份额对外转让。2018年8月2日，乙发函征询丁的购买意向，同时告知甲：正在寻找份额买主，甲须在接到通知之日起15日内决定是否行使优先购买权。甲认为，份额转让须经其同意，况且乙尚在寻找份额买主，在未告知任何交易条件的情况下，要求自己接到通知之日起15日内决定是否行使优先购买权，不符合法律规定，故对乙的通知置之不理。

2018年8月3日，甲在未告知乙的情况下，将挖掘机以市价卖给不知情的戊，约定3日后交付。

2018年8月4日，丁向乙回函称，对乙所占挖掘机份额不感兴趣，想要整台挖掘机。由于甲对乙之前的通知置之不理，乙也不再告知甲，于8月4日当天将挖掘机转让给丁，并同时交付。

2018年8月6日，戊要求甲交付挖掘机时，发现挖掘机已被乙交付给了丁，遂要求丁交出挖掘机，丁拒绝。

根据上述内容，分别回答下列问题：

（1）挖掘机维修是否需要征得甲的同意？乙是否有权要求甲分担20%的维修费用？并分别说明理由。

（2）乙是否有权拒绝向丙支付全部维修费用？并说明理由。

（3）乙的份额转让是否需要征得甲的同意？并说明理由。

（4）乙在寻找份额买主时要求甲在接到通知之日起15日内决定是否行使优先购买权，是否符合法律规定？并说明理由。

（5）丁是否取得挖掘机的所有权？并说明理由。

（6）甲与戊之间买卖挖掘机的行为是否有效？并说明理由。

（7）丁是否有权拒绝戊交出挖掘机的请求？并说明理由。

【本题答案】

（1）挖掘机维修不必征得甲的同意，乙有权要求甲分担20%的维修费用。根据物权法律制度的规定，甲、乙二人形成按份共有，按份共有对共有物作重大修缮的，经占份额2/3以上按份共有人同意即可，乙的份额为4/5，故有权单独决定修缮，不必征得甲的同意。共有物修缮费用，当事人没有约定的，按照各自份额负担，故乙有权要求甲承担与其份额相当即20%的修缮费用。

审题要点

问题中抓住关键词“挖掘机维修是否需要征得甲的同意？乙是否有权要求甲分担20%的维修费用”，考生可去题目中找关键信息“甲乙共同出资购买一台挖掘机，甲出资10万元，乙出资40万元，双方约定按出资比例共有。乙在未征得甲同意的情况下请丙维修，维修费3万元。乙要求甲分担20%的维修费用，甲以维修未征得自己同意为由拒绝”，考生可迅速锁定考查的知识点是按份共有，共有物的重大修缮及修缮费用的承担。

审题要点

问题中抓住关键词“乙是否有权拒绝向丙支付全部维修费用”，考生可迅速锁定考查的知识点是按份共有对外债权债务。

审题要点

问题中抓住关键词“乙的份额转让是否需要征得甲的同意”，考生可迅速锁定考查的知识点是按份共有份额的转让。

审题要点

问题中抓住关键词“要求甲在接到通知之日起15日内决定是否行使优先购买权”，考生可迅速锁定考查的知识点是按份共有人优先购买权的行使期限。

审题要点

问题中抓住关键词“丁是否取得挖掘机的所有权”，考生可去题目中找关键信息“乙于8月4日当天将挖掘机转让给丁，并同时交付”，考生可迅速锁定考查的知识点动产所有权转移。

审题要点

问题中抓住关键词“甲与戊之间买卖挖掘机的行为是否有效”，考生可去题目中找关键信息“甲在未告知乙的情况下，将挖掘机以市价卖给不知情的戊，约定3日后交付”，考生可迅速锁定考查的知识点是无权处分买卖合同。

审题要点

问题中抓住关键词“丁是否有权拒绝戊交出挖掘机的请求”，考生可迅速锁定考查的知识点是无权处分买卖合同。

（2）乙无权拒绝向丙支付全部维修费用。根据物权法律制度的规定，债权债务的对外关系上，任何一名按份共有人均有义务对债权人承担全部债务。

（3）乙的份额转让无须征得甲的同意。根据物权法律制度的规定，按份共有人对其份额享有处分自由，可自由转让，无须征得其他共有人同意。

（4）乙在寻找份额买主时要求甲在接到通知之日起15日内决定是否行使优先购买权，不符合法律规定。根据物权法律制度的规定，优先购买权的行使期间须以同等条件确定为前提，发出的通知应包含同等条件之内容，未确定此内容前，优先购买权的期限不得起算。

（5）丁取得挖掘机的所有权。根据物权法律制度的规定，占共有份额2/3以上多数的共有人即可处分共有物，乙的处分属于有权处分，且已交付。

思维拓展

按份共有

- 共有人对共有的不动产或者动产没有约定为按份共有或者共同共有，或者约定不明确的，除共有人具有家庭关系等外，视为按份共有
- 份额：有约从约，无约或约定不明看出资额，不能确定等额
- 管理：有约从约，无约共有人都有权管理
- 管理费用以及其他负担：有约从约，无约按份额
- 重大修缮、变更性质或者用途；共有物处分：有约从约，无约占份额2/3以上的按份共有人同意
- 对外债权债务
  - 对外连带，法律另有规定或者第三人知道共有人不具有连带债权债务关系的除外
  - 对内：有约从约，无约按份。还完超出自己份额，有权向其他共有人追偿
- 份额处分
  - 对外转让
    - 可自由转让，其他共有人有优先购买权。继承、遗赠等非交易方式，不享有优先购买权，除非另有约定
    - 行使期限
      - 有约从约
      - 没有约定或约定不明
        - 通知中载明行使期间
        - 未载明；载明的期间短于通知送达之日起15日：15日
        - 未通知
          - 知道或者应当知道最终确定的同等条件之日起15日
          - 无法确定：共有份额权属转移之日起6个月
    - 数人主张，先协商，协商不成看份额
    - 受侵害：仅请求撤销共有份额转让合同或者认定该合同无效的，不予支持
  - 对内转让：可以，其他共有人没有优先购买权，除非另有约定

坑点提示

（1）按份共有，区分清楚是对外债权债务，还是内部负担。对外连带，找谁都行，对内债务，包括管理费用以及其他负担，都是有约从约，无约按份额。

而一些大事，重大修缮、变更性质或用途、处分共有物，都是有约从约，无约占份额2/3双上的按份共有人同意。

（2）按份共有，共有人份额转让，可自由转让，无须征得其他共有人同意。

注意区分对外转让、对内转让。对外转让，其他共有人有优先购买权，所以得通知其他共有人。

①优先购买权需在期限内行使。

有约定按约定，没有约定或约定不明的：

a.转让人向其他按份共有人发出的包含同等条件内容的通知中载明行使期间的，以该期间为准；

b.通知中未载明行使期间，或者载明的期间短于通知送达之日起15日的，为15日；（通知送达之日起）

c.转让人未通知的，为其他按份共有人知道或者应当知道最终确定的同等条件之日起15日；

d.转让人未通知，且无法确定其他按份共有人知道或者应当知道最终确定的同等条件的，为共有份额权属转移之日起6个月。

②两个以上其他共有人主张行使优先购买权的，协商确定各自的购买比例；协商不成的，按照转让时各自的共有份额比例行使优先购买权。

③其他按份共有人以优先购买权受到侵害为由，仅请求撤销共有份额转让合同或者认定该合同无效的，不予支持。

历年考情

2022年单项选择题、2021年单项选择题、2019年案例分析题考查按份共有。

（6）甲与戊之间的买卖行为有效。根据物权法律制度的规定，共有物买卖行为属于债权行为，不以处分权为有效要件。

（7）丁有权拒绝戊交出挖掘机的请求。根据物权法律制度的规定，戊虽为善意相对人，但尚未完成交付，不满足善意取得中的交付要件，戊不能取得所有权。丁已自乙处取得所有权，故有权拒绝戊的交付请求。

思维拓展

买卖合同是否有效PK物权是否变动

1. 多重买卖合同

- 合同有效：如果出卖人就同一标的物订立多重买卖合同，原则上各个买卖合同均属有效
- 普通动产的一物二卖：普通动产一物二卖有交付看谁先交付，没有交付看谁先付款，没有付款看合同谁先签的
  - （1）先行受领交付的买受人请求确认所有权已经转移的，人民法院应予支持
  - （2）各买受人均未受领交付，先行支付价款的买受人请求出卖人履行交付标的物等合同义务的，人民法院应予支持
  - （3）买受人均未受领交付，也未支付价款，依法成立在先合同的买受人请求出卖人履行交付标的物等合同义务的，人民法院应予支持
- 船舶、航空器、机动车等特殊动产一物二卖：船舶、航空器、机动车等特殊动产一物二卖有交付看谁先交付，没有交付看谁先登记，一个交付一个登记交付大，都没有看合同谁先签的
  - （1）先行受领交付的买受人请求出卖人履行办理所有权转移登记手续等合同义务的，人民法院应予支持
  - （2）各买受人均未受领交付，先行办理所有权转移登记手续的买受人请求出卖人履行交付标的物等合同义务的，人民法院应予支持
  - （3）出卖人将标的物交付给买受人之一，又为其他买受人办理所有权转移登记，已受领交付的买受人请求将标的物所有权登记在自己名下的，人民法院应予支持
  - （4）各买受人均未受领交付，也未办理所有权转移登记手续，依法成立在先合同的买受人请求出卖人履行交付标的物和办理所有权转移登记手续等合同义务的，人民法院应予支持

2. 无权处分

- 合同有效
  - 出卖他人之物的买卖合同亦可有效
  - 因出卖人未取得处分权致使标的物所有权不能转移的，买受人可以解除合同并请求出卖人承担违约责任
- 物权行为处于效力待定：在得到真权利人追认或处分人取得处分权后变得有效，否则，该无权处分行为将归于无效

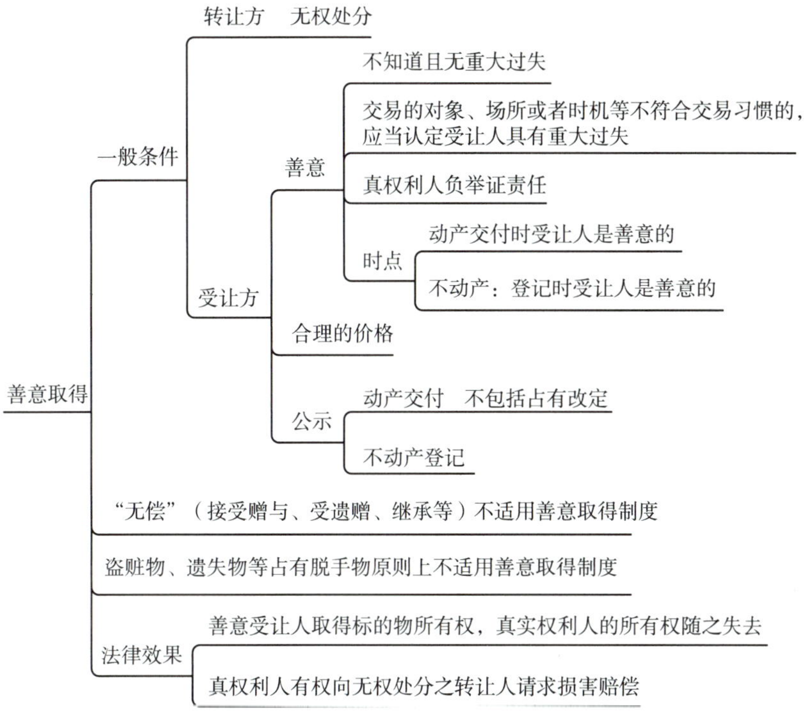

坑点提示

合同是合同，物权是物权

（1）债权行为只是负担行为不转让物权，故无处分权的要求。因此出卖他人之物的买卖合同亦可有效，当出卖人无法履行合同时，买受人可根据有效的买卖合同主张违约救济。因出卖人未取得处分权致使标的物所有权不能转移的，买受人可以解除合同并请求出卖人承担违约责任。

（2）当事人之间订立有关设立、变更、转让和消灭不动产物权的合同，除法律另有规定或者当事人另有约定外，自合同成立时生效；未办理物权登记的，不影响合同的效力。

历年考情

2022年多项选择题、2020年案例分析题、2019年案例分析题考查善意取得。

4.（本小题18分。）福明公司为A股上市公司。2018年1月25日，福明公司实际控制人、董事长李某根据公司2017年度业绩情况，向董事会秘书赵某提出在当期实施股票“高送转”的利润分配动议。赵某起草了《高送转预期利润分配预案》等文件提交董事会审议，但由于董事会对具体实施方案存在较大分歧，未能形成有效决议，该方案未予披露。

孙某为赵某好友。2018年1月底，孙某在一次商业宴会上向赵某打听福明公司2017年度业绩和利润分配情况。赵某告知孙某“业绩不错，可能会做‘高送转’，但董事会还没通过，具体还不好说”。得此答复后，孙某于2018年2月2日买入福明公司股票。

2018年2月5日，赵某根据董事会意见修改了利润分配方案。2018年2月26日（星期一），福明公司召开董事会通过了修改后的利润分配方案。根据该方案，以盈余公积金向全体股东每10股转增10股，并派发2元红利。3月1日公司公告董事会决议。

赵某将“高送转”信息告知妻子程某。随后，程某又将该信息转告福明公司股东王某。王某遂通过其控制的越野投资有限公司（简称“越野投资”）于2018年2月中旬多次买入福明公司股票。此前，王某已持有福明公司2%的股份，越野投资不持有福明公司股份。

2019年3月，证监会对福明公司内幕交易案立案调查。孙某在内幕交易调查中辩称：福明公司的“高送转”方案在2018年1月底时董事会尚未通过；赵某于2月5日才修改“高送转”方案；其在2月2日买入股票时内幕信息尚未形成，故不构成内幕交易。

调查期间，证监会认定王某与越野投资在2018年2月购入福明公司股票时，构成一致行动人；购入后二者合计持股比例为5.9%，未按规定履行重大持股信息披露义务。王某在内幕交易调查中未对自己的买入行为给出正当理由，但辩称：其2018年2月的股票买入行为属于相关司法解释中规定的“持有或通过协议、其他安排与他人共同持有上市公司5%以上股份的自然人、法人或者其他组织收购该上市公司股份”的情形，不构成内幕交易。

根据上述内容，分别回答下列问题：

（1）本案“高送转”的利润分配方案**是否构成内幕信息**？并说明理由。

（2）赵某告知孙某“可能会做‘高送转’”的行为**是否构成内幕交易**？并说明理由。

（3）福明公司**以盈余公积金转增股本**的做法是否符合公司法律制度的规定？并说明理由。

（4）福明公司**于2018年3月1日公告董事会决议**，是否符合证券法律制度的规定？并说明理由。

（5）孙某关于“**其在2月2日买入股票时内幕信息尚未形成**”的抗辩是否成立？并说明理由。

（6）程某告知王某“福明公司将做‘高送转’”的行为**是否构成内幕交易**？并说明理由。

（7）**王某关于“其于2018年2月的股票买入行为属于收购，不构成内幕交易”**的抗辩是否成立？并说明理由。

【本题答案】

（1）本案“高送转”的利润分配方案构成内幕信息。内幕信息是指在证券交易活动中，涉及公司的经营、财务或者对该公司证券的市场价格有重大影响的尚未公开的信息。“高送转”的利润

审题要点

问题中抓住关键词“是否构成内幕信息”，考生可迅速锁定考查的知识点是内幕信息。

审题要点

问题中抓住关键词“是否构成内幕交易”，考生可迅速锁定考查的知识点是内幕交易的认定。

审题要点

问题中抓住关键词“以盈余公积金转增股本”，考生可迅速锁定考查的知识点是公司的公积金用途。

审题要点

问题中抓住关键词“于2018年3月1日公告董事会决议”，考生可去题目中找关键信息“2018年2月26日（星期一），福明公司召开董事会通过了修改后的利润分配方案”“3月1日公司公告董事会决议”，考生可迅速锁定考查的知识点是持续信息披露。

审题要点

问题中抓住关键词“其在2月2日买入股票时内幕信息尚未形成”，考生可去题目中找关键信息“2018年1月25日，福明公司实际控制人、董事长李某向董事会秘书赵某提出在当期实施股票‘高送转’的利润分配动议”，考生可迅速锁定考查的知识点是内幕信息形成之时。

审题要点

问题中抓住关键词“是否构成内幕交易”，考生可迅速锁定考查的知识点是内幕交易的认定。

审题要点

问题中抓住关键词“王某关于‘其于2018年2月的股票买入行为属于收购，不构成内幕交易’”，考生可去题目中找关键信息“此前，王某已持有福明公司2%的股份，越野投资不持有福明公司股份”，考生可迅速锁定考查的知识点是内幕交易行为的认定。

分配预案属于公司分配股利的计划，具有“重大性”；在2018年3月1日公布之前，具有“未公开性”。

（2）赵某告知孙某“可能会做‘高送转’”的行为，构成内幕交易。赵某作为内幕信息知情人，在内幕信息敏感期内，将内幕信息泄露给他人，构成内幕交易。

思维拓展

- 是否构成内幕信息
  - 内幕信息是指在证券交易活动中，涉及公司的经营、财务或者对该发行人证券的市场价格有重大影响的尚未公开的信息
  - 抓两个要点：一是重大性，二是未公开

是否构成内幕交易

- 内幕信息的知情人员
  - 【记忆】董监高、上5%股东实控人、下控股或实控的公司及其董监高。左上市公司收购人重大资产交易方及他的控股股东实控人董监高。右业务往来，证交所、证监会、证券服务机构、证券公司、证券登记结算机构、主管部门工作人员
  - 发行人的董监高
  - 5%以上股份（不计优先股）的股东及其董监高
  - 实际控制人及其董监高
  - 发行人控股或者实控的公司及其董监高
  - 上市公司收购人或者重大资产交易方及其董监高控股股东实控人
  - 与公司业务往来可以获取公司有关内幕信息的人员
  - 因职务、工作可以获取内幕信息的
    - 证券监督管理机构
    - 证券交易场所
    - 证券公司
    - 证券登记结算机构
    - 证券服务机构
    - 主管部门
    - 监管机构
    - （以上）相关人员
- 非法获取证券内幕信息的人员
  - 利用窃取、骗取、套取、窃听、利诱、刺探或者私下交易等手段获取内幕信息的
  - 内幕信息知情人员的近亲属等关系密切的人员
  - 在内幕信息敏感期内，与内幕信息知情人员联络、接触

- 在内幕信息的敏感期内
  - 内幕信息产生至公开期间
  - 产生
    - 重大事件的发生时间
    - 重大事件中“计划”的形成时间
    - 影响内幕信息形成的动议、筹划、决策或者执行人员，其动议、筹划、决策或者执行初始时间
  - 公开：在国务院证券、期货监督管理机构指定的报刊、网站等媒体披露

- 利用内幕信息进行交易的行为
  - 从事或者明示、暗示他人从事
  - 泄露内幕信息导致他人从事
  - ——与该内幕信息有关的证券、期货交易，相关交易行为明显异常，且无正当理由或者正当信息来源的

- 内幕交易行为
  - 自行买卖：行为人在内幕信息敏感期内，自行买卖与内幕信息直接相关的发行人的证券
  - 建议买卖：行为人在内幕信息敏感期内，（明示或暗示）建议他人买卖与内幕信息直接相关的发行人证券
  - 泄露内幕信息：行为人在内幕信息敏感期内，泄露内幕信息（并导致他人买卖），而不论其泄露时的主观状态

- 推定为内幕交易
  - 内幕信息知情人
  - 因履行工作职责知悉上述内幕信息
  - 非法获取内幕信息
  - ——进行了与该内幕信息有关的证券交易活动
  - 内幕信息知情人的配偶、父母、子女以及其他有密切关系的人，其证券交易活动与该内幕信息基本吻合
  - 内幕信息公开前与内幕信息知情人或知晓该内幕信息的人联络、接触，其证券交易活动与该内幕信息高度吻合
  - 要想不推定得自证清白

- 不属于内幕交易
  - 5%以上股份的股东收购该上市公司股份的
  - 按照事先订立的书面合同、指令、计划从事相关证券、期货交易的
  - 依据已被他人披露的信息而交易的
  - 交易具有其他正当理由或者正当信息来源的

坑点提示

背诵条文：

（1）根据规定，内幕信息的知情人和非法获取内幕信息的人，在内幕信息敏感期内，从事或者明示、暗示他人从事（泄露内幕信息导致他人从事）与该内幕信息有关的证券，期货交易，相关交易行为明显异常，且无正当理由或者正当信息来源的，属于内幕交易。

（2）持有或通过协议、其他安排与他人共同持有上市公司5%以上股份的自然人、法人或者其他组织收购该上市公司股份的，不属于内幕交易行为。

（3）内幕信息的形成。

根据规定，影响内幕信息形成的动议、筹划、决策或者执行人员，其动议、筹划，决策或者执行初始时间，应当认定为内幕信息的形成之时。

历年考情

2020年案例分析题、2019年案例分析题考查内幕信息和内幕交易。

（3）福明公司以盈余公积金转增股本的做法，符合公司法律制度的规定。根据公司法律制度的规定，公积金的主要用途之一就是转增公司资本。

思维拓展

思维拓展内容详见2020年注册会计师全国统一考试真题详解单选第14题。

坑点提示

坑点提示内容详见2020年注册会计师全国统一考试真题详解单选第14题。

历年考情

2020年单项选择题、2019年案例分析题考查公积金。

（4）福明公司于2018年3月1日公告董事会决议的行为不符合证券法律制度的规定。上市公司应当在董事会或监事会就重大事项形成决议之日起两个交易日内及时进行披露。

思维拓展

思维拓展内容详见2023年注册会计师全国考试真题详解案例分析第4题第（2）问。

坑点提示

重大事件

答题模板：

（1）“×××”属于对上市公司证券及其衍生品种交易价格产生较大影响的重大事件，公司应当履行信息披露义务。

（2）上市公司控股子公司（上市公司参股公司）发生“×××”重大事件，可能对上市公司证券及其衍生品种交易价格产生较大影响的，上市公司应当履行信息披露义务。

（3）“×××”属于对上市交易公司债券的交易价格产生较大影响的重大事件，公司应当履行信息披露义务。

- 股票重大事件常考点
  - 公司的重大投资行为，公司在1年内购买、出售重大资产超过公司资产总额30%，或者公司营业用主要资产的抵押、质押、出售或者报废一次超过该资产的30%
  - 公司订立重要合同、提供重大担保或者从事关联交易，可能对公司的资产、负债、权益和经营成果产生重要影响
  - 公司发生重大亏损或者重大损失
  - 公司的董事、1/3以上监事或者经理发生变动，董事长或者经理无法履行职责
  - 持有公司5%以上股份的股东或者实际控制人持有股份或者控制公司的情况发生较大变化
  - 公司的实际控制人及其控制的其他企业从事与公司相同或者相似业务的情况发生较大变化
  - 增减资合分散、破产关闭
    - 分配股利、增资的计划
    - 股权结构的重要变化
    - 减资、合并、分立、解散
    - 申请破产的决定，依法进入破产程序、被责令关闭
  - 重大诉，股董会决议撤销或无效
    - 重大诉讼、仲裁
    - 决议被依法撤销或者宣告无效
  - 公司涉嫌犯罪被立案调查，董监高控股股东加实控人涉嫌犯罪被依法采取强制措施
  - （以上“增减资合分散、破产关闭”至“公司涉嫌犯罪……”各项：）债券也是重大事件（除外：增资、股董会决议撤销或无效）

- 债券重大事件常考点
  - 信用评级发生变化
  - 重大资产抵押、质押、出售、转让、报废
  - 放弃债权或者财产超过上年末净资产的10%
  - 发生超过上年末净资产10%的重大损失
  - 新增借款或者对外提供担保超过上年末净资产的20%

历年考情

2023年案例分析题、2022年案例分析题、2019年案例分析题考查重大事件的披露。

（5）孙某关于“其在2月2日买入股票时内幕信息尚未形成”的抗辩不成立。自内幕信息产生至公开之间的这段时间内，是内幕信息敏感期。《证券法》第六十七条第二款所列“重大事件”的发生时间，第七十五条规定的“计划”“方案”等的形成时间，应当认定为内幕信息的形成之时。影响内幕信息形成的动议、筹

划、决策或者执行人员，其动议、筹划、决策或者执行初始期间，应当认定为内幕信息的形成之时。本案中，福明公司实际控制人、董事长李某于2018年1月底提出“高送转”的动议，尽管董事会未能于1月25日形成有效决议，但内幕信息已经形成。

思维拓展

参考第（2）问相关知识点总结。

（6）程某告知王某“福明公司将做‘高送转’”的行为构成内幕交易。程某作为内幕信息知情人员的近亲属，在内幕信息敏感期内泄露内幕信息，导致他人从事与该内幕信息有关的证券交易，又无正当理由或者正当信息来源的，构成内幕交易。

思维拓展

参考第（2）问相关知识点总结。

（7）王某关于“其于2018年2月的股票买入行为属于收购，不构成内幕交易”的抗辩不成立。“持有或通过协议、其他安排与他人共同持有上市公司5%以上股份的自然人、法人或者其他组织收购该上市公司股份，不属于内幕交易”的规定，要求主体为已持有上市公司5%以上股份的自然人、法人或者其他组织。

思维拓展

参考第（2）问相关知识点总结。